Bernd Held, Michael Eichhorn

Excel-VBA-Referenz

Objekte, Eigenschaften, Methoden

Liebe Leserin, lieber Leser,

mit dieser Referenz haben Sie endlich eine umfassende, klar gegliederte Übersicht aller in Excel relevanten VBA-Befehle in der Hand. Das Buch ist so konzipiert, dass Sie eine bestimmte Funktion, die Sie gerade benötigen, schnell nachschlagen können. Für häufig anfallende Aufgaben gibt es eine eigene Übersicht. So finden Sie z. B. sofort die Stelle, die Ihnen erklärt, wie das Datum ausgegeben wird, wie Grafiken eingefügt oder wie Diagramme geschützt werden. Ich möchte Sie aber auch dazu einladen, ab und an ein wenig in dem Buch zu stöbern. Ich bin sicher, Sie werden dabei interessante Funktionen entdecken, die Ihnen den Arbeitsalltag erleichtern werden.

Natürlich werden Sie in diesem Buch nicht nur mit grauer Theorie gefüttert. Sie finden überall Anwendungsbeispiele, wie Sie die Funktionen in der Praxis einsetzen. Alle Beispiele wurden geprüft und sind sofort einsetzbar. Den Quellcode können Sie von der Webseite zum Buch unter *www.rheinwerk-verlag.de/3899* herunterladen.

Dieses Buch wurde mit großer Sorgfalt lektoriert und produziert. Sollten Sie Fragen zum Buch haben, Lob oder Kritik äußern wollen, wenden Sie sich an mich. Ihre freundlichen Kommentare sind jederzeit willkommen.

Ihr Sebastian Kestel
Lektorat Rheinwerk Computing

sebastian.kestel@rheinwerk-verlag.de
www.rheinwerk-verlag.de
Rheinwerk Verlag · Rheinwerkallee 4 · 53227 Bonn

Auf einen Blick

Wir hoffen, dass Sie Freude an diesem Buch haben und sich Ihre Erwartungen erfüllen. Bitte teilen Sie uns doch Ihre Meinung mit. Eine E-Mail mit Ihrem Lob oder Tadel senden Sie direkt an den Lektor des Buches: *sebastian.kestel@rheinwerk-verlag.de*. Im Falle einer Reklamation steht Ihnen gerne unser Leserservice zur Verfügung: *service@rheinwerk-verlag.de*. Informationen über Rezensions- und Schulungsexemplare erhalten Sie von: *britta.behrens@rheinwerk-verlag.de*.

Informationen zum Verlag und weitere Kontaktmöglichkeiten finden Sie auf unserer Verlagswebsite *www.rheinwerk-verlag.de*. Dort können Sie sich auch umfassend und aus erster Hand über unser aktuelles Verlagsprogramm informieren und alle unsere Bücher versandkostenfrei bestellen.

An diesem Buch haben viele mitgewirkt, insbesondere:

Lektorat Sebastian Kestel, Anne Scheibe
Korrektorat Petra Biedermann, Reken
Herstellung Denis Schaal
Typografie und Layout Vera Brauner
Einbandgestaltung Janina Conrady
Satz III-satz, Husby
Druck und Bindung Beltz Bad Langensalza, Bad Langensalza

Dieses Buch wurde gesetzt aus der TheAntiquaB (9,35/13,25 pt) in FrameMaker. Gedruckt wurde es auf chlorfrei gebleichtem Offsetpapier (90 g/m²).

Bibliografische Information der Deutschen Nationalbibliothek
Die Deutsche Nationalbibliothek verzeichnet diese Publikation in der Deutschen Nationalbibliografie; detaillierte bibliografische Daten sind im Internet über *http://dnb.d-nb.de* abrufbar.

ISBN 978-3-8362-3835-9
© Rheinwerk Verlag GmbH, Bonn 2015
1. Auflage 2015

Inhalt

3   Funktionen

4   Excel-Funktionen

5   Sprachelemente

6   »Application«-Objekt

7   »Workbook«-Objekt

8 »Worksheet«-Objekt

10   Dialogprogrammierung

11   Die Fehlerbehandlung

Kapitel 1
Der Start in Excel-VBA

Sich mit Excel-VBA zu beschäftigen, ist eine lohnende Sache. Sie können mit Hilfe von Excel-Makros Ihre Arbeitsgeschwindigkeit um ein Vielfaches erhöhen und lästige Arbeiten komplett automatisieren.

Wenn Sie mit dem Programmieren beginnen möchten, sollten Sie die ersten Gedanken erst einmal dafür aufwenden, sich zu fragen, warum Sie überhaupt VBA einsetzen wollen. Welche Vorteile bieten Ihnen VBA?

Einsatzmöglichkeiten von VBA

VBA lässt sich einsetzen, um

- tägliche Abläufe zu automatisieren,
- noch mehr mit Excel machen zu können, indem Sie Excel um eigene Funktionen anreichern,
- einen Vorteil in Bezug auf Arbeitssicherheit und Arbeitserleichterung zu haben – gerade lästige Routinearbeiten können Sie mit VBA sicher und elegant ausführen,
- Ihre Arbeitsgeschwindigkeit durch den Einsatz von VBA zu erhöhen,
- eigene Anwendungen zu entwickeln, die von anderen leicht zu bedienen sind,
- am Ball zu bleiben. VBA ist eine universelle Sprache, die im ganzen Office-Paket verwendet wird. Mehr und mehr stellen auch Microsoft-unabhängige Anwendungen auf VBA um.

Im ersten Kapitel, der Schnellübersicht, machen wir Sie im Schnelldurchlauf mit der Entwicklungsumgebung von Excel-VBA vertraut. Sie werden die Syntax der ersten Befehle anhand kleiner Codebeispiele kennenlernen. Sind Sie schon geübter im Umgang mit VBA und der Entwicklungsumgebung, dann können Sie dieses Kapitel überspringen und gleich mit den heißen Themen einsteigen.

Des Weiteren werden Sie die ersten Makros mit Hilfe des Makrorekorders aufzeichnen. Diese erstklassige Hilfe erlaubt es Ihnen, schnell neue VBA-Befehle kennenzulernen, indem Sie bequem den Makrorekorder starten und händisch ein paar Aktionen durchführen, wie beispielsweise Zellen formatieren oder kopieren. Der dazu passende Quellcode wird vom Makrorekorder automatisch erzeugt, und Sie können ihn danach schnell anpassen und erweitern.

1.1   Die Entwicklungsumgebung von Excel

Die Entwicklungsumgebung von Excel starten Sie, indem Sie die Tastenkombination
[Alt] + [F11] drücken.

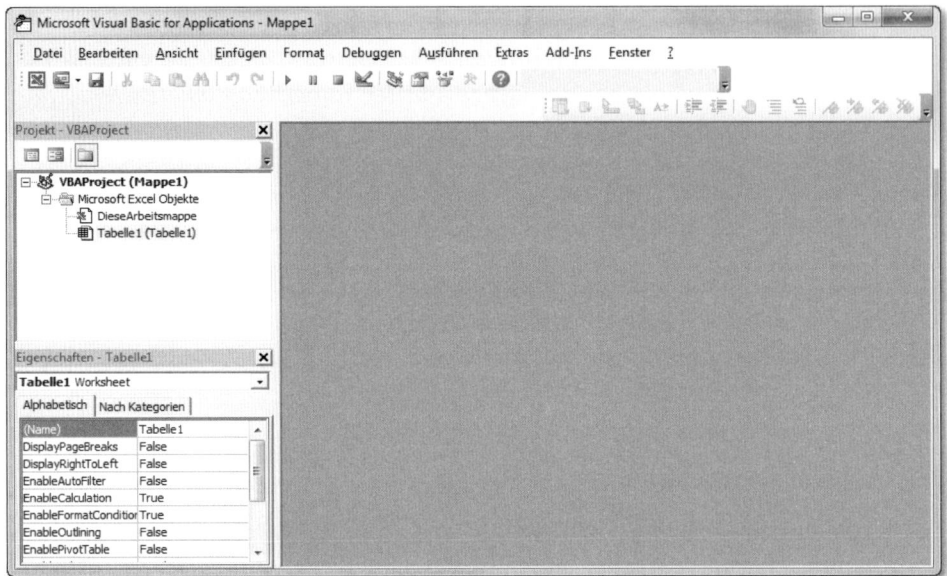

Abbildung 1.1 Die Entwicklungsumgebung von Excel

In der linken oberen Ecke sehen Sie den Projekt-Explorer, der alle geöffneten Arbeitsmappen sowie die darin enthaltenen Tabellen anzeigt. Sehen Sie sich das Eigenschaften-Fenster direkt unterhalb des Projekt-Explorers einmal an. Je nachdem, welches
Objekt Sie im Projekt-Explorer markiert haben, werden im Eigenschaften-Fenster
dazugehörende Eigenschaften angezeigt. Diese Eigenschaften z. B. für eine Tabelle
können Sie direkt einstellen, ohne ein Makro schreiben zu müssen.

1.1.1   »ScrollArea« festlegen

Im Eigenschaften-Fenster können Sie die Einstellungen an den Tabellen oder der
Arbeitsmappe einstellen. So können Sie zum Beispiel in einer Tabelle den Bereich
festlegen, in dem der Anwender sich in der Tabelle bewegen kann.

Um beispielsweise einen festen Bereich A1:E10 einzustellen, verfahren Sie wie folgt:

1. Wählen Sie im Projekt-Explorer den Eintrag TABELLE1.

2. Setzen Sie im Eigenschaftenfenster den Mauszeiger in das Feld SCROLLAREA.

3. Geben Sie dort den Zellbezug »A1:E10« ein.

4. Bestätigen Sie diese Eingabe mit der Taste [↵].

Sie haben jetzt in *Tabelle1* nur die Möglichkeit, innerhalb der Zellen A1:E10 Eingaben vorzunehmen. Alle anderen Zellen sind für Sie nicht aktivierbar.

Hinweis

Leider überdauert diese manuelle Einstellung das nächste Öffnen der Mappe nicht, so dass Sie diese manuelle Festlegung über ein sogenanntes *Ereignismakro* vornehmen müssen.

Führen Sie im Projekt-Explorer dazu einen Doppelklick auf den Eintrag DIESEARBEITS-MAPPE durch. Wählen Sie im Code-Fenster im oberen Bereich aus dem linken Dropdown-Feld das Objekt WORKBOOK aus. Dadurch wird automatisch das Ereignis Workbook_Open eingestellt. Dieses Ereignis wird immer dann automatisch ausgeführt, wenn Sie die Arbeitsmappe öffnen. Integrieren Sie in dieses Ereignis die Festlegung der ScollArea wie in Abbildung 1.2.

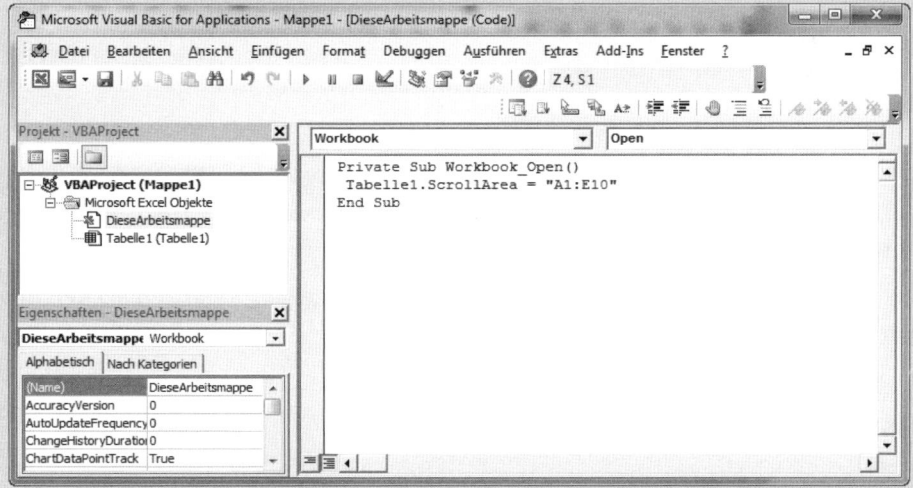

Abbildung 1.2 Die »ScrollArea« wird automatisch bei jedem Öffnen der Mappe eingestellt.

1.1.2   Makros erfassen

Um überhaupt programmieren zu können, müssen Sie zuerst einmal ein Modulblatt einfügen. Dazu gehen Sie wie folgt vor:

1. Klicken Sie im Projekt-Explorer mit der rechten Maustaste, und wählen Sie aus dem Kontextmenü den Befehl EINFÜGEN • MODUL.

2. Geben Sie nun das Makro im Code-Fenster ein. Orientieren Sie sich dabei an Abbildung 1.2. Es reicht dabei, wenn Sie lediglich die erste Zeile erfassen und mit ⏎ bestätigen. Excel ergänzt automatisch den Rest des Programmrahmens.

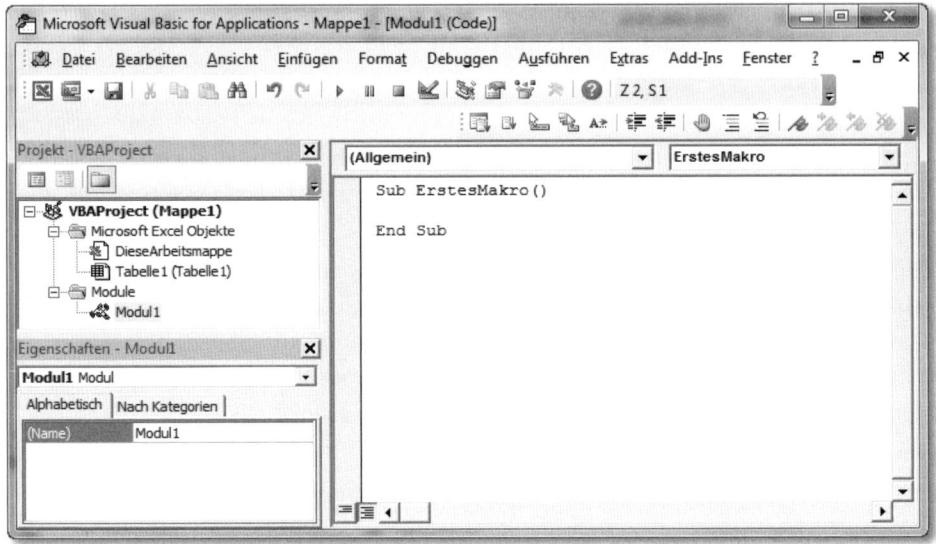

Abbildung 1.3 Das erste Makro erfassen

Diesen noch leeren Makrorahmen können Sie jetzt ergänzen. Alle Befehle, die sich zwischen der Sub-Zeile und der End Sub-Zeile befinden, werden nacheinander ausgeführt.

Um beispielsweise eine Meldung am Bildschirm anzuzeigen, ergänzen Sie den noch leeren Makrorahmen wie in Listing 1.1 gezeigt.

```
Sub ErstesMakro()
 MsgBox "Heute ist der " & Date
End Sub
```

Listing 1.1 Eine Bildschirmmeldung ausgeben

Setzen Sie den Cursor in die erste Zeile des Makros, und drücken Sie die Taste [F5]. Als Ergebnis sehen Sie die Meldung aus Abbildung 1.4 auf dem Bildschirm.

Abbildung 1.4 Die Meldung mit dem aktuellen Tagesdatum wird angezeigt.

1.2   Der Objektkatalog

Die Entwicklungsumgebung stellt Ihnen einen Objektkatalog zur Verfügung, in dem Sie sich über Objekte, Methoden und Eigenschaften informieren können. Lassen Sie mich an dieser Stelle etwas über die gerade genannten Fachwörter sagen.

▶ **Objekte**: Als Objekt bezeichnet man alle Teile, die Sie in Excel sehen können. Die wichtigsten Objekte sind die Arbeitsmappe, das Tabellenblatt, die Zeilen bzw. Spalten und die Zelle als kleinste Einheit in Excel.

▶ **Eigenschaften**: Dahinter verbergen sich die Merkmale eines Objektes. So ist zum Beispiel die Formatierung einer Zelle eine Eigenschaft des Objektes Zelle.

▶ **Methoden**: Wenn wir von Methoden sprechen, fragen Sie sich am besten immer: Was kann ich mit den einzelnen Objekten machen? Angewandt auf eine Arbeitsmappe wären das die Methoden für das Öffnen, Drucken, Speichern und Schließen.

Den Objektkatalog rufen Sie in der Entwicklungsumgebung auf, indem Sie die Taste [F2] drücken.

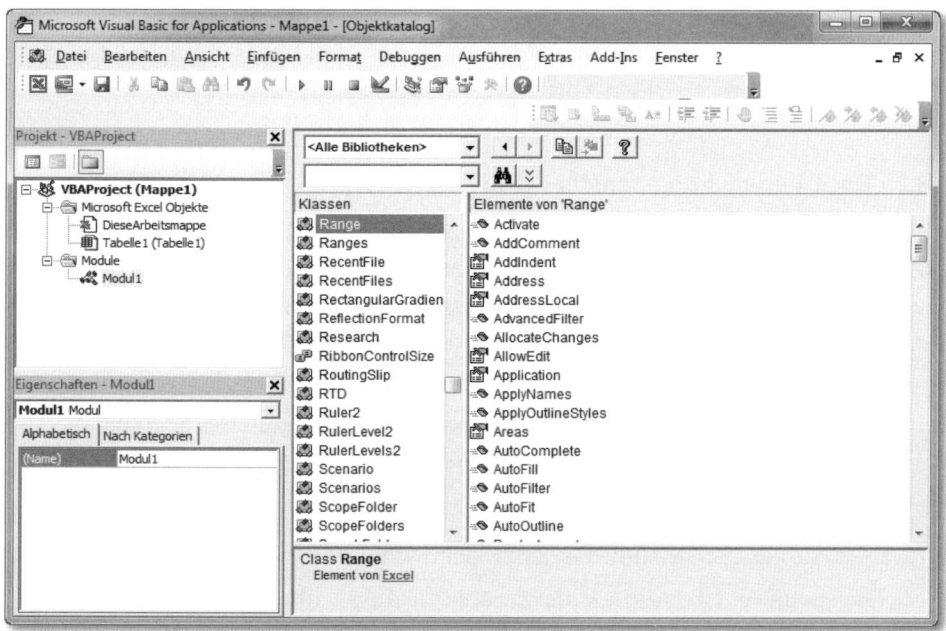

Abbildung 1.5 Der Objektkatalog von Excel-VBA

Alle in VBA zur Verfügung stehenden Objekte werden in Bibliotheken verwaltet. Standardmäßig ist im ersten Dropdown-Menü der Eintrag ALLE BIBLIOTHEKEN ausgewählt. Der Objektkatalog bietet eine Übersicht über die Objekte, Methoden und Eigenschaften, die Ihnen für die Programmierung von Excel zur Verfügung stehen.

1.3 Makros testen

Im Verlaufe der Programmierung wird es nicht ausbleiben, dass Fehler auftreten. Wichtig ist aber immer zu wissen, wie weit das Programm lief und vor allem, ob es bis zum Fehler richtig lief.

1.3.1 Das Direktfenster

Das wichtigste Testelement ist das Direktfenster. Sie können beispielsweise bestimmte Inhalte von Variablen, die Sie im nächsten Kapitel kennenlernen werden, im Direktfenster ausgeben. Die Anweisung, um beispielsweise den Namen der aktiven Tabelle im Direktfenster zu ermitteln, lautet:

```
Sub DirektfensterAnsprechen()
 Debug.Print ActiveSheet.Name
End Sub
```

Listing 1.2 Das Direktfenster ansprechen

Bevor Sie dieses Makro ausführen, blenden Sie das Direktfenster ein, indem Sie die Tastenkombination (Strg) + (G) drücken.

1.3.2 Das Überwachungsfenster

Eine besonders wertvolle Funktion können Sie einsetzen, indem Sie das Überwachungsfenster einblenden. Wählen Sie dazu aus dem Menü ANSICHT den Befehl ÜBERWACHUNGSFENSTER. Sie haben jetzt beispielsweise die Möglichkeit, zu überprüfen, wann sich eine bestimmte Variable ändert. Genau dann soll der Makroablauf unterbrochen werden.

So können Sie zum Beispiel eine Schleife mehrmals durchlaufen lassen und die Zwischenergebnisse einer Variablen kontrollieren.

Um eine Variable zu überwachen, befolgen Sie die nächsten Schritte:

1. Wählen Sie aus dem Menü DEBUGGEN den Befehl ÜBERWACHUNG HINZUFÜGEN.
2. Geben Sie im Feld AUSDRUCK die Variable an, die Sie überwachen möchten.
3. Aktivieren Sie die Option UNTERBRECHEN, WENN WERT GEÄNDERT WURDE.
4. Bestätigen Sie Ihre Einstellungen mit OK.

Wenn Sie das Überwachungsfenster einblenden und dann ein Makro mit eingestellter Überwachung starten, dann können Sie die Änderung an einer überwachten Variablen erkennen und sehr gut kontrollieren.

1.3.3   Das Lokal-Fenster

Das Lokal-Fenster wird in der Entwicklungsumgebung standardmäßig nicht angezeigt. Über das Menü ANSICHT können Sie dieses Fenster jedoch einblenden. Das Lokal-Fenster zeigt alle deklarierten Variablen in der aktuellen Prozedur und deren Werte an. Sie haben daher die Möglichkeit, die Werte von Variablen übersichtlich zu prüfen.

1.3.4   Code Schritt für Schritt durchlaufen lassen

Eine weitere Möglichkeit der Fehlersuche in Excel ist es, das Makro Zeile für Zeile abzuarbeiten. Dabei gehen Sie folgendermaßen vor:

1. Setzen Sie den Mauszeiger in die erste Zeile des Makros.
2. Drücken Sie die Taste F8 . Alternativ dazu können Sie ebenso den Menübefehl DEBUGGEN • EINZELSCHRITT wählen. Das Makro hält nun nach jedem Befehl an. Sie können dann prüfen, ob das Makro auch das Gewünschte ausführt, indem Sie die Entwicklungsumgebung kurzfristig verlassen und auf Ihrem Tabellenblatt die Ergebnisse kontrollieren.

1.3.5   Haltepunkte setzen

Wenn Sie ein Makro starten, das einen Haltepunkt aufweist, dann stoppt es genau an diesem Haltepunkt. Hiermit können Sie Programmzwischenstände prüfen.

Einen Haltepunkt können Sie setzen, indem Sie den Mauszeiger in die gewünschte Zeile im Makro setzen und die Taste F9 drücken. Dadurch wird die Zeile standardmäßig mit der Hintergrundfarbe Braun hinterlegt. Wenn Sie jetzt das Makro über die Taste F5 starten, wird es bis zum Haltepunkt abgearbeitet und stoppt dann. Die Zeile mit dem Haltepunkt wird hervorgehoben, und Sie können die Zwischenstände kontrollieren und anschließend mit der Taste F5 die Verarbeitung des Makros fortsetzen oder das Makro abbrechen, indem Sie aus dem Menü AUSFÜHREN den Befehl ZURÜCKSETZEN auswählen.

1.3.6   Kommentare im Code hinterlegen

Hinterlegen Sie bitte ausreichend Kommentare in Ihren Makros. Es fällt Ihnen dadurch später leichter, die einzelnen Befehle nachzuvollziehen. Auch Änderungen am Makro selbst können Sie auf diese Art und Weise festhalten.

Einen Kommentar fügen Sie ein, indem Sie ein einfaches Anführungszeichen vor den auszukommentierenden Befehl oder Text eingeben. Die Befehlszeile nimmt dann standardmäßig die Schriftfarbe Grün an. Diese so kommentierten Zeilen werden beim Makrolauf nicht ausgewertet. Sie können ganze Kommentarzeilen anlegen oder auch innerhalb einer Zeile am Ende einen Kommentar anfügen.

Wenn Sie ganze Blöcke schnell auskommentieren möchten, dann können Sie dies recht elegant über die Symbolleiste BEARBEITEN ausführen, die Sie über den Menübefehl ANSICHT • SYMBOLLEISTE • BEARBEITEN einblenden. Markieren Sie danach den kompletten Codeblock, den Sie auf diese Weise deaktivieren möchten, und klicken Sie in der Symbolleiste BEARBEITEN auf das Symbol BLOCK AUSKOMMENTIEREN.

Möchten Sie hingegen einzelne Zeilen oder auch einen ganzen Block wieder aktivieren, dann markieren Sie die entsprechende(n) Zeile(n) und klicken auf das Symbol AUSKOMMENTIERUNG DES BLOCKS AUFHEBEN.

1.3.7 Einzüge vergrößern oder verkleinern

Um den Programmcode leichter lesbar zu machen, können Sie einzelne Befehle oder gar ganze Blöcke im Quellcode einrücken. Auf der Symbolleiste BEARBEITEN finden Sie die beiden Symbole EINZUG VERGRÖSSERN bzw. EINZUG VERKLEINERN. Mit dieser Funktion rücken Sie einzelne Zeilen oder auch mehrere Zeilen auf einmal nach links bzw. wieder nach rechts ein.

1.3.8 Befehle in der nächsten Zeile fortsetzen

Selbstverständlich können Sie längere Befehlsketten in einer Zeile eingeben. Der Nachteil daran ist, dass Sie irgendwann so weit nach rechts scrollen müssen, dass Sie den Anfang der Zeile nicht mehr sehen. Hier empfiehlt sich, über ein Trennzeichen dem Editor mitzuteilen, dass der Befehl in der nächsten Zeile weitergeht.

Auch hier leistet die automatische Syntaxprüfung in Excel hervorragende Hilfe, denn nicht jeder Befehl lässt sich an einer beliebigen Stelle trennen.

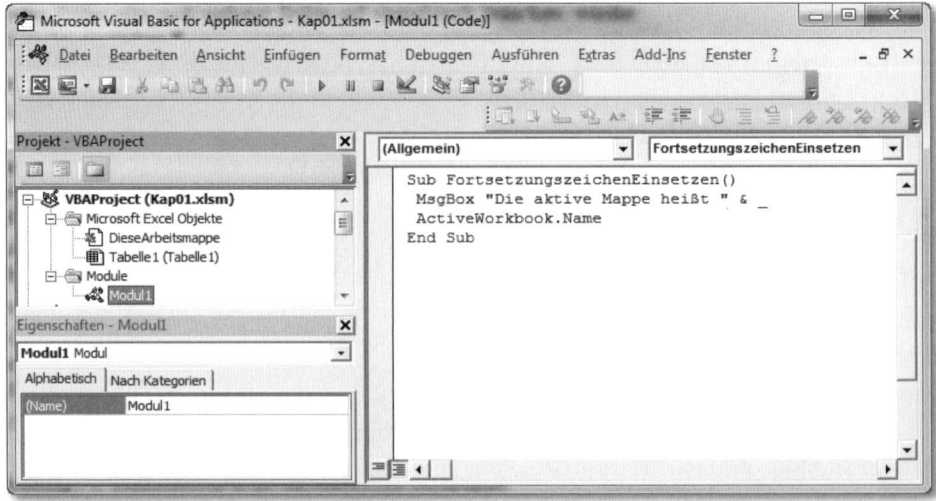

Abbildung 1.6 Einen Befehl in der nächsten Zeile fortsetzen

Liebe Kundinnen und liebe Kunden,

wir haben uns einen neuen Namen gegeben. Wir tun das nicht freiwillig und nicht leichten Herzens. Aber es ist leider so, dass uns der weitere Gebrauch des Namens »Galileo Press« markenrechtlich untersagt werden soll. Das birgt große Risiken für unser Verlagsgeschäft. Darum haben wir uns entschieden, unseren Verlag neu zu benennen.

Wir heißen jetzt Rheinwerk Verlag. Wir haben diesen Namen gewählt, weil er schon lange unser Verlagsleben begleitet. Denn Rheinwerk heißt das direkt am Rhein gelegene alte Werksgelände, wo unser Verlagshaus steht. Und auch unsere Hausadresse, die Rheinwerkallee, hat ihren Namen daher.

Rheinwerk ist aber nicht nur ein Bekenntnis zu dem Ort, wo wir für Sie tätig sind. Rheinwerk lässt auch anklingen, was für unsere Arbeit immer schon bestimmend war: Freude und kreative Beweglichkeit – verlässliche Qualität und verlegerisches Handwerk. So bewahrt und bekräftigt der neue Name, wofür der alte stand.

Sie können darum darauf vertrauen, dass wir als Rheinwerk Verlag auch weiterhin Bücher, E-Books und Video-Trainings verlegen, die Freude machen und Sie fachlich weiterbringen. Neu und unverändert.

Überzeugen Sie sich davon in unserem aktuellen Programm. Ich wünsche Ihnen viel Spaß beim Stöbern!

Es grüßt Sie herzlich im Namen aller Kollegen des Rheinwerk Verlags

Ihr Tomas Wehren
Verlagsleiter

Jürgen Wolf

HTML5 und CSS3
Das umfassende Handbuch

▸ Webseiten gestalten und programmieren
▸ Alle HTML5-APIs im Überblick
▸ Video, Audio, lokaler Speicher und dynamische 2D- und 3D-Grafiken, Canvas, Geolocation, Responsive Webdesign

Wollen Sie faszinierende Websites mit HTML5 und CSS3 gestalten? Jürgen Wolf gibt Ihnen eine umfassende Einführung in die Arbeit mit HTML5, CSS3 und JavaScript. HTML5 bietet vielfältige neue Funktionalitäten wie unter anderem Video, Audio, lokaler Speicher und dynamische 2D- und 3D-Grafiken. Mit CSS3 lassen sich viele Effekte mit weniger Code umsetzen: abgerundete Ecken, Schatten, unterschiedliche Deckkraft, Transparenzen, Einsatz beliebiger Schriften, neue Farbangaben u. v. m. Das Buch ist ein Lern- und Nachschlagewerk für jeden, der HTML und CSS unter Betonung der neuen Features von HTML5 und CSS3 erlernen möchte.

1.000 Seiten, gebunden, mit DVD
39,90 Euro, ab Juni 2015

ISBN 978-3-8362-2885-5
www.rheinwerk-verlag.de/3612

Björn Rohles

Grundkurs Gutes Webdesign
Alles, was Sie über Gestaltung im Web wissen sollten

So entstehen moderne und attraktive Websites, die jeder gerne besucht! In diesem Buch erlernen Sie die Gestaltungsgrundlagen für gutes Webdesign – vom Layout über Farben und Schrift bis hin zu Grafiken, Bildern und Icons. So wird aus einer einfachen Website ein echter Hingucker. Inkl. HTML5, CSS3 und Responsive Webdesign.

424 Seiten
broschiert, in Farbe
mit DVD, Juni 2013
24,90 Euro

ISBN 978-3-8362-1992-1
www.rheinwerk-verlag.de/3236

Martin Hahn

Webdesign
Das Handbuch zur Webgestaltung

Dieses Buch vermittelt die Designprinzipien, mit denen Sie einen Nutzer von Ihrer Website überzeugen! Es begleitet Sie bei allen Fragestellungen, die für die Gestaltung einer attraktiven Website wichtig sind – vom Konzept und Layout über Farben und Typografie bis hin zu Grafiken, Bildern und Co. Inkl. Barrierefreiheit, Usability und Responsive Webdesign.

783 Seiten
gebunden, in Farbe
mit DVD
Dezember 2014
49,90 Euro

ISBN 978-3-8362-2692-9
www.rheinwerk-verlag.de/3509

Peter Müller

Einstieg in CSS
Webseiten gestalten mit HTML und CSS

Mit diesem Buch lernen Sie hervorragend, was Sie bei der modernen Webgestaltung mit HTML und CSS wissen müssen: von den grundlegenden Prinzipien bis hin zu den neuesten Entwicklungen. Immer kompetent, klar und verständlich. Anschauliche Beispiele können Sie leicht auf eigene Projekte anwenden. Inkl. HTML5 und CSS3.

487 Seiten
broschiert
November 2013
29,90 Euro

ISBN 978-3-8362-2776-6
www.rheinwerk-verlag.de/3545

Kai Laborenz

CSS
Das umfassende Handbuch

Das vollständige Wissen zu CSS und Co. in einem Band! Einsteiger erhalten eine fundierte Einführung, professionelle Webentwickler einen Überblick über alle CSS-Technologien und Praxislösungen für CSS-Layouts sowie zahlreiche Tipps für die tägliche Arbeit. Inkl. HTML5, CSS3, Responsive Webdesign, SASS u. v. m.

791 Seiten
gebunden, mit DVD
2. Auflage 2013
39,90 Euro

»Auf beachtlichen 800 Seiten behandelt Laborenz alle Aspekte des Webdesigns mit CSS.« c't

ISBN 978-3-8362-2313-3
www.rheinwerk-verlag.de/3348

Kai Günster

Schrödinger lernt HTML5, CSS3 und JavaScript

Das etwas andere Fachbuch

»Kai Günster führt im lockeren Plauderton in die Webentwicklung ein, unterstützt durch freche Cartoons und andere Illustrationen. [...] So vermittelt das Buch seinem Leser insgesamt entspannt und augenzwinkernd, wie man zeitgemäß eine Webseite gestaltet, sie mit CSS verschönert und mit JavaScript interaktiv macht.« c't

826 Seiten
broschiert, in Farbe
August 2013
44,90 Euro

ISBN 978-3-8362-2020-0
www.rheinwerk-verlag.de/3277

Florian Franke, Johannes Ippen

Apps mit HTML5, CSS3 und JavaScript

Für Android, iPhone und iPad

Entdecken Sie die Möglichkeiten von HTML5, CSS3 und JavaScript für die Entwicklung von modernen Apps. Sie erstellen erste Apps, gestalten Zeitschriften und Bücher für iPad und Co. und nutzen alle Möglichkeiten der mobilen Geräte. Inkl. Ausbau zu nativen Programmen, Einsatz von JavaScript-Frameworks und Windows Phone.

570 Seiten
gebunden, 3. Auflage
34,90 Euro
ab Juni 2015

ISBN 978-3-8362-3485-6
www.rheinwerk-verlag.de/3762

Peter Müller

Flexible Boxes

Eine Einführung in moderne Websites

Wie entwickelt man heute moderne Websites? Peter Müller zeigt Ihnen in seiner Einführung von Grund auf, was Sie für die Erstellung von flexiblen Webseiten für die verschiedensten Endgeräte beachten müssen. Egal, ob es sich dabei um HTML5, CSS3, Adaptive oder Responsive Webdesign, Mobile First oder Grid-Frameworks handelt.

503 Seiten
broschiert
2. Auflage 2015
29,90 Euro

ISBN 978-3-8362-3499-3
www.rheinwerk-verlag.de/3767

Alexander Steireif, Rouven Rieker, Markus Bückle

Handbuch Online-Shop

Strategien, Erfolgsrezepte, Lösungen

Starten Sie erfolgreich in den Online-Handel. Erfahren Sie alles, was Sie für den Betrieb eines Online-Shops benötigen. Von den Entscheidungen zu Beginn, Erfolgskriterien, Usability- und Marketing-Wissen, bis zu rechtlichen und buchhalterischen Tipps. So stellen Sie sich den Herausforderungen im E-Commerce.

600 Seiten
gebunden
39,90 Euro
ab Juni 2015

ISBN 978-3-8362-2910-4
www.rheinwerk-verlag.de/3626

Andrea Ertel, Kai Laborenz

Responsive Webdesign

Anpassungsfähige Websites programmieren und gestalten

▸ Grundlagen, Strategien und inspirierende Praxisbeispiele
▸ Layout, Navigationen, Bilder und Videos, Schriften, flexible Werbung
▸ Inkl. responsiver Frameworks, Barrierefreiheit, Performance u. v. m.

Andrea Ertel und Kai Laborenz zeigen in Ihrem neuen Buch praxisnahe Lösungen, wie Sie Ihre Website responsive machen können. Lernen Sie, wie Sie von Beginn an in flexiblen Strukturen denken können, die Schlüsseltechnologie Media Queries professionell einsetzen und Usability-Anforderungen umsetzen können. Dabei helfen Ihnen auch Layout-, Navigations- und Content-Strategien, um Ihre Website optimal umzusetzen. Außerdem erfahren Sie, wie Sie mit Inhaltselementen wie Formularen, Tabellen, Video, Slideshows, Werbung oder externen Applikationen flexibel umgehen können. Profitieren Sie von den vielen Tipps und Tricks, auch zur Performanceoptimierung.

489 Seiten, gebunden, in Farbe
2. Auflage 2014, 39,90 Euro

ISBN 978-3-8362-3200-5
www.rheinwerk-verlag.de/3725

**938 Seiten
gebunden
4. Auflage 2014
39,90 Euro**

Alexander Hetzel
WordPress 4
Das umfassende Handbuch

Umfassend, bewährt, für Einsteiger und Profis, das ist unser WordPress-Handbuch. Hier finden Sie alles von der Installation bis hin zur Anpassung und Konfiguration Ihrer Website oder Ihres Blogs. Dazu zählt auch die Darstellung der komplexen Entwicklung von eigenen Design-Vorlagen und Erweiterungen und der Einbindung von Social-Media-Diensten und SEO.

»Das Buch kann man als Standardwerk für Einsteiger, Blogger, Entwickler und Redakteure bezeichnen.« CHIP

ISBN 978-3-8362-3042-1
www.rheinwerk-verlag.de/3704

**400 Seiten
broschiert
24,90 Euro
ab Juli 2015**

Peter Müller
Einstieg in WordPress 4

Sie planen eine eigene Website mit WordPress und suchen einen einfachen Einstieg? Dann sind Sie bei dem neuen Buch von Peter Müller genau richtig. In einfachen Kapiteln lernen Sie WordPress als Redaktionssystem kennen und bauen Schritt für Schritt eine Onlinepräsenz auf: Alles, was Sie zu Domain, Webspace, Installation, eigene Layouts und Funktionalitäten wissen müssen!

ISBN 978-3-8362-2913-5
www.rheinwerk-verlag.de/3627

**623 Seiten
gebunden, mit DVD
6. Auflage 2014
29,90 Euro**

Frank Bongers, Michael Hassel
Einstieg in TYPO3 CMS 6.2 LTS

Als TYPO3-Einsteiger finden Sie in diesem Werk einen einfachen Zugang für einen überzeugenden Webauftritt. Schritt für Schritt erstellen Sie eine interaktive Webseite. Parallel erfahren Sie alles über Designvorlagen und Templates, Menü-Erstellung und wichtige Erweiterungen wie Templa-Voilà und Fluid-Templates.

ISBN 978-3-8362-3061-2
www.rheinwerk-verlag.de/3715

**803 Seiten
gebunden, mit CD
4. Auflage 2014
39,90 Euro**

Peter Müller
Contao
Das umfassende Handbuch

Peter Müller stellt mit vielen Praxisbeispielen Installation, Konfiguration und Administration von Contao vor. Sein unnachahmlicher Stil verspricht schnellen Lernerfolg und Unterhaltung auf jeder Seite.

»Mit seiner klaren Struktur sowie der guten inhaltlichen Aufbereitung erweist sich das Buch sowohl für Contao-Laien als auch Contao-Profis als empfehlenswerte fachliche Investition.« Contao Austria Community

ISBN 978-3-8362-3016-2
www.rheinwerk-verlag.de/3682

**601 Seiten
broschiert, mit CD
10. Auflage 2014
19,90 Euro**

Thomas Theis
Einstieg in PHP 5.6 und MySQL 5.6

Mit diesem Buch erhalten Sie einen idealen Einstieg in PHP 5.6 und MySQL 5.6. Schritt für Schritt werden Sie mit allen Themen der Webprogrammierung vertraut gemacht, sodass Sie Ihre eigenen Websites, Foren und Blogs mühelos selbst entwickeln können.

ISBN 978-3-8362-3050-6
www.rheinwerk-verlag.de/3709

**1.150 Seiten
gebunden
39,90 Euro
ab April 2015**

Christian Wenz, Tobias Hauser
PHP 5.6 und MySQL 5.7
Das umfassende Handbuch

Das Buch für ambitionierte Einsteiger und fortgeschrittene Entwickler, die umfangreiches Wissen in der Datenbankentwicklung und Programmierung mit PHP erhalten möchten. Die Autoren bieten Ihnen eine praxisorientierte Einführung in Techniken, Arbeitsweisen und Werkzeuge für Ihre Website mit PHP und MySQL.

ISBN 978-3-8362-3058-2
www.rheinwerk-verlag.de/3714

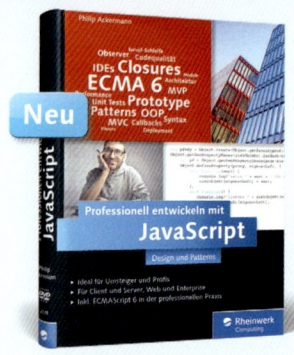

Philip Ackermann

Professionell entwickeln mit JavaScript

Design und Patterns

▶ Ideal für Umsteiger und Profis
▶ Für Client und Server, Web und Enterprise
▶ Ink. ECMAScript 6 in der professionellen Praxis

Unser Standardwerk für Enterprise-fähiges JavaScript. Endlich ein umfassendes Lehr- und Praxisbuch zu allen relevanten Skills – von den Sprachfeatures über Patterns und Frameworks bis zum Build-Prozess. Aktuell zu ECMAScript 6. Programmiererfahrung wird vorausgesetzt, JavaScript-Kenntnisse nicht. Für alle, die mit JavaScript robusten Code schreiben wollen. Skills und Standards für komplexe Geschäftsanwendungen, clevere Apps und tragfähige Bibliotheken, für JavaScript auf dem Server und auf dem Client.

400 Seiten, broschiert, 34,90 Euro
ab April 2015

ISBN 978-3-8362-2379-9
www.rheinwerk-verlag.de/3365

Thomas Theis

Einstieg in JavaScript

Lernen Sie die Grundlagen der modernen JavaScript-Programmierung. Schnell erstellen Sie Ihre erste eigene Anwendung. An typischen Beispielen wie einer Digitaluhr testen Sie Ihr Wissen. Das Buch führt Sie in alle Bereiche ein, die für die JavaScript-Programmierung relevant sind: CSS, HTML, jQuery und Ajax.

438 Seiten
broschiert, mit CD
Oktober 2013
24,90 Euro

ISBN 978-3-8362-2587-8
www.rheinwerk-verlag.de/3434

Frank Bongers, Maximilian Vollendorf

jQuery

Das umfassende Handbuch

Mit jQuery kann man zaubern. Auch JavaScript-Muffel kommen mit dem Framework schnell zu Ergebnissen, die sich sehen lassen können. Dieses Buch zeigt Ihnen, wie Sie die Funktionen von jQuery effektiv auf Ihren Webseiten einsetzen können. Inkl. Entwicklung mobiler Anwendungen mit jQuery Mobile.

935 Seiten
gebunden, mit DVD
3. Auflage 2013
39,90 Euro

ISBN 978-3-8362-2638-7
www.rheinwerk-verlag.de/3473

Thomas Theis

Einstieg in Python

Ideal für Programmieranfänger geeignet

Python lernen leicht gemacht! Schritt für Schritt entwickeln Sie ein eigenes Spiel und lernen dabei alles, was Sie wissen müssen: von den Grundlagen der Programmierung bis zur Oberflächen-, Datenbank- und Internetentwicklung. Gut verständliche Erklärungen sorgen dafür, dass Ihnen der Einstieg sicher gelingt!

478 Seiten
broschiert, mit DVD
4. Auflage 2014
24,90 Euro

ISBN 978-3-8362-2861-9
www.rheinwerk-verlag.de/3594

Johannes Ernesti, Peter Kaiser

Python 3

Das umfassende Handbuch

Für Einsteiger und fortgeschrittene Python-Programmierer die erste Wahl! Sprache, Standardbibliothek und Profi-Themen werden ausführlich beschrieben. Darüber hinaus wird auf die wesentlichen Unterschiede zwischen Python 3 und früheren Versionen eingegangen. Mit Hilfestellung für die Migration alter Projekte.

1.050 Seiten
gebunden, mit CD
4. Auflage
39,90 Euro
ab Juli 2015

ISBN 978-3-8362-3633-1
www.rheinwerk-verlag.de/3789

Anne Grabs, Karim-Patrick Bannour, Elisabeth Vogl

Follow me!

Erfolgreiches Social Media Marketing mit Facebook, Twitter und Co.

Der bewährte Begleiter für Ihre Social-Media-Aktivitäten in neuer Auflage. Folgen Sie der Erfolgsstrategie: Was ist Social Media? Wie gehen Sie damit um? Welche Schritte müssen in welcher Reihenfolge erfolgen? Welche Gefahren drohen und wie können Sie diese minimieren? Inkl. Strategien zum mobilen Marketing, Empfehlungsmarketing, Crowdsourcing, Social Commerce, Rechtstipps u. v. m.

539 Seiten
broschiert, in Farbe
3. Auflage 2014
29,90 Euro

ISBN 978-3-8362-2902-9
www.rheinwerk-verlag.de/3621

Vivian Pein

Der Social Media Manager

Handbuch für Ausbildung und Beruf

Die sozialen Medien haben einen neuen Beruf geschaffen: den Social Media Manager. Es mangelt jedoch an einer klaren Definition des Berufsbildes. Unser Ausbildungs- und Praxisbuch liefert einen umfassenden Überblick für Social Media Manager und kann von Unternehmen für die Implementierung des Berufs verwendet werden.

575 Seiten
broschiert, in Farbe
Oktober 2013
29,90 Euro

»Das Buch ist ein vollwertiges Social-Media-Kompendium, das perfekt auf die Anforderungen von Social Media Managern zugeschnitten ist.«
Thomas Schwenke

ISBN 978-3-8362-2023-1
www.rheinwerk-verlag.de/3280

Christian Solmecke, Jakob Wahlers

Recht im Social Web

Fürchten Sie sich nicht vor Abmahnungen im Social Web! Die Rechtsanwälte Christian Solmecke und Jakob Wahlers erklären Ihnen alle relevanten Rechtsprobleme, die im Social-Media-Alltag auftreten können. Viele Praxisbeispiele und Tipps und eine einfache, klare Sprache ohne Paragraphendeutsch helfen Ihnen, Ihren Auftritt rechtssicher zu gestalten.

523 Seiten
broschiert, in Farbe
Februar 2014
29,90 Euro

ISBN 978-3-8362-2608-0
www.rheinwerk-verlag.de/3459

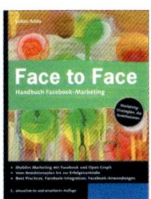

Lukas Adda

Face to Face

Handbuch Facebook-Marketing

Face to Face bietet einen umfassenden Überblick zum Einsatz von Facebook als Marketing-Instrument. Inkl. Definition von Zielen, Strategien und zahlreichen Best Practices. Lukas Adda gibt Ihnen erprobte Strategien und kreative Denkanstöße für erfolgreiche Social-Media-Kampagnen auf Facebook an die Hand.

504 Seiten
broschiert, in Farbe
2. Auflage 2013
29,90 Euro

ISBN 978-3-8362-2212-9
www.rheinwerk-verlag.de/3323

Miriam Löffler

Think Content!

Content-Strategie, Content-Marketing, Texten fürs Web

▸ Website-Content verstehen und effizient einsetzen
▸ Mehr Reichweite mit dem passenden Content-Mix
▸ Essenzielles Texter-Wissen: von SEO über Online-PR bis zur Produktbeschreibung

Content ist der zentrale Erfolgsfaktor im Web! Wenn Sie mit Ihrer Website erfolgreich sein wollen, müssen Sie sich auch inhaltlich auf Ihre User konzentrieren. Qualitativ hochwertige Inhalte verbessern das Ranking im Netz. Unsere Autorin beantwortet Ihnen alle Fragen, die im Umgang mit Content-Marketing auftauchen.

»Definitiv Pflichtlektüre für alle angehenden Content-Strategen. Ein sehr, sehr gutes Buch für jeden, der es mit dem Thema wirklich ernst meint.« Mirko Lange

627 Seiten, broschiert,
Februar 2014, 29,90 Euro

ISBN 978-3-8362-2006-4
www.rheinwerk-verlag.de/3251

Sebastian Erlhofer

Suchmaschinen-Optimierung

Das umfassende Handbuch

Das bewährte Standardwerk von Sebastian Erlhofer in siebter Auflage: alles zu den Grundlagen, mit Erklärungen zu den Funktionsweisen von Suchmaschinen und praktischen Tipps zur Ranking-Optimierung. Eine in vielen Auflagen bewährte Mischung aus Theorie und Praxis.

915 Seiten
gebunden
7. Auflage 2014
39,90 Euro

ISBN 978-3-8362-2882-4
www.rheinwerk-verlag.de/3611

Kim Weinand

**Top-Rankings
bei Google und Co.**

Zieht Ihre Internetseite zu wenige Besucher an? Kim Weinand weiß, worauf es ankommt, damit Ihr Auftritt auf der ersten Google-Seite erscheint. Er vermittelt Ihnen aktuelles Praxiswissen und Trends der Suchmaschinen-Optimierung. Hier erfahren Sie alles darüber, wie Sie erfolgreicher im Netz auftreten können.

425 Seiten
broschiert
2. Auflage 2014
24,90 Euro

ISBN 978-3-8362-2896-1
www.rheinwerk-verlag.de/3619

Markus Vollmert, Heike Lück

Google Analytics

Das umfassende Handbuch

Setzen Sie die vielfältigen Funktionen von Google Analytics professionell ein. Von der Konzeption und Strukturierung des Webanalyse-Systems bis zur optimalen Implementierung und zum Monitoring aller Online-Aktivitäten. Optimieren Sie Ihre Website und Ihr Online-Marketing. Inkl. Google Webmaster Tools und Google AdWords-Integration.

679 Seiten
gebunden
April 2014
39,90 Euro

ISBN 978-3-8362-2731-5
www.rheinwerk-verlag.de/3520

Guido Pelzer, Thomas Sommeregger, Ricarda Linnenbrink

Google AdWords

Das umfassende Handbuch

Nutzen Sie Google AdWords, um zielgruppengenaue Werbung zu schalten. Sie lernen, wie Sie gute Keywords finden und erfolgreiche Anzeigen schalten. Von der Kampagnenplanung, der Zusammenarbeit mit Google Analytics bis hin zur Auswertung haben Sie mit diesem Buch ein umfangreiches Kompendium zur Hand, das Sie in jeder Phase unterstützt.

757 Seiten
gebunden
Februar 2015
34,90 Euro

ISBN 978-3-8362-2122-1
www.rheinwerk-verlag.de/3320

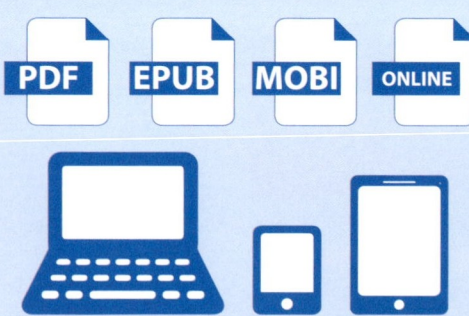

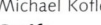

Michael Kofler

Swift
Der professionelle Einstieg

Der perfekte Start in Apples neue Programmiersprache Swift! Michael Kofler führt Sie in die Syntax und in die objektorientierte Programmierung ein. Viele umfangreiche Beispielprojekte zeigen Ihnen zudem schrittweise den Umgang mit Cocoa für iOS- und OS-X-Apps. Ideal auch für Umsteiger von Objective-C.

500 Seiten
gebunden
34,90 Euro
ab Juli 2015

ISBN 978-3-8362-3651-5
www.rheinwerk-verlag.de/3798

Klaus M. Rodewig, Clemens Wagner

Apps programmieren für iPhone und iPad
Das umfassende Handbuch

Das Handbuch für alle iOS-Entwickler! Unsere Autoren zeigen Ihnen, wie Sie Apps professionell entwickeln können. Dabei werden alle wichtigen Themen in der gebotenen Tiefe beschrieben. Praktische und direkt nachvollziehbare Beispiele helfen Ihnen beim Verständnis. Von der Konzeption bis in den App Store. Aktuell zu iOS 8.

1.267 Seiten
gebunden
3. Auflage 2014
49,90 Euro

ISBN 978-3-8362-2955-5
www.rheinwerk-verlag.de/3653

Uwe Post

Spieleprogrammierung mit Android Studio
Programmierung, Grafik & 3D, Sound, Special Effects

Entwickeln Sie Ihre eigenen Spiele-Apps mit Android Studio! Das Buch führt Sie in alle wichtigen Bereiche der Spieleprogrammierung für mobile Endgeräte ein: Layouts für verschiedene Geräte entwickeln, 2D- und 3D-Spiele, Sound, Special Effects und Social Gaming. Java-Kenntnisse und Grundlagen von Android werden vorausgesetzt.

381 Seiten
gebunden
April 2014
34,90 Euro

ISBN 978-3-8362-2760-5
www.rheinwerk-verlag.de/3537

Klaus M. Rodewig, Jörg Brunsmann

iPhone- und iPad-Apps entwickeln
Ideal für Programmiereinsteiger

Unsere Autoren zeigen Ihnen, wie Sie Schritt für Schritt zur eigenen App kommen und diese in den App Store stellen. Dabei werden alle wichtigen Grundlagen mit viel Hintergrundwissen beschrieben. Praktische und direkt nachvollziehbare Beispiele helfen Ihnen beim Verständnis. Aktuell zu iOS 8.

393 Seiten
broschiert
2. Auflage 2014
29,90 Euro

ISBN 978-3-8362-3482-5
www.rheinwerk-verlag.de/3760

Thomas Künneth

Android 5
Apps entwickeln mit Android Studio

Sie möchten Apps für Android Smartphones, Tablets oder Smartwatches entwickeln? Java-Kenntnisse vorausgesetzt, wird Ihnen das durch die verständlichen Erklärungen und zahlreichen Praxisbeispiele schnell gelingen. Ob GUIs, Datenbanken, Kamera, Multimedia, Kontakte oder GPS – hier erfahren Sie alles, was Sie wissen müssen!

600 Seiten
gebunden
3. Auflage
34,90 Euro
ab Juni 2015

ISBN 978-3-8362-2665-3
www.rheinwerk-verlag.de/3493

Uwe Post

Android-Apps entwickeln
Eine Spiele-App von A bis Z

Ihr Einstieg in die App-Entwicklung! Hier lernen Sie auf besonders einfache und unterhaltsame Weise, wie Sie Apps für Android entwickeln. Schritt für Schritt programmieren Sie ein eigenes Spiel, das sich sehen lassen kann! Grundkenntnisse in der Programmierung werden vorausgesetzt. Dann kann nichts mehr schief gehen.

409 Seiten
broschiert, mit DVD
4. Auflage 2014
24,90 Euro

ISBN 978-3-8362-2790-2
www.rheinwerk-verlag.de/3556

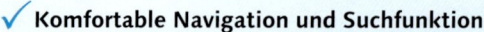

Programmierung

Sebastian Witt
Apps entwickeln mit Android Studio

DVD oder Download
8 Stunden Spielzeit, 39,90 Euro
ISBN 978-3-8362-3037-7
www.rheinwerk-verlag.de/3697

Tobias Rolley
Apps entwickeln für Android 5

DVD oder Download, April 2015
10 Stunden Spielzeit, 39,90 Euro
ISBN 978-3-8362-2656-1
www.rheinwerk-verlag.de/3482

Ramin Soleymani
Das Arduino-Training

DVD oder Download
7 Stunden Spielzeit, 39,90 Euro
ISBN 978-3-8362-3456-6
www.rheinwerk-verlag.de/3742

Tobias Hübner
Schlaue Projekte mit dem Raspberry Pi

DVD oder Download
7 Stunden Spielzeit, 39,90 Euro
ISBN 978-3-8362-2964-7
www.rheinwerk-verlag.de/3659

Thomas Theis
Programmieren lernen mit Python

DVD oder Download
13 Stunden Spielzeit, 39,90 Euro
ISBN 978-3-8362-3006-3
www.rheinwerk-verlag.de/3674

Alexander Salvanos
Einstieg in Java

DVD oder Download
10 Stunden Spielzeit, 39,90 Euro
ISBN 978-3-8362-2881-7
www.rheinwerk-verlag.de/3610

Thomas Theis
Einstieg in C++

DVD oder Download
13 Stunden Spielzeit, 39,90 Euro
ISBN 978-3-8362-2800-8
www.rheinwerk-verlag.de/3561

Jan Brinkmann
Programmieren mit Swift

DVD oder Download, Mai 2015
8 Stunden Spielzeit, 39,90 Euro
ISBN 978-3-8362-3731-4
www.rheinwerk-verlag.de/3829

Garvin Gurbat
Spiele entwickeln mit Unity 5

DVD oder Download, Mai 2015
10 Stunden Spielzeit, 39,90 Euro
ISBN 978-3-8362-3726-0
www.rheinwerk-verlag.de/3827

Peter Müller
Flexible Boxes

DVD oder Download
10,5 Stunden Spielzeit, 39,90 Euro
ISBN 978-3-8362-2854-1
www.rheinwerk-verlag.de/3590

Neu

Bernhard Wurm

Schrödinger programmiert C#

Das etwas andere Fachbuch

▸ Von den Sprachgrundlagen über Multithreading bis zur komplexen .NET-Anwendung
▸ Ob C#, asynchron oder mit LINQ: Hol dir die Juwelen aller Versionen
▸ Durchblicken, mitmachen und genießen!

Die volle Packung C#. Schrödinger lernt nicht nur die Sprachgrundlagen, sondern u. a. auch, wie er eigene Apps für den Windows-App-Store entwickelt. Mit der nötigen Theorie, vielen Hinweisen und Tipps, Unmengen von Code, Übungen und den verdienten Pausen. Und mittendrin ist Schrödinger, und natürlich du!

680 Seiten, broschiert, in Farbe
49,90 Euro, ab April 2015

ISBN 978-3-8362-2381-2
www.rheinwerk-verlag.de/3366

Neu

Dirk Mertins, Jörg Neumann, Andreas Kühnel

SQL Server 2014

Das Programmierhandbuch

Vom ersten Datenbankentwurf und den SQL-Grundlagen, der Migration von SQL Server 2012 oder SQL Server 2008 bis hin zu den neuen Features und konkreten Programmierbeispielen beschreiben die Autoren alles, um den SQL Server 2014 als Programmierplattform und Datenmanagement-Server zu nutzen.

1.308 Seiten
gebunden
6. Auflage 2014
69,90 Euro

ISBN 978-3-8362-3044-5
www.rheinwerk-verlag.de/3705

Thomas Claudius Huber

Windows Presentation Foundation 4.5

Das umfassende Handbuch

Geballtes Wissen zum Grafik-Framework von .NET! Ob Grundlagen, XAML, GUI-Entwicklung, Datenbindung, Animationen, Multimedia oder Migration – hier finden Sie auf jede Frage eine Antwort! Grundkenntnisse in C# vorausgesetzt, ist dieses Buch sowohl zum Einstieg als auch als Nachschlagewerk optimal geeignet.

1.244 Seiten
gebunden, mit DVD
3. Auflage 2012
49,90 Euro

ISBN 978-3-8362-1956-3
www.rheinwerk-verlag.de/3179

Matthias Geirhos

Professionell entwickeln mit Visual C# 2012

Das Praxisbuch

Sie beherrschen C#, möchten aber gerne noch effizienter entwickeln? In diesem Buch finden Sie eine Vielzahl an Dos und Don'ts, mit denen Sie alle Phasen Ihres Projekts meistern: OOA und OOD, GUIs, TPL und Multithreading, Code Smells, WCF, ADO.NET, Workflow Foundation, Unit Tests, Softwarepflege, Deployment u. v. m.

1.142 Seiten
gebunden, mit CD
2. Auflage 2013
49,90 Euro

ISBN 978-3-8362-1954-9
www.rheinwerk-verlag.de/3175

Thomas Theis

Einstieg in Visual C# 2013

Ideal für Programmiereinsteiger geeignet

Visual C# lernen ohne Vorkenntnisse! Schritt für Schritt und mit vielen verständlichen Beispielen erfahren Sie in diesem Buch alles, was Sie wissen müssen: von den Sprachgrundlagen und der objektorientierten Programmierung bis zu Datenbank- und Internetanwendungen. So werden Ihnen Ihre ersten Programme sicher gelingen! Inkl. Windows Store Apps.

580 Seiten
broschiert, mit DVD
3. Auflage 2013
24,90 Euro

ISBN 978-3-8362-2814-5
www.rheinwerk-verlag.de/3573

Christoph Kecher, Alexander Salvanos

UML 2.5

Das umfassende Handbuch

Die 5. Auflage unseres UML-Standardwerkes behandelt den aktuellen Standard UML 2.5. Alle Konzepte, Elemente und Diagrammtypen werden ausführlich vorgestellt und durch Praxisbeispiele veranschaulicht. Das Buch ist alltagsnah nach Diagrammtypen aufgebaut, behandelt Dos und Don'ts und zeigt Codebeispiele in Java und C#.

458 Seiten
gebunden
5. Auflage 2015
34,90 Euro

ISBN 978-3-8362-2977-7
www.rheinwerk-verlag.de/3668

Jürgen Sieben

Oracle SQL

Das umfassende Handbuch

Wenn Sie sich professionell mit Oracle beschäftigen, sind umfassende Kenntnisse des entsprechenden SQL-Dialekts unverzichtbar. Jürgen Sieben zeigt Ihnen, wie Oracle und SQL zusammenspielen und welche Strategien Sie nutzen können, um Daten in der Datenbank zu speichern, zu analysieren oder auch zu löschen. Aktuell zu Oracle 12c!

1.000 Seiten
gebunden
2. Auflage
69,90 Euro
ab Juni 2015

ISBN 978-3-8362-3717-8
www.rheinwerk-verlag.de/3823

Thomas Theis

Einstieg in VBA mit Excel

Für Microsoft Excel 2002 bis 2013

Sie möchten eigene Funktionen für Excel entwickeln? In diesem Buch erfahren Sie, wie es geht. Die Grundlagen der VBA-Programmierung werden Ihnen dabei leicht verständlich und anhand typischer Anwendungsbeispiele vermittelt, so dass Sie schnell Ihre ersten Makros schreiben werden!

447 Seiten
broschiert, mit CD
3. Auflage 2013
19,90 Euro

ISBN 978-3-8362-2026-2
www.rheinwerk-verlag.de/3283

Bernd Held

VBA mit Excel

Das umfassende Handbuch

Werden Sie unter Anleitung des Erfolgsautors Bernd Held zum Profi in Excel-VBA. Von den Grundlagen (Datentypen, Variablen) und der Programmierung von Objekten (z. B. Zellen, Mappen, Diagramme) über Funktionen und Ereignisse bis hin zu Userforms oder Multifunktionsleisten: Alles drin und mit zahlreichen Beispielen illustriert!

918 Seiten
gebunden, mit DVD
November 2013
49,90 Euro

ISBN 978-3-8362-2579-3
www.rheinwerk-verlag.de/3426

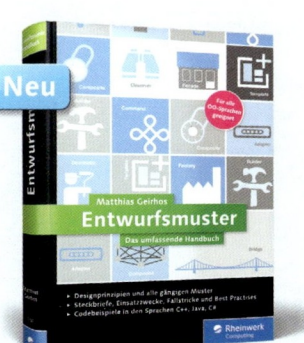

650 Seiten, gebunden, 39,90 Euro
ab Mai 2015

ISBN 978-3-8362-2762-9
www.rheinwerk-verlag.de/3538

Matthias Geirhos

Entwurfsmuster

Das umfassende Handbuch

▸ Designprinzipien und alle gängigen Muster
▸ Steckbriefe, Einsatzzwecke, Fallstricke und Best Practices
▸ Für alle objektorientierten Sprachen geeignet

Die wichtigsten Entwurfsmuster in einem Band. Von Observer, Decorator, Factory, Singleton, Flyweight bis MVC finden Sie in diesem Buch alle gängigen Muster für die Softwarearchitektur. Für jedes Muster gibt es Einsatzempfehlungen und Best Practices. Egal, ob Sie sich in die Designprinzipien und -muster einarbeiten wollen oder eine Referenz für die tägliche Arbeit suchen: Dieses Buch gibt zuverlässig Auskunft.

Christian Ullenboom

Java ist auch eine Insel

Einführung, Ausbildung, Praxis

▸ Programmieren mit der Java Platform, Standard Edition 8
▸ Java von A bis Z: Einführung, Praxis, Referenz
▸ Von Klassen und Objekten zu Datenstrukturen und Algorithmen

Die Insel ist das Standardwerk in der Java-Programmierung. Besonders Java-Einsteiger, Studenten und Umsteiger profitieren von diesem umfassenden Handbuch. Neben der Behandlung der Sprachgrundlagen von Java gibt es kompakte Einführungen in Spezialthemen. So erfahren Sie einiges über Threads, Swing, Netzwerkprogrammierung, NetBeans, RMI, XML und Java, Servlets und Java Server Pages. Dieses Buch gehört in das Regal eines jeden Java-Programmierers!

1.306 Seiten, gebunden
11. Auflage 2014, 49,90 Euro

ISBN 978-3-8362-2873-2
www.rheinwerk-verlag.de/3606

Hans-Peter Habelitz

Programmieren lernen mit Java

Sie haben noch nie programmiert? Steigen Sie einfach ein. Trauen Sie sich an Objekte, Fenster und Datenbanken heran. Bringen Sie Ihrem Computer das Zeichnen bei. Dieses Buch lässt Sie auch nicht im Stich, wenn es anspruchsvoller wird. Mit Codebeispielen und Screenshots. Vom Dreizeiler bis zur Ampelsteuerung mit Threads.

537 Seiten
broschiert, mit DVD
3. Auflage 2015
19,90 Euro

ISBN 978-3-8362-3517-4
www.rheinwerk-verlag.de/3776

Kai Günster

Einführung in Java

Steigen Sie ohne Vorkenntnisse in die objektorientierte Programmierung mit Java ein. Schritt für Schritt machen Sie sich mit Sprache und Konzept vertraut. Sie lernen, in Algorithmen zu denken, Java-Werkzeuge zu nutzen und zeitgemäßen Code zu schreiben, der auch komplexe Software trägt. Ideal für Ausbildung und Studium!

678 Seiten
gebunden
Januar 2015
29,90 Euro

ISBN 978-3-8362-2867-1
www.rheinwerk-verlag.de/3601

Alexander Salvanos

Professionell entwickeln mit Java EE 7

Das umfassende Handbuch

Ein praxisorientiertes Lehrbuch zur JEE 7 und zugleich ein Standardwerk, das Sie auf Ihrem Weg zum Enterprise-Entwickler begleitet. Inkl. Best Practices für leichtgewichtige Enterprise Applications, Standards zu servicebasierten Anwendungen in der Cloud, Persistence API, Dependency Injection, HTML5 und Interceptions.

1.096 Seiten
gebunden
Juni 2014
49,90 Euro

ISBN 978-3-8362-2004-0
www.rheinwerk-verlag.de/3250

Christian Ullenboom

Java SE 8 Standard-Bibliothek

Das Handbuch für Java-Entwickler

Java 8 ist da und viele Themen neu dabei! Ganz frisch an Bord: Stream-API, Date-time-API, noch mehr JavaFX und JUnit und Testen. Alte Hasen sind auf den neuesten Stand gebracht, wie Swing, XML, RMI, JSP, Servlets, Applets, JDBC, Reflection, Annotationen, Logging und Monitoring. Dieses Handbuch ist ein Must-have für Java-Entwickler.

1.448 Seiten
gebunden
2. Auflage 2014
49,90 Euro

ISBN 978-3-8362-2874-9
www.rheinwerk-verlag.de/3607

Jürgen Wolf

C++

Das umfassende Handbuch

Dieses Buch ist als Lehr- und Nachschlagewerk angelegt: Es bietet einen sehr ausführlichen Einstieg in die Sprache C++ und die Objektorientierung, aktuell zum Standard C++11. Darüber hinaus enthält es Kapitel zu Socket- und Cross-Plattform-Entwicklung, GUI- und Multimedia-Programmierung. Ein unentbehrlicher Begleiter in Studium und Beruf.

1.062 Seiten
gebunden, mit CD
3. Auflage 2014
39,90 Euro

ISBN 978-3-8362-2021-7
www.rheinwerk-verlag.de/3278

Torsten T. Will

Einführung in C++

Ohne Umwege und ohne Vorkenntnisse lernen Sie, in C++ zu programmieren, wie es aktuelle Profi-Praxis ist. Ob es um einfache Variablen oder anonyme Funktionen geht – unser Autor führt Sie an allen Fallstricken vorbei und erläutert Fachbegriffe und Best Practices zu den Grundlagen genauso wie zu professionellen Themen.

520 Seiten
gebunden
Oktober 2014
24,90 Euro

ISBN 978-3-8362-2677-6
www.rheinwerk-verlag.de/3498

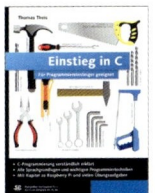

Thomas Theis

Einstieg in C

Für Programmiereinsteiger geeignet

Mit diesem kleinschrittigen Lernkurs gelingt der Einstieg in die C-Programmierung mühelos. An vielen praxiserprobten Programmbeispielen werden Ihnen die Grundlagen verständlich erklärt. Das Buch eignet sich auch bestens für Einsteiger ohne Programmierkenntnisse.

447 Seiten
broschiert, mit CD
Mai 2014
24,90 Euro

ISBN 978-3-8362-2793-3
www.rheinwerk-verlag.de/3557

Ulrich Kaiser, Martin Guddat

C/C++

Das umfassende Lehrbuch

Dieses Buch ist ein klassisches Lehrwerk für Studenten der Informatik. Es vermittelt die Grundlagen der Programmiersprachen C und C++ und der Programmierung überhaupt. Von der Kunst, den richtigen Algorithmus zu finden bis zum Umgang mit der C++-Standardbibliothek. Mit vielen Codebeispielen und praktischen Übungen.

1.220 Seiten
gebunden
5. Auflage 2014
39,90 Euro

ISBN 978-3-8362-2757-5
www.rheinwerk-verlag.de/3536

Thomas Künneth

Einstieg in Eclipse

Die Werkzeuge für Java-Entwickler

Effiziente Java-Entwicklung mit Eclipse: Dieses Buch zeigt Ihnen, wie Sie die Möglichkeiten von Eclipse voll nutzen. Ob Grundlagen, Testen, Plug-In- und RCP-Entwicklung, GUI- oder Web-Entwicklung – Sie lernen alles an anschaulichen Praxisbeispielen, so dass Ihnen die Umsetzung in Ihren Projekten mühelos gelingen wird!

400 Seiten
gebunden
5. Auflage 2014
39,90 Euro

ISBN 978-3-8362-2958-6
www.rheinwerk-verlag.de/3654

Philip Ackermann

Schrödinger programmiert Java

Das etwas andere Fachbuch

Vom Feinsten! Die Java-Einführung, die Dir den vollen Durchblick verschafft. Alles auf Profi-Art, objektorientiert, mit Interfaces, Generics und auf dem neuesten Stand. Von einfachen Schleifen bis zur fertigen Webanwendung macht guter Code richtig Spaß. Fantastisch illustriert. Für Einsteiger, Umsteiger und Fans.

704 Seiten
broschiert
Dezember 2013
44,90 Euro

ISBN 978-3-8362-1740-8
www.rheinwerk-verlag.de/2565

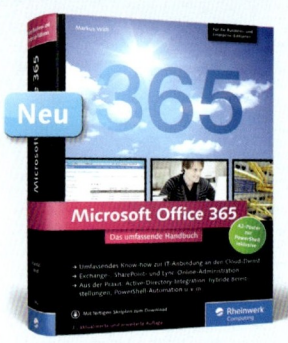

Markus Widl

Microsoft Office 365

Das umfassende Handbuch

▶ Umfassendes Know-how zur IT-Anbindung an den Cloud-Dienst
▶ Exchange-, SharePoint- und Lync-Online-Administration
▶ Aus der Praxis: Active-Directory-Integration, hybride Bereitstellungen, PowerShell-Automation u. v. m.

Wenn Sie Exchange, SharePoint oder Lync ganz oder teilweise in die Cloud migrieren oder direkt in Office 365 einrichten wollen, dann ist dieses Buch Ihr fundierter Begleiter! Mit allem, was Sie zur Einrichtung und Verwaltung der Dienste wissen müssen, inklusive neuer Dienste wie dem Office Graphen, Delve und Office 365-Gruppen. MVP Markus Widl zeigt Ihnen, wie's geht.

1.022 Seiten, gebunden
3. Auflage 2015, 59,90 Euro

ISBN 978-3-8362-2962-3
www.rheinwerk-verlag.de/3657

Ulrich B. Boddenberg

Windows Server 2012 R2

Das umfassende Handbuch

Ein Muss für jeden Administrator: das Handbuch vom branchenweit anerkannten Experten! Ob Hyper-V, Active Directory, Remotedesktop-dienste, IIS, SharePoint Services, Hochverfügbarkeit oder Sicherheit: Mit diesem 100%ig lösungsorientier-ten Buch erledigen Sie alle Aufgaben rund um Windows Server sicher und schnell!

1.392 Seiten
gebunden
4. Auflage 2013
59,90 Euro

ISBN 978-3-8362-2013-2
www.rheinwerk-verlag.de/3259

Nils Kaczenski, Marc Grote, Nicholas Dille, Jan Kappen

Microsoft Hyper-V und System Center

Das Handbuch für Administratoren

Wenn Sie mit Hyper-V Server oder Desktops virtualisieren und so Ihre Infrastruktur noch effizienter verwal-ten und auslasten möchten, dann ist das Ihr Buch! Ob Entwurf, Installation oder der Betrieb einer Hyper-V-Umgebung: Sie erhalten das gesamte relevante Know-how, illustriert an zwei vollständigen Praxisszenarien!

967 Seiten
gebunden
2. Auflage 2014
69,90 Euro

ISBN 978-3-8362-2811-4
www.rheinwerk-verlag.de/3570

Harald Zisler

Computer-Netzwerke

Grundlagen, Funktionsweise, Anwendung

Computer-Netzwerke sind überall. Als beruflicher Anwender, Student oder Auszubildender benötigen Sie Grundlagenwissen der modernen Netzwerk-Technik. Zusammen mit vielen Praxistipps erfahren Sie alles über das OSI-Modell, VLANs, VPN und Funknetze, IPv6 und Netz zugangsszenarien wie DSL, Glasfaser und Serverhosting.

434 Seiten
broschiert
3. Auflage 2014
24,90 Euro

ISBN 978-3-8362-3479-5
www.rheinwerk-verlag.de/3758

Sascha Kersken

IT-Handbuch für Fachinformatiker

Der Ausbildungsbegleiter

Seit vielen Jahren bewährt für Stu-dium und Ausbildung. Es vermittelt alle Grundlagen der Informations-technik, wie sie Fachinformatiker in ihrer Ausbildung benötigen: Computerhardware, Betriebssysteme, Netzwerktechnik, -protokolle und -anwendungen sowie Grundlagen der Programmierung, Datenbanken und Webdesign.

1.216 Seiten
gebunden
6. Auflage 2013
34,90 Euro

ISBN 978-3-8362-2234-1
www.rheinwerk-verlag.de/3329

Zimmer, Wöhrmann, Schäfer,
Baumgart, Alder, Brunner

VMware vSphere 5.5

Das umfassende Handbuch

Wenn Sie Ihre IT-Infrastruktur mit vSphere 5.5 effizienter auslasten, einfacher administrieren und so Kosten sparen wollen, dann ist dieses Buch Ihr unverzichtbarer Begleiter! Sie profitieren von umfassendem Expertenwissen z. B. zum Umgang mit vCenter, zu Ausfallsicherheit, Planung oder Einrichtung von Storage u. v. m.

1.180 Seiten
gebunden
3. Auflage 2014
89,90 Euro

ISBN 978-3-8362-2935-7
www.rheinwerk-verlag.de/3640

Nico Lüdemann, Jan Hendrik Meier

Citrix XenDesktop 7.5 und XenApp

Das Praxishandbuch für Administratoren

Wie Sie mit XenDesktop Anwendungen und Desktops virtualisiert bereitstellen, erfahren Sie hier. Angefangen bei der Verwaltungsstruktur über Installation und Konfiguration bis hin zu Fragen der Sicherheit werden alle erforderlichen Schritte umfassend mit Beispielen illustriert. Inkl. Troubleshooting und Best Practices.

858 Seiten
gebunden
2. Auflage 2013
49,90 Euro

ISBN 978-3-8362-2744-5
www.rheinwerk-verlag.de/3527

Deimeke, Kühnast, Kania, van Soest,
Heinlein

Linux-Server

Das umfassende Handbuch

Das Schweizer Messer für den fortgeschrittenen Linux-Administrator: Dieses Buch erläutert Ihnen alle wichtigen Themen der modernen Administration von Linux-Servern. Von Hochverfügbarkeit über Sicherheit bis hin zu Skripting und Virtualisierung – so lernen Sie Linux-Server distributionsunabhängig intensiv kennen.

1.156 Seiten
gebunden
3. Auflagen 2014
49,90 Euro

ISBN 978-3-8362-3020-9
www.rheinwerk-verlag.de/3685

Stefan Kania

Samba 4

Das Praxisbuch für Administratoren

Als Admin profitieren Sie mit diesem Buch von den vielen Vorteilen, die Ihnen Samba 4 bietet. Von der Installation über Einrichtung und Verwaltung einer Domäne oder die erweiterte Administration bis hin zur Migration: Dieses Buch führt Sie sicher zu Ihrer S4-Umgebung. Mit vollständigem, sofort einsetzbarem Praxisszenario.

352 Seiten
gebunden
Mai 2014
39,90 Euro

ISBN 978-3-8362-2973-9
www.rheinwerk-verlag.de/3664

Stefan Pröll, Eva Zangerle,
Wolfgang Gassler

MySQL

Das umfassende Handbuch

Wie Sie als Administrator MySQL installieren, konfigurieren und in der Praxis verwalten, erfahren Sie hier. Von Performance- und Abfrageoptimierung über Zusatz-Tools bis hin zu Sicherheit und NoSQL-Integration werden alle wichtigen Themen erläutert. Inkl. umfassender Befehlsreferenz und großer Beispiel-Datenbank

810 Seiten
gebunden, mit DVD
ab Juli 2015
49,90 Euro

ISBN 978-3-8362-3753-6
www.rheinwerk-verlag.de/3843

Heiner Kruse

Logic Pro X

Das umfassende Handbuch

Mit Logic Pro X professionell Musik aufnehmen, produzieren und abmischen? So geht's. An vielen Beispielen lernen Sie, wie Sie mit Logic Pro X von der Idee zum fertigen Song gelangen. Sie erhalten geballtes Know-how zur Musikproduktion inklusive Audio- und Midibearbeitung, Instrumenten und Effekten, Mixdown, Timing-Bearbeitung, Harmonielehre, Musikgenres u. v. m.

1.255 Seiten
broschiert
Januar 2015
49,90 Euro

ISBN 978-3-8362-2820-6
www.rheinwerk-verlag.de/3576

Dirk Becker

Linux Mint
Der praktische Einstieg

400 Seiten, broschiert, mit DVD
ab Mai 2015, 24,90 Euro
ISBN 978-3-8362-3502-0
www.rheinwerk-verlag.de/3768

Heike Jurzik

Debian GNU/Linux
Das umfassende Handbuch

800 Seiten, gebunden
ab August 2015, 39,90 Euro
ISBN 978-3-8362-3762-8
www.rheinwerk-verlag.de/3847

Steffen Wendzel, Johannes Plötner

Einstieg in Linux
Linux verstehen und einsetzen

422 Seiten, broschiert, mit DVD
6. Auflage 2014, 24,90 Euro
ISBN 978-3-8362-2975-3
www.rheinwerk-verlag.de/3667

Harald Maaßen

Das Komplettpaket
LPIC-1 & LPIC-2
Das gesamte Prüfungswissen

1.120 Seiten, broschiert, mit 2 DVDs
3. Auflage 2015, 59,90 Euro
ISBN 978-3-8362-3529-7
www.rheinwerk-verlag.de/3782

Marcus Fischer

Ubuntu 14.04 LTS
Das umfassende Handbuch

1.101 Seiten, gebunden, mit DVD
8. Auflage 2014, 49,90 Euro
ISBN 978-3-8362-2960-9
www.rheinwerk-verlag.de/3655

Michael Kofler

Linux-Kommandoreferenz
Shell-Befehle von A bis Z

407 Seiten, gebunden
November 2013, 19,90 Euro
ISBN 978-3-8362-2595-3
www.rheinwerk-verlag.de/3438

Michael Kofler

Linux
Das umfassende Handbuch

▸ Das Standardwerk für Einsteiger und fortgeschrittene Anwender
▸ Für Desktops und Server: Installation, Konfiguration, Administration
▸ Mit zahlreichen Praxistipps und Raspberry-Pi-Kapitel
▸ Inklusive E-Book zum Download; aktuell zu Debian, CentOS, RHEL, Fedora, openSUSE und Ubuntu

1.435 Seiten, gebunden,
Oktober 2013, 49,90 Euro

ISBN 978-3-8362-2591-5
www.rheinwerk-verlag.de/3436

»Der Kofler«: der Standard! Ob als Einsteiger oder erfahrener »Linuxer« – mit diesem Buch bleiben keine Fragen offen. Von der Installation und den verschiedenen Benutzeroberflächen über die Arbeit im Terminal, der Systemkonfiguration und -Administration bis hin zum sicheren Einsatz als Server – hier werden Sie fündig!

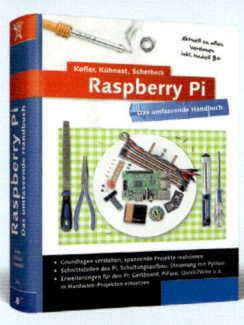

1.064 Seiten, gebunden, in Farbe
September 2014, 39,90 Euro

ISBN 978-3-8362-2933-3
www.rheinwerk-verlag.de/3636

Michael Kofler, Charly Kühnast, Christoph Scherbeck

Raspberry Pi

Das umfassende Handbuch

▸ Grundlagen verstehen, spannende Projekte realisieren
▸ Schnittstellen des Pi, Schaltungsaufbau, Steuerung mit Python
▸ Erweiterungen für den Pi: Gertboard, PiFace, Quick2Wire u.a.
  in Hardware-Projekten einsetzen

Raspberry-Pi-Wissen in seiner umfassendsten Form: Ob Linux mit dem RasPi, Grundlagen und fortgeschrittene Techniken der Programmierung (Python, bash, C) und der Elektronik oder zahlreiche spannende, durchaus ambitionierte Bastel-projekte – mit diesem Buch ist einfach mehr für Sie drin! Lassen Sie sich mit Witz, zahlreichen Praxistipps und spannenden Versuchsaufbauten begeistern!

359 Seiten
broschiert, in Farbe
2. Auflage 2014
19,90 Euro

Daniel Kampert

Raspberry Pi
Der praktische Einstieg

Spaß am Basteln, einen Raspberry Pi und dieses Buch: Mehr benötigen Sie nicht, um das Potenzial des Mini-PCs kennen zu lernen. Ob Dateiserver, Media-Streaming oder Filmaufnahmen mit Kamera: Das Buch bietet Ihnen alles, was Sie für den erfolgreichen Start benötigen – natürlich mit zentralen Python- und Elektronikgrundlagen!

ISBN 978-3-8362-3533-4
www.rheinwerk-verlag.de/3785

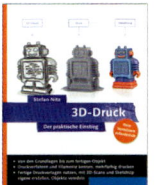

324 Seiten
broschiert, in Farbe
Oktober 2014
29,90 Euro

Stefan Nitz

3D-Druck
Der praktische Einstieg

Sie möchten die Grundlagen des 3D-Drucks kennenlernen – und zwar mit coolen Projekten? Dann ist das Ihr Buch! Am Beispiel des 3D-Druckers Ultimaker 2 geht es richtig zur Sache. Von der vorhandenen oder selbst erstellten Druckvorlage über die Auswahl des optimalen Filaments bis hin zum Druck und dem Veredeln der Oberfläche: Hier ist alles für Sie drin!

ISBN 978-3-8362-2875-6
www.rheinwerk-verlag.de/3608

410 Seiten
broschiert, in Farbe
24,90 Euro
ab Juni 2015

Benjamin Kappel

Arduino
Der praktische Einstieg

Ob Sie coole Projekte wie den Bordcomputer K.I.T.T aus Knight Rider realisieren oder Ihren Arduino ganz systematisch von Grund auf kennenlernen wollen: Mit diesem Buch gelingt Ihnen beides! Von Hardware- und Elektronikgrundlagen über den Einstieg in die Programmierung mit C bis zu vollständigen Praxisbeispielen: hier werden Sie garantiert fündig.

ISBN 978-3-8362-3648-5
www.rheinwerk-verlag.de/3797

409 Seiten
broschiert, in Farbe
Oktober 2014
24,90 Euro

Markus Knapp

Roboter bauen mit Arduino
Die Anleitung für Einsteiger

Sie möchten Ihren eigenen Roboter bauen und nebenbei den Arduino kennenlernen? Dann ist das Ihr Buch! Zuerst richten Sie den Arduino ein und erhalten eine Einführung in seine Programmierung sowie in Robotik- und Elektronik-Grundlagen. Dann geht es ans Eingemachte: Schritt für Schritt montieren Sie Ihren eigenen Roboter und statten ihn mit Motoren, Servo, Rädern und Sensoren aus. Viele Abbildungen, fertige Programme und Erweiterungstipps unterstützen Sie dabei.

ISBN 978-3-8362-2941-8
www.rheinwerk-verlag.de/3642

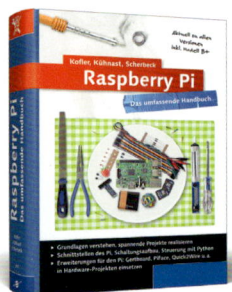
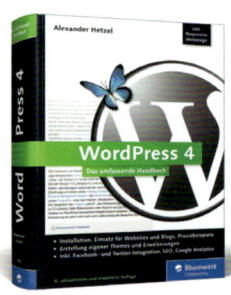

Um einen Befehl in der nächsten Zeile fortzusetzen, verfahren Sie wie folgt:

1. Drücken Sie am Ende der Zeile zunächst die Leertaste, und geben Sie anschließend das Unterstrich-Zeichen »_« ein. Damit weiß der Editor, dass der Befehl in der nächsten Zeile fortgesetzt werden muss.

2. Schreiben Sie in der nächsten Zeile weiter.

Analog dazu können Sie auch mehrere Befehle in eine Zelle setzen, wenn sie recht kurz sind. Sehen Sie sich dazu das Makro aus Listing 1.3 an:

```
Sub MehrereBefehleInEineZeile()
  Dim i As Integer: i = 1

  MsgBox i
End Sub
```

Listing 1.3 Mehrere Befehle in einer Zelle unterbringen

Die Deklaration der Variablen i sowie die Vorbelegung dieser Variablen können beispielsweise in einer Zeile erfolgen, um etwas Platz nach unten zu sparen. Dabei werden die beiden Anweisungen durch den Doppelpunkt voneinander getrennt.

Wenn Sie im Direktfenster einige Befehle übersichtlich nebeneinander eingeben möchten, dann lautet die Syntax dafür wie in Abbildung 1.7 gezeigt.

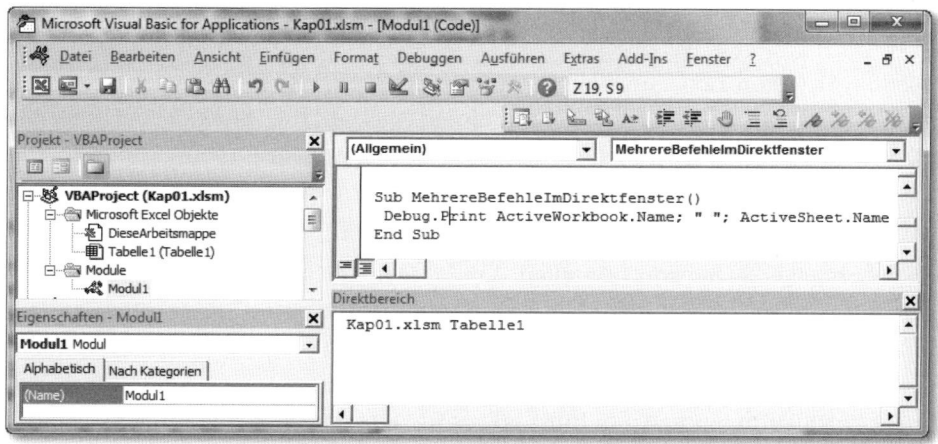

Abbildung 1.7 Mehrere Befehle in das Direktfenster schreiben

1.3.9   Suchen und Ersetzen

Genau wie Sie es auch aus anderen Programmen her kennen, gibt es in der Entwicklungsumgebung von Excel eine Möglichkeit, Textteile zu finden und zu ersetzen. Dabei können Sie bestimmte Texte oder Befehle nicht nur im aktuellen Modul, sondern auch in allen Modulen des Projekts suchen. Aufrufen können Sie diese Funktion über drei Wege:

▶ Klicken Sie auf das Symbol SUCHEN in der Symbolleiste VOREINSTELLUNG.

▶ Alternativ dazu drücken Sie die Tastenkombination Strg + F .

▶ Wählen Sie aus dem Menü BEARBEITEN den Befehl SUCHEN aus.

Bei allen drei Varianten wird das Dialogfeld SUCHEN angezeigt.

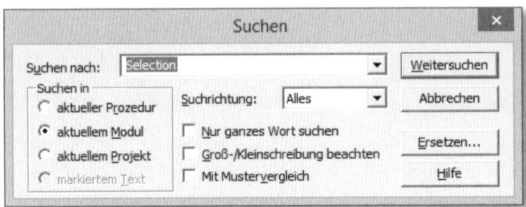

Abbildung 1.8 Der »Suchen«-Dialog für eine komfortable Suche

Im Feld SUCHEN NACH geben Sie den Befehl bzw. den Text ein, nach dem Sie suchen möchten. Im Gruppenfeld SUCHEN IN haben Sie die Möglichkeit, Ihre Suche über Ihr aktuelles Modul hinaus auszudehnen. Standardmäßig unterscheidet Excel nicht zwischen Groß- und Kleinschreibung. Ist dies erwünscht, aktivieren Sie das entsprechende Kontrollkästchen. Die SUCHRICHTUNG legen Sie im gleichnamigen Dropdown-Feld fest. Standardmäßig wird in beide Richtungen gesucht, also abwärts sowie aufwärts.

Möchten Sie einen Text durch einen anderen ersetzen, müssen Sie noch einen Text im Feld ERSETZEN DURCH angeben. Mit einem Klick auf die Schaltfläche DURCHSUCHEN wird die erste gefundene Übereinstimmung angezeigt. Jetzt haben Sie die Wahl, entweder schrittweise Texte zu ersetzen (sichere Methode) oder komplett alle gefundenen Texte.

Vorsicht beim Ersetzen von Textteilen. Geben Sie möglichst den gesuchten Text vollständig an. Es kann zu katastrophalen Resultaten führen, wenn Sie einzelne Textteile durch andere ersetzen. Nicht selten werden dann auch Teile von Befehlen, Methoden oder Eigenschaften mit ersetzt. Dies hat zur Folge, dass Sie den gesamten Code erneut korrigieren müssen, um Ihre Makros wieder zum Laufen zu bringen.

1.4   Die Symbolleisten

In der Entwicklungsumgebung stehen Ihnen vier Symbolleisten zur Verfügung, die Sie als Unterstützung für das Erstellen, Formatieren und Testen von Makros und Dialogen einsetzen können. Diese Symbolleisten können Sie über den Menübefehl ANSICHT • SYMBOLLEISTEN anzeigen lassen.

1.4.1   Symbolleiste »Voreinstellung«

Symbol	Kurzbeschreibung
	Wechseln zum Excel-Applikationsfenster (normale Excel-Ansicht)
	Fügt Formulare, Module, Klassenmodule oder Prozeduren ein.
	Speichert das Projekt sowie die Arbeitsmappe.
	Schneidet den markierten Bereich aus.
	Kopiert den markierten Bereich.
	Fügt den Inhalt der Zwischenablage ein.
	Ruft den SUCHEN-Dialog auf.
	Widerruft die letzte Aktion.
	Wiederholt die letzte Aktion.
	Führt das Makro an der Cursorposition aus.
	Unterbricht die laufende Prozedur.
	Setzt das Projekt zurück auf den Ausgangszustand (besonders wichtig nach der Korrektur fehlerhafter Codezeilen).
	Schaltet den Entwurfsmodus ein/aus.
	Aktiviert das Projektfenster.
	Aktiviert das Eigenschaftenfenster.
	Ruft den Objektkatalog auf.
	Blendet die Werkzeugsammlung ein (nur bei UserForms aktivierbar).
	Ruft die Online-Hilfe für den vorher markierten Befehl auf.
Z 10, S 13	Dient der Orientierung im Quellcode (gibt die aktive Zeile und Spalte aus).

Tabelle 1.1 Die Symbolleiste »Voreinstellung«

1.4.2   Symbolleiste »Bearbeiten«

Symbol	Kurzbeschreibung
	Zeigt die Liste der Eigenschaften und Methoden eines Befehls an.
	Zeigt die Liste aller möglichen Konstanten an.
	Zeigt für einen Befehl die Syntax als QuickInfo-Fenster an.
	Zeigt eine Parameterinfo an.
	Vervollständigt das begonnene Wort.
	Schiebt die Zeile um eine Tabulator-Schrittweite nach rechts. Alternativ drücken Sie die Taste ⇥ .
	Schiebt die Zeile um eine Tabulator-Schrittweite nach links. Tastenkombination Strg + ⇥
	Setzt bzw. löscht einen Haltepunkt. Alternativ drücken Sie die Taste F9 .
	Wandelt die Zeile bzw. die markierten Zeilen in Kommentare um.
	Wandelt die Kommentarzeile(n) wieder in ausführbare Codezeilen um.
	Fügt ein Lesezeichen ein bzw. entfernt ein bereits gesetztes Lesezeichen.
	Springt zum nächsten Lesezeichen.
	Springt zum vorherigen Lesezeichen.
	Löscht alle gesetzten Lesezeichen.

Tabelle 1.2 Die Symbolleiste »Bearbeiten«

1.4.3   Symbolleiste »Debuggen«

Symbol	Kurzbeschreibung
	Schaltet den Entwurfsmodus ein/aus.
	Führt das Makro an der Cursorposition aus.
	Unterbricht die laufende Prozedur.

Tabelle 1.3 Die Symbolleiste »Debuggen«

Symbol	Kurzbeschreibung
	Setzt das Projekt zurück in den Ausgangszustand (besonders wichtig nach der Korrektur fehlerhafter Codezeilen).
	Setzt bzw. löscht einen Haltepunkt.
	Führt das Makro im Einzelschrittmodus aus.
	Führt einen Prozedurschritt aus.
	Schließt eine Prozedur ab.
	Blendet das Lokal-Fenster ein.
	Blendet das Direktfenster ein.
	Blendet das Überwachungsfenster ein.
	Zeigt den aktuellen Wert einer Variablen in einem QuickInfo-Fenster an.
	Zeigt die Makro-Aufrufe-Liste in einem Dialog an.

Tabelle 1.3 Die Symbolleiste »Debuggen« (Forts.)

1.4.4 Symbolleiste »UserForm«

Symbol	Kurzbeschreibung
	Stellt das markierte Objekt in den Vordergrund.
	Stellt das markierte Objekt in den Hintergrund.
	Gruppiert die markierten Objekte.
	Löst eine Gruppierung wieder auf.
	Bietet verschiedene Möglichkeiten der Ausrichtung der Steuerelemente an, unter anderem links, rechts, zentriert, oben und unten.
	Erlaubt eine horizontale oder vertikale Ausrichtung der Steuerelemente in der UserForm.
	Ermöglicht die einheitliche Größenanpassung der markierten Steuerelemente.
100%	Ändert die Größe einzelner Steuerelemente.

Tabelle 1.4 Die Symbolleiste »UserForm«

1.4.5 Die Tastenkombinationen

Neben den wohl bekanntesten zwei Tastenkombinationen `Strg` + `C`, um Codeteile zu kopieren, und `Strg` + `V`, um diese kopierten Codeteile an anderer Stelle des Moduls wieder einzufügen, gibt es eine ganze Reihe weiterer Tastenkombinationen, die Ihnen mehr Arbeitserleichterung und eine nicht zu unterschätzende Zeitersparnis beim Programmieren bringen.

Entnehmen Sie der folgenden Tabelle einige der gängigsten Tastenkombinationen für das zügige Arbeiten in der Entwicklungsumgebung.

Tastenkombination	Beschreibung
`F7`	Code-Fenster anzeigen
`F2`	Objektkatalog anzeigen
`Strg` + `F`	suchen
`Strg` + `H`	ersetzen
`F3`	weitersuchen
`⇧` + `F3`	Vorheriges suchen
`Strg` + `↓`	nächste Prozedur
`Strg` + `↑`	vorherige Prozedur
`⇧` + `F2`	Definition anzeigen
`Strg` + `Bild↓`	einen Bildschirm nach unten
`Strg` + `Bild↑`	einen Bildschirm nach oben
`Strg` + `⇧` + `F2`	zur letzten Position wechseln
`Strg` + `Pos1`	zum Anfang des Moduls
`Strg` + `Ende`	zum Ende des Moduls
`Strg` + `→`	ein Wort nach rechts
`Strg` + `←`	ein Wort nach links
`Ende`	zum Zeilenende wechseln
`Pos1`	zum Zeilenanfang wechseln
`Strg` + `Z`	letzten Befehl rückgängig machen
`Strg` + `C`	Code kopieren

Tabelle 1.5 Die Tastenkombinationen für Entwickler

Tastenkombination	Beschreibung
Strg + X	Code ausschneiden
Strg +	Code einfügen
Strg + Y	aktuelle Zeile löschen
Strg + Entf	bis zum Wortende löschen
⇥	Einzug vergrößern
⇧ + ⇥	Einzug verkleinern
Strg + ⇧ + F9	alle Haltepunkte löschen
⇧ + F10	Kontextmenü anzeigen
Strg + P	Modul drucken
Strg + E	Modul/Formular exportieren
Strg + S	Modul speichern

Tabelle 1.5 Die Tastenkombinationen für Entwickler (Forts.)

1.5 Den Makrorekorder einsetzen

Mit Hilfe des Makrorekorders können Sie, wie zu Beginn des Kapitels erwähnt, einzelne Arbeitsschritte aufzeichnen. Dabei müssen Sie noch keine einzige Zeile VBA-Code programmieren. Diese Aufgabe führt Excel im Hintergrund durch.

So können Sie zum Beispiel in einer Tabelle alle Formelzellen automatisch markieren lassen. Dazu gehen Sie wie folgt vor:

1. Wählen Sie aus dem Menü ENTWICKLERTOOLS den Befehl MAKRO AUFZEICHNEN.

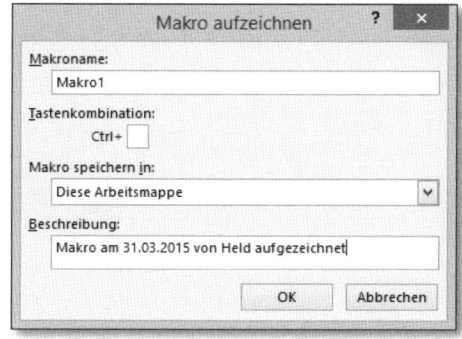

Abbildung 1.9 Den Makrorekorder starten

2. Belassen Sie den voreingestellten Namen des Makros.

3. Belassen Sie den standardmäßig eingestellten Eintrag DIESE ARBEITSMAPPE, wenn Sie das Makro in der momentan geöffneten Arbeitsmappe ablegen möchten. Wenn Sie hingegen ein Makro aufzeichnen, das immer für jede Arbeitsmappe verfügbar sein soll, dann wählen Sie aus dem Dropdown-Feld den Eintrag PERSÖN-LICHE MAKROARBEITSMAPPE. Im ersten Fall, wenn Sie also DIESE ARBEITSMAPPE belassen haben, können Sie die Makros nur nutzen, wenn Sie die entsprechende Arbeitsmappe geöffnet haben.

4. Starten Sie die Aufzeichnung mit einem Klick auf OK.

5. Wechseln Sie jetzt auf die Tabelle, in der Sie alle Formeln markieren möchten, und drücken Sie die Taste $\boxed{\text{F5}}$.

6. Im Dialog GEHE ZU klicken Sie auf die Schaltfläche INHALTE.

7. Aktivieren Sie im Dialog INHALTE AUSWÄHLEN die Option FORMELN, und bestätigen Sie mit OK.

8. Beenden Sie die Aufzeichnung, indem Sie aus dem Menü EXTRAS den Befehl MAKRO • AUFZEICHNUNG BEENDEN auswählen.

9. Wechseln Sie über die Tastenkombination $\boxed{\text{Alt}}$ + $\boxed{\text{F11}}$ in die Entwicklungsumgebung, und sehen Sie sich die Aufzeichnung des Makrorekorders an. Standardmäßig wird hierfür ein neues Modul angelegt.

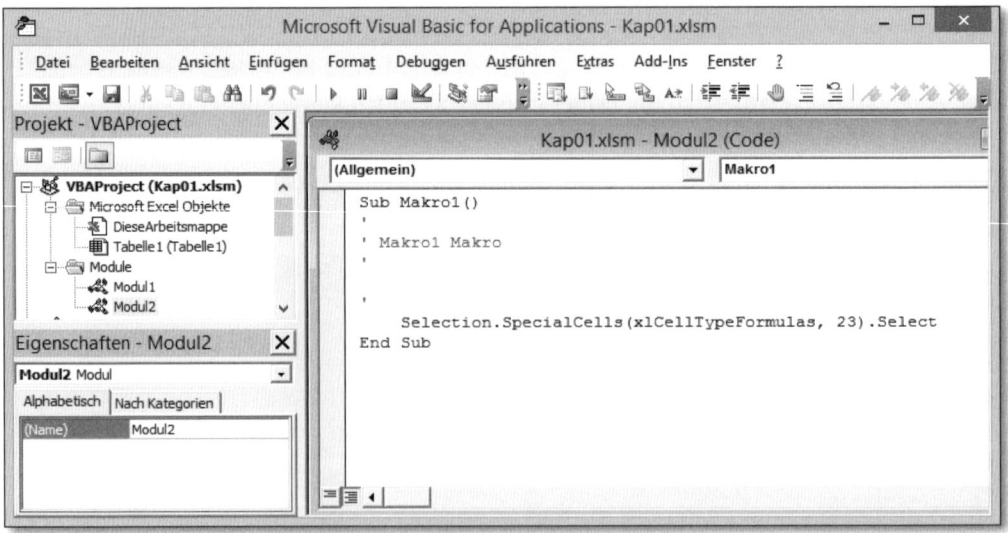

Abbildung 1.10 Der automatisch aufgezeichnete Makrocode

Oftmals lässt sich der vom Makrorekorder aufgezeichnete Quellcode vereinfachen bzw. komprimieren. So können wir dieses Beispiel wie in Listing 1.4 dargestellt vereinfachen.

```
Sub Makro2()
 Selection.SpecialCells(xlCellTypeFormulas).Select
End Sub
```

Listing 1.4 Alle Formelzellen einer Tabelle markieren (Variante 2)

Alternativ erreichen Sie den gleichen Effekt auch noch kürzer, siehe Listing 1.5.

```
SubMakro3()
 Selection.SpecialCells(3).Select
End Sub
```

Listing 1.5 Alle Formelzellen einer Tabelle markieren (Variante 3)

Da der Makrorekorder relativ einfach manuell ausgeführte Befehle in Quellcode umsetzt, sollten Sie diese Vorgehensweise nur anwenden, wenn Sie die Syntax der Befehle auf diese Weise in Erfahrung bringen wollen. Nähere Informationen zu einem Befehl können Sie jederzeit abrufen, indem Sie den Befehl markieren und die Taste F1 drücken. In der Online-VBA-Hilfe werden der Befehl und seine Syntax, oft auch anhand eines Beispiels, erklärt.

Kapitel 2
Variablen, Datentypen und Konstanten

Variablen und Konstanten sind Werkzeuge,
die die Programmierung vereinfachen und strukturieren.

Das folgende Kapitel bildet die Voraussetzung für eine strukturierte Programmierung in Excel. Mit Variablen speichern Sie Informationen dauerhaft während der Laufzeit eines Makros, das heißt, Sie können Variablen auch mehrmals im Makro benutzen, indem Sie sie füllen und Werte hochzählen oder subtrahieren. Mit Konstanten legen Sie Informationen fest, die sich selten oder sogar nie ändern. Excel bietet für die Deklaration von Variablen und Konstanten eine ganze Auswahl an Datentypen. Je nach Aufgabe setzen Sie die vorgesehenen Datentypen ein.

2.1 Regeln für die Syntax von Variablen

Folgende Regeln gelten für die Benennung von Variablen:

▸ Das erste Zeichen muss aus einem Buchstaben bestehen. Als folgende Zeichen können Sie Buchstaben, Zahlen und einige Sonderzeichen verwenden.

▸ Sie dürfen keine Leerzeichen in einem Variablennamen verwenden. Wenn Sie einzelne Wörter trennen möchten, nehmen Sie dazu den Unterstrich, wie z. B. `Dim Miete_Januar as Currency`.

▸ Sonderzeichen wie #, %, &, ! oder ? sind nicht erlaubt.

Wenn Sie Ihre Variablennamen übersichtlich und auch aussagekräftig definieren möchten, empfiehlt sich die folgende Schreibweise:

`Dim sTextMeldungFürFehler as String`

Hier geht aus dem Namen der Variablen klar hervor, welchem Zweck sie dienen soll. Außerdem ist die Variable durch die Schreibweise leicht lesbar.

2.2 Variablen- und Datentypen

Variablen sollten immer zu Beginn eines Makros deklariert werden, also nach der Sub-Anweisung. Dabei spricht man von *lokalen Variablen*. Diese Variablen können nur in dem Makro verwendet werden, in dem sie deklariert wurden. Nachdem ein Makro durchgelaufen ist, wird eine solche Variable wieder aus dem Speicher gelöscht

Von *globalen Variablen* spricht man, wenn Sie sie allgemeingültig, also in mehreren Makros verwenden möchten. Dann muss die Variablendeklaration vor der Sub-Anweisung stattfinden.

Globale Variable können Sie für mehrere Makros verwenden. Sie werden nach dem Ende eines Makros nicht gelöscht und behalten ihren aktuellen Wert bei. Es gibt Beispiele, in denen diese Vorgehensweise sinnvoll ist. In den meisten Fällen sollten globale Variable aber weitestgehend vermieden werden, da sie wertvollen Speicherplatz auf dem Stapelspeicher belegen, was sich negativ auf das Laufzeitverhalten von Makros auswirken kann.

Eine Variablendeklaration beginnt immer mit der Anweisung Dim, gefolgt von einem Variablennamen, den Sie, unter Beachtung der unter Abschnitt 2.1 aufgeführten Regeln, frei wählen können. Danach geben Sie mit dem Schlüsselwort As an, welchen Datentyp die Variable erhalten soll. Tabelle 2.1 listet die gängigsten Datentypen auf.

Variablentyp	Wertebereich/Speicherbedarf
Byte	ganze Zahlen zwischen 0 und 255 (1 Byte)
Boolean	Wahrheitswert, entweder True oder False (2 Bytes)
Currency	Währungs-Datentyp: Festkommazahlen mit 15 Stellen vor und 4 Stellen nach dem Komma (8 Bytes)
Date	Datums- und Zeit-Datentyp (8 Bytes)
Decimal	Dezimalzahlen (14 Bytes)
Double	Fließkommazahlen mit einer Genauigkeit von 16 Stellen hinter dem Komma (8 Bytes)
Integer	ganze Zahlen zwischen −32.768 und +32.767 (2 Bytes)
Long	ganze Zahlen im Wertebereich von −2.147.483.648 bis +2.147.483.647 (4 Byte)

Tabelle 2.1 Die Datentypen für die Variablen

Variablentyp	Wertebereich/Speicherbedarf
Object	Datentyp gibt einen Verweis auf ein Objekt wieder. (4 Bytes)
Single	Fließkommazahlen mit einer Genauigkeit von 8 Stellen hinter dem Komma (4 Bytes)
String	der Datentyp für alle Texte (10 Bytes)
Variant	Standarddatentyp; wird automatisch gewählt, wenn kein anderer Datentyp definiert ist. (16 Bytes)

Tabelle 2.1 Die Datentypen für die Variablen (Forts.)

Möchten Sie möglicherweise die Variablennamen nicht mehr ganz so lang schreiben und auch bei der Datentyp-Anweisung weniger Schreibarbeit haben, dann verfahren Sie wie in Tabelle 2.2.

Ausführlich	Kurzform
Dim Zähler as Integer	Dim Z%
Dim ZählerGroß as Long	Dim ZzGr&
Dim Betrag as Currency	Dim Bg@
Dim Meldung as String	Dim Meld$

Tabelle 2.2 Variablendeklaration mit »DefType«

2.2.1   Variablendeklaration mit »DefType«

Wenn Sie eine größere Menge von Variablen des gleichen Typs verwenden, können Sie sich die Deklaration der einzelnen Variablen sparen, indem Sie die Anweisung DefType einsetzen. Dabei dürfen Sie diese Anweisung nicht innerhalb von Prozeduren, sondern nur auf Modulebene einsetzen.

So bedeutet die Anweisung

```
DefInt i-j
```

dass alle Variablen, die mit den Buchstaben i oder j beginnen, automatisch Integer-Variablen sein sollen. Entnehmen Sie Tabelle 2.3 weitere mögliche Anweisungen zu DefType.

Anweisung	Datentyp
DefBool	Boolean
DefByte	Byte
DefCur	Currency
DefDbl	Double
DefDate	Date
DefInt	Integer
DefLng	Long
DefObj	Object
DefStr	String
DefSng	Single
DefVar	Variant

Tabelle 2.3 »DefType«-Variablen

2.2.2   Statische Variablen

Sie haben die Möglichkeit, Variablen so zu definieren, dass sie über jedes Makroende hinaus »haltbar« sind. Sehen Sie sich dazu einmal die beiden folgenden Listings an.

```
Sub Variablen01()
  Dim i As Long

  i = i + 1
  MsgBox i
End Sub
```

Listing 2.1 Variable zerfällt nach jedem Makroende.

In Listing 2.1 wird bei jedem Makrostart die Variable auf den Anfangswert 1 zurückgesetzt.

```
Sub Variablen02()
  Static i As Long
```

```
   i = i + 1
   MsgBox i
End Sub
```

Listing 2.2 Variable bleibt nach Makroende erhalten.

2.2.3   Private Variablen

Als Nächstes ist die Anweisung Private zu nennen. Setzen Sie diese Anweisung bei der Deklaration einer Variablen ein, ist diese für alle im Projekt befindlichen Makros gültig.

```
Private l As Long
Sub Variable03()
   l = l + 1
   MsgBox "Wert geändert von Sub Variable03: Wert:" & l
End Sub
```

Listing 2.3 Diese Variable kann nur von Makros im gleichen Modul geändert und abgefragt werden.

2.2.4   Öffentliche Variablen

In der Entwicklungsumgebung von Excel können Sie mehrere Module anlegen. Um Variablen modulübergreifend abfragen oder ändern zu können, müssen Sie sie als öffentlich deklarieren, und zwar mit der Anweisung Public.

```
Public l As Long

Sub Variable04()
   l = l + 1
   MsgBox "Wert geändert von Sub Variable04: Wert:" & l
End Sub
```

Listing 2.4 Diese Variable kann von allen Modulen des Projekts aufgerufen werden.

2.3   Variablendeklarationen erzwingen

Sie können Excel so einstellen, dass jede Variable vor ihrer ersten Verwendung deklariert werden muss. Vorher läuft kein einziges Makro an, sofern es mit Variablen arbeitet, die zuvor nicht deklariert wurden. Um diese wichtige Einstellung vorzunehmen, wechseln Sie in die Entwicklungsumgebung und rufen den Befehl EXTRAS • OPTIONEN auf. Wechseln Sie auf die Registerkarte EDITOR, und aktivieren Sie das Kontrollkästchen VARIABLENDEKLARATION ERFORDERLICH.

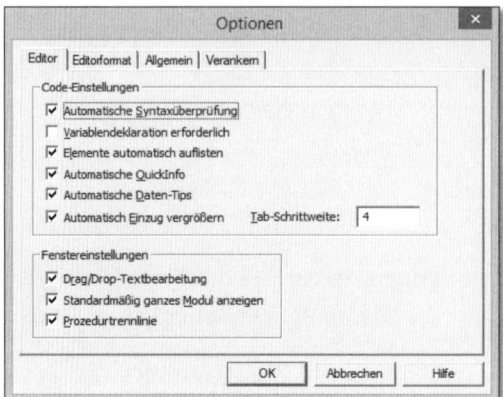

Abbildung 2.1 Variablendeklaration erzwingen

2.4   Die Konstanten

Im Gegensatz zu den Variablen ändern Konstanten ihre Werte nie und bleiben während der Programmausführung immer konstant. Auch hier wird zwischen lokalen und globalen Konstanten unterschieden. Globale Konstanten werden außerhalb der einzelnen Makros definiert und sind damit für alle Makros im Modul verwendbar. Lokale Konstanten hingegen gelten nur in dem Makro, in dem sie definiert wurden. Wie schon bei den Variablen sollten Sie darauf achten, nicht allzu viele globale Konstanten zu verwenden, da sich dies merklich auf Ihren Speicher auswirkt.

Nachfolgend ein paar typische Deklarationen mit Konstanten:

```
Const Mappe = "Mappe1.xls"
Const StartDatum = #1/1/2015#
Const Fehlermeldung1 = _
 "Fehler beim Drucken aufgetreten!"
Const MWST = 1.19
```

Was kann hier noch verbessert werden? Was für die Variable gilt, hat auch bei den Konstanten Konsequenzen. In den obigen Beispielen ist noch nicht erklärt worden, welche Datentypen verwendet werden sollen. Zum aktuellen Zeitpunkt wird in allen vier Beispielen der Datentyp Variant eingesetzt. Es geht auch etwas genauer und speichersparender:

```
Const Mappe as String = "Mappe1.xls"
Const StartDatum As Date = #1/1/2015#
Const Fehlermeldung1 as String = _
 "Fehler beim Drucken!"
Const MWST as Single = 1.19
```

2.5   Die Objektvariable »Range«

Über die Objektvariable Range können Sie einzelne Zellen, ganze Zeilen, Spalten und Bereiche ansprechen.

> **Hinweis**
>
> Weitere Methoden und Eigenschaften zum Objekt Range finden Sie in Kapitel 9, »›Range‹-Objekt«.

2.5.1   »Value«-Eigenschaft

Über die Eigenschaft Value können Sie den Inhalt einer Zelle auslesen und auch den Inhalt für eine Zelle festlegen.

Syntax

```
Ausdruck.Value(RangeValueDataType)
```

Argument	Beschreibung
Ausdruck	Erforderlich. Ein Ausdruck, der ein Range-Objekt zurückgibt
RangeValueDataType	Optionaler Variant-Wert. Der Datentyp des Bereichswertes. Dies kann eine xlRangeValueDataType-Konstante sein.

Konstante	Beschreibung
xlRangeValueDefault	Standard. Wenn das angegebene Range-Objekt leer ist, wird der Wert Empty zurückgegeben (verwenden Sie die Funktion IsEmpty, um diesen Fall zu prüfen). Wenn das Range-Objekt mehr als eine Zelle enthält, gibt es eine Matrix von Werten zurück (verwenden Sie die Funktion IsArray, um diesen Fall zu prüfen).
xlRangeValueMSPersistXML	Gibt die Recordset-Darstellung des angegebenen Range-Objektes im XML-Format zurück.
xlRangeValueXMLSpreadsheet	Gibt die Werte, Formatierungen, Formeln und Namen des angegebenen Range-Objektes im XML-Tabellenformat zurück.

Tabelle 2.4 Die Konstanten für »RangeValueDataType«

Beispiele

Im nächsten Beispiel wird der Inhalt der Zelle A1 aus *Tabelle1* abgefragt.

```
Sub ZelleAuslesen()
 Dim Zelle As Range

 Set Zelle = Sheets("Tabelle1").Range("A1")
 Debug.Print Zelle.Value
End Sub
```

Listing 2.5 Zellinhalt abfragen

Über die Anweisung Set stellen Sie die Verbindung zum Objekt her. Über die Objektvariable Zelle vom Typ Range können Sie danach auf alle Eigenschaften und Methoden zurückgreifen, die für Zellen zur Verfügung stehen.

Im Makro aus Listing 2.6 schreiben Sie den Wert 0 in die Zelle A1 in *Tabelle1*.

```
Sub ZelleFüllen()
  Dim Zelle As Range

  Set Zelle = Sheets("Tabelle1").Range("A1")
  Zelle.Value = 0
End Sub
```

Listing 2.6 Zelle füllen

2.5.2   »Address«-Eigenschaft

Über die Eigenschaft Address aus Listing 2.7 ermitteln Sie die Adresse einer Zelle oder
eines Bereichs.

Syntax

```
Ausdruck.Address(RowAbsolute, ColumnAbsolute,
ReferenceStyle, External, RelativeTo)
```

Argument	Beschreibung
Ausdruck	Erforderlich. Ein Ausdruck, der ein Range-Objekte zurückgibt
RowAbsolute	Optional. Bei True wird der Bezugsteil mit der Zeilenangabe als absoluter Bezug zurückgegeben.

Argument	Beschreibung
ColumnAbsolute	Optional. Bei True wird der Bezugsteil mit der Spaltenangabe als absoluter Bezug zurückgegeben.
ReferenceStyle	Standard: xlA1. Verwenden Sie xlA1, um einen Bezug in der A1-Schreibweise zurückzugeben, xlR1C1, um einen Bezug in der Z1S1-Schreibweise zurückzugeben.
External	Optional. Wenn True, wird ein externer Bezug zurückgegeben. Wenn False, wird ein lokaler Bezug zurückgegeben.
RelativeTo	Optional. Sind RowAbsolute und ColumnAbsolute beide False und geben Sie für ReferenceStyle den Wert xlR1C1 an, müssen Sie mit RelativeTo einen Startpunkt für den relativen Bezug angeben. Dieses Argument ist ein Range-Objekt.

Beispiel

```
Sub ZellenAdresse()
 Dim Zelle As Range

 Set Zelle = Sheets("Tabelle1").Range("A1")
 Debug.Print Zelle.Address
 Debug.Print Zelle.Address(RowAbsolute:=False)
 Debug.Print Zelle.Address(ColumnAbsolute:=False)
 Debug.Print Zelle.Address(ReferenceStyle:=xlR1C1)
End Sub
```

Listing 2.7 Zellenadresse ermitteln

Abbildung 2.2 Zellenbezüge ausgeben

2.5.3 »Formula«-Eigenschaften

Über die Eigenschaften Formula bzw. FormulaLocal können Sie die Formel, Funktion oder auch eine Verknüpfung aus einer Zelle herauslesen.

Syntax

```
Ausdruck.Formula
```

Das erforderliche Argument Ausdruck ist ein Ausdruck, der ein Range-Objekt darstellt.

Beispiel

Das Beispiel aus Listing 2.8 ermittelt die Formel Summe aus Zelle A5 aus *Tabelle1*.

```
Sub ZellenFormel()
 Dim Zelle As Range

 Set Zelle = Sheets("Tabelle1").Range("A5")
 Debug.Print Zelle.Formula
 Debug.Print Zelle.FormulaLocal
End Sub
```

Listing 2.8 Formel aus einer Zelle ziehen

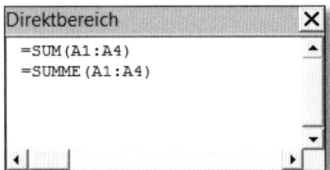

Abbildung 2.3 Formeltext aus einer Zelle auslesen

2.5.4 »Clear«-Methode

Über die Methode Clear löschen Sie den Inhalt einer Zelle, Zeile oder Spalte.

Syntax

```
Ausdruck.Clear
```

Das erforderliche Argument Ausdruck ist ein Ausdruck, der ein Range-Objekt darstellt.

Beispiel

Im Beispiel aus Listing 2.9 wird jeglicher Inhalt der Zeile 1 gelöscht.

```
Sub ZeileninhaltLöschen()
 Dim Zeile As Range
```

```
Set Zeile = Sheets("Tabelle1").Rows(1)
Zeile.Clear
End Sub
```

Listing 2.9 Inhalt einer ganzen Zeile löschen

2.5.5   »AutoFit«-Methode

Mit der Methode AutoFit bestimmen Sie die Breite einer oder mehrerer Spalten nach dem tatsächlichen Platzbedarf.

Syntax

```
Ausdruck.AutoFit
```

Das erforderliche Argument Ausdruck ist ein Ausdruck, der ein Range-Objekt darstellt.

Beispiel

Im Beispiel aus Listing 2.10 wird die Spaltenbreite für die Spalten A bis D in *Tabelle1* optimal eingestellt.

```
Sub Spaltenbreiteanpassen()
 Dim Spalte As Range

 Set Spalte = Sheets("Tabelle1").Columns("A:D")
 Spalte.AutoFit
End Sub
```

Listing 2.10 Spaltenbreite einstellen über »AutoFit«

2.5.6   »ColorIndex«-Eigenschaft

Über die Eigenschaft Colorindex legen Sie die Hintergrundfarbe von Zellen und Bereichen fest. Zur Verfügung stehen 56 Standardfarben, von denen Sie jede über einen eindeutigen Index ansprechen können.

Syntax

```
Ausdruck.ColorIndex
```

Das erforderliche Argument Ausdruck ist ein Ausdruck, der ein Interior-Objekt (Hintergrund), Font-Objekt (Schrift) oder ein Border-Objekt (Rahmen) darstellt.

Beispiel

Im Beispiel aus Listing 2.11 wird einer Objektvariablen ein Bereich zugewiesen und anschließend die Eigenschaft ColorIndex auf den Hintergrund des Bereiches angewendet, um diesen einzufärben.

```
Sub BereichFärben()
 Dim Bereich As Range

 Set Bereich = Sheets("Tabelle1").Range("A1:D5")
 Bereich.Interior.ColorIndex = 3
End Sub
```

Listing 2.11 Bereich einfärben über »ColorIndex«

2.5.7   »Union«-Methode

Über die Methode Union können Sie mehrere Bereiche in einer Tabelle zusammenfassen.

Syntax

```
Ausdruck.Union(Arg1, Arg2, ...)
```

Argumente	Beschreibung
Ausdruck	Das erforderliche Argument Ausdruck ist ein Ausdruck, der ein Application-Objekt darstellt.
Arg1, Arg2	Erforderlich. Es müssen mindestens zwei Range-Objekte angegeben werden.

Beispiel

Im Makro aus Listing 2.12 werden drei nicht zusammenhängende Bereiche zu einem Gesamtbereich zusammengefasst und dann mit einem Wert gefüllt.

```
Sub MehrereBereiche()
 Dim Bereich1 As Range
 Dim Bereich2 As Range
 Dim Bereich3 As Range
 Dim Gesamt As Range
```

```
With Worksheets("Tabelle3")
 Set Bereich1 = .Range("A1:A5")
 Set Bereich2 = .Range("C1:C5")
 Set Bereich3 = .Range("E1:E5")
 Set Gesamt = Union(Bereich1, Bereich2, Bereich3)
 Gesamt.Value = 0 With
End
End Sub
```

Listing 2.12 Mit »Union« einen Gesamtbereich bilden

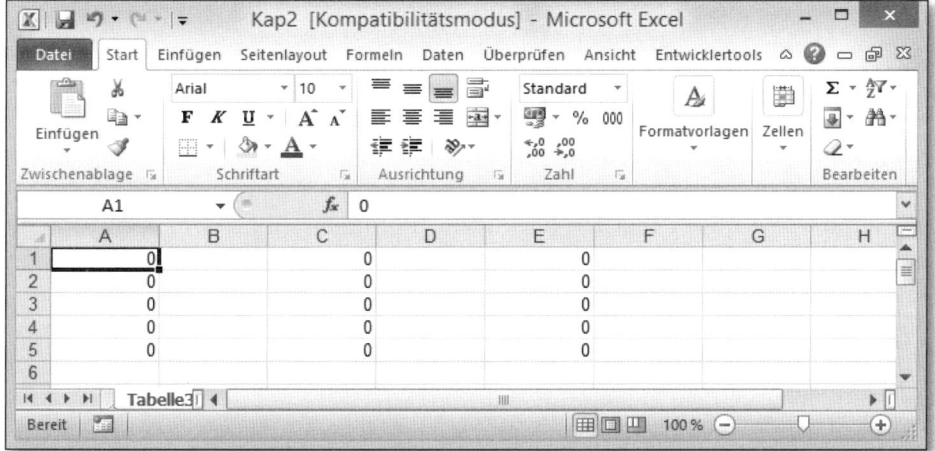

Abbildung 2.4 Einen Gesamtbereich ansprechen

2.6   Die Objektvariable »Comment«

Über die Objektvariable Comment können Sie Kommentare in Zellen einfügen, ändern, löschen und vieles mehr.

2.6.1   »AddComment«-Methode

Die Methode AddComment fügt dem Bereich einen Kommentar hinzu.

Syntax

```
Ausdruck.AddComment(Text)
```

Argument	Beschreibung
Ausdruck	Erforderlich. Ein Ausdruck, der ein Range-Objekt zurückgibt.
Text	Optional. Der Kommentartext

Beispiel

Das Beispiel aus Listing 2.13 fügt in Zelle A1 in *Tabelle2* einen Kommentar ein.

```
Sub KommentarAnlegen()
 Dim Cmt As Comment

 Set Cmt = Sheets("Tabelle2").Range("A1").AddComment
 Cmt.Text "Neuer Kommentar"
End Sub
```

Listing 2.13 Kommentar einfügen über die Methode »AddComment«

Die Methode AddComment fügt ein noch leeres Kommentarfenster in Zelle A1 in *Tabelle2* ein. Den Text des Kommentars bestimmen Sie über die Methode Text.

2.6.2   »Text«-Eigenschaft

Die Eigenschaft Text legt den Kommentartext fest.

Syntax

```
Ausdruck.Text(Text, Start, Overwrite)
```

Argument	Beschreibung
Ausdruck	Erforderlich. Ein Ausdruck, der eines der oben aufgeführten Objekte zurückgibt.
Text	Optional. Der hinzuzufügende Text
Start	Optional. Die Nummer des Zeichens, an dem der neue Text eingefügt wird. Wird dieses Argument nicht angegeben, wird bereits bestehender Text im Kommentar gelöscht.
Overwrite	Optional. Wenn True, wird bereits bestehender Text überschrieben.

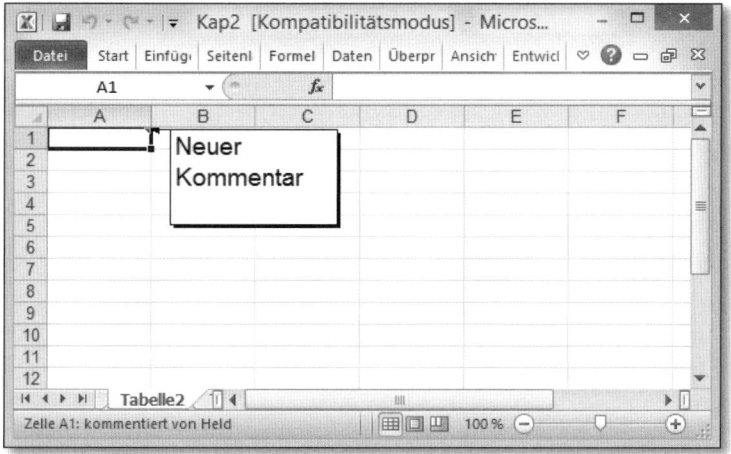

Abbildung 2.5 Kommentar einfügen und beschriften

2.6.3   »Parent«-Eigenschaft

Um die Zellenadresse eines Kommentars zu ermitteln, setzen Sie die Eigenschaft Address ein. Diese Eigenschaft haben wir bereits besprochen. Damit dies auch funktioniert, muss diese Eigenschaft mit Hilfe der Eigenschaft Parent auf das übergeordnete Objekt angewendet werden.

Syntax

```
Ausdruck.Parent
```

Das erforderliche Argument Ausdruck ist ein Ausdruck, der ein übergeordnetes Objekt darstellt.

Beispiel

Das Beispiel aus Listing 2.14 fragt einen Kommentar auf einer Tabelle ab. Dabei sollen die Zellenadresse sowie der Inhalt des Kommentars ermittelt werden.

```
Sub KommentarAuslesen()
 Dim Cmt As Comment

 Set Cmt = Sheets("Tabelle2").Range("A1").Comment
 MsgBox Cmt.Parent.Address & vbLf & _
        Cmt.Text, vbInformation
End Sub
```

Listing 2.14 Kommentarinhalt auslesen

Abbildung 2.6 Kommentarinhalt auslesen

2.7 Die Objektvariable »Worksheet«

Über die Objektvariable Worksheet können Sie Tabellen ansprechen und programmieren.

> **Hinweis**
>
> Weitere Methoden, Eigenschaften zum Objekt Worksheet finden Sie in Kapitel 8, »›Worksheet‹-Objekt«.

2.7.1 »Name«-Eigenschaft

Über die Eigenschaft Name lesen Sie den Namen einer Tabelle aus.

Syntax

```
Ausdruck.Name
```

Das erforderliche Argument Ausdruck ist ein Ausdruck, der ein Worksheet-Objekt darstellt.

Beispiele

Das folgende Beispiel ermittelt den Namen der ersten Tabelle in der Arbeitsmappe.

```
Sub TabelleAnsprechen()
 Dim Tabelle As Worksheet

 Set Tabelle = Sheets(1)
 MsgBox Tabelle.Name
End Sub
```

Listing 2.15 Erste Tabelle in der Mappe identifizieren

Im Beispiel aus Listing 2.16 wird die erste Tabelle in der Arbeitsmappe umbenannt.

```
Sub TabelleBenennen()
 Dim Tabelle As Worksheet

 Set Tabelle = Worksheets.(1)
 Tabellen.Name = "Dokumentation"
End Sub
```

Listing 2.16 Tabelle umbenennen

2.7.2 »Copy«-Methode

Über die Methode Copy kopieren Sie eine Tabelle.

Syntax

```
Ausdruck.Copy(Before, After)
```

Argument	Beschreibung
Ausdruck	Das erforderliche Argument Ausdruck ist ein Ausdruck, der ein Worksheet-Objekt darstellt.
Before	Optional. Das Blatt, vor das dieses Blatt kopiert wird. Sie können Before nicht angeben, wenn Sie After angeben.
After	Optional. Das Blatt, hinter das dieses Blatt kopiert wird. Sie können After nicht angeben, wenn Sie Before angegeben haben.

Beispiele

Im Beispiel aus Listing 2.17 wird die erste Tabelle der Arbeitsmappe in eine neue Arbeitsmappe kopiert.

```
Sub TabelleKopierenAndereMappe()
 Dim Tabelle As Worksheet

 Set Tabelle = Sheets(1)
 Tabelle.Copy
End Sub
```

Listing 2.17 Tabelle in neue Mappe kopieren

Soll die Kopie der Tabelle in derselben Arbeitsmappe verbleiben, dann geben Sie entweder das Argument Before oder das Argument After an. Im Beispiel aus Listing 2.18

wird eine Tabelle kopiert und danach an die erste Stelle in der Arbeitsmappe angeordnet.

```
Sub TabelleBeginnMappe()
 Dim Tabelle As Worksheet

 Set Tabelle = Sheets(1)
 Tabelle.Copy Before:=Worksheets(1)
End Sub
```

Listing 2.18 Tabelle kopieren und am Anfang der Mappe einfügen

2.7.3   »Move«-Methode

Über die Methode Move verschieben Sie eine Tabelle an eine andere Position in der Arbeitsmappe.

Syntax

```
Ausdruck.Move(Before, After)
```

Argument	Beschreibung
Ausdruck	Ausdruck, der ein Worksheet-Objekte zurückgibt.
Before	Optional. Das Blatt, vor das dieses Blatt geschoben wird. Sie können Before nicht angeben, wenn Sie After angeben.
After	Optional. Das Blatt, hinter das dieses Blatt geschoben wird. Sie können After nicht angeben, wenn Sie Before angeben.

Beispiele

Im Beispiel aus Listing 2.19 wird die erste Tabelle in der Arbeitsmappe ans Ende der Mappe verschoben.

```
Sub TabelleAnsEndeVerschieben()
 Dim Tabelle As Worksheet

 Set Tabelle = Worksheets(1)
 Tabelle.Move After:=Worksheets(Worksheets.Count)
End Sub
```

Listing 2.19 Erste Tabelle ans Ende der Mappe verschieben

Soll die letzte Tabelle einer Arbeitsmappe an den Beginn der Mappe verschoben werden, dann starten Sie das Makro aus Listing 2.20.

```
Sub LetzteTabelleAnBeginnVerschieben()
 Dim Tabelle As Worksheet

 Set Tabelle = Worksheets(Worksheets.Count)
 Tabelle.Move Before:=Worksheets(1)
End Sub
```

Listing 2.20 Letzte Tabelle an den Beginn der Mappe verschieben

2.7.4 »Add«-Methode

Die Methode Add erstellt ein neues Arbeitsblatt, Diagramm oder Makroblatt. Das neue Arbeitsblatt wird zum aktiven Blatt.

Syntax

```
Ausdruck.Add(Before, After, Count, Type)
```

Argument	Beschreibung
Ausdruck	Ausdruck, der ein Worksheet-Objekt zurückgibt
Before	Optional. Ein Objekt, das das Blatt festlegt, vor dem das neue Blatt eingefügt werden soll
After	Optional. Ein Objekt, das das Blatt festlegt, nach dem das neue Blatt eingefügt werden soll
Count	Optional. Die Anzahl der hinzuzufügenden Blätter. Der Standardwert ist 1.
Type	Optional. Legt den Blatttyp fest. Kann eine der folgenden XlSheetType-Konstanten sein: xlWorksheet, xlChart, xlExcel4MacroSheet oder xlExcel4IntlMacroSheet. Wenn Sie ein Blatt einfügen, das auf einer vorhandenen Vorlage basiert, müssen Sie den Pfad zu der Vorlage angeben. Der Standardwert ist xlWorksheet.

Beispiele

Das Beispiel aus Listing 2.21 fügt eine neue Tabelle ganz am Ende der Arbeitsmappe ein.

```
Sub TabelleEinfügen()
 Dim Tabelle As Worksheet

 Set Tabelle = Worksheets.Add _
 (After:=Worksheets(Worksheets.Count))
End Sub
```

Listing 2.21 Neue Tabelle am Ende der Mappe einfügen

Soll die neue Tabelle gleich zu Beginn der Arbeitsmappe eingefügt werden, dann starten Sie das Makro aus Listing 2.22.

```
Sub TabelleEinfügenStart()
 Dim Tabelle As Worksheet

 Set Tabelle = Worksheets.Add(Before:=Worksheets(1))
End Sub
```

Listing 2.22 Neue Tabelle am Anfang der Mappe einfügen

Hinweis

Wenn Sie die Argumente Before und After nicht angeben, wird das neue Blatt vor dem aktiven Blatt eingefügt.

2.7.5 »Delete«-Methode

Über die Methode Delete entfernen Sie eine Tabelle aus einer Arbeitsmappe.

Syntax

```
Ausdruck.Delete()
```

Das erforderliche Argument Ausdruck ist ein Ausdruck, der ein Worksheet-Objekt darstellt.

Beispiele

Im Beispiel aus Listing 2.23 wird die erste Tabelle in einer Arbeitsmappe gelöscht.

```
Sub TabelleLöschen()
 Dim Tabelle As Worksheet
```

```
  Set Tabelle = Worksheets(1)
  Tabelle.Delete
End Sub
```

Listing 2.23 Tabelle entfernen über die Methode »Delete«

Wenn Sie dieses Makro starten, dann erfolgt eine Rückfrage, ob die Tabelle wirklich gelöscht werden soll.

Abbildung 2.7 Rückfrage bestätigen

Da diese Rückfrage besonders bei größeren Software-Projekten recht lästig ist, kann diese Meldung übergangen werden, indem Sie das Makro aus Listing 2.24 starten.

```
Sub TabelleLöschenOhneRückfrage()
  Dim Tabelle As Worksheet

  Set Tabelle = Worksheets(1)
  Application.DisplayAlerts = False
  Tabelle.Delete
  Application.DisplayAlerts = True
End Sub
```

Listing 2.24 Tabelle ohne Rückfrage löschen

2.8   Die Objektvariable »Picture«

Über die Objektvariable Picture sprechen Sie Bilder in Excel-Tabellen an.

2.8.1   »Insert«-Methode

Mit der Methode Insert fügen Sie eine Bilddatei in eine Excel-Tabelle ein.

Syntax

```
Ausdruck.Insert
```

Das erforderliche Argument Ausdruck ist ein Ausdruck, der ein Picture-Objekt darstellt.

Beispiel

Das Beispiel aus Listing 2.25 fügt eine Grafikdatei in eine Tabelle ein.

```
Sub BildEinfügen()
 Dim Bild As Picture

 Set Bild = _
 Worksheets("Tabelle1").Pictures.Insert _("C:\Excel.jpg")
End Sub
```

Listing 2.25 Bild in Tabelle einfügen über die Methode »Insert«

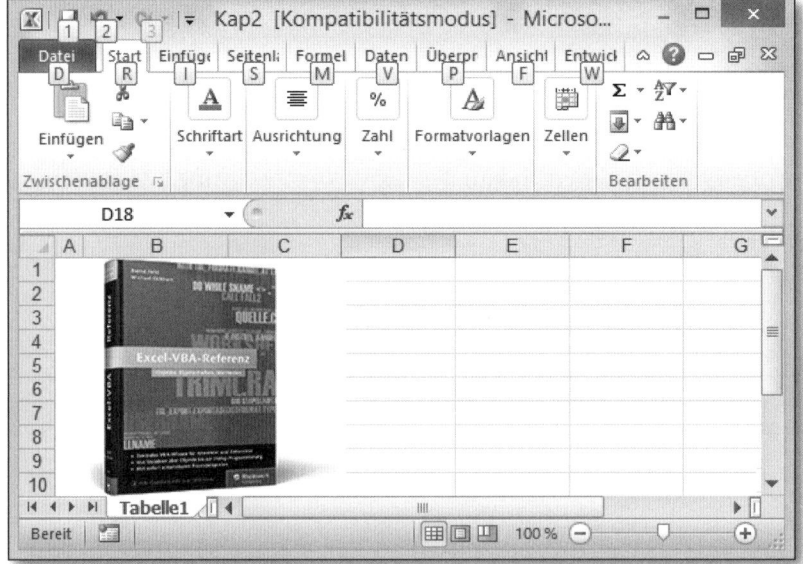

Abbildung 2.8 Bild in eine Tabelle einfügen

2.8.2   »Top«-Eigenschaft

Die Eigenschaft Top repräsentiert die linke obere Ecke einer Zelle.

Syntax

```
Ausdruck.Top
```

Das erforderliche Argument Ausdruck ist ein Ausdruck, der ein Picture-Objekt dar-stellt.

2.8.3   »Left«-Eigenschaft

Die Eigenschaft `Left` repräsentiert den Abstand von der linken Seite des Objekts zur linken Seite von Spalte A.

Syntax

```
Ausdruck.Left
```

Das erforderliche Argument `Ausdruck` ist ein Ausdruck, der ein `Picture`-Objekt darstellt.

Beispiel

Im Beispiel aus Listing 2.26 wird eine Grafik, die sich bereits in einer Tabelle befindet, neu angeordnet.

```
Sub BildPositionieren()
 Dim Bild As Picture

 Set Bild = _
  Worksheets("Tabelle1").Pictures(1)
  Bild.Top = Range("C3").Top
  Bild.Left = Range("C3").Left
End Sub
```

Listing 2.26 Bild neu in der Tabelle anordnen

2.8.4   »Width«-Eigenschaft

Die Eigenschaft `Width` gibt die Breite eines Objektes zurück bzw. legt diese fest.

Syntax

```
Ausdruck.Width
```

Das erforderliche Argument `Ausdruck` ist ein Ausdruck, der ein `Picture`-Objekt darstellt.

2.8.5   »Height«-Eigenschaft

Die Eigenschaft `Height` gibt die Höhe eines Objektes zurück bzw. legt diese fest.

Syntax

```
Ausdruck.Height
```

Das erforderliche Argument `Ausdruck` ist ein Ausdruck, der ein `Picture`-Objekt darstellt.

Beispiele

Das Beispiel aus Listing 2.27 legt die Breite sowie die Höhe eines Bildes fest. Dabei wird das Bild auf die doppelte Größe gebracht.

```
Sub BildVergrößern()
 Dim Bild As Picture

 Set Bild = _
 Worksheets("Tabelle1").Pictures(1)
 Bild.Width = Bild.Width * 2
 Bild.Height = Bild.Height * 2
End Sub
```

Listing 2.27 Bild vergrößern

Soll das Bild hingegen verkleinert werden, dann starten Sie das Makro aus Listing 2.28. Dabei wird die Größe des Bildes auf die Hälfte reduziert.

```
Sub BildVerkleinern()
 Dim Bild As Picture

 Set Bild = _
 Worksheets("Tabelle1").Pictures(1)
 Bild.Width = Bild.Width * 0.5
 Bild.Height = Bild.Height * 0.5
End Sub
```

Listing 2.28 Bild verkleinern

2.8.6   »Duplicate«-Methode

Die Methode `Duplicate` dupliziert das Objekt und gibt einen Bezug auf die neue Kopie zurück.

Syntax

```
Ausdruck.Duplicate
```

Das erforderliche Argument `Ausdruck` ist ein Ausdruck, der ein `Picture`-Objekt darstellt.

Beispiel

Beim Beispiel aus Listing 2.29 wird eine Grafik dupliziert und das Duplikat dann drei Spalten weiter rechts angeordnet.

```
Sub BildDuplizieren()
 Dim Bild As Picture
 Dim BildNeu As Picture

 Set Bild = _
 Worksheets("Tabelle1").Pictures(1)
 Bild.Top = Range("C3").Top
 Bild.Left = Range("C3").Left

 Set BildNeu = Bild.Duplicate
 BildNeu.Top = Range("C3").Offset(0, 3).Top
 BildNeu.Left = Range("C3").Offset(0, 3).Left
End Sub
```

Listing 2.29 Bild wird dupliziert und neu angeordnet

2.8.7   »CopyPicture«-Methode

Die Methode `CopyPicture` kopiert das ausgewählte Objekt als Bild in die Zwischenablage.

Syntax

```
Ausdruck.CopyPicture(Appearance, Format, Size)
```

Argument	Beschreibung
Ausdruck	Das erforderliche Argument `Ausdruck` ist ein Ausdruck, der ein `Picture`-Objekt darstellt.
Appearance	Optional. Legt fest, wie das Bild kopiert werden soll.
Format	Optional. Das Bildformat

Argument	Beschreibung
Size	Optional. Gibt die Größe der kopierten Grafik an, wenn das Objekt ein Diagramm ist, das sich auf einem Diagrammblatt befindet und nicht in einem Arbeitsblatt eingebettet ist.

Als Appearance-Wert stehen Ihnen die Konstanten aus Tabelle 2.5 zur Verfügung.

Konstante	Beschreibung
xlPrinter	Das Bild wird so kopiert, wie es beim Drucken dargestellt wird.
xlScreen	Standard. Das Bild wird so kopiert, dass es seiner Darstellung auf dem Bildschirm so weit wie möglich entspricht.

Tabelle 2.5 Die möglichen »Appearance«-Konstanten

Als Format-Wert, mit dem Sie das Bildformat festlegen, stehen Ihnen die Konstanten aus Tabelle 2.6 zur Verfügung.

Konstante	Beschreibung
xlBitmap	Bild wird als Bitmap gespeichert.
xlPicture	Standard

Tabelle 2.6 Die möglichen »Format«-Konstanten

Als Size-Wert, mit dem Sie die Größe bestimmen, stehen Ihnen die Konstanten aus Tabelle 2.7 zur Verfügung.

Konstante	Beschreibung
xlPrinter	Standard. Das Bild wird so kopiert, dass es seiner gedruckten Größe so weit wie möglich entspricht.
xlScreen	Das Bild wird so kopiert, dass es seiner Darstellung auf dem Bildschirm so weit wie möglich entspricht.

Tabelle 2.7 Die möglichen »Size«-Konstanten

Beispiel

Das Beispiel aus Listing 2.30 kopiert ein Bild aus *Tabelle1* und fügt es in Zelle A1 von *Tabelle2* ein.

```
Sub BildKopieren()
 Dim Bild As Picture

 Set Bild = _
 Worksheets("Tabelle1").Pictures(1)
 Bild.CopyPicture
 Worksheets("Tabelle2").Paste _
 Destination:=Worksheets("Tabelle2").Range("A1")
End Sub
```

Listing 2.30 Bild kopieren und in andere Tabelle einfügen

2.9 Die Objektvariable »Shape«

Jedes Shape-Objekt stellt ein Objekt in der Zeichnungsebene dar, wie z. B. eine Auto-Form, eine Freihandform, ein OLE-Objekt oder ein Bild.

2.9.1 Methode »AddCallout«

Die Methode AddCallout erstellt eine rahmenlose Legende mit Linie. Die Methode gibt ein Shape-Objekt zurück, das die neue Legende darstellt.

Syntax

```
Ausdruck.AddCallout(Type, Left, Top, Width, Height)
```

Argument	Beschreibung
Ausdruck	Dieses Argument gibt ein Shape-Objekt zurück.
Type	Erforderlich. Legt den Typ einer Legendenlinie fest.
Left	Erforderlich. Die Position (in Punkt) der oberen linken Ecke des Begrenzungsrechtecks der Legende, relativ zur oberen linken Ecke des Dokuments
Top	Erforderlich. Die Position (in Punkt) der oberen linken Ecke des Begrenzungsrechtecks der Legende, relativ zur oberen linken Ecke des Dokuments
Width	Erforderlich. Breite (in Punkt) des Begrenzungsrechtecks der Legende
Height	Erforderlich. Höhe (in Punkt) des Begrenzungsrechtecks der Legende

Folgende Konstanten sind für das Argument Type möglich:

Konstante	Beschreibung
msoCalloutOne	eine horizontale oder vertikale Legendenlinie mit einem Abschnitt
msoCalloutTwo	eine frei drehbare Legendenlinie mit einem Abschnitt
msoCalloutMixed	Mischung aus den ersten beiden Konstanten
msoCalloutThree	eine Linie mit zwei Abschnitten
msoCalloutFour	eine Linie mit drei Abschnitten

Tabelle 2.8 Die Konstanten für das Argument »Type«

Beispiel

Im Beispiel aus Listing 2.31 wird eine Legende in *Tabelle3* eingefügt und ein Text darin erfasst.

```
Sub LegendeEinfügen()
 Dim Tabelle As Worksheet
 Dim shp As Shape

 Set Tabelle = Worksheets("Tabelle3")
 Set shp = _
 Tabelle.Shapes.AddCallout(Type:=msoCalloutTwo, _
  Left:=50, Top:=50, Width:=200, Height:=100)
  shp.TextFrame.Characters.Text = "TEXT"
End Sub
```

Listing 2.31 Legende einfügen und beschriften

Verwandte Methoden

Verwandte Methoden sind: AddCurve, AddConnector, AddDiagram, AddFormControl, AddLabel, AddLine, AddOLEObject, AddPicture, AddPolyLine, AddShape, AddTextbox.

2.9.2   »AddCurve«-Methode

Über die Methode AddCurve fügen Sie eine Bézierkurve in eine Tabelle ein.

Syntax

```
Ausdruck.AddCurve(SafeArrayOfPoints)
```

Argument	Beschreibung
Ausdruck	Dieses Argument gibt ein Shape-Objekt zurück.
SafeArrayOfPoints	Erforderlich. Eine Matrix von Koordinatenpaaren (Koordinatenpaar: Ein Wertepaar, das die x- und y-Koordinaten eines Punktes darstellt und in einem zweidimensionalen Array gespeichert ist, der Koordinaten für viele Punkte enthalten kann), die Scheitelpunkte und Steuerpunkte der Kurve angibt.

Beispiel

Beim Beispiel aus Listing 2.32 wird auf Basis einiger Werte aus *Tabelle4* eine Bézier-kurve gezeichnet.

```
Sub KurveZeichnenLassen()
 Dim Tabelle As Worksheet
 Dim shp As Shape
 Dim pts(1 To 7, 1 To 2) As Single

With Sheets("Tabelle4")
 pts(1, 1) = .Cells(1, 1).Value
 pts(1, 2) = .Cells(1, 2).Value
 pts(2, 1) = .Cells(2, 1).Value
 pts(2, 2) = .Cells(2, 2).Value
 pts(3, 1) = .Cells(3, 1).Value
 pts(3, 2) = .Cells(3, 2).Value
 pts(4, 1) = .Cells(4, 1).Value
 pts(4, 2) = .Cells(4, 2).Value
 pts(5, 1) = .Cells(5, 1).Value
 pts(5, 2) = .Cells(5, 2).Value
 pts(6, 1) = .Cells(6, 1).Value
 pts(6, 2) = .Cells(6, 2).Value
 pts(7, 1) = .Cells(7, 1).Value
 pts(7, 2) = .Cells(7, 2).Value
End With

 Set Tabelle = Worksheets("Tabelle4")
 Set shp = _
 Tabelle.Shapes.AddCurve(SafeArrayOfPoints:=pts)
 shp.Fill.ForeColor.RGB = RGB(128, 0, 0)
End Sub
```

Listing 2.32 Bézierkurve einfügen und färben

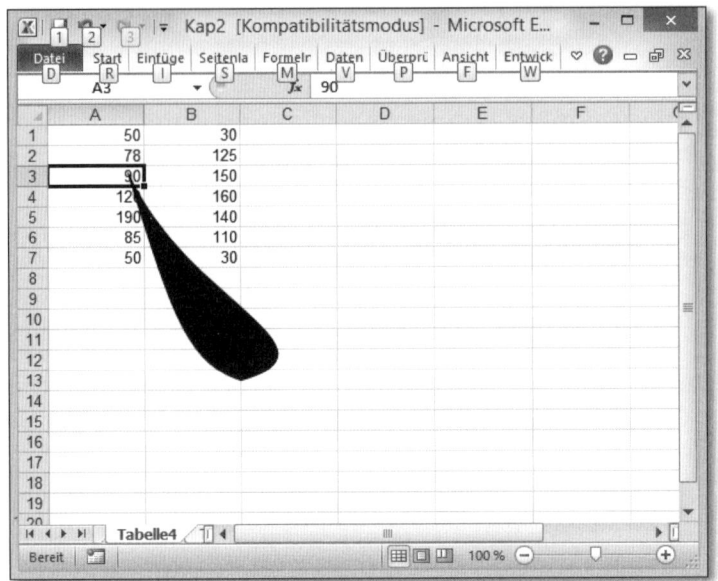

Abbildung 2.9 Eine Bézierkurve einfügen und füllen

Verwandte Methoden

Verwandte Methoden sind: AddCallout, AddConnector, AddDiagram, AddFormControl, AddLabel, AddLine, AddOLEObject, AddPicture, AddPolyLine, AddShape, AddTextbox.

2.9.3 »Fill«-Eigenschaft

Über die Eigenschaft Fill legen Sie die Füllung eines Shape-Objektes oder auch eines Diagramms fest. Diese Eigenschaft gibt ein FillFormat-Objekt zurück, das Füllformateigenschaften des angegebenen Diagramms oder der angegebenen Form darstellt.

2.9.4 »ForeColor«-Eigenschaft

Über die Eigenschaft ForeColor weisen Sie die Füllfarbe des Vordergrunds oder die Farbfläche eines Shape-Objektes oder eines Diagramm zu.

Beispiel

Im Beispiel aus Listing 2.33 wird die Füllfarbe des Shape-Objekts in *Tabelle3* festgelegt.

```
Sub ShpFormatieren()
 Dim shp As Shape

 Set shp = Worksheets("Tabelle3").Shapes(1)
 With shp
```

```
   .TextFrame.Characters.Text = "TEXT Neu"
   .Fill.ForeColor.RGB = RGB(256, 0, 0)
 End With
End Sub
```

Listing 2.33 Ein »Shape«-Objekt füllen

2.9.5 »RGB«-Funktion

Über die Funktion RGB erzeugen Sie einen Farbwert.

Syntax

```
RGB(red, green, blue)
```

Teil	Beschreibung
red	Erforderlich. Zahl im Bereich von 0 bis 255 (einschließlich), die die Rot-Komponente der Farbe darstellt.
green	Erforderlich. Zahl im Bereich 0 bis 255 (einschließlich), die die Grün-Komponente der Farbe darstellt.
blue	Erforderlich. Zahl im Bereich von 0 bis 255 (einschließlich), die die Blau-Komponente der Farbe darstellt.

Die Tabelle 2.9 enthält die wichtigsten Standardfarben.

Farbe	Rot- Komponente	Grün-Komponente	Blau-Komponente
Schwarz	0	0	0
Blau	0	0	255
Grün	0	255	0
Cyan	0	255	255
Rot	255	0	0
Magenta	255	0	255
Gelb	255	255	0
Weiß	255	255	255

Tabelle 2.9 Die wichtigsten Standardfarben

2.9.6   »AddTextbox«-Methode

Über die Methode AddTextbox erstellen Sie ein Textfeld. Dabei gibt diese Methode ein Shape-Objekt zurück, das das neue Textfeld darstellt.

Syntax

```
Ausdruck.AddTextbox(Orientation, Left, Top, Width, Height)
```

Argument	Beschreibung
Ausdruck	Dieses Argument gibt ein Shape-Objekt zurück.
Orientation	Erforderlich. Die Ausrichtung des Textfeldes
MsoTextOrientation	Stellt eine der Konstanten aus Tabelle 2.10 dar.
Left	Erforderlich. Die Position (in Punkt) der oberen linken Ecke des Textfeldes, relativ zur oberen linken Ecke des Dokuments
Top	Erforderlich. Die Position (in Punkt) der oberen linken Ecke des Textfeldes, relativ zum oberen Rand des Dokuments
Width	Erforderlich. Die Breite des Textfeldes in Punkt
Height	Erforderlich. Die Höhe des Textfeldes in Punkt

Für das Argument MsoTextOrientation stehen folgende Konstanten zur Verfügung:

Konstante	Beschreibung
msoTextOrientationDownward	Text wird vertikal, von oben nach unten angeordnet. Lesbar, wenn der Kopf nach rechts geneigt wird
msoTextOrientationHorizontal	Text wird horizontal von links nach rechts angeordnet.
msoTextOrientationUpward	Text wird vertikal, von oben nach unten angeordnet. Lesbar, wenn der Kopf nach links geneigt wird
msoTextOrientationVertical	Text wird vertikal, von oben nach unten angeordnet. Dabei wird Zeichen für Zeichen untereinander angeordnet; ist das Ende der Textbox erreicht, wird in der nächsten Spalte wieder oben angefangen.

Tabelle 2.10 Die möglichen Konstanten für die Textausrichtung

Beispiele

Im Beispiel aus Listing 2.34 wird in *Tabelle7* eine Textbox eingefügt. Der Inhalt dieser
Textbox wird aus Zelle A1 bezogen.

```
Sub TextboxEinfügen()
 Dim Tabelle As Worksheet
 Dim shp As Shape

 Set Tabelle = Worksheets("Tabelle7")
 Set shp = Tabelle.Shapes.AddTextbox _
 (msoTextOrientationHorizontal, 50, 50, 100, 50)
 shp.TextFrame.Characters.Text = _
 Tabelle.Range("A1").Value
End Sub
```

Listing 2.34 Textbox über die Methode »AddTextbox« einfügen

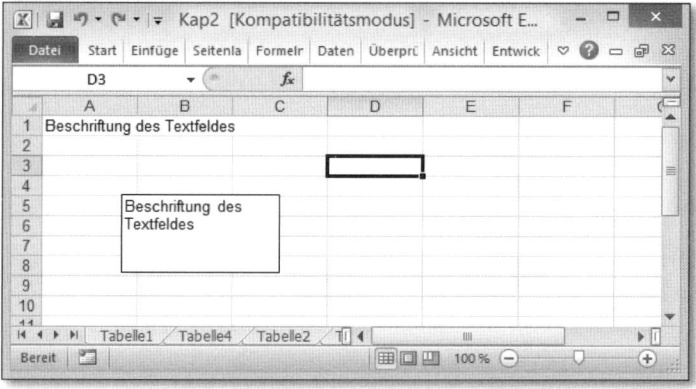

Abbildung 2.10 Textbox einfügen und mit Inhalt füllen

Soll die Ausrichtung des Textes geändert werden, dann starten Sie das Makro aus Listing 2.35.

```
Sub TextboxInhaltAusrichten()
 Dim Tabelle As Worksheet
 Dim shp As Shape

 Set Tabelle = Worksheets("Tabelle7")
 Set shp = Tabelle.Shapes.AddTextbox _
 (msoTextOrientationVertical, 50, 50, 100, 50)
 shp.TextFrame.Characters.Text = _
 Tabelle.Range("A1").Value
End Sub
```

Listing 2.35 Textbox-Inhalt ausrichten

Verwandte Methoden

Verwandte Methoden sind: AddCallout, AddCurve, AddConnector, AddFormControl, AddLabel, AddLine, AddOLEObject, AddPicture, AddPolyLine, AddShape.

2.9.7 »AddShape«-Methode

Über die Methode AddShape fügen Sie eine AutoForm aus der Symbolleiste ZEICHNEN ein.

Syntax

```
Ausdruck.AddShape(Type, Left, Top, Width, Height)
```

Argument	Beschreibung
Ausdruck	Erforderlich. Ein Ausdruck, der ein Shape-Objekt zurückgibt
Type	Erforderlich. Gibt den Typ der zu erstellenden AutoForm an. Exemplarisch werden einige davon in Tabelle 2.11 dargestellt.
Left, Top	Erforderlich. Die Position (in Punkt) der oberen linken Ecke des Begrenzungsrechtecks der AutoForm, relativ zur oberen linken Ecke des Dokuments
Width, Height	Erforderlich. Höhe und Breite des Begrenzungsrechtecks der AutoForm in Punkt

Ein Auszug aus den möglichen AutoForms sehen Sie in Tabelle 2.11.

Konstante	Beschreibung
msoShapeActionButtonEnd	ein Stop-Symbol
msoShapeActionButtonBeginning	ein Play-Symbol
msoShapeActionButtonHelp	ein Hilfe-Symbol
msoShapeActionButtonHome	ein Haus-Symbol
msoShapeActionButtonInformation	ein Informations-Symbol
msoShapeActionButtonSound	ein Sound-Symbol
msoShapeBalloon	eine Sprechblase

Tabelle 2.11 Mögliche AutoForms

2

Konstante	Beschreibung
msoShapeBentArrow	ein gebogener Pfeil
msoShapeCan	eine Dose
msoShapeCross	ein Kreuz
msoShapeCube	ein Würfel
msoShapeDonut	ein Donut
msoShapeExplosion1	eine Explosion
msoShapeHeart	ein Herz
msoShapeLightningBolt	ein Blitz
msoShapeLineCallout1	ein Kommentar
msoShapeMoon	ein Mond
msoShapeSmileyFace	ein lächelndes Gesicht
msoShapeSun	eine Sonne
msoShapeWave	eine Welle

Tabelle 2.11 Mögliche AutoForms (Forts.)

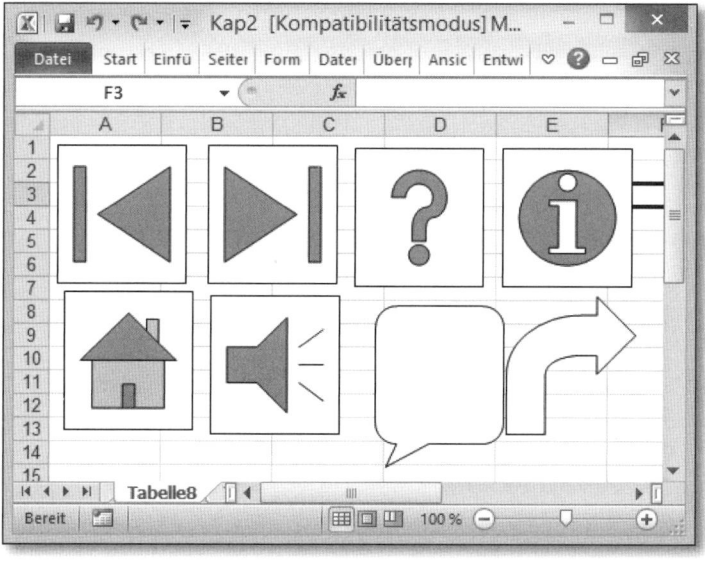

Abbildung 2.11 Typische AutoForms in Excel

Beispiele

Das Beispiel aus Listing 2.36 fügt ein lächelndes Gesicht in *Tabelle8* ein.

```
Sub SymbolEinfügen()
 Dim Tabelle As Worksheet
 Dim shp As Shape

 Set Tabelle = Worksheets("Tabelle8")
 Set shp = Tabelle.Shapes.AddShape _
 (msoShapeSmileyFace, 10, 10, 69, 75)
End Sub
```

Listing 2.36 AutoForm einfügen über die Methode »AddShape«

Die einzelnen Shape-Objekte können Sie auch über einen Index ansprechen. Jede AutoForm hat in Excel eine eindeutige Nummer. Im Beispiel aus Listing 2.37 werden in *Tabelle9* die ersten 100 AutoForms eingefügt.

```
Sub SymboleEinfügen()
 Dim Tabelle As Worksheet
 Dim shp As Shape
 Dim i As Integer
 Dim e As Integer

 i = 12
 Set Tabelle = Worksheets("Tabelle9")
 For e = 1 To 100
  Set shp = Tabelle.Shapes.AddShape _
  (e, i, 10, 10, 10)
  i = i + 12
 Next e
End Sub
```

Listing 2.37 Die ersten 100 AutoForms werden in eine Tabelle eingefügt.

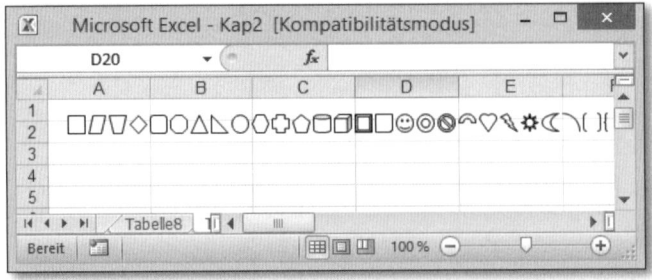

Abbildung 2.12 Von links nach rechts (Nr. 1 bis Nr. 100)

Verwandte Methoden

Verwandte Methoden sind: `AddCallout`, `AddCurve`, `AddConnector`, `AddFormControl`, `AddLabel`, `AddLine`, `AddOLEObject`, `AddPicture`, `AddPolyLine`.

2.10   Die Objektvariable »Workbook«

Über die Objektvariable `Workbook` sprechen Sie Arbeitsmappen an.

> **Hinweis**
>
> Weitere Methoden, Eigenschaften zum Objekt `Workbook` finden Sie in Kapitel 7, »›Workbook‹-Objekt«.

2.10.1   »Save«-Methode

Die Methode `Save` speichert Änderungen in der angegebenen Arbeitsmappe.

Syntax

```
Ausdruck.Save
```

Das erforderliche Argument `Ausdruck` ist ein Ausdruck, der ein `Workbook`-Objekt darstellt.

Beispiel

Im Beispiel aus Listing 2.38 wird die aktuell geöffnete und aktive Arbeitsmappe gespeichert.

```
Sub ArbeitsmappeSpeichern()
 Dim Mappe As Workbook

 Set Mappe = ActiveWorkbook
 Mappe.Save
End Sub
```

Listing 2.38 Arbeitsmappe speichern über die Methode »Save«

Verwandte Methoden

Verwandte Methoden sind: `SaveAs`, `SaveCopyAs`.

2.10.2 »Close«-Methode

Die Methode Close schließt eine Arbeitsmappe.

Syntax

```
Ausdruck.Close(SaveChanges, Filename, RouteWorkbook)
```

Argument	Beschreibung
Ausdruck	Das erforderliche Argument Ausdruck ist ein Ausdruck, der ein Workbook-Objekt darstellt.
SaveChanges	Optional. Hiermit entscheiden sie, ob Sie die Mappe beim Schließen gleichzeitig speichern möchten oder nicht. Wenn ja, dann weisen Sie True zu. Wenn nicht, dann weisen Sie den Wert False zu.
FileName	Optional. Gibt den Dateinamen an, unter dem die Änderungen gespeichert werden sollen. Fehlt dieser, werden Änderungen selbstverständlich in der zu schließenden Mappe durchgeführt.
RouteWorkbook	Optional. Wenn die Arbeitsmappe nicht an den nächsten Empfänger weiterzuleiten ist (weil sie keinen Verteiler hat oder schon weitergeleitet wurde), wird dieses Argument ignoriert.

Beispiel

Im Beispiel aus Listing 2.39 wird die aktive Arbeitsmappe geschlossen.

```
Sub ArbeitsmappeSchließen()
 Dim Mappe As Workbook

 Set Mappe = ActiveWorkbook
 Mappe.Close savechanges:=True
End Sub
```

Listing 2.39 Mit der Methode »Close« die Mappe schließen

2.10.3 »Name«-Eigenschaft

Über die Eigenschaft Name ermitteln Sie den Namen einer Arbeitsmappe.

Syntax

```
Ausdruck.Name
```

Das erforderliche Argument Ausdruck ist ein Ausdruck, der ein Workbook-Objekt darstellt.

Beispiel

Im Beispiel aus Listing 2.40 wird der Name der aktiven Arbeitsmappe am Bildschirm ausgegeben.

```
Sub ArbeitsmappenNamen()
 Dim Mappe As Workbook

 Set Mappe = ActiveWorkbook
 MsgBox Mappe.Name
End Sub
```

Listing 2.40 Den Namen der Mappe über die Eigenschaft »Name« abfragen

Abbildung 2.13 Den Namen einer Mappe ermitteln

Verwandte Eigenschaften

Verwandte Eigenschaften sind: FullName.

2.10.4 »FullName«-Eigenschaft

Über die Eigenschaft FullName ermitteln Sie den Namen inklusive des Speicherpfades einer Arbeitsmappe.

Syntax

```
Ausdruck.FullName
```

Das erforderliche Argument Ausdruck ist ein Ausdruck, der ein Workbook-Objekt darstellt.

Beispiel

Im Beispiel aus Listing 2.41 wird der komplette Speicherpfad der aktuell geöffneten Arbeitsmappe ermittelt und am Bildschirm angezeigt.

```
Sub ArbeitsmappenPfad()
 Dim Mappe As Workbook

 Set Mappe = ActiveWorkbook
 MsgBox Mappe.FullName
End Sub
```

Listing 2.41 Den Pfadnamen der Mappe über die Eigenschaft »FullName« ermitteln

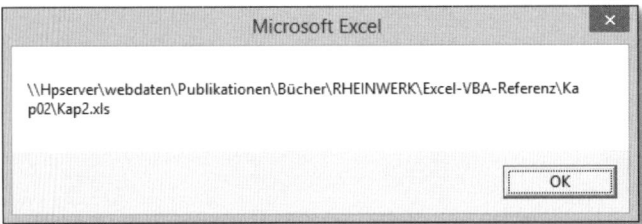

Abbildung 2.14 Der komplette Pfad der Mappe wird ermittelt.

Verwandte Eigenschaften

Verwandte Eigenschaften sind: Name.

2.11 Die Objektvariable »RecentFile«

Mit der Objektvariable RecentFile greifen Sie auf die Liste der zuletzt verwendeten Dateien zu.

2.11.1 »Name«-Eigenschaft

Über die Eigenschaft Name fragen Sie die Liste der zuletzt geöffneten Arbeitsmappen ab.

Syntax

```
Ausdruck.Name
```

Das erforderliche Argument Ausdruck ist ein Ausdruck, der ein RecentFile-Objekt darstellt.

Beispiele

Das Beispiel aus Listing 2.42 gibt den Namen der zuletzt geöffneten Arbeitsmappe aus.

```
Sub ZuletztGeöffneteMappe()
 Dim Rf As RecentFile

 Set Rf = Application.RecentFiles(1)
 MsgBox Rf.Name
End Sub
```

Listing 2.42 Zuletzt geöffnete Mappe ermitteln

Um eine komplette Liste der zuletzt geöffneten Arbeitsmappen zu erstellen, starten Sie das Makro aus Listing 2.43.

```
Sub LetzteDateienAnzeigen()
 Dim Rf As RecentFile
 Dim i As Integer

 For i = 1 To Application.RecentFiles.Count
   Debug.Print Application.RecentFiles(i).Name
 Next i
End Sub
```

Listing 2.43 Liste der zuletzt geöffneten Mappen erzeugen

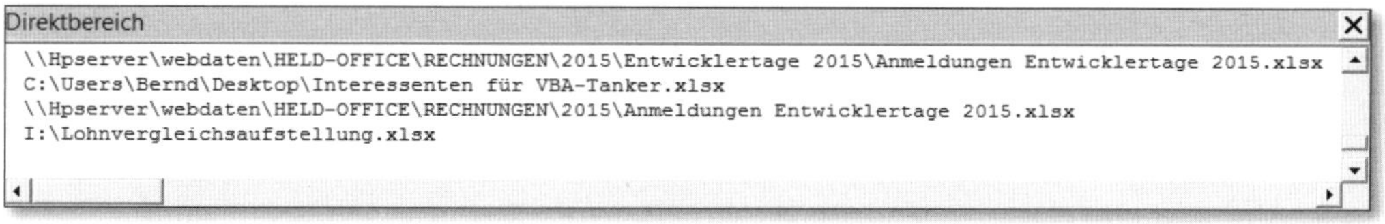

Abbildung 2.15 Diese Mappen waren zuletzt geöffnet.

2.12   Die Objektvariable »AddIn«

Über die Objektvariable AddIn sprechen Sie ein einzelnes installiertes oder nicht installiertes Add-In an.

2.12.1   »Installed«-Eigenschaft

Mit der Eigenschaft Installed binden Sie ein Add-In ein oder deaktivieren es wieder.

Syntax

```
Ausdruck.Installed
```

Das erforderliche Argument Ausdruck ist ein Ausdruck, der ein AddIn-Objekt darstellt.

Beispiele

Im Beispiel aus Listing 2.44 wird das Add-In ANALYSE-FUNKTIONEN aktiviert.

```
Sub AddInAktivieren()
 Dim AI As AddIn

 Set AI = AddIns("Analyse-Funktionen")
 AI.Installed = True
End Sub
```

Listing 2.44 Über die Eigenschaft »Installed« ein Add-In aktivieren

Um das Add-In aus dem Add-Ins-Manager wieder zu entladen, starten Sie das Makro aus Listing 2.45:

```
Sub AddInDeAktivieren()
 Dim AI As AddIn

 Set AI = AddIns("Analyse-Funktionen")
 AI.Installed = False
End Sub
```

Listing 2.45 Ein Add-In wieder deaktivieren

Das Makro aus Listing 2.46 schreibt die Namen aller Add-Ins, die derzeit im Add-Ins-Manager eingebunden sind, in das Direktfenster der Entwicklungsumgebung.

```
Sub AddInListe()
 Dim AI As AddIn

 For Each AI In Application.AddIns
  If AI.Installed = True Then
   Debug.Print AI.FullName
  End If
 Next AI
End Sub
```

Listing 2.46 Liste der geladenen Add-Ins

2.13   Die Objektvariable »Button«

Über die Objektvariable Button sprechen Sie eine Schaltfläche in einer Tabelle an.

2.13.1   »Add«-Methode

Über die Methode Add fügen Sie eine Schaltfläche in eine Tabelle ein.

Syntax

```
Ausdruck.Buttons.Add(Left, Top, Width, Height)
```

Argument	Beschreibung
Ausdruck	Das erforderliche Argument Ausdruck ist ein Ausdruck, der ein Button-Objekt darstellt.
Left	Legt die linke Ecke der Schaltfläche in Pixeln fest.
Top	Legt die obere linke Ecke der Schaltfläche in Pixeln fest.
Width	Legt die Breite der Schaltfläche in Pixeln fest.
Height	Legt die Höhe der Schaltfläche in Pixeln fest.

2.13.2   »Caption«-Eigenschaft

Über die Eigenschaft Caption legen Sie die Beschriftung einer Schaltfläche fest.

Syntax

```
Ausdruck.Caption = "Text"
```

Das erforderliche Argument Ausdruck ist ein Ausdruck, der ein Button-Objekt darstellt.

2.13.3   »OnAction«-Eigenschaft

Über die Eigenschaft OnAction geben Sie den Namen des Makros an, das ausgeführt wird, wenn auf die Schaltfläche geklickt wird.

Syntax

```
Ausdruck.OnAction = "Makroname"
```

Das erforderliche Argument `Ausdruck` ist ein Ausdruck, der ein `Button`-Objekt darstellt.

Beispiele

Beim Beispiel aus Listing 2.47 wird eine Schaltfläche in *Tabelle10* eingefügt und das
Makro `ExcelBeenden` hinterlegt.

```
Sub SchaltflächeIntegrieren()
 Dim Schaltfläche As Button

 Set Schaltfläche = _
 Sheets("Tabelle10").Buttons.Add(10, 20, 100, 50)

 With Schaltfläche
   .Caption = "Anwendung beenden"
   .OnAction = "ExcelBeenden"
 End With
 Set Schaltfläche = Nothing
End Sub
```

Listing 2.47 Schaltfläche in Tabelle integrieren

Zur Vollständigkeit noch das Makro aus Listing 2.48, das Excel ohne Rückfrage beendet.

```
Sub ExcelBeenden()
 Application.DisplayAlerts = False
 Application.Quit
End Sub
```

Listing 2.48 Excel ohne Rückfrage beenden

Kapitel 3
Funktionen

Funktionen sind wichtige Helfer bei der Programmierung in Excel. Sie übernehmen Aufgaben, indem sie Informationen bekommen und als Antwort ein Ergebnis zurückliefern. Funktionen helfen, Quellcode übersichtlich zu gestalten.

In VBA gibt es Hunderte von Funktionen. Die meisten davon können im kompletten Office-Paket eingesetzt werden, andere sind Excel-spezifisch. Funktionen können in verschiedene Gruppen eingeteilt werden. So gibt es beispielsweise Textfunktionen, Datums- und Zeitfunktionen, mathematische Funktionen und vieles mehr. Einen Teil der Funktionen stellen wir in diesem Kapitel vor. Die anderen folgen sukzessive in den nächsten Kapiteln. Das Kapitel ist wie folgt gegliedert:

▶ Datums- und Zeitfunktionen

▶ Textfunktionen

▶ Dateifunktionen und -anweisungen

▶ mathematische Funktionen

3.1   Die Datums- und Zeitfunktionen

Um vorab einen Überblick über diese Funktionen zu bekommen, werfen Sie einen Blick auf Tabelle 3.1. Danach folgen die Erklärung der Syntax und die Demonstration anhand eines kurzen Beispiels.

Funktion	Kurzbeschreibung
CDate	Wandelt eine Zeichenfolge in einen Datumswert um.
Date	Gibt das aktuelle Systemdatum aus.
DateAdd	Liefert einen Wert zurück, der ein Datum enthält, zu dem ein bestimmtes Zeitintervall addiert wurde.

Tabelle 3.1 Die Datums- und Zeitfunktionen

Funktion	Kurzbeschreibung
DateDiff	Liefert einen Wert zurück, der die Anzahl der Zeitintervalle zwischen zwei bestimmten Terminen angibt.
DatePart	Liefert einen Wert zurück, der einen bestimmten Teil eines angegebenen Datums enthält.
DateSerial	Liefert einen Wert zurück, der die angegebene Jahres-, Monats- und Tageszahl enthält.
DateValue	Wandelt eine Zeichenfolge in einen gültigen Datumswert um.
Day	Extrahiert den Tag als ganzzahligen Wert (1–31) aus einem Datumswert.
FileDateTime	Liefert das Erstellungsdatum bzw. das letzte Änderungsdatum einer Datei.
FormatDateTime	Gibt einen als Datum oder Uhrzeit formatierten Ausdruck zurück.
Hour	Liefert die Stunde aus einem Datums-/Zeitwert als ganzzahligen Wert (0–23).
Minute	Liefert die Minute aus einem Datums-/Zeitwert als ganzzahligen Wert (0–59).
Month	Extrahiert den Monat aus einem Datumswert als ganzzahligen Wert (1–12).
Monthname	Gibt eine Zeichenfolge zurück, die den festgelegten Monat angibt.
Now	Liefert das Systemdatum inklusive der Uhrzeit.
Second	Liefert die Sekunde aus einem Datums-/Zeitwert als ganzzahligen Wert (0–59).
Time	Gibt die aktuelle Systemzeit aus.
Timer	Gibt einen Wert vom Typ Single zurück, der die Anzahl der seit Mitternacht vergangenen Sekunden angibt.
TimeSerial	Setzt einen Datums-/Zeitwert aus Ganzzahlwerten (Sekunden, Minuten und Stunden) zusammen.
TimeValue	Wandelt eine Zeichenfolge in einen gültigen Zeitwert um.
WeekDay	Gibt den Wochentag aus einem Datumswert zurück (1–7).

Tabelle 3.1 Die Datums- und Zeitfunktionen (Forts.)

Funktion	Kurzbeschreibung
WeekdayName	Gibt eine Zeichenfolge zurück, die den festgelegten Wochentag angibt.
Year	Extrahiert die Jahresinformation aus einem Datumswert.

Tabelle 3.1 Die Datums- und Zeitfunktionen (Forts.)

3.1.1 »CDate«-Funktion

Die Funktion CDate konvertiert Zeichenfolgen in einen gültigen Datumswert.

Syntax

```
CDate(Ausdruck)
```

Im Argument Ausdruck wird eine Zeichenfolge angegeben. Der Rückgabewert der Funktion stellt einen gültigen Datumswert dar.

Beispiele

Im Beispiel aus Listing 3.1 wird eine Zeichenfolge umgewandelt und in eine Zelle eingefügt.

```
Sub CDate_Beispiel()
 Dim s As String

 s = "14. März 2015"
 Sheets("Tabelle1").Range("A1").Value = CDate(s)
End Sub
```

Listing 3.1 Mit der Funktion »CDate« Zeichenfolgen in gültige Datumswerte umwandeln

Selbstverständlich funktioniert dasselbe auch mit Zeitwerten:

```
Sub CDate_Beispiel2()
 Dim s As String

 s = "18:45:00"
 Sheets("Tabelle1").Range("A2").Value = CDate(s)
End Sub
```

Listing 3.2 Mit der Funktion »CDate« Zeichenfolgen in gültige Zeitwerte umwandeln

Dringend gebraucht wird diese Funktion, wenn beispielsweise aus einem UserForm ein Datum, das in einem Textfeld erfasst wurde, in einer Tabelle gespeichert werden soll. Ohne die Umwandlung würde das Datum in der Tabelle linksbündig angeordnet, also als Textwert interpretiert.

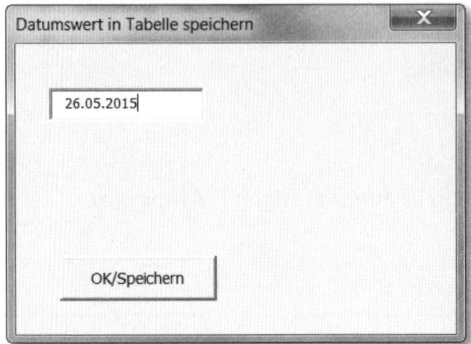

Abbildung 3.1 Das Datum soll korrekt in eine Tabellenzelle geschrieben werden.

Der Code aus Listing 3.1 wird direkt hinter die Schaltfläche OK/SPEICHERN gelegt.

```
Private Sub CommandButton1_Click()
 Sheets("Tabelle1").Range("A3").Value = _
 CDate(TextBox1.Value)
 Unload Me
End Sub
```

Listing 3.3 Ein Datum aus einer UserForm zurück in eine Tabelle schreiben

Verwandte Funktionen

Verwandte Funktionen sind: CInt, CSng, CBool, CByte, CCur, CDbl, CDec, CLng, CVar, CStr.

3.1.2 »Date«-Funktion

Über die Funktion Date rufen Sie das aktuelle Systemdatum, das in der Systemsteuerung von Windows hinterlegt ist, ab.

Syntax

```
Date
```

Diese Funktion hat keine weiteren Argumente.

Beispiele

Ein typisches Beispiel für den Gebrauch dieser Funktion ist das Einfügen des aktuellen Tagesdatums in eine Zelle.

```
Sub Date_Funktion()
 Sheets("Tabelle1").Range("A4").Value = Date
End Sub
```

Listing 3.4 Das aktuelle Tagesdatum in eine Zelle einfügen

Ein weiteres praktisches Beispiel stellt die Benennung der aktiven Tabelle nach dem aktuellen Tagesdatum dar.

```
Sub Date_Funktion2()
 ActiveSheet.Name = Date
End Sub
```

Listing 3.5 Die Tabelle nach dem aktuellen Tagesdatum benennen

Verwandte Funktionen

Verwandte Funktionen sind: Time, Now, Timer, Format.

3.1.3   »DateAdd«-Funktion

Die Funktion DateAdd liefert einen Wert vom Typ Variant (Date) zurück, der ein Datum enthält, zu dem ein bestimmtes Zeitintervall addiert wurde.

Syntax

```
DateAdd(interval, number, date)
```

Die Syntax für die DateAdd-Funktion besteht aus den folgenden benannten Argumenten:

Teil	Beschreibung
interval	Zeichenfolgenausdruck, der das zu addierende Zeitintervall ergibt
number	Numerischer Ausdruck, der die Anzahl der zu addierenden Intervalle ergibt. Er kann positiv (für ein zukünftiges Datum) oder negativ (für ein vergangenes Datum) sein.
date	Ein Wert vom Typ Variant (Date) oder ein als Literal dargestelltes Datum, zu dem das Intervall addiert wird

Beispiele

Das Makro aus Listing 3.6 errechnet ausgehend von einem Bestelldatum den Liefer-
termin und gibt ihn im Direktfenster der Entwicklungsumgebung aus.

```
Sub DateAdd_Funktion()
 Dim Datum1 As Date
 Dim sIntervall As String
 Dim Zahl As Integer

 Debug.Print "Bestelldatum: " & Date
 sIntervall = "m"
 Datum1 = "26.05.2015"
 Zahl = 3
 Debug.Print "Lieferdatum: " & _
 DateAdd(sIntervall, Zahl, Datum1)
End Sub
```

Listing 3.6 Das Enddatum mit der Funktion »DateAdd« ausrechnen

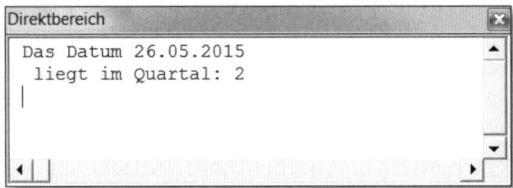

Abbildung 3.2 Die Quartalsermittlung mit »DatePart«

Das Beispiel aus Listing 3.7 ermittelt anhand des aktuellen Tagesdatums die dazugehörige Wochennummer.

```
Sub DatePart_Funktion2()
 Debug.Print "Heute ist der " & Date
 Debug.Print "Wir befinden uns in der Woche " & _
 DatePart("ww", Date)
End Sub
```

Listing 3.7 Die Wochennummer aus einem Datum ermitteln

Übergeben Sie der Funktion DatePart das Intervall ww, um die Wochennummer eines
Datums herauszufinden.

```
Direktbereich                          [x]
Heute ist der 26.05.2015               ▲
Wir befinden uns in der Woche 22
|
                                       ▼
◄|                                 ►
```

Abbildung 3.3 Die Ermittlung der Wochennummer ebenfalls über die Funktion »DatePart«

Verwandte Funktionen

Verwandte Funktionen sind: DateAdd, DateDiff.

3.1.4   »DateDiff«-Funktion

Mit Hilfe der Funktion DateDiff geben Sie die Anzahl der Zeitintervalle, die zwischen zwei bestimmten Terminen liegen, an.

Syntax

```
DateDiff(interval, date1, date2[, firstdayofweek[, firstweekofyear]])
```

Da die Argumente der Funktion DateDiff fast die gleichen sind wie bei der Funktion DatePart, lesen Sie weiter oben im Kapitel nach.

Beispiel

Das Beispiel aus Listing 3.8 errechnet die Differenz in Tagen vom aktuellen Tag bis zum Jahresende.

```
Sub DateDiff_Funktion()
 Dim StartDatum As Date
 Dim EndDatum As Date

 StartDatum = Date
 EndDatum = "31.12.2015"
 Debug.Print "Anzahl Tage von heute " & _
 StartDatum & vbLf & " bis zum Jahresende: " & _
 DateDiff("d", StartDatum, EndDatum)
End Sub
```

Listing 3.8 Datumsdifferenzen errechnen über die Funktion »DateDiff«

Übergeben Sie der Funktion DateDiff das Intervall d, um die Differenz der beiden Datumsangaben in Tagen auszugeben.

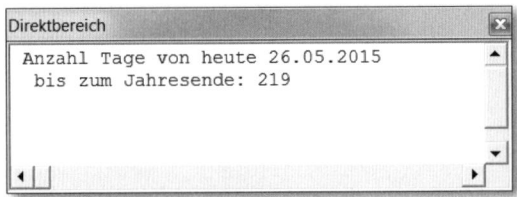

Abbildung 3.4 Die Tage bis zum Jahresende berechnen

Verwandte Funktionen

Verwandte Funktionen sind: DateAdd, DatePart.

3.1.5 »DateSerial«-Funktion

Die Funktion DateSerial liefert einen Wert zurück, der die angegebene Jahres-, Monats- und Tageszahl enthält.

Syntax

```
DateSerial(year, month, day)
```

Teil	Beschreibung
year	Wert vom Typ Integer. Zahl im Bereich von 100 bis 9999 (einschließlich) oder ein numerischer Ausdruck
month	Wert vom Typ Integer. Beliebiger numerischer Ausdruck
day	Wert vom Typ Integer. Beliebiger numerischer Ausdruck

Beispiele

Das Beispiel aus Listing 3.9 legt für jeden Tag eines Monats genau ein Tabellenblatt an.

```
Sub TabellenNamen()
  Dim i As Integer

  Workbooks.Add
   For i = 29 To 1 Step -1
     Worksheets.Add
     ActiveSheet.Name = Format(DateSerial _
     (2015, 2, i), "dd.mm.yy")
```

```
    Next i
End Sub
```

Listing 3.9 Die Funktion »DateSerial« zum Benennen von Excel-Tabellen heranziehen

Übergeben Sie der Funktion DateSerial einzeln und nacheinander die drei benötigten Argumente Jahr, Monat und Tag. Der Tag wird in diesem Beispiel über eine dynamische Variable übergeben.

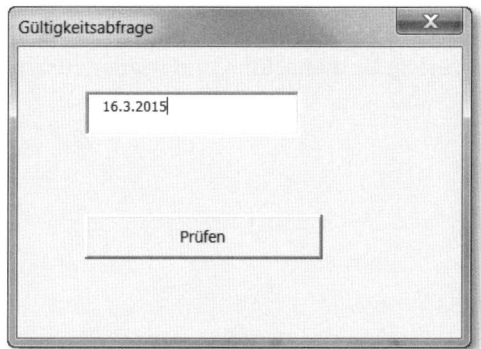

Abbildung 3.5 Prüfzeitraum überschritten?

Legen Sie das Makro aus Listing 3.10 direkt hinter die Schaltfläche PRÜFEN.

```
Private Sub CommandButton1_Click()
  If Date > DateValue(TextBox1.Value) + 30 Then
     MsgBox "Abgelaufen"
  Else
     MsgBox "Noch gültig"
  End If
End Sub
```

Listing 3.10 Mit Hilfe von »DateValue« abfragen, ob ein Prüfzeitraum bereits abgelaufen ist

Vergleichen Sie das aktuelle Tagesdatum mit dem Wert, der in der *Textbox1* eines UserForms steht, und reagieren Sie je nach Fall.

Verwandte Funktionen

Verwandte Funktionen sind: DateSerial, TimeSerial, TimeValue.

3.1.6 »Day«-Funktion

Mit der Funktion Day extrahieren Sie den Tag als ganzzahligen Wert (1–31) aus einem Datumswert.

Syntax

```
Day(Datum)
```

Das erforderliche Argument Datum ist ein beliebiger Wert vom Typ Variant, ein numerischer Ausdruck, ein Zeichenfolgenausdruck oder eine beliebige Kombination, die ein Datum darstellt.

Beispiel

Im Beispiel aus Listing 3.11 wird ein Datum zerlegt und anschließend wieder zusammengesetzt.

```
Sub Day_Funktion()
 Dim Datum1 As Date
 Dim iTag As Integer
 Dim iMonat As Integer
 Dim iJahr As Integer

 Datum1 = Date
 iTag = Day(Datum1)
 iMonat = Month(Datum1)
 iJahr = Year(Datum1)

 Debug.Print "Aus:  " & Datum1
 Debug.Print "wird: " & iTag & "-" & iMonat & _
 "-" & iJahr
End Sub
```

Listing 3.11 Datumswerte zerlegen und wieder in anderer Form zusammensetzen

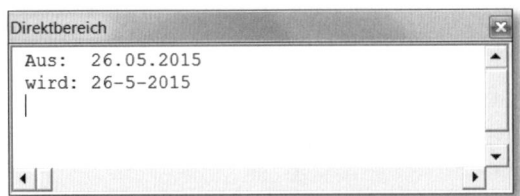

Abbildung 3.6 Mit Hilfe der Funktion »Day« den Tag aus einem Datum extrahieren

Analog zur Funktion Day werden hier die Funktionen Month und Year eingesetzt, um die jeweiligen Datumsinformationen (Tag, Monat und Jahr) zu extrahieren.

Verwandte Funktionen

Verwandte Funktionen sind: Month, Year, Now, Date, Time.

3.1.7 »FileDateTime«-Funktion

Die Funktion FileDateTime liefert das Erstellungsdatum bzw. das letzte Änderungsdatum einer Datei, ohne dass die Datei geöffnet sein muss.

Syntax

```
FileDateTime(Pfadname)
```

Das erforderliche Argument Pfadname ist ein Zeichenfolgenausdruck, der einen Dateinamen angibt. Pfadname kann ein Verzeichnis oder einen Ordner sowie ein Laufwerk
enthalten.

Beispiele

Das Beispiel aus Listing 3.12 schreibt das letzte Änderungsdatum der aktiven Arbeitsmappe in die erste Tabelle der Mappe.

```
Sub FileDateTime_Beispiel()
 ThisWorkbook.Save
 Sheets(1).Range("A5").Value = FileDateTime(ThisWorkbook.FullName)
End Sub
```

Listing 3.12 Das letzte Änderungsdatum einer Mappe ermitteln und in Zelle schreiben

Über die Eigenschaft FullName können Sie den kompletten Pfadnamen einer Mappe
ermitteln und an die Funktion FileDateTime übergeben.

Soll diese Information anstatt in eine Zelle in die Fußzeile der Tabelle, dann lautet das
Makro für diesen Zweck wie folgt:

```
Sub FileDateTime_Beispiel2()
 ThisWorkbook.Save
 Sheets(1).PageSetup.LeftFooter = FileDateTime(ThisWorkbook.FullName)
End Sub
```

Listing 3.13 Das letzte Änderungsdatum einer Mappe ermitteln
und in die Fußzeile schreiben

Verwandte Funktionen

Verwandte Funktionen sind: FileLen, GetAttr.

3.1.8 »FormatDateTime«-Funktion

Für das Anzeigen von Datums- und Zeitangaben stehen Ihnen fertige Systemkonstanten zur Verfügung, die die Formatierung des Datums bzw. des Zeitwerts für Sie übernehmen.

Diese Datums-/Zeitkonstanten werden im Zusammenspiel mit der Funktion Format-DateTime verwendet.

Syntax

```
FormatDateTime(Datum[, BenanntesFormat])
```

Im Argument Datum übergeben Sie der Funktion einen Datumswert.

Im Argument BenanntesFormat wählen Sie eine der in Tabelle 3.2 aufgeführten Datums-/Zeitkonstanten.

Konstante	Wert	Beschreibung
vbGeneralDate	0	Zeigt ein Datum und/oder eine Uhrzeit an. Wenn es ein Datum gibt, wird es in Kurzform angezeigt. Wenn es eine Uhrzeit gibt, wird sie im langen Format angezeigt. Falls vorhanden, werden beide Teile angezeigt.
vbLongDate	1	Zeigt ein Datum im langen Datumsformat an, wie es in den Ländereinstellungen des Computers festgelegt ist.
vbShortDate	2	Zeigt ein Datum im kurzen Datumsformat an, wie es in den Ländereinstellungen des Computers festgelegt ist.
vbLongTime	3	Zeigt eine Uhrzeit in dem Zeitformat an, das in den Ländereinstellungen des Computers festgelegt ist.
vbShortTime	4	Zeigt eine Uhrzeit im 24-Stunden-Format (hh:mm) an.

Tabelle 3.2 Die Datumskonstanten

Beispiel

Im Beispiel aus Listing 3.14 wird ein Datum auf unterschiedlichste Arten und Weisen im Direktfenster der Entwicklungsumgebung ausgegeben.

```
Sub FormatDateTime_Beispiel()
 Dim Datum1 As Date

 Datum1 = Now
```

```
Debug.Print FormatDateTime(Datum1, vbGeneralDate)
Debug.Print FormatDateTime(Datum1, vbLongDate)
Debug.Print FormatDateTime(Datum1, vbShortDate)
Debug.Print FormatDateTime(Datum1, vbLongTime)
Debug.Print FormatDateTime(Datum1, vbShortTime)
End Sub
```

Listing 3.14 Verschiedene Datumsformate über die Funktion »FormatDateTime«

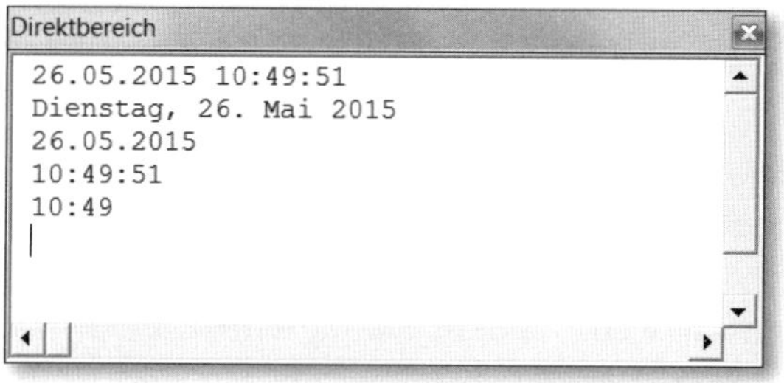

```
Direktbereich
26.05.2015 10:49:51
Dienstag, 26. Mai 2015
26.05.2015
10:49:51
10:49
```

Abbildung 3.7 Unterschiedliche Möglichkeiten, ein Datum zu formatieren

Verwandte Funktionen

Verwandte Funktionen sind: Format, FormatCurrency, FormatNumber, FormatPercent.

3.1.9 »Hour«-Funktion

Die Funktion Hour liefert die Stunde aus einem Datums-/Zeitwert als ganzzahligen Wert (0–23).

Syntax

```
Hour(Uhrzeit)
```

Das erforderliche Argument Uhrzeit ist ein beliebiger Wert vom Typ Variant, ein numerischer Ausdruck, ein Zeichenfolgenausdruck oder eine beliebige Kombination, die eine Uhrzeit darstellt.

Beispiele

Das Beispiel aus Listing 3.15 baut eine Zeitverzögerung in Excel ein. Dabei wird die Verarbeitung für genau 10 Sekunden unterbrochen.

```
Sub Hour_Beispiel()
 Dim dStunde As Date
 Dim dMinute As Date
```

```
Dim dSekunde As Date
Dim dPause As Date

MsgBox "Bitte auf OK klicken, dann 10 Sekunden warten!"
dStunde = Hour(Now())
dMinute = Minute(Now())
dSekunde = Second(Now()) + 10
dPause = TimeSerial(dStunde, dMinute, dSekunde)
Application.Wait dPause
MsgBox "Die 10 Sekunden sind abgelaufen", _
vbInformation
End Sub
```

Listing 3.15 Die Makroverarbeitung für zehn Sekunden unterbrechen

Speichern Sie zunächst die einzelnen Zeitwerte, indem Sie die Funktionen Hour, Minute und Second einsetzen. Addieren Sie zu der letzten Zeitansage den Wert 10, um die Makroverarbeitung für zehn Sekunden zu unterbrechen, und definieren Sie somit die Pausenzeit mit Hilfe der Funktion TimeSerial. Übergeben Sie diese Pausenzeit der Methode Wait.

Eine ähnliche Aufgabenstellung liefert das Makro aus Listing 3.16. Dabei wird ein Bild von der Festplatte für drei Sekunden in eine Tabelle eingefügt und dann wieder entfernt.

```
Sub Hour_Beispiel2()
 Dim Pic As Picture
 Dim dStunde As Date
 Dim dMinute As Date
 Dim dSekunde As Date
 Dim dPause As Date

 Sheets("Tabelle1").Pictures.Insert ("C:\Excel.jpg")
 dStunde = Hour(Now())
 dMinute = Minute(Now())
 dSekunde = Second(Now()) + 3
 dPause = TimeSerial(dStunde, dMinute, dSekunde)
 Application.Wait dPause
 Sheets("Tabelle1").Pictures(1).Delete
End Sub
```

Listing 3.16 Ein Logo für drei Sekunden einfügen und dann wieder entfernen

Wenden Sie die Methode `Insert` an, um ein Bild einzufügen. Speichern Sie danach die einzelnen Zeitwerte, und addieren Sie beim Sekundenwert den Wert 3 (Sekunden). Bilden Sie daraus über die Funktion `TimeSerial` die Pausenzeit, und lassen Sie Excel mit Hilfe der Methode `Wait` warten. Löschen Sie nach der Pause das gerade eingefügte Bild über die Methode `Delete`.

Verwandte Funktionen

Verwandte Funktionen sind: `Minute`, `Second`, `TimeSerial`, `Now`, `Time`, `Timer`.

3.1.10   »Minute«-Funktion

Die Funktion `Minute` liefert die Minute aus einem Datums-/Zeitwert als ganzzahligen Wert (0–59).

Syntax

```
Minute(Uhrzeit)
```

Das erforderliche Argument `Uhrzeit` ist ein beliebiger Wert vom Typ Variant, ein numerischer Ausdruck, ein Zeichenfolgenausdruck oder eine beliebige Kombination, die eine Uhrzeit darstellt.

Beispiele

Sehen Sie sich dazu die Beispiele der Funktion `Hour` an.

Verwandte Funktionen

Verwandte Funktionen sind: `Hour`, `Second`, `Time`, `Timer`, `Date`, `Day`, `Month`, `Year`.

3.1.11   »Month«-Funktion

Die Funktion `Month` extrahiert den Monat aus einem Datumswert als ganzzahligen Wert (1–12).

Syntax

```
Month(Datum)
```

Das erforderliche Argument `Datum` ist ein beliebiger Wert vom Typ Variant, ein numerischer Ausdruck, ein Zeichenfolgenausdruck oder eine beliebige Kombination, die ein Datum darstellt.

Beispiel

Das Beispiel aus Listing 3.17 aktiviert eine Tabelle abhängig vom Tagesdatum. Dazu existieren in einer Mappe zwölf Tabellen, von denen die jeweilige Monatstabelle aktiviert wird.

```
Sub Month_Beispiel()
 Dim i As Integer

 On Error GoTo Fehler
    i = Month(Now())
    Sheets("Tabelle" & i).Activate
    Exit Sub

Fehler:
MsgBox "Tabelle konnte nicht gefunden werden!", _
 vbCritical

End Sub
```

Listing 3.17 Tabellen aktivieren in Abhängigkeit vom Monat

Verwandte Funktionen

Verwandte Funktionen sind: Day, Year, Date.

3.1.12   »MonthName«-Funktion

Die Funktion MonthName gibt eine Zeichenfolge zurück, die den festgelegten Monat angibt.

Syntax

```
MonthName(Monat[, abkürzen])
```

Die Syntax der MonthName-Funktion besteht aus folgenden Teilen:

Teil	Beschreibung
Monat	die numerische Bezeichnung des Monats, z. B. 1 für Januar, 2 für Februar usw.
abkürzen	Optionales Argument. Boolescher Wert, der angibt, ob der Monatsname abgekürzt wird. Wird er ausgelassen, ist die Standardeinstellung False, d. h., der Monatsname wird nicht abgekürzt.

Beispiel

Im Beispiel aus Listing 3.18 wird der Monatsname aus dem aktuellen Tagesdatum ermittelt und im Direktbereich der Entwicklungsumgebung ausgegeben.

```
Sub MonthName_Beispiel()
 Debug.Print "verkürzt: " & _
  MonthName(Month(Date), True)
 Debug.Print "normal: " & _
  MonthName(Month(Date), False)
End Sub
```

Listing 3.18 Die Funktion »MonthName« ermittelt den Monatsnamen.

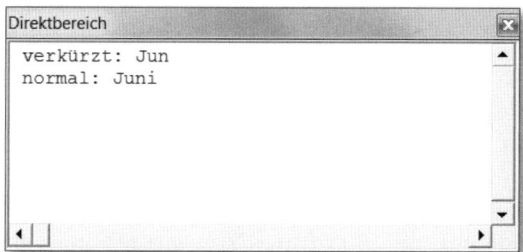

Abbildung 3.8 Die Ermittlung des Monatsnamens, auf zwei unterschiedliche Weisen durchgeführt

Verwandte Funktionen

Verwandte Funktionen sind: Date, Month, Day, Format.

3.1.13 »Now«-Funktion

Die Funktion Now liefert das Systemdatum inklusive der Uhrzeit.

Syntax

Now (ohne weitere Argumente)

Beispiel

Im Beispiel aus Listing 3.19 wird eine neue Arbeitsmappe angelegt, unter dem aktuellen Tagesdatum abgespeichert und wieder geschlossen.

```
Sub Now_Beispiel()
 Dim sDatum As String
 Dim SName As String
```

```
 Workbooks.Add
 sDatum = Application.Text(Now(), "mm-dd-yy")
 SName = ActiveWorkbook.Name
 ActiveWorkbook.SaveAs SName & sDatum & ".xls"
 ActiveWorkbook.Close
End Sub
```

Listing 3.19 Arbeitsmappe unter Tagesdatum speichern

Über die Funktion Now ermitteln Sie das aktuelle Tagesdatum sowie die aktuelle Uhrzeit. Danach speichern Sie die Mappe mit Hilfe der Methode SaveAs unter dem neuen Namen ab.

Verwandte Funktionen

Verwandte Funktionen sind: Date, Time, Timer, Hour, Minute, Second, Month, Year.

3.1.14 »Second«-Funktion

Die Funktion Second liefert die Sekunde aus einem Datums-/Zeitwert als ganzzahligen Wert (0–59).

Syntax

```
Second(Uhrzeit)
```

Das erforderliche Argument Uhrzeit ist ein beliebiger Wert vom Typ Variant, ein numerischer Ausdruck, ein Zeichenfolgenausdruck oder eine beliebige Kombination, die eine Uhrzeit darstellt.

Beispiele

Sehen Sie sich dazu die Beispiele der Funktion Hour an.

Verwandte Funktionen

Verwandte Funktionen sind: Minute, Second, Time, Timer, Date, Day, Month, Year.

3.1.15 »Time«-Funktion

Die Funktion Time gibt die aktuelle Systemzeit aus.

Syntax

```
Time (ohne weitere Argumente)
```

Beispiel

Das Beispiel aus Listing 3.20 schreibt jede Minute die aktuelle Uhrzeit in die Statusleiste von Excel.

```
Sub Zeitmakro()
 Application.OnTime Now +  _
 TimeValue("00:01:00"), "Time_Beispiel"
End Sub

Sub Time_Beispiel()
 Application.StatusBar = Date & "," & Time
 Call Zeitmakro
End Sub
```

Listing 3.20 Die aktuelle Uhrzeit in die Statusleiste schreiben

Starten Sie das Makro Zeitmakro, und warten Sie eine Minute. Danach wird regelmä-
ßig das Makro Time_Beispiel aufgerufen, das die Uhrzeit in die Statusleiste von Excel
schreibt.

Verwandte Funktionen

Verwandte Funktionen sind: Date, TimeValue, Timer.

3.1.16   »Timer«-Funktion

Die Funktion Timer gibt einen Wert vom Typ Single zurück, der die Anzahl der seit
Mitternacht vergangenen Sekunden angibt.

Syntax

```
Timer (ohne weitere Argumente)
```

Beispiel

Im Beispiel aus Listing 3.21 wird ein Zellenbereich abwechselnd mit diversen Hinter-
grundfarben formatiert. Zwischen den einzelnen Farbvarianten wird eine Pause von
zwei Sekunden eingelegt.

```
Sub Pause(i)
 Dim time As Single

  time = Timer
  Do While Timer < time + i
    DoEvents
  Loop
End Sub

Sub Timer_Beispiel()
 Dim i As Integer

 For i = 2 To 5
 Sheets("Tabelle1"). _
  Range("A1:A10").Interior.ColorIndex = i
  Pause 2
 Next i
 Sheets("Tabelle1"). _
  Range("A1:A10").Interior.ColorIndex = xlColorIndexNone
End Sub
```

Listing 3.21 Bereich unterschiedlich einfärben mit Zeitverzögerung

Verwandte Funktionen

Verwandte Funktionen sind: Time, Now.

3.1.17 »TimeSerial«-Funktion

Die Funktion TimeSerial setzt einen Datums-/Zeitwert aus Ganzzahlwerten (Sekunden, Minuten und Stunden) zusammen.

Syntax

```
TimeSerial(hour, minute, second)
```

Die Syntax für die TimeSerial-Funktion besteht aus folgenden benannten Argumenten:

Teil	Beschreibung
hour	Variant (Integer). Zahl im Bereich von 0 (00:00) bis 23 (23:00) oder ein numerischer Ausdruck
minute	Variant (Integer). Beliebiger numerischer Ausdruck
second	Variant (Integer). Beliebiger numerischer Ausdruck

Beispiel

Das Beispiel aus Listing 3.22 setzt verschiedene Zahlenwerte aus einer Tabelle zu einem gültigen Zeitwert zusammen.

```
Sub TimeSerial_Beispiel()
 Dim Zeit1 As Date

 With Sheets("Tabelle2")
  Zeit1 = TimeSerial(.Cells(1, 1), _
         .Cells(1, 2), .Cells(1, 3))
         .Cells(2, 1).Value = Zeit1
 End With
End Sub
```

Listing 3.22 Einen gültigen Zeitwert zusammenbasteln

Übergeben Sie der Funktion TimeSerial die einzelnen Argumente, und geben Sie diese am Ende in Zelle A2 aus.

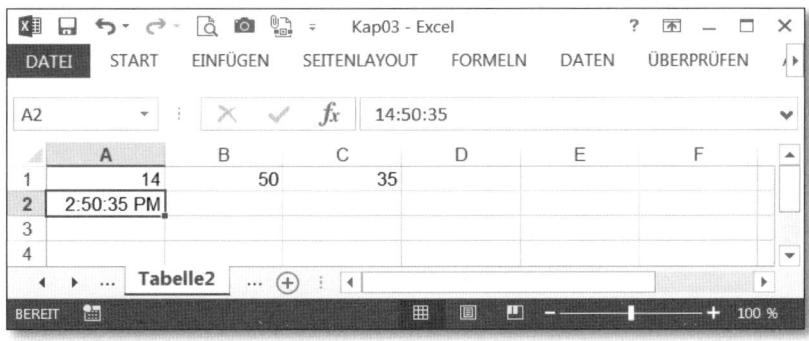

Abbildung 3.9 Aus drei Zellinhalten wird ein gültiger Zeitwert.

Verwandte Funktionen

Verwandte Funktionen sind: DateSerial, DateValue, TimeValue, Hour, Minute, Second, Now.

3.1.18   »TimeValue«-Funktion

Die Funktion TimeValue wandelt eine Zeichenfolge in einen gültigen Zeitwert um.

Syntax

```
TimeValue(Uhrzeit)
```

Das erforderliche Argument Uhrzeit ist normalerweise ein Zeichenfolgenausdruck, der eine Zeit im Bereich von 0:00:00 bis 23:59:59 darstellt. Uhrzeit kann aber auch ein beliebiger Ausdruck sein, der eine Zeit aus diesem Bereich angibt.

Beispiele

Das Beispiel aus Listing 3.23 wandelt einen Zeichenfolgenausdruck in einen gültigen Zeitwert um.

```
Sub TimeValue_Beispiel()
 Dim Zeit1 As Date

 Zeit1 = TimeValue("3:21:59 PM")
 Debug.Print Zeit1
End Sub
```

Listing 3.23 Zeichenfolge in einen gültigen Zeitwert wandeln

Das Beispiel aus Listing 3.24 startet ein bestimmtes Makro automatisch alle 60 Sekunden.

```
Sub Beginn()
 Zeit1 = Now
 TimeValue_Beispiel2
End Sub

Sub TimeValue_Beispiel2()
 Debug.Print Format(Zeit1, "hh:mm:ss")
 Zeit1 = Zeit1 + TimeValue("00:01:00")
 Application.OnTime Zeit1, "Beginn"
End Sub
```

Listing 3.24 Makro wird alle 60 Sekunden automatisch gestartet.

Wenn Sie das Makro Beginn starten, dann wird das Makro TimeValue_Beispiel2 nach jeweils 60 Sekunden ausgeführt. Dabei wird mit Hilfe der Anweisung Debug.Print immer die aktuelle Uhrzeit in das Direktfenster der Entwicklungsumgebung geschrieben.

Verwandte Funktionen

Verwandte Funktionen sind: DateSerial, DateValue, TimeSerial, Hour, Minute, Second, Now.

3.1.19 »Weekday«-Funktion

Die Funktion Weekday gibt den Wochentag aus einem Datumswert zurück (1–7).

Syntax

```
Weekday(date, [firstdayofweek])
```

Die Syntax für die Weekday-Funktion besteht aus folgenden benannten Argumenten:

Teil	Beschreibung
date	Erforderlich. Wert vom Typ Variant, numerischer Ausdruck, Zeichenfolgenausdruck oder eine beliebige Kombination, die ein Datum darstellt.
firstdayofweek	Optional. Eine Konstante, die den ersten Wochentag angibt. Wird die Konstante nicht angegeben, so wird vbSunday angenommen.

Das Argument firstdayofweek hat folgende Einstellungen:

Konstante	Wert	Beschreibung
vbUseSystem	0	Die Systemeinstellung wird verwendet.
vbSunday	1	Sonntag (Voreinstellung)
vbMonday	2	Montag
vbTuesday	3	Dienstag
vbWednesday	4	Mittwoch
vbThursday	5	Donnerstag
vbFriday	6	Freitag
vbSaturday	7	Samstag

Tabelle 3.3 Die Konstanten von »firstdayofweek«

Beispiel

Im Listing 3.25 werden ausgehend von einem vorgegebenen Datum der dazugehörige Wochentag sowie das Quartal ermittelt.

```
Function Quartal(DatAngabe)
 Quartal = DatePart("q", DatAngabe)
End Function

Function Wochentag(DatAngabe)
 Wochentag = WeekdayName _
 (Weekday(DatAngabe, vbUseSystemDayOfWeek), False)
End Function

Sub Weekday_Beispiel()
 Debug.Print " Dieses Datum liegt im " & _
 Quartal("26.05.2015") & " .Quartal!"
 Debug.Print " Der Wochentag ist ein " & _
 Wochentag("26.05.2015")
End Sub
```

Listing 3.25 Den Wochentag ermitteln

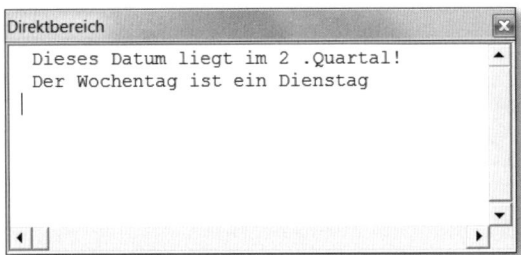

Abbildung 3.10 Wochentag und Quartal ermitteln

Verwandte Funktionen

Verwandte Funktionen sind: WeekdayName, Date, Day, Month, Year, Now.

3.1.20 »WeekdayName«-Funktion

Die Funktion WeekdayName gibt eine Zeichenfolge zurück, die den festgelegten Wochentag angibt.

Syntax

```
WeekdayName(Wochentag, abkürzen, ErsterWochentag)
```

Die Syntax der WeekdayName-Funktion besteht aus folgenden Teilen:

Teil	Beschreibung
Wochentag	Erforderlich. Die numerische Bezeichnung des Wochentages. Der numerische Wert der einzelnen Tage hängt von der Einstellung für ErsterWochentag ab.
abkürzen	Optional. Boolescher Wert, der angibt, ob der Name des Wochentages abgekürzt wird. Wird er ausgelassen, ist die Standardeinstellung False, d. h., der Name des Wochentages wird nicht abgekürzt.
ErsterWochentag	Optional. Numerischer Wert, der den ersten Tag der Woche angibt (siehe Tabelle 3.3)

Beispiel

Das Beispiel aus Listing 3.26 gibt den aktuellen Tag in Kurzform und den morgigen Tag in ausgeschriebener Syntax im Direktfenster der Entwicklungsumgebung aus.

```
Sub WeekdayName_Beispiel()
  Debug.Print "Heute ist " & _
  WeekdayName(Weekday(Date), True)
  Debug.Print "Morgen ist " & _
  WeekdayName(Weekday(Date + 1), False)
End Sub
```

Listing 3.26 Den Wochentag von heute und morgen ausgeben

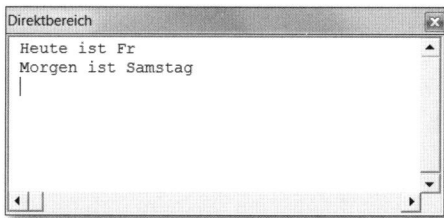

Abbildung 3.11 Wochentag über die Funktion »WeekdayName« bestimmen

Verwandte Funktionen

Verwandte Funktionen sind: WeekDay, Date, Day, Month, Year, Now.

3.1.21   »Year«-Funktion

Syntax

```
Year(Datum)
```

Das erforderliche Argument Datum ist ein beliebiger Wert vom Typ Variant, ein numerischer Ausdruck, ein Zeichenfolgenausdruck oder eine beliebige Kombination, die ein Datum darstellt.

Beispiele

Sehen Sie sich dazu die Beispiele der Funktionen Month und Day an.

3.2 Die Textfunktionen

Um vorab einen Überblick über diese Funktionen zu bekommen, werfen Sie einen Blick auf Tabelle 3.4. Danach folgen die Erklärung der Syntax und die Demonstration anhand eines kurzen Beispiels.

Funktion	Kurzbeschreibung
Asc	Gibt einen Wert vom Typ Integer zurück, der den Zeichencode entsprechend dem ersten Buchstaben in einer Zeichenfolge darstellt.
Choose	Wählt einen Wert aus einer Liste von Argumenten aus und gibt ihn zurück.
Chr	Gibt einen Wert vom Typ String zurück, der das Zeichen enthält, das dem angegebenen Zeichencode zugeordnet ist.
InStr	Gibt einen Wert vom Typ Variant (Long) zurück, der die Position des ersten Auftretens einer Zeichenfolge innerhalb einer anderen Zeichenfolge angibt.
InStrRev	Gibt die Position eines Vorkommens einer Zeichenfolge in einer anderen Zeichenfolge vom Ende der Zeichenfolge gesehen an.
Join	Gibt eine Zeichenfolge zurück, die sich aus der Kombination einer Reihe von untergeordneten Zeichenfolgen, die in einem Datenfeld enthalten sind, ergibt.
LCase	Wandelt Großbuchstaben in Kleinbuchstaben um.
Left	Gibt einen Wert vom Typ Variant (String) zurück, der eine bestimmte Anzahl von Zeichen ab dem ersten (linken) Zeichen einer Zeichenfolge enthält.
Len	Gibt einen Wert vom Typ Long zurück, der die Anzahl der Zeichen in einer Zeichenfolge oder die zum Speichern einer Variablen erforderlichen Bytes enthält.

Tabelle 3.4 Die Textfunktionen

Funktion	Kurzbeschreibung
Mid	Gibt einen Wert vom Typ Variant (String) zurück, der eine bestimmte Anzahl von Zeichen aus einer Zeichenfolge enthält
Replace	Gibt eine Zeichenfolge zurück, in der eine festgelegte, untergeordnete Zeichenfolge mit einer festgelegten Häufigkeit durch eine andere untergeordnete Zeichenfolge ersetzt wurde.
Right	Gibt einen Wert vom Typ Variant (String) zurück, der eine bestimmte Anzahl von Zeichen von der rechten Seite (dem Ende) einer Zeichenfolge enthält.
Space	Gibt eine Zeichenfolge vom Typ Variant (String) zurück, die aus einer angegebenen Anzahl von Leerzeichen besteht.
Spc	Fügt in einer Textdatei eine bestimmte Anzahl von Leerzeichen ein.
Split	Gibt ein nullbasiertes, eindimensionales Datenfeld zurück, das eine festgelegte Anzahl an untergeordneten Zeichenfolgen enthält.
Str	Gibt einen Wert vom Typ Variant (String) zurück, der eine Zahl darstellt.
StrComp	Gibt einen Wert vom Typ Variant (Integer) zurück, der das Ergebnis eines Zeichenfolgenvergleichs anzeigt.
StrConv	Gibt einen Wert vom Typ Variant (String) zurück, der wie angegeben umgewandelt wurde.
StrReverse	Gibt eine Zeichenfolge zurück, in der die Reihenfolge der Zeichen einer bestimmten Zeichenfolge umgekehrt wurde.
String	Gibt eine Zeichenfolge vom Typ Variant (String) zurück, die ein sich wiederholendes Zeichen der angegebenen Länge enthält.
Switch	Wertet eine Liste von Ausdrücken aus und gibt einen Wert vom Typ Variant oder einen Ausdruck zurück, der dem ersten Ausdruck in der Liste zugeordnet ist, der True ergibt.
Trim	Gibt einen Wert vom Typ Variant (String) zurück, der eine Kopie einer bestimmten Zeichenfolge enthält, die keine führenden Leerzeichen (LTrim), keine nachgestellten Leerzeichen (RTrim) sowie eine Kombination aus führenden und nachgestellten Leerzeichen (Trim) enthält.
UCase	Wandelt Kleinbuchstaben in Großbuchstaben um.

Tabelle 3.4 Die Textfunktionen (Forts.)

3.2.1 »Asc«-Funktion

Die Funktion Asc gibt einen Wert vom Typ Integer zurück, der den Zeichencode entsprechend dem ersten Buchstaben in einer Zeichenfolge darstellt.

Syntax

```
Asc(Zeichenfolge)
```

Das erforderliche Zeichenfolge-Argument ist ein beliebiger gültiger Zeichenfolgenausdruck. Wenn Zeichenfolge keine Zeichen enthält, tritt ein Laufzeitfehler auf.

Beispiel

Das Beispiel aus Listing 3.27 entfernt über eine benutzerdefinierte Funktion alle Buchstaben aus Zellen, so dass nur noch Zahlenwerte in den Zellen zurückbleiben.

```
Function BuchstRaus(Zelle) As Integer
 Dim i As Integer

 Application.Volatile
 For i = 1 To Len(Zelle)
    Select Case Asc(Mid(Zelle, i, 1))
      Case 0 To 64, 123 To 197
         BuchstRaus = BuchstRaus & Mid(Zelle, i, 1)
    End Select
  Next i
End Function
```

Listing 3.27 Buchstaben aus Zellen entfernen

Prüfen Sie mit Hilfe der Funktion Asc das jeweils aktuelle Zeichen der Zelle, indem Sie dieses in einen Integer-Wert umwandeln. Mit der Funktion Mid extrahieren Sie jeweils das nächste Zeichen aus der Zelle. Dabei entsprechen die Werte 65–90 Kleinbuchstaben, die Werte 97–122 den Großbuchstaben und die restlichen Werte den Sonderzeichen.

Verwandte Funktionen

Verwandte Funktionen sind: Chr und Umwandlungsfunktionen.

3.2.2 »Choose«-Funktion

Die Funktion Choose wählt einen Wert aus einer Liste von Argumenten aus und gibt ihn zurück.

Syntax

```
Choose(Index, Auswahl-1[, Auswahl-2, ... [, Auswahl-n]])
```

Die Syntax für die Choose-Funktion besteht aus folgenden Teilen:

Teil	Beschreibung
Index	Erforderlich. Numerischer Ausdruck oder Feld, der oder das einen Wert von 1 bis zur Anzahl der möglichen Auswahlwerte ergibt
Auswahl	Erforderlich. Ein Variant-Ausdruck, der einen der möglichen Auswahlwerte enthält

Beispiel

Das Beispiel aus Listing 3.28 ermittelt über eine Funktion die Zahlungsart.

```
Function Auswahl(i As Integer)
 Auswahl = Choose(i, "Bar", "EC", "Rechnung")
End Function


Sub Choose_Beispiel()
 Debug.Print Auswahl(1)
 Debug.Print Auswahl(2)
 Debug.Print Auswahl(3)
End Sub
```

Listing 3.28 Eine übergebene Zahl wird in einen Text gewandelt.

Abbildung 3.12 Aus »1« wird »Bar«, aus »2« wird »EC«, usw.

Verwandte Funktionen

Verwandte Funktionen sind: Select Case, Switch.

3.2.3 »Chr«-Funktion

Die Funktion Chr gibt einen Wert vom Typ String zurück, der das Zeichen enthält, das dem angegebenen Zeichencode zugeordnet ist.

Syntax

```
Chr(Zeichencode)
```

Das erforderliche Argument Zeichencode ist ein Wert vom Typ Long, der ein Zeichen festlegt.

Beispiele

Im Beispiel aus Listing 3.29 werden mit Hilfe der Funktion Chr aus Zahlen Buchstaben gewonnen und in eine Tabelle geschrieben.

```
Sub Chr_Beispiel()
 Dim i As Integer
 Dim e As Integer

 e = 1
 For i = 65 To 90
    With Sheets("Tabelle3")
      .Cells(1, e).Value = Chr(i)
      e = e + 1
    End With
 Next i
End Sub
```

Listing 3.29 Aus Zahlenwerten Buchstaben erstellen

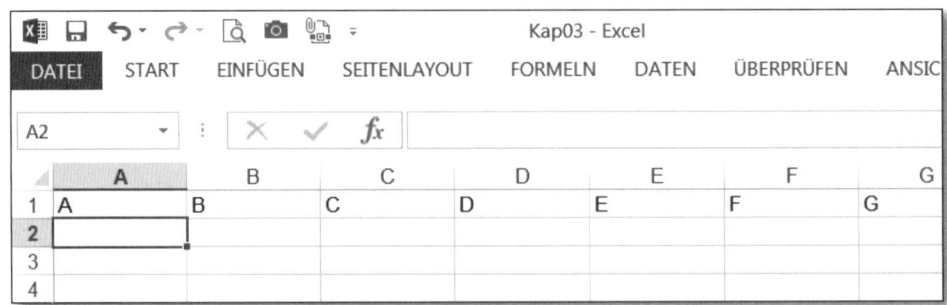

Abbildung 3.13 Eine Buchstabenreihe erstellen

Das nächste Beispiel, siehe Listing 3.30, zeigt eine mehrzeilige Meldung auf dem Bildschirm an.

```
Sub Chr_Beispiel2()
 MsgBox "Hallo " & Environ("username") & Chr(13) & _
 "Heute ist " & Date & Chr(13) & _
 "Aktuelle Uhrzeit: " & time
End Subb
```

Listing 3.30 Einen Zeilenvorschub über »Chr(13)« generieren

Abbildung 3.14 Mehrzeilige »Msgbox« anzeigen

Verwandte Funktionen

Verwandte Funktionen sind: Asc, Str, Typ-Umwandlungsfunktionen.

3.2.4   »InStr«-Funktion

Über die Funktion InStr geben Sie einen Wert vom Typ Variant (Long) zurück, der die Position des ersten Auftretens einer Zeichenfolge innerhalb einer anderen Zeichenfolge angibt.

Syntax

```
InStr([Start, ]Zeichenfolge1, Zeichenfolge2[, Vergleich])
```

Die Syntax der InStr-Funktion verwendet die folgenden Argumente:

Teil	Beschreibung
Start	Optional. Numerischer Ausdruck, der die Startposition für die Suche festlegt. Wird Start nicht angegeben, so beginnt die Suche mit dem ersten Zeichen in der Zeichenfolge.
Zeichenfolge1	Erforderlich. Durchsuchter Zeichenfolgenausdruck

Teil	Beschreibung
Zeichenfolge2	Erforderlich. Gesuchter Zeichenfolgenausdruck
Vergleich	Optional. Legt die Art des Zeichenfolgenvergleichs fest.

Die InStr-Funktion hat folgende Vergleichstypen:

Konstante	Wert	Beschreibung
vbUseCompareOption	-1	Führt einen Vergleich mit Hilfe der Option Compare-Anweisung durch.
vbBinaryCompare	0	Führt einen binären Vergleich durch.
vbTextCompare	1	Führt einen textbasierten Vergleich durch.
vbDatabaseCompare	2	Nur Microsoft Access. Führt einen Vergleich durch, der auf Informationen in Ihrer Datenbank basiert.

Tabelle 3.5 Die Vergleichstypen der Funktion »InStr«

Als Rückgabewerte der Funktion InStr gelten folgende Argumente:

Fall	Rückgabewerte von »InStr«
Zeichenfolge1 hat die Länge null.	0
Zeichenfolge1 ist Null.	Null
Zeichenfolge2 hat die Länge null.	start
Zeichenfolge2 ist Null.	Null
Zeichenfolge2 ist nicht vorhanden.	0
Zeichenfolge2 ist in Zeichenfolge1 enthalten.	Position, an der die Übereinstimmung beginnt
Start > Zeichenfolge2	0

Tabelle 3.6 Die Rückgabewerte der Funktion »InStr«

Beispiele

Das Beispiel aus Listing 3.31 prüft, ob es sich um eine gültige E-Mail-Adresse handelt.

```
Sub InStr_Beispiel()
 Dim s As String

 s = Held-office@t-online.de

 If InStr(s, "@") > 1 Then
   MsgBox "E-Mail gültig!"
 Else
   MsgBox "E-Mail ungültig!"
 End If
End Sub
```

Listing 3.31 Auf gültige E-Mail-Adresse hin überprüfen

Wird das Zeichen @ in der Variablen s gefunden, dann meldet die Funktion einen Rückgabewert größer 1. Dabei wird die genaue Position des gesuchten Zeichens zurückgegeben. Fängt die E-Mail-Adresse mit der Zeichenfolge @ an, so handelt es sich um eine nicht gültige E-Mail-Adresse.

Das Beispiel aus Listing 3.32 entfernt aus einer Tabelle alle Zellen, die einen Bindestrich enthalten.

```
Sub InStr_Beispiel2()
 Dim zelle As Range
 Dim iPos As Integer

 For Each zelle In ActiveSheet.UsedRange
    iPos = InStr(1, zelle, "-", 1)
    If iPos > 0 Then zelle.ClearContents
 Next zelle
End Sub
```

Listing 3.32 Zellen mit bestimmtem Inhalt löschen

Verwandte Funktionen

Verwandte Funktionen sind: InStrRev, StrComp.

3.2.5   »InStrRev«-Funktion

Die Funktion InStrRev gibt die Position eines Vorkommens einer Zeichenfolge in einer anderen Zeichenfolge vom Ende dieser Zeichenfolge gesehen an.

Syntax

```
InstrRev(stringcheck, stringmatch[, start[, compare]])
```

Die Syntax der `InstrRev`-Funktion besteht aus folgenden benannten Argumenten:

Teil	Beschreibung
stringcheck	Erforderlich. Der zu durchsuchende Zeichenfolgenausdruck
stringmatch	Erforderlich. Zeichenfolgenausdruck, nach dem gesucht wird
start	Optional. Numerischer Ausdruck, der die Anfangsposition für jede Suche festlegt. Wird er ausgelassen, wird -1 verwendet, d. h., die Suche beginnt an der letzten Zeichenposition.
compare	Optional. Numerischer Wert, der die Art des Vergleichs angibt, der beim Beurteilen von untergeordneten Zeichenfolgen verwendet werden soll. Lassen Sie ihn aus, wird ein binärer Vergleich ausgeführt.

Beispiel

Das Beispiel aus Listing 3.33 ermittelt den kompletten Pfad, den Pfad sowie den Dateinamen der aktiven Arbeitsmappe.

```
Sub InStrRev_Beispiel()
 Dim iPos As Integer
 Dim sPfad As String
 Dim sName As String

 iPos = InStrRev(ActiveWorkbook.FullName, "\")
 sPfad = Left(ActiveWorkbook.FullName, iPos)
 sName = Mid(ActiveWorkbook.FullName, iPos + 1)
 MsgBox "Komplett: " & ActiveWorkbook.FullName & _
 vbLf & "Pfad: " & sPfad & vbLf & "Datei: " & sName
End Sub
```

Listing 3.33 Pfad- und Dateinamen extrahieren (ab Excel 2000)

Aus der Eigenschaft `FullName`, in der der Name der Datei sowie der komplette Speicherpfad verzeichnet ist, werden die einzelnen Informationen herausgezogen.

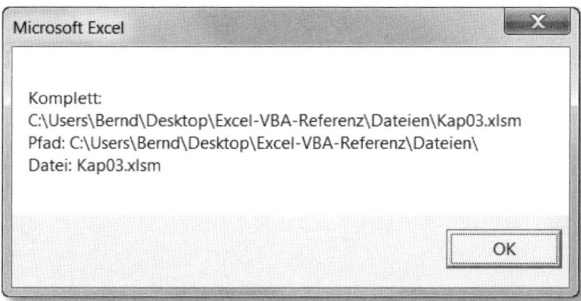

Abbildung 3.15 Die »InstrRev«-Funktion hilft beim Separieren der einzelnen Elemente.

Verwandte Funktionen

Verwandte Funktionen sind: InStr, StrComp.

3.2.6   »Join«-Funktion

Die Funktion Join gibt eine Zeichenfolge zurück, die sich aus der Kombination einer Reihe von untergeordneten Zeichenfolgen, die in einem Datenfeld enthalten sind, ergibt.

Syntax

```
Join(sourcearray[, delimiter])
```

Die Syntax der Join-Funktion besteht aus folgenden benannten Argumenten:

Teil	Beschreibung
sourcearray	Erforderlich. Eindimensionales Datenfeld, das die zu kombinierenden, untergeordneten Zeichenfolgen enthält
delimiter	Optional. Zeichen einer Zeichenfolge, mit dem die untergeordneten Zeichenfolgen in der zurückgegebenen Zeichenfolge getrennt werden. Wird es ausgelassen, wird das Leerstellenzeichen (" ") verwendet. Wenn delimiter eine Zeichenfolge der Länge null ("") ist, werden alle Elemente in der Liste ohne Trennzeichen verkettet.

Beispiel

Beim Beispiel aus Listing 3.34 wird eine Adresse über die Funktion Split zerlegt, aufbereitet und anschließend mit Hilfe der Funktion Join wieder zusammengebastelt.

```
Sub JoinSplitt_Beispiel()
 Dim sText As String
 Dim Varray As Variant
 Dim i As Integer
 Dim iGesamt As Integer

 sText = "Bernd;Held;Teststr. 15;70839;Gerlingen"
 Debug.Print "Vor Konvertierung: " & sText
 Varray = Split(sText, ";")
 iGesamt = UBound(Varray)
 For i = 0 To iGesamt
    Varray(i) = UCase(Varray(i))
 Next i
 Varray = Join(Varray, ";")
 Debug.Print "Nach Konvertierung: " & Varray
End Sub
```

Listing 3.34 Text auseinandernehmen und wieder zusammensetzen

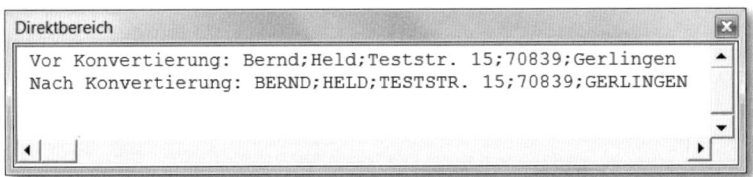

Abbildung 3.16 Texte splitten und wieder zusammensetzen

Verwandte Funktionen

Verwandte Funktionen sind: Split.

3.2.7 »LCase«-Funktion

Die Funktion LCase wandelt Großbuchstaben in Kleinbuchstaben um.

Syntax

```
LCase(Zeichenfolge)
```

Das erforderliche Argument Zeichenfolge ist ein beliebiger gültiger Zeichenfolgen-ausdruck.

Beispiele

Im Beispiel aus Listing 3.35 wird der benutzte Bereich einer Tabelle überarbeitet. Dabei werden alle Zellen, die Texte enthalten, in Kleinbuchstaben konvertiert.

```
Sub LCase_Beispiel()
 Dim Zelle As Range

  For Each Zelle In ActiveSheet.UsedRange
 Zelle.Value = LCase(Zelle.Value)
  Next Zelle
End Sub
```

Listing 3.35 Alle Texte der benutzten Zellen werden in Kleinbuchstaben umgewandelt.

Im nächsten Beispiel werden alle Eingaben in *Tabelle4* automatisch direkt nach der Eingabe in Kleinbuchstaben umgewandelt.

Um diese Aufgabe umzusetzen, verfahren Sie wie folgt:

1. Klicken Sie mit der rechten Maustaste auf den Tabellenreiter von *Tabelle4*, und wählen Sie aus dem Kontextmenü den Befehl CODE ANZEIGEN.

2. Stellen Sie im Codefenster oben im ersten Dropdown-Feld den Eintrag WORK-SHEET ein.

3. Wählen Sie aus dem zweiten Dropdown-Feld den Befehl CHANGE.

4. Ergänzen Sie den eingestellten Ereignisrahmen wie in Listing 3.36:

```
Private Sub Worksheet_Change(ByVal Target As Range)
 Target.Value = LCase(Target.Value)
End Sub
```

Listing 3.36 Jede Eingabe in »Tabelle4« wird automatisch in Kleinbuchstaben gewandelt.

Verwandte Funktionen

Verwandte Funktionen sind: UCase, StrConv.

3.2.8 »Left«-Funktion

Die Funktion Left gibt einen Wert vom Typ Variant (String) zurück, der eine bestimmte Anzahl von Zeichen ab dem ersten (linken) Zeichen einer Zeichenfolge enthält.

Syntax

```
Left(string, length)
```

Die Left-Funktion verwendet die folgenden benannten Argumente:

Teil	Beschreibung
string	Erforderlich. Zeichenfolgenausdruck, aus dem die ersten (linken) Zeichen zurückgegeben werden. Wenn string den Wert Null enthält, wird Null zurückgegeben.
length	Erforderlich; Wert vom Typ Variant (Long). Numerischer Ausdruck, der die Anzahl der zurückzugebenden Zeichen angibt. Der Wert 0 führt zur Rückgabe einer Null-Zeichenfolge (""). Ist length größer oder gleich der Zeichenanzahl in string, so wird die gesamte Zeichenfolge zurückgegeben.

Beispiel

Das Beispiel aus Listing 3.37 führt eine Versionsprüfung in Excel durch. Manchmal machen gerade ältere Excel-Versionen bei der Programmierung Kummer. Mit der Funktion Left wird dabei die erste Ziffer der Versionsnummer abgeschnitten. Gerade aber bei den neueren Excel-Versionen können Sie die Funktion Left nicht mehr verwenden, da die Versionsnummern zweistellig werden. Nehmen Sie stattdessen den Operator Like zur Identifizierung der Excel-Version.

```
Sub Left_Beispiel()

    Select Case Left(Application.Version, 1)
    Case "8"
        MsgBox "Sie haben Excel 97 im Einsatz"
    Case "9"
        MsgBox "Sie haben Excel 2000 im Einsatz"
    Case Else
        'Keine Probleme

    End Select
End Sub


Sub Like_Beispiel()

  If Application.Version Like "*7*" Then
        MsgBox "Office-Version = 95"
     ElseIf Application.Version Like "*8*" Then
        MsgBox "Office-Version = 97"
     ElseIf Application.Version Like "*9" Then
        MsgBox "Office-Version = 2000"
     ElseIf Application.Version Like "10*" Then
```

```
        MsgBox "Office-Version = XP"
    ElseIf Application.Version Like "11*" Then
        MsgBox "Office-Version = 2003"
    ElseIf Application.Version Like "12*" Then
        MsgBox "Office-Version = 2007"
    ElseIf Application.Version Like "14*" Then
        MsgBox "Office-Version = 2010"
    ElseIf Application.Version Like "15*" Then
        MsgBox "Office-Version = 2013"
    Else
        MsgBox "Version konnte nicht ermittelt werden!", vbCritical
    End If

End Sub
```

Listing 3.37 Excel-Versionscheck durchführen

Verwandte Funktionen

Verwandte Funktionen sind: Right, Mid, Len.

3.2.9   »Len«-Funktion

Die Funktion Len gibt einen Wert vom Typ Long zurück, der die Anzahl der Zeichen in einer Zeichenfolge oder die zum Speichern einer Variablen erforderlichen Bytes enthält.

Syntax

```
Len(Zeichenfolge | Variablenname)
```

Die Syntax der Len-Funktion besteht aus folgenden Teilen:

Teil	Beschreibung
Zeichenfolge	Beliebiger gültiger Zeichenfolgenausdruck. Wenn Zeichenfolge den Wert Null enthält, wird Null zurückgegeben.
Variablenname	Beliebiger gültiger Name für eine Variable. Wenn Variablenname den Wert Null enthält, wird Null zurückgegeben. Wenn Variablenname ein Wert vom Typ Variant ist, wird er von Len genauso behandelt wie ein Wert vom Typ String, und es wird immer die Anzahl der darin enthaltenen Zeichen zurückgegeben.

Beispiele

Das Makro aus Listing 3.38 prüft mit Hilfe der Funktion Len, ob in einem Eingabedialog überhaupt eine Eingabe erfolgte.

```
Sub Len_Beispiel()
 Dim s As String

  s = InputBox("Bitte geben Sie Ihren Namen ein", _
            "Eingabe")
 If Len(s) <> 0 Then
  'Alles in Ordnung
 Else
  MsgBox "Sie haben nichts eingegeben!"
 End If
End Sub
```

Listing 3.38 Welche Schaltfläche wurde geklickt?

Wenn im Dialog aus Abbildung 3.17 nichts eingegeben wird, dann meldet die Funktion Len den Wert 0. In diesem Fall geben Sie eine Warnmeldung am Bildschirm aus.

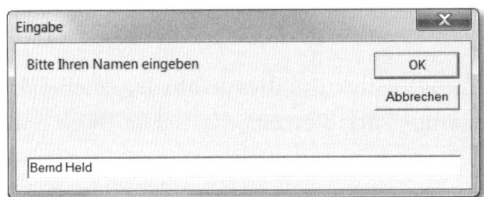

Abbildung 3.17 Überprüfung, ob Eingabe erfolgt ist

Das Beispiel aus Listing 3.39 überprüft Spalte A von *Tabelle5*. Dabei dürfen Eingaben in dieser Spalte nur genau 8 Zeichen enthalten.

```
Sub Len_Beispiel2()
 Dim i As Integer

 With Sheets("Tabelle5")
  For i = 1 To .UsedRange.Rows.Count
     If Len(.Cells(i, 1).Value) <> 8 Then
      .Cells(i, 2).Value = "Falsche Länge!"
     End If
  Next i
 End With
End Sub
```

Listing 3.39 Ungültige Längen von Eingaben kennzeichnen

Abbildung 3.18 Alle Zellen mit einer Zeichenlänge ungleich 8 werden gekennzeichnet.

Verwandte Funktionen

Verwandte Funktionen sind: InStr, Left, Mid, Right.

3.2.10   »Mid«-Funktion

Die Funktion Mid gibt einen Wert vom Typ Variant (String) zurück, der eine bestimmte Anzahl von Zeichen aus einer Zeichenfolge enthält.

Syntax

```
Mid(string, start[, length])
```

Die Syntax der Mid-Funktion verwendet die folgenden benannten Argumente:

Teil	Beschreibung
string	Erforderlich. Zeichenfolgenausdruck, aus dem Zeichen zurückgegeben werden. Wenn string den Wert Null enthält, wird Null zurückgegeben.
start	Erforderlich; Wert vom Typ Long. Position in string, an der die zurückzugebende Zeichenfolge beginnt. Ist start größer als die Anzahl der Zeichen in string, so gibt Mid eine leere Zeichenfolge ("") zurück.
length	Optional; Wert vom Typ Variant (Long). Anzahl der zurückzugebenden Zeichen. Wird length nicht angegeben oder befinden sich weniger Zeichen im Text (das Zeichen an der Stelle start eingeschlossen), als durch length angegeben, so werden alle Zeichen ab start bis zum Ende der Zeichenfolge zurückgegeben.

Beispiele

Das Beispiel aus Listing 3.40 fügt in einer Zelle nach jedem vierten Zeichen ein Leerzeichen ein.

```
Sub Mid_Beispiel()
 Dim i As Integer
 Dim s As String

 For i = 1 To Len(ActiveCell.Value)
    If i Mod 4 = 0 Then
       s = s & " " & Mid(ActiveCell.Value, i - 3, 4)
    End If
 Next i
 ActiveCell.Value = s
End Sub
```

Listing 3.40 Text aufteilen, Leerzeichen einfügen und Text wieder zusammensetzen

Das Beispiel aus Listing 3.41 zerlegt den Text aus einer Zelle Buchstabe für Buchstabe und fügt die Buchstaben einzeln in die Nebenspalten ein.

```
Sub Mid_Beispiel2()
 Dim i As Integer

 With Sheets("Tabelle6")
    For i = 1 To Len(ActiveCell.Value)
       ActiveCell.Offset(0, i).Value = _
       Mid(ActiveCell.Value, i, 1)
    Next i
 End With
End Sub
```

Listing 3.41 Text zerlegen und einzelne Buchstaben ausgeben

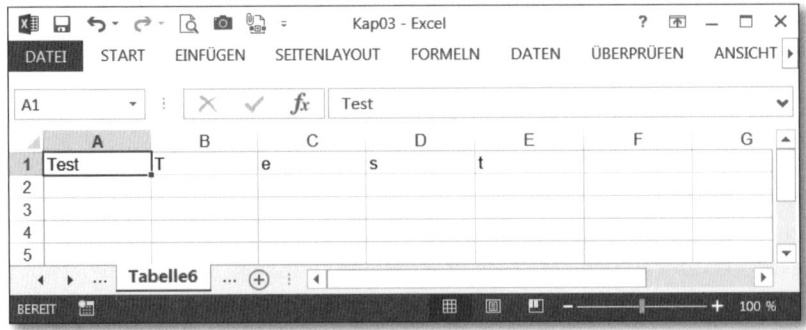

Abbildung 3.19 Der Text aus Zelle A1 wurde aufgeteilt.

Verwandte Funktionen

Verwandte Funktionen sind: Left, Right, Len, Instr.

3.2.11   »Replace«-Funktion

Die Funktion Replace gibt eine Zeichenfolge zurück, in der eine festgelegte, unterge-
ordnete Zeichenfolge mit einer festgelegten Häufigkeit durch eine andere unterge-
ordnete Zeichenfolge ersetzt wurde.

Syntax

```
Replace(expression, find, replace[, start[, count[, compare]]])
```

Die Syntax der Replace-Funktion besteht aus folgenden Teilen:

Teil	Beschreibung
expression	Erforderlich. Zeichenfolgenausdruck, der die zu ersetzende, untergeord-nete Zeichenfolge enthält
find	Erforderlich. Die untergeordnete Zeichenfolge, nach der gesucht wird
replace	Erforderlich. Die untergeordnete Ersatzzeichenfolge
start	Optional. Position in expression, an der die Suche nach der untergeord-neten Zeichenfolge beginnt. Wird diese Angabe ausgelassen, wird bei 1 begonnen.
count	Optional. Anzahl der durchzuführenden Ersetzungen der untergeord-neten Zeichenfolge. Wird diese Angabe ausgelassen, ist die Standard-einstellung -1, d. h., alle möglichen Zeichenfolgen werden ersetzt.
compare	Optional. Numerischer Wert, der die Art des Vergleichs angibt, der beim Beurteilen von untergeordneten Zeichenketten verwendet werden soll.

Das Argument compare kann folgende Werte haben:

Konstante	Wert	Beschreibung
vbUseCompareOption	-1	Führt einen Vergleich unter Verwendung der Option Compare-Anweisung durch.
vbBinaryCompare	0	Führt einen binären Vergleich durch.

Tabelle 3.7 Die möglichen Vergleichskonstanten

Konstante	Wert	Beschreibung
vbTextCompare	1	Führt einen Textvergleich durch.
vbDatabaseCompare	2	Nur Microsoft Access. Führt einen Vergleich anhand der Informationen in Ihrer Datenbank durch.

Tabelle 3.7 Die möglichen Vergleichskonstanten (Forts.)

Beispiele

Im Beispiel aus Listing 3.42 werden alle Zellen, die sich momentan in der Markierung befinden, untersucht. Dabei werden Zellen, die ein bestimmtes Zeichen enthalten, mit einem Ersatzzeichen versorgt.

```
Sub Replace_Beispiel()
 Dim Zelle As Range

  For Each Zelle In Selection
       Zelle.Value = Replace(Zelle.Value, "/", "-")
  Next Zelle
End Sub
```

Listing 3.42 Zeichen austauschen mit der Funktion »Replace«

Sollen zusätzlich alle Leerzeichen aus den Zellen verschwinden, dann starten Sie das Makro aus Listing 3.43.

```
Sub Replace_Beispiel2()
 Dim Zelle As Range

  For Each Zelle In Selection
       Zelle.Value = Replace(Zelle.Value, "/", "-")
       Zelle.Value = Replace(Zelle.Value, " ", "")
  Next Zelle
End Sub
```

Listing 3.43 Sonderzeichen und Leerzeichen austauschen

Verwandte Funktionen

Verwandte Funktionen sind: Filter.

3.2.12 »Right«-Funktion

Die Funktion Right gibt einen Wert vom Typ Variant (String) zurück, der eine bestimmte Anzahl von Zeichen von der rechten Seite (dem Ende) einer Zeichenfolge enthält.

Syntax

```
Right(string, length)
```

Die Syntax der Right-Funktion verwendet die folgenden benannten Argumente:

Teil	Beschreibung
string	Erforderlich. Zeichenfolgenausdruck, von dem die letzten (rechten) Zeichen zurückgegeben werden. Wenn string den Wert Null enthält, wird Null zurückgegeben.
length	Erforderlich; Wert vom Typ Variant (Long). Numerischer Ausdruck, der die Anzahl der zurückzugebenden Zeichen angibt. Der Wert 0 führt zur Rückgabe einer Null-Zeichenfolge (""). Ist length größer oder gleich der Zeichenanzahl in String, so wird die gesamte Zeichenfolge zurückgegeben

Beispiele

Im Beispiel aus Listing 3.44 soll ein Dateiname in eine Inputbox eingegeben werden. Danach wird geprüft, ob es sich um einen Excel-Dateinamen handelt. Dies erkennen Sie an der Dateierweiterung *.xlsx*.

```
Sub Right_Beispiel()
  Dim strName As String

  strName = InputBox("Bitte Dateinamen eingeben",
   _"Dateinamen:")

  If Len(strName) <> 0 Then
     If UCase(Right(strName, 4)) = "XLSX" Then
     MsgBox "Es handelt sich um eine Excel-Datei!"
     Else
     MsgBox "Keine Excel-Datei!"
     End If
  End If
End Sub
```

Listing 3.44 Prüfung, ob eine Excel-Datei angegeben wurde

Schneiden Sie am Dateinamen die letzten vier Zeichen über die Funktion Right ab, und werten Sie diese Information dann aus.

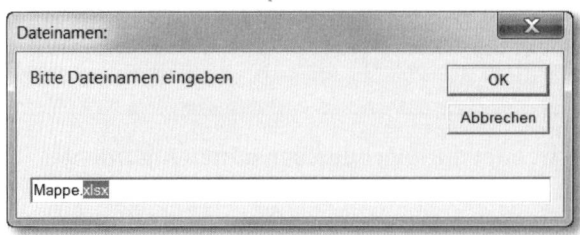

Abbildung 3.20 Die letzten vier Ziffern des Dateinamens werden extrahiert.

Das Beispiel aus Listing 3.45 zählt die Wörter eines markierten Bereichs.

```
Sub Right_Beispiel2()
 Dim Bereich As Range
 Dim Zelle As Range
 Dim s As String
 Dim l As Long

    Set Bereich = Selection
    For Each Zelle In Bereich
        s = Trim(Zelle.Text)

        Do While InStr(s, " ") > 0
            l = l + 1
            s = Trim(Right(s, Len(s) - InStr(s, " ")))
        Loop

        l = l + 1
    Next Zelle

    MsgBox "Es wurden im markierten Bereich " & _
        Selection.Address & vbLf & l & " Wörter gefunden!"

End Sub
```

Listing 3.45 Anzahl der Wörter im ausgewählten Bereich zählen

Verwandte Funktionen

Verwandte Funktionen sind: Left, Mid, Len.

3.2.13 »Space«-Funktion

Die Funktion Space gibt eine Zeichenfolge vom Typ Variant (String) zurück, die aus einer angegebenen Anzahl von Leerzeichen besteht.

Syntax

```
Space(Zahl)
```

Das erforderliche Argument Zahl entspricht der Anzahl der gewünschten Leerzeichen in der Zeichenfolge.

Beispiel

Das Beispiel aus Listing 3.46 füllt alle markierten Zellen mit Leerzeichen auf, sofern die Gesamtlänge der Zelle weniger als 10 Zeichen beträgt.

```
Sub Space_Beispiel()
 Dim Zelle As Range
 Dim s As String

  For Each Zelle In Selection
    s = Zelle.Value
    If Len(s) < 10 Then
      Zelle.Value = s + Space(10 - Len(s))
    End If
  Next Zelle
End Sub
```

Listing 3.46 Zellen werden mit Leerzeichen aufgefüllt.

Verwandte Funktionen

Verwandte Funktionen sind: Spc, String.

3.2.14   »Spc«-Funktion

Die Funktion Spc fügt in einer Textdatei eine bestimmte Anzahl von Leerzeichen ein.

Syntax

```
Spc(n)
```

Das erforderliche Argument n gibt die Anzahl der Leerzeichen an, die vor dem Anzeigen oder Ausgeben des nächsten Ausdrucks in eine Liste eingefügt werden sollen.

Beispiel

Im folgenden Beispiel wird *Tabelle8* in eine Textdatei mit dem Namen *Ausgabe.txt* geschrieben. Dabei soll jede zweite Zeile in der Textdatei eine Leerzeile sein.

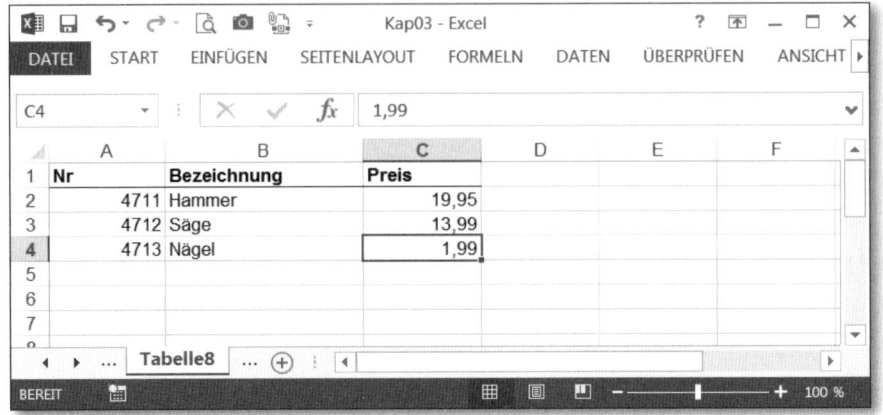

Abbildung 3.21 Diese Daten sollen in eine Textdatei geschrieben werden.

Um diese Aufgabe zu lösen, starten Sie das Makro aus Listing 3.47.

```
Sub TabelleAlsTextdatei()
 Dim Daten As Range
 Dim Zeile As Range
 Dim Zelle As Range
 Dim s As String

   Set Daten = Sheets("Tabelle8").UsedRange
   Open _
   "C:\Eigene Dateien\Ausgabe.txt" For Output As #1

   For Each Zeile In Daten.Rows
     For Each Zelle In Zeile.Cells
       s = s & CStr(Zelle.Text) & ";"
     Next Zelle
     s = Left(s, Len(s) - 1)
     Print #1, s
     Print #1, Spc(10)
     s = ""
   Next Zeile
   Close #1
End Sub
```

Listing 3.47 Tabelle als Textdatei speichern

Über die Anweisung Print #1, Spc(10) wird eine Leerzeile, bestehend aus 10 Leerzeichen, in die Textdatei eingefügt.

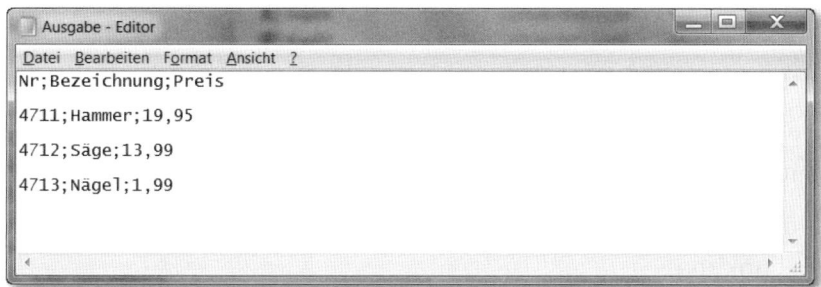

Abbildung 3.22 Die Daten wurden in einer Textdatei gespeichert.

Verwandte Funktionen

Verwandte Funktionen sind: Space.

3.2.15   »Split«-Funktion

Die Funktion Split gibt ein nullbasiertes, eindimensionales Datenfeld zurück, das eine festgelegte Anzahl an untergeordneten Zeichenfolgen enthält.

Syntax

```
Split(expression[, delimiter[, limit[, compare]]])
```

Teil	Beschreibung
expression	Erforderlich. Zeichenfolgenausdruck, der untergeordnete Zeichen-folgen und Trennzeichen enthält. Wenn expression eine Zeichenfolge der Länge null ("") ist, gibt Split ein leeres Datenfeld zurück, d. h. ein Datenfeld ohne Elemente und ohne Daten.
delimiter	Optional. Zeichen einer Zeichenfolge, mit der die Grenzen von unter-geordneten Zeichenfolgen identifiziert werden. Wird es ausgelassen, wird das Leerstellenzeichen (" ") als Trennzeichen verwendet. Wenn delimiter eine Zeichenfolge der Länge null ist, wird ein aus einem Element bestehendes Datenfeld, das die gesamte Zeichenfolge von expression enthält, zurückgegeben.
limit	Optional. Anzahl der zurückzugebenden untergeordneten Zeichen-folgen; -1 gibt an, dass alle untergeordneten Zeichenfolgen zurück-gegeben werden.
compare	Optional. Numerischer Wert, der die Art des Vergleichs angibt, der beim Beurteilen von untergeordneten Zeichenketten verwendet werden soll

Beispiel

Siehe Funktion Join

Verwandte Funktionen

Verwandte Funktionen sind: Join.

3.2.16   »Str«-Funktion

Die Funktion Str gibt einen Wert vom Typ Variant (String) zurück, der eine Zahl darstellt.

Syntax

```
Str(Zahl)
```

Das erforderliche Argument Zahl ist ein Wert vom Typ Long, der einen beliebigen
numerischen Ausdruck enthält. Beim Konvertieren von Zahlen in Texte wird ein führendes Leerzeichen für das Vorzeichen der Zahl reserviert. Ist die Zahl positiv, so enthält der zurückgegebene Text ein führendes Leerzeichen.

Beispiel

Das Beispiel aus Listing 3.48 wandelt eine Zahl in einen Textwert um.

```
Sub Str_Beispiel()
 Dim zahl As Long

 zahl = 8989

 Debug.Print Str(zahl)
End Sub
```

Listing 3.48 Zahl in Text umwandeln

Verwandte Funktionen

Verwandte Funktionen sind: Format, Val, Umwandlungsfunktionen.

3.2.17   »StrComp«-Funktion

Mit der Funktion StrComp vergleichen Sie Zeichenfolgen miteinander.

Syntax

```
StrComp(string1, string2[, compare])
```

Teil	Beschreibung
string1	Erforderlich. Ein beliebiger gültiger Zeichenfolgenausdruck
string2	Erforderlich. Ein beliebiger gültiger Zeichenfolgenausdruck
compare	Optional. Legt die Art des Zeichenfolgenvergleichs fest. Der Wert Null für compare führt zu einem Fehler. Die möglichen Vergleichstypen können Sie Tabelle 3.8 entnehmen.

Die StrComp-Funktion hat folgende Vergleichstypen:

Konstante	Wert	Beschreibung
vbUseCompareOption	-1	Führt einen Vergleich mit Hilfe der Option Compare-Anweisung durch.
vbBinaryCompare	0	Führt einen binären Vergleich durch.
vbTextCompare	1	Führt einen textbasierten Vergleich durch.
vbDatabaseCompare	2	Nur Microsoft Access. Führt einen Vergleich durch, der auf Informationen in Ihrer Datenbank basiert.

Tabelle 3.8 Die Vergleichstypen der Funktion »StrComp«

Die Funktion StrComp liefert folgende Rückgabewerte.

Fall	Rückgabewert
string1 liegt im Alphabet vor string2.	-1
string1 entspricht string2.	0
string1 liegt im Alphabet hinter string2.	1
string1 oder string2 ist Null.	Null

Tabelle 3.9 Die Rückgabewerte der Funktion »StrComp«

Beispiel

Das Beispiel aus Listing 3.49 vergleicht zwei Zeichenfolgen miteinander und überprüft, welche der beiden Zeichenfolge im Alphabet weiter vorn angeordnet ist.

```
Sub StrComp_Beispiel()
 Dim Text1 As String
 Dim Text2 As String

 Text1 = "RTS"
 Text2 = "STS"

 If StrComp(Text1, Text2, 1) = -1 Then
   MsgBox "Text1 liegt vor Text2!"
 Else
   MsgBox "Text2 liegt vor Text1"
 End If
End Sub
```

Listing 3.49 Textvergleich über die Funktion »StrComp« durchführen

Verwandte Funktionen

Verwandte Funktion sind: InStr.

3.2.18   »StrConv«-Funktion

Die Funktion StrConv gibt einen Wert vom Typ Variant (String) zurück, der wie angegeben umgewandelt wurde.

Syntax

```
StrConv(string, conversion, LCID)
```

Die Syntax der StrConv-Funktion besteht aus folgenden benannten Argumenten:

Teil	Beschreibung
string	Erforderlich. Zeichenfolgenausdruck, der umgewandelt werden soll
conversion	Erforderlich. Wert vom Typ Integer. Die Summe der Werte, die den Typ der auszuführenden Umwandlung angibt
LCID	Optional. Die Gebietsschema-ID, wenn sie sich von der des Systems unterscheidet. (Die Gebietsschema-ID des Systems ist die Voreinstellung.)

Das Argument conversion kann folgende Einstellungen haben:

Konstante	Wert	Beschreibung
vbUpperCase	1	Wandelt die Zeichenfolge in Großbuchstaben um.
vbLowerCase	2	Wandelt die Zeichenfolge in Kleinbuchstaben um.
vbProperCase	3	Wandelt den ersten Buchstaben jedes Wortes innerhalb der Zeichenfolge in einen Großbuchstaben um.
vbWide*	4	Wandelt schmale Zeichen (Einzel-Byte) innerhalb der Zeichenfolge in breite Zeichen (Doppel-Byte) um.
vbNarrow	8	Wandelt breite Zeichen (Doppel-Byte) innerhalb der Zeichenfolge in schmale Zeichen (Einzel-Byte) um.
vbKatakana	16	Wandelt Hiragana-Zeichen innerhalb der Zeichenfolge in Katakana-Zeichen um.
vbHiragana	32	Wandelt Katakana-Zeichen innerhalb der Zeichenfolge in Hiragana-Zeichen um.
vbUnicode	64	Wandelt die Zeichenfolge in Unicode um und verwendet dabei die Voreinstellungen aus der Zeichenumsetzungstabelle des Systems. (Nicht verfügbar auf dem Macintosh.)
vbFromUnicode	128	Wandelt die Zeichenfolge von Unicode in die Voreinstellungen aus der Zeichenumsetzungstabelle des Systems um. (Nicht verfügbar auf dem Macintosh.)

Tabelle 3.10 Einstellungen für das Argument »conversion«

Beispiel

Im Beispiel aus Listing 3.50 werden alle markierten Zellen abgearbeitet und ihre Inhalte in Kleinbuchstaben gewandelt.

```
Sub StrConv_Beispiel()
 Dim zelle As Range

  For Each zelle In Selection
      zelle.Value = StrConv(zelle.Value, vbLowerCase)
  Next zelle
End Sub
```

Listing 3.50 Texte konvertieren über die Funktion »StrConv«

Verwandte Funktionen

Verwandte Funktionen sind: LCase, Ucase, Str.

3.2.19 »StrReverse«-Funktion

Die Funktion StrReverse gibt eine Zeichenfolge zurück, in der die Reihenfolge der Zeichen einer bestimmten Zeichenfolge umgekehrt wurde.

Syntax

```
StrReverse(expression)
```

Das Argument expression ist die Zeichenfolge, deren Zeichen umgekehrt werden sollen. Wenn es sich bei expression um eine Zeichenfolge der Länge null ("") handelt, wird eine Zeichenfolge der Länge null zurückgegeben. Wenn expression Null ist, kommt es zu einem Fehler.

Beispiel

Das Beispiel aus Listing 3.51 spiegelt einen Text.

```
Sub StrReverse_Beispiel()
 Dim Text1 As String

 Text1 = "Esel"
 Debug.Print "Vorher: " & Text1
 Debug.Print "Nachher: " & StrReverse(Text1)
End Sub
```

Listing 3.51 Text spiegeln mit der Funktion »StrReverse«

Abbildung 3.23 Ein Text wurde gedreht.

3.2.20 »String«-Funktion

Die Funktion String gibt eine Zeichenfolge vom Typ Variant (String) zurück, die ein sich wiederholendes Zeichen der angegebenen Länge enthält.

Syntax

```
String(number, character)
```

Die Syntax der String-Funktion besteht aus folgenden benannten Argumenten:

Teil	Beschreibung
number	Erforderlich; Wert vom Typ Long. Länge der zurückgegebenen Zeichenfolge. Wenn number den Wert Null enthält, wird Null zurückgegeben.
character	Erforderlich; Wert vom Typ Variant. Ein Zeichencode, der ein Zeichen oder einen Zeichenfolgenausdruck angibt, dessen erstes Zeichen verwendet wird, um die zurückzugebende Zeichenfolge zu erstellen. Wenn character den Wert Null enthält, wird Null zurückgegeben.

Beispiel

Das Beispiel aus Listing 3.52 verarbeitet alle markierten Zellen. Haben die Zellen eine Länge kleiner 10, dann werden die restlichen Zeichen durch einen Stern vervollständigt.

```
Sub String_Beispiel()
 Dim Zelle As Range

 For Each Zelle In Selection
  If Len(Zelle.Value) < 10 Then
     Zelle.Value = _
     Zelle.Value & String(10 - Len(Zelle.Value), "*")
  End If
 Next Zelle
End Sub
```

Listing 3.52 Texte vervollständigen über die Funktion »String«

Verwandte Funktionen

Verwandte Funktionen sind: Mod, Space, Chr.

3.2.21 »Switch«-Funktion

Die Funktion Switch wertet eine Liste von Ausdrücken aus und gibt einen Wert vom Typ Variant oder einen Ausdruck zurück, der dem ersten Ausdruck in der Liste zugeordnet ist, der True ergibt.

Syntax

```
Switch(Ausdr-1, Wert-1[, Ausdr-2, Wert-2 ... [, Ausdr-n,Wert-n]])
```

Die Syntax der Switch-Funktion besteht aus folgenden Teilen:

Teil	Beschreibung
Ausdr	Erforderlich. Variant-Ausdruck, der ausgewertet werden soll
Wert	Erforderlich. Wert oder Ausdruck, der zurückgegeben werden soll, wenn der entsprechende Ausdruck True ergibt

Beispiel

Im Beispiel aus Listing 3.53 soll über eine Inputbox ein Land eingegeben werden. Über die Funktion Switch wird dann die dazugehörige Sprache des Landes ermittelt.

```
Sub Switch_Beispiel()
 Dim s As String

 s = InputBox("Bitte ein Land eingeben!")
 On Error GoTo Fehler
 s = Switch _
   (s = "Deutschland", "Deutsch", _
    s = "Frankreich", "Französisch", _
    s = "Italien", "Italienisch", _
    s = "Spanien", "Spanisch")
    MsgBox "Sie sprechen " & s
 Exit Sub

Fehler:
 MsgBox "Das Land ist nicht eingepflegt!"
End Sub
```

Listing 3.53 Zuordnungen treffen über die Funktion »Switch«

3.2.22 »Trim«-Funktion

Die Funktion Trim gibt einen Wert vom Typ Variant (String) zurück, der eine Kopie einer bestimmten Zeichenfolge enthält, die keine führenden Leerzeichen (LTrim), keine nachgestellten Leerzeichen (RTrim) sowie eine Kombination aus führenden und nachgestellten Leerzeichen (Trim) enthält.

Syntax

```
LTrim(Zeichenfolge)
RTrim(Zeichenfolge)
Trim(Zeichenfolge)
```

Das erforderliche Argument Zeichenfolge ist ein beliebiger gültiger Zeichenfolgenausdruck. Wenn Zeichenfolge den Wert Null enthält, wird Null zurückgegeben.

Beispiel

Das Beispiel aus Listing 3.54 entfernt aus allen benutzten Zellen in *Tabelle10* führende
sowie folgende Leerzeichen.

```
Sub Trim_Beispiel()
 Dim Zelle As Range

 For Each Zelle In Sheets("Tabelle10").UsedRange
  Zelle.Value = Trim(Zelle.Value)
 Next Zelle
End Sub
```

Listing 3.54 Alle führenden und folgenden Leerzeichen entfernen

Verwandte Funktionen

Verwandte Funktionen sind: Left, Right.

3.2.23 »UCase«-Funktion

Die Funktion UCase wandelt Kleinbuchstaben in Großbuchstaben um.

Syntax

```
UCase(Zeichenfolge)
```

Das erforderliche Argument Zeichenfolge ist ein beliebiger gültiger Zeichenfolgenausdruck. Wenn Zeichenfolge den Wert Null enthält, wird Null zurückgegeben.

Beispiel

Siehe Funktion LCase

Verwandte Funktionen

Verwandte Funktionen sind: LCase, StrConv.

3.3   Die Dateifunktionen und -anweisungen

Um vorab einen Überblick über diese Funktionen zu bekommen, werfen Sie einen Blick auf Tabelle 3.11. Danach folgen die Erklärung der Syntax und die Demonstration anhand eines kurzen Beispiels.

Funktion/ Anweisung	Kurzbeschreibung
ChDir	Wechselt das aktuelle Verzeichnis oder den aktuellen Ordner.
ChDrive	Wechselt das aktuelle Laufwerk.
Close	Beendet das Lesen aus einer und das Schreiben in eine Datei, die mit der Open-Anweisung geöffnet wurde.
CurDir	Gibt einen Wert vom Typ Variant (String) zurück, der den aktuellen Pfad darstellt.
Dir	Gibt eine Zeichenfolge (String) zurück, die den Namen einer Datei, eines Verzeichnisses oder eines Ordners darstellt, der mit einem bestimmten Suchmuster, einem Dateiattribut oder mit der angegebenen Datenträger- bzw. Laufwerksbezeichnung übereinstimmt.
Environ	Gibt die mit einer Betriebssystem-Umgebungsvariablen verbundene Zeichenfolge (String) zurück.
EOF	Gibt einen Wert vom Typ Integer zurück, der den Boolean-Wert True enthält, wenn das Ende einer Datei, die im Zugriffsmodus Random oder Input geöffnet wurde, erreicht ist.
FileAttr	Gibt einen Wert vom Typ Long zurück, der den Zugriffsmodus für mit der Open-Anweisung geöffnete Dateien darstellt.
FileCopy	Kopiert eine Datei.
FileDateTime	Gibt einen Wert vom Typ Variant (Date) zurück, der den Tag und die Uhrzeit der Erstellung bzw. der letzten Änderung der Datei anzeigt.
FileLen	Gibt einen Wert vom Typ Long zurück, der die Länge einer Datei in Bytes angibt.

Tabelle 3.11 Die Funktionen und Anweisungen der Kategorie Dateifunktionen und -anweisungen

Funktion/ Anweisung	Kurzbeschreibung
FreeFile	Gibt einen Wert vom Typ Integer zurück, der die nächste verfügbare Dateinummer darstellt, die die Open-Anweisung zum Öffnen einer Datei verwenden kann.
Get	Liest Daten aus einer geöffneten Datenträgerdatei in eine Variable ein.
GetAttr	Gibt einen Wert vom Typ Integer zurück, der die Attribute einer Datei oder eines Verzeichnisses darstellt.
Input	Gibt einen Wert vom Typ String zurück, der Zeichen aus einer im Modus Input oder Binary geöffneten Datei enthält.
Kill	Löscht eine Datei ohne Rückfrage.
Line Input	Liest eine einzelne Zeile aus einer geöffneten sequentiellen Datei und weist sie einer Variablen vom Typ String zu.
Loc	Gibt einen Wert vom Typ Long zurück, der die aktuelle Schreib-/Leseposition innerhalb einer geöffneten Datei angibt.
Lock Unlock	Regelt die Zugriffsmöglichkeiten anderer Prozesse auf eine Datei (oder auf Teile einer Datei), die mit der Open-Anweisung geöffnet wurde.
LOF	Gibt einen Wert vom Typ Long zurück, der die Größe einer mit der Open-Anweisung geöffneten Datei in Bytes angibt.
LSet	Richtet eine Zeichenfolge innerhalb einer Zeichenfolgenvariablen links aus oder kopiert eine Variable eines benutzerdefinierten Datentyps in eine Variable eines anderen benutzerdefinierten Datentyps.
MkDir	Erstellt ein neues Verzeichnis.
Name	Benennt eine Datei, ein Verzeichnis oder einen Ordner um.
Open	Öffnet eine Datei für die Ein- oder Ausgabe.
Print	Schreibt Daten, die für die Ausgabe formatiert sind, in eine sequentielle Datei.

Tabelle 3.11 Die Funktionen und Anweisungen der Kategorie Dateifunktionen und -anweisungen (Forts.)

Funktion/ Anweisung	Kurzbeschreibung
Put	Schreibt Daten aus einer Variablen in eine Datenträgerdatei.
Reset	Schließt alle Datenträgerdateien, die mit der Open-Anweisung geöffnet wurden.
RmDir	Löscht ein Verzeichnis.
Seek	Gibt einen Wert vom Typ Long zurück, der die aktuelle Schreib-/ Leseposition in einer Datei festlegt, die mit der Open-Anweisung geöffnet wurde.
SetAttr	Legt die Dateiattribute fest.
Shell	Führt ein ausführbares Programm aus. Falls erfolgreich, gibt sie einen Wert vom Typ Variant (Double) zurück, der die Task-ID des Programms darstellt. Andernfalls wird Null zurückgegeben.
Write	Schreibt Daten in eine sequentielle Datei.

Tabelle 3.11 Die Funktionen und Anweisungen der Kategorie Dateifunktionen und -anweisungen (Forts.)

3.3.1 »ChDir«-Anweisung

Mit Hilfe der Anweisung ChDir wechseln Sie in das angegebene Verzeichnis.

Syntax

```
ChDir Pfad
```

Das erforderliche Argument Pfad ist ein Zeichenfolgenausdruck, der angibt, welches Verzeichnis zum aktuellen Verzeichnis wird.

Beispiel

Im Beispiel aus Listing 3.55 wird das aktuelle Verzeichnis neu gesetzt.

```
Sub Chdir_Beispiel()
On Error GoTo Fehler
 ChDir "C:\Held\"
Exit Sub
```

```
Fehler:
 MsgBox "Dieses Verzeichnis gibt es nicht!"
End Sub
```

Listing 3.55 Mit »ChDir« das aktuelle Verzeichnis setzen

Verwandte Funktionen/Anweisungen

Verwandte Funktionen/Anweisungen sind: ChDrive, CurDir, Dir, MkDir, RmDir.

3.3.2 »ChDrive«-Anweisung

Mit der Anweisung ChDrive stellen Sie das aktuelle Laufwerk ein.

Syntax

```
ChDrive Laufwerk
```

Das erforderliche Argument Laufwerk ist ein Zeichenfolgenausdruck, der ein existierendes Laufwerk angibt.

Beispiel

Im Beispiel aus Listing 3.56 wird das Laufwerk D voreingestellt.

```
Sub Chdrive_Beispiel()
On Error GoTo Fehler
 ChDrive "D:"
 Exit Sub
Fehler:
 MsgBox "Dieses Laufwerk gibt es nicht!"
End Sub
```

Listing 3.56 Mit »ChDrive« ein anderes Laufwerk voreinstellen

Verwandte Funktionen/Anweisungen

Verwandte Funktionen/Anweisungen sind: ChDir, CurDir, Dir, MkDir, RmDir.

3.3.3 »Close«-Anweisung

Die Anweisung Close beendet das Lesen aus einer und das Schreiben in eine Datei und schließt diese.

Syntax

```
Close [Dateinummerliste]
```

Das optionale Argument Dateinummerliste entspricht einer oder mehreren Dateinummern mit der folgenden Syntax, in der Dateinummer eine beliebige gültige Dateinummer ist:

```
[[#]Dateinummer] [, [#]Dateinummer] . . .
```

Beispiel

Siehe Beispiel für die Anweisung Open

Verwandte Funktionen/Anweisungen

Verwandte Funktionen/Anweisungen sind: Open, Reset.

3.3.4   »CurDir«-Anweisung

Über die Anweisung CurDir ermitteln Sie das aktuelle Verzeichnis.

Syntax

```
CurDir[(Laufwerk)]
```

Das optionale Argument Laufwerk ist ein Zeichenfolgenausdruck, der ein existierendes Laufwerk angibt. Ist kein Laufwerk angegeben, oder enthält das Laufwerk eine Null-Zeichenfolge (""), so gibt die CurDir-Funktion den Pfad des aktuellen Laufwerks zurück.

Beispiel

Das Beispiel aus Listing 3.57 gibt das momentan eingestellte Verzeichnis am Bildschirm aus.

```
Sub CurDir_Beispiel()
 MsgBox _
 "Das aktuell eingestellte Verzeichnis lautet: " & _
 CurDir("C")
End Sub
```

Listing 3.57 Mit »CurDir« das aktuelle Verzeichnis auslesen

Verwandte Funktionen/Anweisungen

Verwandte Funktionen/Anweisungen sind: ChDir, ChDrive, Dir, MkDir, RmDir.

3.3.5   »Dir«-Funktion

Die Funktion Dir gibt eine Zeichenfolge (String) zurück, die den Namen einer Datei, eines Verzeichnisses oder eines Ordners darstellt, der mit einem bestimmten Suchmuster, einem Dateiattribut oder mit der angegebenen Datenträger- oder Laufwerksbezeichnung übereinstimmt.

Syntax

```
Dir[(Pfadname[, Attribute])]
```

Die Syntax der Dir-Funktion besteht aus folgenden Teilen:

Teil	Beschreibung
Pfadname	Optional. Zeichenfolgenausdruck, der einen Dateinamen angibt. Der Dateiname kann ein Verzeichnis oder einen Ordner sowie ein Laufwerk enthalten. Eine Null-Zeichenfolge ("") wird zurückgegeben, wenn der Pfad aus Pfadname nicht gefunden werden kann.
Attribute	Optional. Eine Konstante oder ein numerischer Ausdruck, deren Summe die Dateiattribute angibt. Wenn das Argument nicht angegeben wird, werden alle Dateien, die dem Argument Pfadname entsprechen, zurückgegeben.

Das Argument Attribute hat die folgenden Einstellungen:

Konstante	Wert	Beschreibung
vbNormal	0	(Voreinstellung) Dateien ohne Attribute
vbReadOnly	1	schreibgeschützte Dateien, zusätzlich zu Dateien ohne Attribute
vbHidden	2	versteckte Dateien, zusätzlich zu Dateien ohne Attributen
vbSystem	4	Systemdatei, zusätzlich zu Dateien ohne Attributen. Beim Macintosh nicht verfügbar

Tabelle 3.12 Die möglichen Einstellungen beim Argument »Attribute«

Konstante	Wert	Beschreibung
vbVolume	8	Datenträgerbezeichnung. Falls andere Attribute angegeben wurden, wird vbVolume ignoriert. Beim Macintosh nicht verfügbar
vbDirectory	16	Verzeichnis oder Ordner, zusätzlich zu Dateien ohne Attributen

Tabelle 3.12 Die möglichen Einstellungen beim Argument »Attribute« (Forts.)

Beispiel

Das Beispiel aus Listing 3.58 liest aus einem Verzeichnis alle Dateien aus und protokolliert das Datum der Erstellung einer jeden Datei.

```
Sub Dir_Beispiel()
  Dim blatt As Worksheet
  Dim sAttr As String
  Dim sPfad As String
  Dim sName As String
  Dim i As Integer

  Set blatt = ThisWorkbook.Worksheets("Tabelle10")
  sAttr = vbNormal + vbReadOnly + vbHidden

  sPfad = ThisWorkbook.Path & "\"
  sName = Dir(sPfad, sAttr)
  With blatt
   .Cells(1, 1) = "Name"
   .Cells(2, 1) = sName
   .Cells(1, 2) = "Datum"
   i = 2
   On Error Resume Next
   Do While sName <> ""
      If sName <> "." And sName <> ".." Then
        .Cells(i, 1) = sName
        .Cells(i, 2) = FileDateTime(sPfad & sName)
        i = i + 1
      End If
      sName = Dir
   Loop
  End With
End Sub
```

Listing 3.58 Dateien aus einem Verzeichnis auslesen

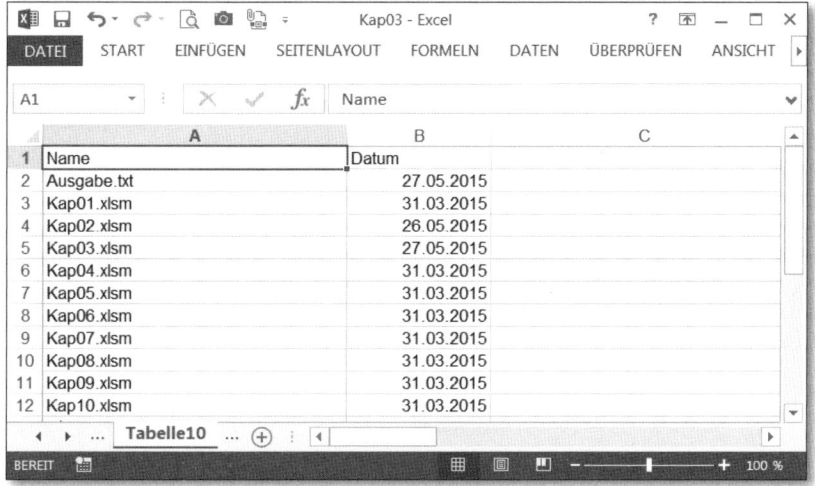

Abbildung 3.24 Dateien eines Verzeichnisses wurden aufgelistet.

Verwandte Funktionen/Anweisungen

Verwandte Funktionen/Anweisungen sind: ChDir, CurDir.

3.3.6   »Environ«-Anweisung

Die Anweisung Environ gibt die mit einer Betriebssystem-Umgebungsvariablen verbundene Zeichenfolge (String) zurück.

Syntax

```
Environ({envstring | number})
```

Die Syntax der Environ-Funktion verwendet die folgenden benannten Argumente:

Teil	Beschreibung
envstring	Optional. Ein Zeichenfolgenausdruck, der den Namen einer Umgebungs-variablen enthält
number	Optional. Ein numerischer Ausdruck entsprechend der numerischen Reihenfolge der Umgebungszeichenfolge in der Tabelle für Umgebungs-zeichenfolgen. Das Argument number kann ein beliebiger numerischer Ausdruck sein, der aber vor der Auswertung auf eine ganze Zahl gerun-det wird.

Beispiel

Im Beispiel aus Listing 3.59 werden alle Umgebungsvariablen des Systems am Bildschirm ausgegeben.

```
Sub Environ_Beispiel()
 Dim i As Integer
 Dim s As String

 i = 1
 Do Until Environ(i) = ""
   s = s & vbLf & Environ(i)
   i = i + 1
 Loop
 MsgBox s
End Sub
```

Listing 3.59 Umgebungsvariablen ermitteln und ausgeben

Abbildung 3.25 Alle Umgebungsvariablen des Systems im Überblick

3.3.7   »EOF«-Funktion

Diese Funktion gibt den Wert True zurück, wenn das Ende einer Datei erreicht ist.

Syntax

```
EOF(Dateinummer)
```

Das erforderliche Argument Dateinummer ist ein Wert vom Typ Integer, der eine beliebige gültige Dateinummer enthält.

Beispiel

Im Beispiel aus Listing 3.60 wird eine Textdatei Zeile für Zeile gelesen und im Direktfenster der Entwicklungsumgebung ausgegeben.

```
Sub EOF_Beispiel()
  Dim s As String

  Open "C:\Artikel.txt" For Input As #1
  Do While Not EOF(1)
      Line Input #1, s
      Debug.Print s
  Loop
  Close #1
End Sub
```

Listing 3.60 Textdatei Zeile für Zeile auslesen

Verwandte Funktionen/Anweisungen

Verwandte Funktionen/Anweisungen sind: LOF, Loc, Get, Line Input, Open, Seek.

3.3.8   »FileAttr«-Funktion

Über die Funktion FileAttr stellen Sie den Zugriffsmodus einer geöffneten Datei fest.

Syntax

```
FileAttr(filenumber, returntype)
```

Die Syntax der FileAttr-Funktion verwendet die folgenden benannten Argumente:

Teil	Beschreibung
filenumber	Erforderlich; ein Wert vom Typ Integer. Eine beliebige gültige Dateinummer
returntype	Erforderlich; ein Wert vom Typ Integer. Zahl, die die Art der zurück-zugebenden Informationen festlegt. Dabei sind folgende Rückgaben möglich: Input = 1 Output = 2 Random = 4 Append = 8 Binary = 32

Verwandte Funktionen/Anweisungen

Verwandte Funktionen/Anweisungen sind: Open.

3.3.9   »FileCopy«-Anweisung

Mit der Anweisung FileCopy kopieren Sie Dateien.

Syntax

```
FileCopy source, destination
```

Die Syntax der FileCopy-Anweisung verwendet die folgenden benannten Argumente:

Teil	Beschreibung
source	Erforderlich. Zeichenfolgenausdruck, der den Namen der zu kopie-renden Datei angibt. source kann ein Verzeichnis oder einen Ordner sowie ein Laufwerk enthalten.
destination	Erforderlich. Zeichenfolgenausdruck, der den Namen der Zieldatei angibt. destination kann ein Verzeichnis oder einen Ordner sowie ein Laufwerk enthalten.

Beispiel

Das Beispiel aus Listing 3.61 kopiert eine Textdatei.

```
Sub KopierenDateien()
 Dim sDat As String
 Dim sDat_Kopie As String

 sDat = "C:\Artikel.txt"
 sDat_Kopie = "Kopie.txt"

 FileCopy sDat, sDat_Kopie
 Exit Sub

fehler1:
 MsgBox "Fehler beim Kopieren aufgetreten!"
End Sub
```

Listing 3.61 Textdatei kopieren mit der Anweisung »FileCopy«

3.3.10   »FileDateTime«-Funktion

Die Funktion `FileDateTime` gibt einen Wert vom Typ Variant (Date) zurück, der den Tag und die Uhrzeit der Erstellung bzw. der letzten Änderung der Datei anzeigt.

Syntax

```
FileDateTime(Pfadname)
```

Das erforderliche Argument `Pfadname` ist ein Zeichenfolgenausdruck, der einen Dateinamen angibt. `Pfadname` kann ein Verzeichnis sowie ein Laufwerk enthalten.

Beispiel

Das Beispiel in Listing 3.62 gibt das Erstellungsdatum der aktiven Arbeitsmappe aus.

```
Sub FileDateTime_Beispiel()
  MsgBox FileDateTime(ActiveWorkbook.FullName)
End Sub
```

Listing 3.62 Das Erstellungsdatum der aktiven Mappe ermitteln

Verwandte Funktionen/Anweisungen

Verwandte Funktionen/Anweisungen sind: `FileLen`, `GetAttr`.

3.3.11   »FileLen«-Funktion

Die Funktion FileLen gibt einen Wert vom Typ Long zurück, der die Länge einer Datei in Bytes angibt.

Syntax

```
FileLen(Pfadname)
```

Das erforderliche Argument Pfadname ist ein Zeichenfolgenausdruck, der eine Datei angibt. Pfadname kann ein Verzeichnis oder ein Laufwerk enthalten.

Beispiel

Beim Beispiel aus Listing 3.63 wird die Funktion FileLen eingesetzt, um zu prüfen, ob eine bestimmte Datei überhaupt existiert.

```
Sub FileLen_Beispiel()
 Dim i As Integer

 On Error GoTo Fehler
 i = FileLen("C:\Artikel.txt")
 'Weitere Aktionen
 Exit Sub

Fehler:
 MsgBox "Diese Datei existiert nicht!"
End Sub
```

Listing 3.63 Existenzprüfung einer Datei über die Funktion »FileLen«

Verwandte Funktionen/Anweisungen

Verwandte Funktionen/Anweisungen sind: FileDateTime, GetAttr, LOF.

3.3.12   »FreeFile«-Funktion

Die Funktion FreeFile gibt einen Wert vom Typ Integer zurück, der die nächste verfügbare Dateinummer darstellt, die die Open-Anweisung zum Öffnen einer Datei verwenden kann.

Syntax

```
FreeFile[(Bereichsnummer)]
```

Das optionale Argument Bereichsnummer ist ein Wert vom Typ Variant, der den Bereich festlegt, aus dem die nächste Dateinummer zurückgegeben werden wird. Bei 0 (Voreinstellung) wird eine Dateinummer im Bereich 1 bis 255 (einschließlich) zurückgegeben. Bei 1 wird eine Dateinummer im Bereich von 256 bis 511 zurückgegeben.

Beispiel

Siehe Beispiel Open-Anweisung

Verwandte Funktionen/Anweisungen

Verwandte Funktionen/Anweisungen sind: Open, Close.

3.3.13   »Get«-Anweisung

Die Anweisung Get liest Daten aus einer geöffneten Datenträgerdatei in eine Variable ein.

Syntax

```
Get [#]Dateinummer, [Satznummer], Variablennummer
```

Die Syntax der Get-Anweisung besteht aus folgenden Teilen:

Teil	Beschreibung
Dateinummer	Erforderlich. Eine beliebige gültige Dateinummer
Satznummer	Optional. Wert vom Typ Variant (Long). Datensatznummer (Dateien im Modus Random) oder Bytenummer (Dateien im Modus Binary), an der der Lesevorgang beginnt
Variablennummer	Erforderlich. Name einer gültigen Variablen, in die die Daten eingelesen werden

Beispiel

Das Beispiel aus Listing 3.64 liest die erste Zeile einer Textdatei und schreibt sie in eine Variable.

```
Type Datensatz
    Kennung As Integer
    Name As String * 37
End Type

Sub Get_Beispiel()
 Dim DSatz1 As Datensatz
 Dim Position As Integer
 Dim s As String

 Open "C:\Artikel.txt" For Random As #1
 Position = 1
 Get #1, Position, DSatz1
 Close #1
End Sub
```

Listing 3.64 Erste Zeile einer Textdatei lesen

3.3.14   »GetAttr«-Anweisung

Die Anweisung GetAttr gibt einen Wert vom Typ Integer zurück, der die Attribute einer Datei oder eines Verzeichnisses darstellt.

Syntax

```
GetAttr(Pfadname)
```

Das erforderliche Argument Pfadname ist ein Zeichenfolgenausdruck, der einen Dateinamen angibt. Pfadname kann ein Verzeichnis oder ein Laufwerk enthalten.

Der von GetAttr zurückgegebene Wert ist die Summe der folgenden Attributwerte:

Konstante	Wert	Beschreibung
vbNormal	0	normal
vbReadOnly	1	schreibgeschützt
vbHidden	2	versteckt.
vbSystem	4	Systemdatei. Beim Macintosh nicht verfügbar
vbDirectory	16	Verzeichnis oder Ordner
vbArchive	32	Datei wurde seit dem letzten Sichern geändert.
vbAlias	64	Angegebener Dateiname ist ein Alias. Nur beim Macintosh verfügbar

Beispiel

Das Beispiel aus Listing 3.65 überprüft eine bestimmte Datei aus dem Windows-Verzeichnis.

```
Sub GetAttr_Beispiel()
  Dim attribut As VbFileAttribute

  attribut = vbHidden
  If attribut And GetAttr _
  ("C:\Windows\WindowsShell.Manifest") Then
    MsgBox "Datei ist verborgen"
  Else
   MsgBox "Datei ist nicht verborgen"
  End If
End Sub
```

Listing 3.65 Handelt es sich um eine versteckte Datei?

Verwandte Funktionen/Anweisungen

Verwandte Funktionen/Anweisungen sind: SetAttr, FileAttr.

3.3.15 »Input«-Funktion

Die Funktion Input gibt einen Wert vom Typ String zurück, der Zeichen aus einer im Modus Input oder Binary geöffneten Datei enthält.

Syntax

```
Input(Zahl, [#]Dateinummer)
```

Die Syntax der Input-Funktion besteht aus folgenden Teilen:

Teil	Beschreibung
Zahl	Erforderlich. Ein beliebiger gültiger numerischer Ausdruck, der die Zahl der zurückzugebenden Zeichen angibt
Dateinummer	Erforderlich. Eine beliebige gültige Dateinummer

Beispiel

Im Beispiel aus Listing 3.66 werden die ersten sieben Zeichen der ersten Zeile einer Textdatei in das Direktfenster der Entwicklungsumgebung gelesen.

```
Sub Input_Beispiel()
 Dim Zeichen As String

 Open "C:\Artikel.txt" For Input As #1
 Zeichen = Input(7, #1)
 Debug.Print Zeichen
 Close #1
End Sub
```

Listing 3.66 Erste Zeile einer Textdatei einlesen über die Anweisung »Input«

Verwandte Funktionen/Anweisungen

Verwandte Funktionen/Anweisungen sind: Line Input.

3.3.16 »Kill«-Anweisung

Die Anweisung Kill löscht eine Datei ohne Rückfrage von der Festplatte.

Syntax

```
Kill Pfadname
```

Das erforderliche Argument Pfadname ist ein Zeichenfolgenausdruck, der eine oder mehrere zu löschende Dateien angibt. Pfadname kann ein Verzeichnis sowie ein Laufwerk enthalten.

Beispiel

Das Beispiel aus Listing 3.67 entfernt eine Datei aus einem bestimmten Verzeichnis.

```
Sub Kill_Beispiel()
 On Error Resume Next
 Kill "C:\Eigene Dateien\Artikel.txt"
End Sub
```

Listing 3.67 Mit der Anweisung »Kill« Dateien löschen

Verwandte Funktionen/Anweisungen

Verwandte Funktionen/Anweisungen sind: Rmdir.

3.3.17 »Line Input«-Anweisung

Mit der Anweisung Line Input lesen Sie eine einzelne Zeile aus einer geöffneten sequentiellen Datei aus.

Syntax

```
Line Input #Dateinummer, Variablenname
```

Die Syntax der Line Input #-Anweisung besteht aus folgenden Teilen:

Teil	Beschreibung
Dateinummer	Erforderlich. Eine beliebige gültige Dateinummer
Variablenname	Erforderlich. Ein gültiger Variablenname vom Typ Variant oder String

Beispiel

Das Beispiel aus Listing 3.68 liest die erste Zeile einer Textdatei und gibt sie im Direkt-fenster der Entwicklungsumgebung aus.

```
Sub LineInput_Beispiel()
 Dim sTextzeile As String

 Open "C:\Artikel.txt" For Input As #1
 Line Input #1, sTextzeile
 Debug.Print sTextzeile
 Close #1
End Sub
```

Listing 3.68 Die erste Zeile einer Textdatei auslesen

Verwandte Funktionen/Anweisungen

Verwandte Funktionen/Anweisungen sind: Input.

3.3.18   »Loc«-Funktion

Die Funktion Loc gibt einen Wert vom Typ Long zurück, der die aktuelle Schreib-/Leseposition innerhalb einer geöffneten Datei angibt.

Syntax

```
Loc(Dateinummer)
```

Das erforderliche Argument Dateinummer ist eine beliebige gültige Dateinummer vom Typ Integer.

Die folgende Aufstellung beschreibt die Rückgabewerte für die einzelnen Dateizu-griffsmodi:

Zugriffsmodus	Rückgabewert
Random	Nummer des letzten Datensatzes, der aus der Datei gelesen oder in die Datei geschrieben wurde.
Sequential	Aktuelle Byteposition in der Datei dividiert durch 128. Informationen, die von Loc für sequentielle Dateien zurückgegeben werden, werden jedoch nicht verwendet und sind auch nicht erforderlich.
Binary	Position des letzten gelesenen oder geschriebenen Bytes

Beispiel

Im Beispiel aus Listing 3.69 wird eine Textdatei in das Direktfenster der Entwicklungsumgebung eingelesen. Dabei wird die Schreib-/Leseposition mit ausgegeben.

```
Sub LOC_Beispiel()
 Dim Position1 As Integer
 Dim Zeile1 As Variant

 Open "C:\Artikel.txt" For Binary As #1
 Do While Not EOF(1)
     Line Input #1, Zeile1
     Position1 = Loc(1)
     Debug.Print Zeile1; Tab; Position1
 Loop
 Close #1
End Sub
```

Listing 3.69 Textdatei einlesen und Schreibposition festhalten

Verwandte Funktionen/Anweisungen

Verwandte Funktionen/Anweisungen sind: EOF, Seek.

3.3.19   »Lock«- und »Unlock«-Anweisung

Diese beiden Anweisungen regeln die Zugriffsmöglichkeiten anderer Prozesse auf eine Datei (oder auf Teile einer Datei), die mit der Open-Anweisung geöffnet wurde.

Syntax

```
Lock [#]Dateinummer[, Satzbereich]
Unlock [#]Dateinummer[, Satzbereich]
```

Die Syntax der Anweisungen Lock und Unlock besteht aus folgenden Teilen:

Teil	Beschreibung
Dateinummer	Erforderlich. Eine beliebige gültige Dateinummer
Satzbereich	Optional. Der Datensatzbereich, für den die Sperre eingerichtet oder aufgehoben werden soll

Die Einstellungen für das Argument Satzbereich sind:

Satznummer | [Anfang] To Ende

Einstellung	Beschreibung
Satznummer	Nummer des Datensatzes (in Dateien mit dem Modus Random) oder Bytenummer (in Dateien mit dem Modus Binary), an der das Einrichten/Aufheben der Sperre beginnt
Anfang	Nummer des ersten Datenelements (Datensatz oder Byte), für das die Sperre eingerichtet/aufgehoben werden soll
Ende	Nummer des letzten Datenelements (Datensatz oder Byte), für das die Sperre eingerichtet/aufgehoben werden soll

Tabelle 3.13 Die Einstellungen für das Argument »Satzbereich«

Verwandte Funktionen/Anweisungen

Verwandte Funktionen/Anweisungen sind: Open.

3.3.20   »LSet«-Anweisung

Die Anweisung LSet richtet eine Zeichenfolge innerhalb einer Zeichenfolgenvariablen links aus oder kopiert eine Variable eines benutzerdefinierten Datentyps in eine Variable eines anderen benutzerdefinierten Datentyps.

Syntax

```
LSet ZnFVariable = Zeichenfolge
LSet VariablenName1 = VariablenName2
```

Die Syntax der LSet-Anweisung besteht aus folgenden Teilen:

Teil	Beschreibung
ZnFVariable	Erforderlich. Name einer Zeichenfolgenvariablen
Zeichenfolge	Erforderlich. Zeichenfolgenausdruck, der innerhalb von ZnFVariable links ausgerichtet werden soll
VariablenName1	Erforderlich. Name einer Variablen des benutzerdefinierten Datentyps, die die Zielvariable für den Kopiervorgang darstellt
VariablenName2	Erforderlich. Name einer Variablen des benutzerdefinierten Datentyps, die die Quellvariable für den Kopiervorgang darstellt

Verwandte Funktionen/Anweisungen

Verwandte Funktionen/Anweisungen sind: RSet.

3.3.21 »MkDir«-Anweisung

Mit der Anwesung MkDir erstellen Sie ein neues Verzeichnis.

Syntax

```
MkDir Pfad
```

Das erforderliche Argument Pfad ist ein Zeichenfolgenausdruck, der das zu erstellende Verzeichnis angibt. Pfad kann das Laufwerk enthalten. Wenn kein Laufwerk angegeben ist, erstellt die MkDir-Anweisung ein neues Verzeichnis oder einen neuen Ordner auf Basis des aktuellen Laufwerks.

Beispiel

Das Beispiel aus Listing 3.70 legt ein neues Verzeichnis an. Für den Fall, dass dieses Verzeichnis bereits existiert, fangen Sie den Fehler über die On Error-Klausel ab.

```
Sub MkDir_Beispiel()
 On Error Resume Next
 MkDir "C:\Eigene Dateien\Versuch"
End Sub
```

Listing 3.70 Neues Verzeichnis über die Anweisung »MkDir« erstellen

Verwandte Funktionen/Anweisungen

Verwandte Funktionen/Anweisungen sind: ChDir, CurDir, RmDir.

3.3.22   »Name«-Anweisung

Über die Anweisung Name benennen Sie eine Datei um.

Syntax

```
Name AlterPfadname As NeuerPfadname
```

Die Syntax der Name-Anweisung besteht aus folgenden Teilen:

Teil	Beschreibung
AlterPfadname	Erforderlich. Zeichenfolgenausdruck, der einen existierenden Dateinamen und dessen Pfad angibt. In dem Wert kann ein Verzeichnis oder Ordner sowie ein Laufwerk enthalten sein.
NeuerPfadname	Erforderlich. Zeichenfolgenausdruck, der einen neuen Dateinamen und dessen Pfad angibt. In dem Wert kann ein Verzeichnis oder Ordner sowie ein Laufwerk enthalten sein. Die in NeuerPfadname angegebene Datei darf noch nicht existieren.

Beispiel

Das Beispiel aus Listing 3.71 benennt eine Textdatei um.

```
Sub Name_Beispiel()
 Dim strAlterName As String
 Dim strNeuername As String

 strAlterName = "C:\Artikel1.txt"
 strNeuername = "C:\ArtikelX.txt"

 Name strAlterName As strNeuername
End Sub
```

Listing 3.71 Dateien umbenennen über die Anweisung »Name«

Verwandte Funktionen/Anweisungen

Verwandte Funktionen/Anweisungen sind: Kill.

3.3.23   »Open«-Anweisung

Die Anweisung Open öffnet eine Datei für die Ein- oder Ausgabe.

Syntax

```
Open Pfadname For Modus [Access Zugriff] [Sperre]
As [#]Dateinummer [Len=Satzlänge]
```

Die Syntax der Open-Anweisung besteht aus folgenden Teilen:

Teil	Beschreibung
Pfadname	Erforderlich. Zeichenfolgenausdruck, der einen Dateinamen festlegt und auch Verzeichnis- oder Ordnernamen sowie eine Laufwerksangabe enthalten kann.
Modus	Erforderlich. Schlüsselwort, das den Zugriffsmodus für die Datei festlegt: Append, Binary, Input, Output oder Random. Wenn kein Modus festgelegt ist, wird die Datei im Zugriffsmodus Random geöffnet.
Zugriff	Optional. Schlüsselwort, das die Operationen festlegt, die auf der geöffneten Datei ausgeführt werden können: Read, Write oder Read Write.
Sperre	Optional. Schlüsselwort, das die Operationen festlegt, die von anderen Prozessen auf der geöffneten Datei ausgeführt werden können: Shared, Lock Read, Lock Write und Lock Read Write.
Dateinummer	Erforderlich. Eine gültige Dateinummer im Bereich von 1 bis 511 (einschließlich). Mit der FreeFile-Funktion erhalten Sie die nächste verfügbare Dateinummer.
Satzlänge	Optional. Zahl kleiner oder gleich 32.767 (Bytes). Bei Dateien mit wahlfreiem Zugriff ist dies die Datensatzlänge, bei sequentiellen Dateien die Anzahl der gepufferten Zeichen.

Beispiel

Das Beispiel aus Listing 3.72 schreibt alle Formelzellen aus *Tabelle12* in eine Textdatei.

```
Sub Open_Beispiel()
  Dim Zelle As Range

  Open "C:\Formeln.txt" For Output As #1
    For Each Zelle In Sheets("Tabelle12").UsedRange
    If Zelle.HasFormula Then Print #1, _
       Zelle.Address; Tab; Zelle.FormulaLocal
    Next
  Close #1
End Sub
```

Listing 3.72 Alle Formeln in einer Textdatei protokollieren

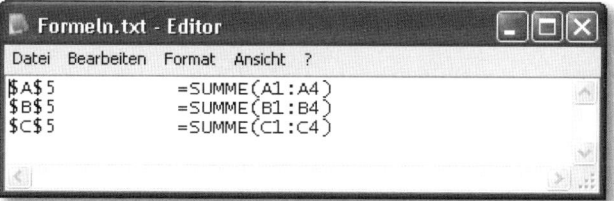

Abbildung 3.26 Formeln auslesen und in eine Textdatei schreiben

Verwandte Funktionen/Anweisungen

Verwandte Funktionen sind: Close, FreeFile.

3.3.24   »Print«-Anweisung

Die Anweisung Print schreibt Daten, die für die Ausgabe formatiert sind, in eine sequentielle Datei.

Syntax

```
Print #Dateinummer, [Ausgabeliste]
```

Die Syntax der Print -Anweisung besteht aus folgenden Teilen:

Teil	Beschreibung
Dateinummer	Erforderlich. Eine beliebige gültige Dateinummer
Ausgabeliste	Optional. Ausdruck oder Liste mit Ausdrücken, die ausgegeben werden sollen

Beispiel

Siehe Anweisung Open

Verwandte Funktionen/Anweisungen

Verwandte Funktionen/Anweisungen sind: Write, Spc, Tab.

3.3.25   »Put«-Anweisung

Die Anweisung Put schreibt Daten aus einer Variablen in eine Datenträgerdatei.

Syntax

```
Put [#]Dateinummer, [Satznummer], Variablennummer
```

Die Syntax der Put-Anweisung besteht aus folgenden Teilen:

Teil	Beschreibung
Dateinummer	Erforderlich. Eine beliebige gültige Dateinummer.
Satznummer	Optional. Wert vom Typ Variant (Long). Datensatznummer (für Dateien im Modus Random) oder Bytenummer (für Dateien im Modus Binary), bei der der Schreibvorgang beginnt
Variablenname	Erforderlich. Name der Variablen, die die auf den Datenträger zu schreibenden Daten enthält

Beispiel

Das Beispiel aus Listing 3.73 legt eine Datei an und schreibt einen Mustersatz hinein.

```
Type MeinDatensatz
    NName As String * 30
    VName As String * 30
End Type

Sub Put_Beispiel()
 Dim Datensatz As MeinDatensatz
 Dim FileNum As Integer
 Dim i As Integer

    If Dir("C:\ArtikelX.txt") <> "" Then
        Kill "C:\ArtikelX.txt"
    End If
    FileNum = FreeFile
    Open "C:\ArtikelX.txt" For _
    Random As #FileNum Len = Len(Datensatz)
        With Datensatz
            .NName = "Vorname"
            .VName = "Nachname"
        End With
        Put #FileNum, , Datensatz
    Close #FileNum
End Sub
```

Listing 3.73 Datensatz schreiben mit der Anweisung »Put«

Verwandte Funktionen/Anweisungen

Verwandte Funktionen/Anweisungen sind: Get, Open, Seek.

3.3.26   »Reset«-Anweisung

Die Anweisung Reset schließt alle Datenträgerdateien, die mit der Open-Anweisung geöffnet wurden.

Syntax

```
Reset
```

Beispiel

Das Beispiel aus Listing 3.74 legt hintereinander drei Textdateien an, erfasst die aktuelle Uhrzeit und speichert und schließt die Dateien am Ende über die Anweisung Reset.

```
Sub Reset_Beispiel()
 Dim iDateiNr As Integer

 ChDir "C:\Eigene Dateien\"
   For iDateiNr = 1 To 3
     Open "Datei" & iDateiNr & ".txt"
           For Output As #iDateiNr
     Write #iDateiNr, Now
   Next iDateiNr
   Reset
End Sub
```

Listing 3.74 Mehrere Textdateien über die Anweisung »Reset« speichern und schließen

Verwandte Funktionen/Anweisungen

Verwandte Funktionen/Anweisungen sind: Close.

3.3.27   »RmDir«-Anweisung

Über die Anweisung RmDir löschen Sie ein Verzeichnis.

Syntax

```
RmDir Pfad
```

Das erforderliche Argument Pfad ist ein Zeichenfolgenausdruck, der das zu löschende Verzeichnis oder den zu löschenden Ordner angibt. Pfad kann das Laufwerk enthalten. Wenn kein Laufwerk angegeben ist, löscht RmDir das Verzeichnis oder den Ordner auf dem aktuellen Laufwerk.

Achtung

RmDir führt zu einem Fehler, wenn Sie die Anweisung für ein Verzeichnis ausführen, das Dateien enthält. Löschen Sie zuerst alle Dateien mit der Kill-Anweisung, bevor Sie ein Verzeichnis oder einen Ordner entfernen.

Beispiel

Das Beispiel aus Listing 3.75 entfernt ein Verzeichnis.

```
Sub RmDir_Beispiel()
On Error Resume Next
 RmDir "C:\Test"
End Sub
```

Listing 3.75 Über die Anweisung »RmDir« ein Verzeichnis löschen

Verwandte Funktionen/Anweisungen

Verwandte Funktionen/Anweisungen sind: Kill, ChDir, CurDir, MkDir.

3.3.28 »Seek«-Funktion

Die Funktion Seek gibt einen Wert vom Typ Long zurück, der die aktuelle Schreib-/Leseposition in einer Datei festlegt, die mit der Open-Anweisung geöffnet wurde.

Syntax

```
Seek(Dateinummer)
```

Das erforderliche Argument Dateinummer ist ein Wert vom Typ Integer, der eine gültige Dateinummer enthält.

Beispiel

Das Beispiel aus Listing 3.76 liest eine Textdatei aus und ermittelt die entsprechenden Bytepositionen jeweils am Satzende.

```
Sub Seek_Beispiel()
 Dim zeile As String
```

```
Open "C:\Artikel2.txt" For Input As #1
Do While Not EOF(1)
    Line Input #1, zeile
    Debug.Print zeile; Tab; Seek(1)
Loop
Close #1
End Sub
```

Listing 3.76 Byteposition über die Funktion »Seek« ermitteln

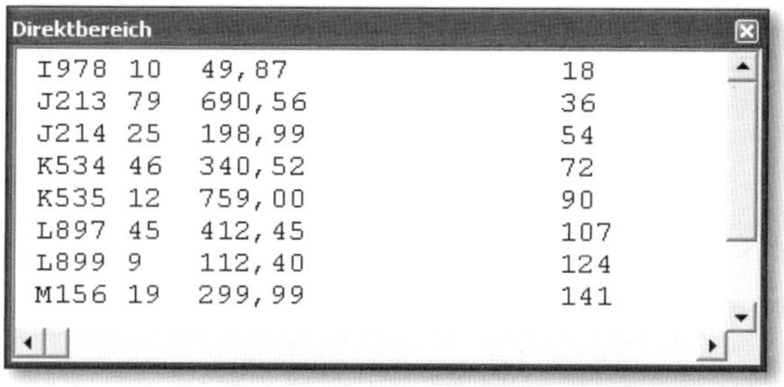

```
Direktbereich                              ⊠
  I978 10   49,87              18          ▲
  J213 79   690,56             36
  J214 25   198,99             54
  K534 46   340,52             72
  K535 12   759,00             90
  L897 45   412,45            107
  L899 9    112,40            124
  M156 19   299,99            141          ▼
◀│ │                              ▶
```

Abbildung 3.27 Inhalt und Position eines Datensatzes werden festgehalten.

Verwandte Funktionen/Anweisungen

Verwandte Funktionen/Anweisungen sind: Get, Loc, Put.

3.3.29   »SetAttr«-Anweisung

Über die SetAttr-Anweisung setzen Sie Dateiattribute.

Syntax

```
SetAttr pathname, attributes
```

Die Syntax der SetAttr-Anweisung verwendet die folgenden benannten Argumente:

Teil	Beschreibung
pathname	Erforderlich. Zeichenfolgenausdruck, der einen Dateinamen angibt. Der Dateiname kann ein Verzeichnis oder einen Ordner sowie ein Laufwerk enthalten.
attributes	Erforderlich. Konstante oder numerischer Ausdruck, die/der die Summe der Dateiattribute angibt.

Das Argument attributes hat die folgenden Einstellungen:

Konstante	Wert	Beschreibung
vbNormal	0	normal (Voreinstellung)
vbReadOnly	1	schreibgeschützt
vbHidden	2	versteckt
vbSystem	4	Systemdatei. Beim Macintosh nicht verfügbar
vbArchive	32	Datei wurde seit dem letzten Speichern geändert.

Tabelle 3.14 Die Einstellungen für das Argument »attributes«

Beispiel

Das Beispiel aus Listing 3.77 versieht die Datei *Artikel.txt* mit dem Attribut »versteckt«.

```
Sub SetAttr_Beispiel()
 SetAttr "C:\Artikel.txt", vbHidden
End Sub
```

Listing 3.77 Eine Datei über die Anweisung »SetAttr« mit einem Attribut versorgen

Verwandte Funktionen/Anweisungen

Verwandte Funktionen/Anweisungen sind: FileAttr, GetAttr.

3.3.30   »Shell«-Funktion

Mit der Funktion Shell rufen Sie ein externes Programm aus Excel heraus auf.

Syntax

```
Shell(pathname[, windowstyle])
```

Die Syntax der Shell-Funktion verwendet die folgenden benannten Argumente:

Teil	Beschreibung
pathname	Erforderlich; Wert vom Typ Variant (String). Name des auszuführenden Programms sowie alle erforderlichen Argumente oder Befehlszeilen-Optionen. Auch Verzeichnis- oder Laufwerksangaben können enthalten sein.

Teil	Beschreibung
windowstyle	Optional. Wert vom Typ Variant (Integer), der dem Stil des Fensters entspricht, in dem das Programm ausgeführt werden soll. Wenn windowstyle nicht angegeben wird, erhält das Programm den Fokus und wird im minimierten Zustand gestartet.

Die Werte des benannten Arguments windowstyle lauten:

Konstante	Wert	Beschreibung
vbHide	0	Das Fenster ist ausgeblendet, und das ausgeblendete Fenster erhält den Fokus.
vbNormalFocus	1	Das Fenster hat den Fokus, und die ursprüngliche Größe und Position wird wiederhergestellt.
vbMinimizedFocus	2	Das Fenster wird als Symbol mit Fokus angezeigt.
vbMaximizedFocus	3	Das Fenster wird maximiert mit Fokus angezeigt.
vbNormalNoFocus	4	Die zuletzt verwendete Größe und Position des Fensters werden wiederhergestellt. Das momentan aktive Fenster bleibt aktiv.
vbMinimizedNoFocus	6	Das Fenster wird als Symbol angezeigt. Das momentan aktive Fenster bleibt aktiv.

Tabelle 3.15 Die Einstellungen für das Argument »windowstyle«

Beispiel

Das Beispiel aus Listing 3.78 startet das Programm NotePad. Danach wird versucht, eine bestimmte Datei zu laden.

```
Sub Shell_Beispiel()
  Dim x As Variant

  x = Shell _
  ("C:\Windows\Notepad.exe C:\Artikel2.txt", 3)
End Sub
```

Listing 3.78 Externes Programm starten mit der Funktion »Shell«

Verwandte Funktionen/Anweisungen

Verwandte Funktionen/Anweisungen sind: AppActivate.

3.3.31 »Write«-Anweisung

Mit der Anweisung Write schreiben Sie Daten in eine sequentielle Datei.

Syntax

```
Write #Dateinummer, [Ausgabeliste]
```

Die Syntax der Write-Anweisung besteht aus folgenden Teilen:

Teil	Beschreibung
Dateinummer	Erforderlich. Eine beliebige gültige Dateinummer
Ausgabeliste	Optional. Eine oder mehrere (durch Kommas getrennte) numerische Ausdrücke oder Zeichenfolgenausdrücke, die in eine Datei geschrieben werden sollen

Beispiel

Siehe Beispiel zur Anweisung Reset

Verwandte Funktionen/Anweisungen

Verwandte Funktionen/Anweisungen sind: Print, Input.

3.4 Mathematische Funktionen

Die letzte Kategorie an Funktionen in diesem Kapitel umfasst die mathematischen Funktionen.

Um vorab einen Überblick über diese Funktionen zu bekommen, werfen Sie einen Blick auf Tabelle 3.16. Danach folgen die Erklärung der Syntax und die Demonstration anhand eines kurzen Beispiels.

Funktion	Kurzbeschreibung
Abs	Gibt den Absolutwert einer Zahl zurück. Das Vorzeichen wird dabei ignoriert.
Atn	Gibt den Arcustangens einer Zahl als Winkel im Bogenmaß zurück.
Cos	Gibt den Kosinus zu einem Winkel im Bogenmaß zurück.

Tabelle 3.16 Die Funktionen der Kategorie Mathematik

Funktion	Kurzbeschreibung
DDB	Errechnet den Abschreibungswert bei geometrisch degressiver Abschreibung.
Exp	Gibt den Wert der Exponentialfunktion zu einer Zahl zurück.
Fix	Gibt den Vorkommawert einer Zahl zurück.
FV	Errechnet den zukünftigen Wert einer Annuität bei konstanter Zahlung, festem Zins und fester Laufzeit.
Int	Gibt den ganzzahligen Wert einer Zahl mit Dezimalen zurück.
IPmt	Errechnet den Zinsanteil für eine bestimmte Periode bei Ansparung bzw. Abzahlung bei konstanten Raten und festem Zinssatz.
IRR	Gibt den internen Ertragssatz für eine Folge regelmäßiger Ein- und Auszahlungen zurück.
Log	Liefert den Logarithmus einer Zahl.
MIRR	Liefert den modifizierten internen Ertragssatz für eine Folge regelmäßiger, mit unterschiedlichen Zinssätzen ausgestatteter Ein- und Auszahlungen.
NPer	Errechnet die Anzahl der Zeiträume für eine Annuität bei konstanter Zahlung und festem Zinssatz.
NPV	Errechnet den Nettobarwert einer Investition bei regelmäßigen Ein- und Auszahlungen und festem Diskontsatz.
Pmt	Errechnet den Auszahlungswert für eine Annuität bei festen Zeiträumen, konstanten Zahlungen und festem Zinssatz.
PPmt	Errechnet den Kapitalanteil eines Zeitraums für eine Annuität bei einer festen Anzahl von Zeiträumen, konstanten Zahlungen und festem Zinssatz.
PV	Errechnet den Barwert für eine Annuität bei konstanter Zahlung, festem Zinssatz und einer festen Laufzeit.
Randomize	Initialisiert den Zufallsgenerator.
Rate	Errechnet den Zinssatz zu einer Annuität bei fester Anzahl von Zeiträumen, konstanten Zahlungen und festem Zinssatz.
Rnd	Liefert eine Zufallszahl mit Dezimalstellen zwischen 0 und 1.

Tabelle 3.16 Die Funktionen der Kategorie Mathematik (Forts.)

Funktion	Kurzbeschreibung
Round	Rundet einen Zahlenwert auf Basis einer Dezimalstelle.
Sgn	Gibt das Vorzeichen eines Wertes als Faktor (-1 oder 1) zurück.
Sin	Gibt den Sinus zu einem Winkel im Bogenmaß zurück.
SLN	Errechnet den periodischen Abschreibungswert bei linearer Abschreibung über einen bestimmten Zeitraum.
Sqr	Errechnet die Quadratwurzel einer Zahl.
SYD	Errechnet den Abschreibungswert für eine Periode nach dem Modell der Jahressummengewichtung.
Tan	Liefert den Tangens zu einem Winkel im Bogenmaß.

Tabelle 3.16 Die Funktionen der Kategorie Mathematik (Forts.)

3.4.1   »ABS«-Funktion

Die Funktion ABS gibt den Absolutwert einer Zahl zurück. Das Vorzeichen wird dabei ignoriert

Syntax

```
Abs(Zahl)
```

Das erforderliche Argument Zahl kann ein beliebiger zulässiger numerischer Ausdruck sein. Wenn Zahl den Wert Null enthält, wird Null zurückgegeben. Wenn die Variable nicht initialisiert ist, wird der Wert Null zurückgegeben.

Beispiel

Das Beispiel aus Listing 3.79 gibt den Absolutwert einiger Zahlen im Direktfenster der Entwicklungsumgebung aus.

```
Sub ABS_Beispiel()
 Debug.Print Abs(12.59)
 Debug.Print Abs(-12.59)
End Sub
```

Listing 3.79 Den Absolutwert einer Zahl über die Funktion »ABS« ermitteln

In beiden Fällen lautet das Ergebnis 12,59.

Verwandte Funktionen

Verwandte Funktionen sind: Sgn.

3.4.2 »Atn«-Funktion

Die Funktion Atn gibt den Arcustangens einer Zahl als Winkel im Bogenmaß zurück.

Syntax

```
Atn(Zahl)
```

Das erforderliche Argument Zahl ist ein Wert vom Typ Double oder ein anderer zulässiger numerischer Ausdruck.

Beispiel

Das Beispiel aus Listing 3.80 errechnet den Wert Pi.

```
Sub Atn_Beispiel()
 Dim pi As Single

 pi = 4 * Atn(1)
 MsgBox pi
End Sub
```

Listing 3.80 Die Funktion »Atn« einsetzen, um Pi zu errechnen

Verwandte Funktionen

Verwandte Funktionen sind: Cos, Sin, Tan.

3.4.3 »Cos«-Funktion

Die Funktion Cos gibt den Kosinus zu einem Winkel im Bogenmaß zurück.

Syntax

```
Cos(Zahl)
```

Das erforderliche Argument Zahl ist ein Wert vom Typ Double oder ein beliebiger zulässiger numerischer Ausdruck, der den Winkel im Bogenmaß angibt.

Beispiel

Im Beispiel aus Listing 3.81 wird der Kosinus eines Winkels errechnet.

```
Sub Cos_Beispiel()
 Dim Winkel As Single
 Dim Sekans As Single

 Winkel = 1.5
 Sekans = 1 / Cos(Winkel)
 MsgBox Sekans
End Sub
```

Listing 3.81 Über die Funktion »Cos« den Kosinus für einen Winkel errechnen

Verwandte Funktionen

Verwandte Funktionen sind: Atn, Sin, Tan.

3.4.4   »DDB«-Funktion

Die Funktion DDB errechnet den Abschreibungswert bei geometrisch degressiver Abschreibung.

Syntax

```
DDB(cost, salvage, life, period[, factor])
```

Die DDB-Funktion hat die folgenden benannten Argumente:

Teil	Beschreibung
cost	Erforderlich. Ein Wert vom Typ Double, der die Anschaffungskosten des Vermögenswertes angibt
salvage	Erforderlich. Ein Wert vom Typ Double, der den Wert des Vermögenswertes am Ende seiner Nutzungsdauer angibt
life	Erforderlich. Ein Wert vom Typ Double, der die Länge der Nutzungsdauer des Vermögenswertes angibt
period	Erforderlich. Ein Wert vom Typ Double, der den Zeitraum angibt, für den die Abschreibung des Vermögenswertes berechnet wird
factor	Optional. Ein Wert vom Typ Variant, der den Faktor angibt, um den der Wert vermindert wird. Wird der Wert nicht angegeben, so wird 2 (geometrisch degressive Methode) angenommen.

Beispiel

Im Beispiel aus Listing 3.82 wird eine Maschine nach der geometrisch degressiven Abschreibungsmethode abgeschrieben.

```
Sub DDB_Beispiel()
 Dim Wert As Currency
 Dim Endwert As Currency
 Dim Dauer As Integer
 Dim iPeriode As Integer

 Dauer = 5
 Wert = 2500
 Endwert = 1
 For iPeriode = 1 To Dauer - 1
   Debug.Print DDB(Wert, Endwert, Dauer, iPeriode)
 Next iPeriode
End Sub
```

Listing 3.82 Degressive Abschreibungen über die Funktion »DDB« abwickeln

Abbildung 3.28 Die Abschreibungsraten

Verwandte Funktionen

Verwandte Funktionen sind: FV, IPmt, IRR, MIRR, NPer, NPV, Pmt, PPmt, PV, Rate, SLN, SYG.

3.4.5   »Exp«-Funktion

Die Funktion Exp gibt den Wert der Exponentialfunktion zu einer Zahl zurück.

Syntax

```
Exp(Zahl)
```

Das erforderliche Argument Zahl ist ein Wert vom Typ Double oder ein beliebiger zulässiger numerischer Ausdruck.

Beispiel

Das Beispiel aus Listing 3.83 errechnet die Exponentialfunktion für die Zahl 1.

```
Sub Exp_Beispiel()
  Debug.Print Exp(1)
End Sub
```

Listing 3.83 Exponentialfunktion für eine Zahl über die Funktion »Exp« errechnen

Verwandte Funktionen

Verwandte Funktionen sind: Log.

3.4.6   »Fix«-Funktion

Die Funktion Fix gibt den Vorkommawert einer Zahl zurück.

Syntax

```
Fix(Zahl)
```

Das erforderliche Argument Zahl ist ein Wert vom Typ Double oder ein beliebiger zulässiger numerischer Ausdruck. Wenn Zahl den Wert Null enthält, wird Null zurückgegeben.

Beispiel

Das Beispiel aus Listing 3.84 ermittelt den ganzzahligen Wert einiger Zahlen.

```
Sub Fix_Beispiel()
 Debug.Print Fix(10.1)
 Debug.Print Fix(-10.7)
 Debug.Print Fix(-10.3)
End Sub
```

Listing 3.84 Ganzzahligen Wert ermitteln über die Funktion »Fix«

Abbildung 3.29 Das Ergebnis im Direktfenster

Verwandte Funktionen

Verwandte Funktionen sind: Int, Round.

3.4.7   »FV«-Funktion

Die Funktion FV errechnet den zukünftigen Wert einer Annuität bei konstanter Zahlung, festem Zins und fester Laufzeit.

Syntax

```
FV(rate, nper, pmt[, pv[, type]])
```

Die FV-Funktion hat die folgenden benannten Argumente:

Teil	Beschreibung
rate	Erforderlich. Ein Wert vom Typ Double, der den Zinssatz pro Zeitraum angibt. Wenn Sie beispielsweise einen Kredit mit einem Jahreszins von 10 Prozent aufnehmen und monatliche Zahlungen vereinbart haben, beträgt der Zinssatz pro Zeitraum 0,1 dividiert durch 12 oder 0,0083.
nper	Erforderlich. Ein Wert vom Typ Integer, der die Gesamtanzahl der Zahlungszeiträume für die Annuität angibt. Wenn Sie beispielsweise monatliche Zahlungen für einen Autokredit mit 4 Jahren Laufzeit vereinbart haben, beträgt die Summe der Zahlungszeiträume für Ihren Kredit 4 × 12 (oder 48).
pmt	Erforderlich. Ein Wert vom Typ Double, der die Zahlung pro Zeitraum angibt. Die Zahlungen enthalten gewöhnlich Kapital und Zinsen und ändern sich während der Laufzeit einer Annuität nicht.
pv	Optional. Ein Wert vom Typ Variant, der den Barwert (oder Gesamtbetrag) einer Folge zukünftiger Zahlungen zum jetzigen Zeitpunkt angibt. Wenn Sie beispielsweise Geld aufnehmen, stellt die Kredithöhe für den Kreditgeber den Barwert der von Ihnen zu leistenden monatlichen Zahlungen dar. Wird der Barwert nicht angegeben, so wird 0 angenommen.
type	Optional. Ein Wert vom Typ Variant, der angibt, wann Zahlungen fällig sind. Bei 0 sind die Zahlungen am Ende des Zahlungszeitraums fällig, bei 1 zu Beginn des Zahlungszeitraums. Wird der Wert nicht angegeben, so wird 0 angenommen.

Beispiel

Beim Beispiel wird errechnet, wie sich ein angelegtes Kapital von 10.000 Euro über einen Zeitraum von 12 Jahren bei einem festen Zinssatz von 4,5 % im Jahr bei einer monatlichen Einzahlung von 100 Euro entwickelt.

```
Sub FV_Beispiel()
 Dim Wert As Currency
 Dim Dauer As Integer
 Dim Rate As Currency
 Dim Zins As Single

 Wert = 10000
 Dauer = 12 * 12
 Rate = 100
 Zins = 0.04 / 12

 Debug.Print FV(Zins, Rate, Dauer, Wert)
End Sub
```

Listing 3.85 Den zukünftigen Wert einer Annuität über die Funktion »FV« errechnen

Verwandte Funktionen

Verwandte Funktionen sind: DDB, IPmt, IRR, MIRR, NPer, NPV, Pmt, PPmt, PV, Rate, SLN, SYG.

3.4.8 »Int«-Funktion

Die Funktion Int gibt den Vorkommawert einer Zahl zurück.

Syntax

```
Int(Zahl)
```

Das erforderliche Argument Zahl ist ein Wert vom Typ Double oder ein beliebiger zulässiger numerischer Ausdruck. Wenn Zahl den Wert Null enthält, wird Null zurückgegeben.

Beispiel

Das Beispiel aus Listing 3.86 ermittelt den ganzzahligen Wert einiger Zahlen.

```
Sub Int_Beispiel()
 Debug.Print Int(10.1)
 Debug.Print Int(-10.7)
 Debug.Print Int(-10.3)
End Sub
```

Listing 3.86 Den ganzzahligen Wert einer Dezimalzahl über die Funktion »Int« ermitteln

Abbildung 3.30 Vergleichen Sie das Ergebnis mit Abbildung 3.29.

Hinweis

Der Unterschied zwischen `Int` und `Fix` besteht darin, dass `Int` bei einem negativen Wert von `Zahl` die erste negative ganze Zahl zurückgibt, die kleiner oder gleich `Zahl` ist, während `Fix` die erste negative ganze Zahl zurückgibt, die größer oder gleich `Zahl` ist.

Verwandte Funktionen

Verwandte Funktionen sind: `Fix`, `Round`.

3.4.9 »IPmt«-Funktion

Die Funktion `IPmt` errechnet den Zinsanteil für eine bestimmte Periode bei Ansparung bzw. Abzahlung bei konstanten Raten und festem Zinssatz.

Syntax

```
IPmt(rate, per, nper, pv[, fv[, type]])
```

Die `IPmt`-Funktion hat die folgenden benannten Argumente:

Teil	Beschreibung
rate	Erforderlich. Ein Wert vom Typ Double, der den Zinssatz pro Zeitraum angibt
per	Erforderlich. Ein Wert vom Typ Double, der den Zahlungszeitraum im Bereich von 1 bis nper angibt
nper	Erforderlich. Ein Wert vom Typ Double, der die Gesamtanzahl der Zahlungszeiträume für die Annuität angibt
pv	Erforderlich. Ein Wert vom Typ Double, der den Barwert oder heutigen Wert einer Folge zukünftiger Aus- oder Einzahlungen angibt
fv	Optional. Ein Wert vom Typ Variant, der den Endwert oder Kontostand angibt, der nach der letzten Zahlung erreicht sein soll. Der Endwert eines Kredits ist zum Beispiel 0 Euro, da dies die Kredithöhe nach der letzten Zahlung ist.

Teil	Beschreibung
type	Optional. Ein Wert vom Typ Variant, der angibt, wann Zahlungen fällig sind. Bei 0 sind die Zahlungen am Ende eines Zahlungszeitraums fällig, bei 1 zu Beginn des Zahlungszeitraums. Wird der Wert nicht angegeben, so wird 0 angenommen.

Verwandte Funktionen

Verwandte Funktionen sind: DDB, FV, IRR, MIRR, NPer, NPV, Pmt, PV, Rate, SLN, SYG.

3.4.10 »IRR«-Funktion

Die Funktion IRR gibt den internen Ertragssatz für eine Folge regelmäßiger Ein- und Auszahlungen zurück.

Syntax

```
IRR(values()[, guess])
```

Die IRR-Funktion hat die folgenden benannten Argumente:

Teil	Beschreibung
values()	Erforderlich. Ein Datenfeld mit Werten des Typs Double, der Cashflow-Werte angibt. Dieses Datenfeld muss mindestens einen negativen Wert (Zahlungsausgang) und einen positiven Wert (Zahlungseingang) enthalten.
guess	Optional. Ein Wert vom Typ Variant, der einen von Ihnen geschätzten Wert enthält, der von IRR zurückgegeben wird. Wird der Wert nicht angegeben, so ist guess gleich 0.1 (10 Prozent).

Beispiel

Das Beispiel aus Listing 3.87 ermittelt den internen Zinsfuß anhand drei vorliegender Cashflow.

```
Sub IRR_Beispiel()
 Dim Schätz as Double
 Dim IntZins as double
 Static Werte(3) As Double

 Schätz = 0.1
 Werte(0) = -10000
```

```
Werte(1) = 12000: Werte(2) = 18000

IntZins = IRR(Werte(), Schätz) * 100
MsgBox "Zinsfuß für die Cash Flow beträgt " & _
Format(IntZins, "0,00 %")
End Sub
```

Listing 3.87 Den internen Zinsfuß über die Funktion »IRR« ausrechnen

Verwandte Funktionen

Verwandte Funktionen sind: DDB, FV, IPmt, IRR, MIRR, NPer, NPV, Pmt, PV, Rate, SLN, SYG.

3.4.11 »Log«-Funktion

Die Funktion Log liefert den Logarithmus einer Zahl.

Syntax

```
Log(Zahl)
```

Das erforderliche Argument Zahl ist ein Wert vom Typ Double oder ein beliebiger zulässiger numerischer Ausdruck mit einem Wert größer als 0.

Verwandte Funktionen

Verwandte Funktionen sind: Exp.

3.4.12 »MIRR«-Funktion

Die Funktion MIRR liefert den modifizierten internen Ertragssatz für eine Folge regelmäßiger, mit unterschiedlichen Zinssätzen ausgestatteter Ein- und Auszahlungen.

Syntax

```
MIRR(values(), finance_rate, reinvest_rate)
```

Die MIRR-Funktion hat die folgenden benannten Argumente:

Teil	Beschreibung
values()	Erforderlich. Ein Datenfeld mit Werten des Typs Double, die Cashflow-Werte angeben. Das Datenfeld muss mindestens einen negativen Wert (Zahlungsausgang) und einen positiven Wert (Zahlungseingang) enthalten.

Teil	Beschreibung
finance_rate	Erforderlich. Ein Wert vom Typ Double, der den Zinssatz enthält, der bei der Finanzierung einer Anlage bezahlt werden muss
reinvest_rate	Erforderlich. Ein Wert vom Typ Double, der den Zinssatz angibt, der bei erneuter Anlage von Kapital erzielt werden kann

Beispiel

Im Beispiel aus Listing 3.88 wird der modifizierte interne Zinsfuß bei einer Folge von Cashflow ausgerechnet, die im Datenfeld Werte() gespeichert sind. KreditZins stellt den Finanzierungszinssatz dar, und InvZins stellt den Zinssatz dar, der bei erneuter Investition erzielt werden kann.

```
Sub MIRR_Beispiel()
 Dim KreditZins As Double
 Dim InvZins As Double
 Dim IntZins As Double
 Static Werte(5) As Double

 KreditZins = 0.1
 InvZins = 0.1
 Werte(0) = -50000
 Werte(1) = 12000: Werte(2) = 18000
 Werte(3) = 23000: Werte(4) = 29000
 IntZins = MIRR(Werte(), KreditZins, InvZins)
 MsgBox _
 "Der modifizierte interne Zinsfuß lautet: " & _
 Format(Abs(IntZins) * 100, "0,00%")
End Sub
```

Listing 3.88 Den modifizierten internen Ertragssatz über die Funktion »MIRR« errechnen

Verwandte Funktionen

Verwandte Funktionen sind: DDB, FV, IPmt, IRR, NPer, NPV, Pmt, PPmt, PV, Rate, SLN, SYG.

3.4.13 »NPer«-Funktion

Die Funktion NPer errechnet die Anzahl der Zeiträume für eine Annuität bei konstanter Zahlung und festem Zinssatz.

Syntax

```
NPer(rate, pmt, pv[, fv[, type]])
```

Die NPer-Funktion hat folgende benannte Argumente:

Teil	Beschreibung
rate	Erforderlich. Ein Wert vom Typ Double, der den Zinssatz pro Zeitraum angibt
pmt	Erforderlich. Ein Wert vom Typ Double, der die Zahlung pro Zeitraum angibt. Die Zahlungen enthalten gewöhnlich Kapital und Zinsen und ändern sich während der Laufzeit einer Annuität nicht.
pv	Erforderlich. Ein Wert vom Typ Double, der den Barwert oder heutigen Wert einer Folge zukünftiger Aus- oder Einzahlungen angibt.
fv	Optional. Ein Wert vom Typ Variant, der den Endwert oder Kontostand angibt, der nach der letzten Zahlung erreicht sein soll.
type	Optional. Ein Wert vom Typ Variant, der angibt, wann Zahlungen fällig sind. Bei 0 sind die Zahlungen am Ende eines Zahlungszeitraums fällig, bei 1 zu Beginn des Zahlungszeitraums. Wird der Wert nicht angegeben, so wird 0 angenommen.

Beispiel

Beim Beispiel aus Listing 3.89 soll ein Kredit von 25.000 Euro aufgenommen werden. Bekannt sind die Kredithöhe, der dafür zu zahlende Zinssatz (5 %) und die monatlichen Zahlungen (250 Euro), um den Kredit abzuzahlen. In wie vielen Monaten ist der Kredit zurückgezahlt?

```
Sub NPer_Beispiel()
 Dim EndWert As Currency
 Dim AnfangWert As Currency
 Dim Zins As Single
 Dim Zahlung As Currency
 Dim ZahlTyp As Integer
 Dim Monat As Integer

 EndWert = 0
 AnfangWert = 25000
 Zins = 5
 Zins = Zins / 100
 Zahlung = 250
 ZahlTyp = 0

 Monat = NPer(Zins / 12, -Zahlung, AnfangWert, _
 EndWert, ZahlTyp)
```

```
MsgBox "Ihr Kredit ist nach " & Monat & _
        "Monaten abgezahlt."
End Sub
```

Listing 3.89 Die Laufzeit eines Kredits über die Funktion »NPer« ermitteln

Verwandte Funktionen

Verwandte Funktionen sind: DDB, FV, IPmt, IRR, MIRR, NPV, Pmt, PPmt, PV, Rate, SLN, SYG.

3.4.14   »NPV«-Funktion

Die Funktion NPV errechnet den Nettobarwert einer Investition bei regelmäßigen Ein- und Auszahlungen und festem Diskontsatz.

Syntax

```
NPV(rate, values())
```

Die NPV-Funktion hat folgende benannte Argumente:

Teil	Beschreibung
rate	Erforderlich. Ein Wert vom Typ Double, der den Diskontsatz bezogen auf die Länge des Zeitraums (ausgedrückt als Dezimalzahl) enthält
values()	Erforderlich. Ein Datenfeld mit Werten des Typs Double, die Cashflow-Werte enthalten. Das Datenfeld muss mindestens einen negativen Wert (Auszahlung) und einen positiven Wert (Einzahlung) enthalten.

Beispiel

Das Beispiel aus Listing 3.90 ermittelt den Nettobarwert einer Folge von Cashflow. Die Werte liegen im Datenfeld Werte() vor. Die Variable IntZins ist ein fester interner Zinsfuß.

```
Sub NPV_Beispiel()
 Dim IntZins As Single
 Dim NB As Single
 Static Werte(5) As Double

 IntZins = 0.05
 Werte(0) = -50000
 Werte(1) = 12000: Werte(2) = 18000
 Werte(3) = 23000: Werte(4) = 29000
```

```
NB = NPV(IntZins, Werte())

MsgBox "Der NettoBarwert lautet " & _
Format(NB, "#,##0,00")
End Sub
```

Listing 3.90 Den Nettobarwert über die Funktion »NPV« ermitteln

Verwandte Funktionen

Verwandte Funktionen sind: DDB, FV, IPmt, IRR, MIRR, NPer, Pmt, PPmt, PV, Rate, SLN, SYG.

3.4.15   »Pmt«-Funktion

Die Funktion Pmt errechnet den Auszahlungswert für eine Annuität bei festen Zeit-räumen, konstanten Zahlungen und festem Zinssatz.

Syntax

```
Pmt(rate, nper, pv[, fv[, type]])
```

Die Pmt-Funktion hat die folgenden benannten Argumente:

Teil	Beschreibung
rate	Erforderlich. Ein Wert vom Typ Double, der den Zinssatz pro Zeitraum angibt
nper	Erforderlich. Ein Wert vom Typ Integer, der die Gesamtanzahl der Zahlungs-zeiträume für die Annuität angibt
pv	Erforderlich. Ein Wert vom Typ Double, der den Barwert oder heutigen Wert einer Folge zukünftiger Aus- oder Einzahlungen angibt.
fv	Optional. Ein Wert vom Typ Variant, der den Endwert oder Kontostand angibt, der nach der letzten Zahlung erreicht sein soll
type	Optional. Ein Wert vom Typ Variant, der angibt, wann Zahlungen fällig sind. Bei 0 sind die Zahlungen am Ende eines Zahlungszeitraums fällig, bei 1 zu Beginn des Zahlungszeitraums. Wird der Wert nicht angegeben, so wird 0 angenommen.

Beispiel

Im Beispiel aus Listing 3.91 wird ein Kredit von 25.000 Euro zu einem Zinssatz von 5 % aufgenommen. Die Laufzeit ist mit 36 Monaten vorgegeben. Wie hoch ist der monatlich zu zahlende Betrag?

```
Sub Pmt_Beispiel()
 Dim EndWert As Currency
 Dim anfangWert As Currency
 Dim ZINS As Single
 Dim Monat As Integer
 Dim ZahlTyp As Integer
 Dim Zahlung As Currency

 EndWert = 0
 anfangWert = 25000
 ZINS = 5 / 100
 Monat = 36
 ZahlTyp = 0
 Zahlung = Pmt(ZINS / 12, Monat, -anfangWert, _
         EndWert, ZahlTyp)
 MsgBox "Sie zahlen " & Format(Zahlung, _
        "#,##0.00") & " im Monat."
End Sub
```

Listing 3.91 Über die Funktion »Pmt« die Monatsrate für einen Kredit errechnen

Verwandte Funktionen

Verwandte Funktionen sind: DDB, FV, IPmt, IRR, MIRR, NPer, NPV, PPmt, PV, Rate, SLN, SYG.

3.4.16   »PPmt«-Funktion

Die Funktion PPmt errechnet den Kapitalanteil eines Zeitraums für eine Annuität bei einer festen Anzahl von Zeiträumen, konstanten Zahlungen und festem Zinssatz.

Syntax

```
PPmt(rate, per, nper, pv[, fv[, type]])
```

Die PPmt-Funktion hat folgende benannte Argumente:

Teil	Beschreibung
rate	Erforderlich. Ein Wert vom Typ Double, der den Zinssatz pro Zeitraum angibt
per	Erforderlich. Ein Wert vom Typ Integer, der den Zahlungszeitraum im Bereich von 1 bis nper angibt
nper	Erforderlich. Ein Wert vom Typ Integer, der die Gesamtanzahl der Zahlungszeiträume für die Annuität angibt

Teil	Beschreibung
pv	Erforderlich. Ein Wert vom Typ Double, der den Barwert oder heutigen Wert einer Folge zukünftiger Aus- oder Einzahlungen angibt
fv	Optional. Ein Wert vom Typ Variant, der den Endwert oder Kontostand angibt, der nach der letzten Zahlung erreicht sein soll
type	Optional. Ein Wert vom Typ Variant, der angibt, wann Zahlungen fällig sind. Bei 0 sind die Zahlungen am Ende eines Zahlungszeitraums fällig, bei 1 zu Beginn des Zahlungszeitraums. Wird der Wert nicht angegeben, so wird 0 angenommen.

Verwandte Funktionen

Verwandte Funktionen sind: DDB, FV, IPmt, IRR, MIRR, NPer, NPV, Pmt, PV, Rate, SLN, SYG.

3.4.17   »PV«-Funktion

Die Funktion PV errechnet den Barwert für eine Annuität bei konstanter Zahlung, festem Zinssatz und einer festen Laufzeit.

Syntax

```
PV(rate, nper, pmt[, fv[, type]])
```

Die PV-Funktion hat folgende benannte Argumente:

Teil	Beschreibung
rate	Erforderlich. Ein Wert vom Typ Double, der den Zinssatz pro Zeitraum angibt
nper	Erforderlich. Ein Wert vom Typ Integer, der die Gesamtanzahl der Zahlungs- zeiträume für die Annuität angibt
pmt	Erforderlich. Ein Wert vom Typ Double, der die Zahlung pro Zeitraum angibt. Die Zahlungen enthalten gewöhnlich Kapital und Zinsen und ändern sich während der Laufzeit einer Annuität nicht.
fv	Optional. Ein Wert vom Typ Variant, der den Endwert oder Kontostand angibt, der nach der letzten Zahlung erreicht sein soll
type	Optional. Ein Wert vom Typ Variant, der angibt, wann Zahlungen fällig sind. Bei 0 sind die Zahlungen am Ende eines Zahlungszeitraums fällig, bei 1 zu Beginn des Zahlungszeitraums. Wird der Wert nicht angegeben, so wird 0 angenommen.

Beispiel

Beim Beispiel aus Listing 3.92 soll am Ende einer Laufzeit ein Betrag von 850.000 Euro verfügbar sein. Dazu kann jedes Jahr über einen bestimmten Zeitraum hinweg (10 Jahre) ein bestimmter Betrag, nämlich 65.000 Euro, eingezahlt und verzinst werden. Wie hoch muss der Ausgangswert sein, um das Ziel zu erreichen?

```
Sub Pv_Beispiel()
 Dim ZINS As Single
 Dim ZahlungJahr As Integer
 Dim EinkommenJahr As Currency
 Dim EndWert As Currency
 Dim AnfangWert As Currency
 Dim Zahltyp As Integer

 ZINS = 0.045
 ZahlungJahr = 10
 EinkommenJahr = 65000
 EndWert = 850000

 Zahltyp = 0
 AnfangWert = PV(ZINS, ZahlungJahr, -EinkommenJahr,_
           EndWert, Zahltyp)
 MsgBox "Der Startwert lautet " & _
 Format(AnfangWert, "#,##0.00")
End Sub
```

Listing 3.92 Über die Funktion »PV« den Barwert für eine Annuität ausrechnen

Verwandte Funktionen

Verwandte Funktionen sind: DDB, FV, IPmt, IRR, MIRR, NPer, NPV, Pmt, PPmt, Rate, SLN, SYG.

3.4.18   »Randomize«-Funktion

Die Anweisung Randomize initialisiert den Zufallsgenerator.

Randomize [Zahl]

Das optionale Argument Zahl ist ein Wert vom Typ Variant oder ein beliebiger zulässiger numerischer Ausdruck.

Beispiel

Siehe Funktion Rnd

3.4.19 »Rate«-Funktion

Die Funktion Rate errechnet den Zinssatz zu einer Annuität bei fester Anzahl von Zeiträumen, konstanten Zahlungen und festem Zinssatz.

Syntax

```
Rate(nper, pmt, pv[, fv[, type[, guess]]])
```

Die Rate-Funktion hat folgende benannte Argumente:

Teil	Beschreibung
nper	Erforderlich. Ein Wert vom Typ Double, der die Gesamtanzahl der Zahlungszeiträume für die Annuität angibt
pmt	Erforderlich. Ein Wert vom Typ Double, der die Zahlung pro Zeitraum angibt. Die Zahlungen enthalten gewöhnlich Kapital und Zinsen und ändern sich während der Laufzeit einer Annuität nicht.
pv	Erforderlich. Ein Wert vom Typ Double, der den Barwert oder heutigen Wert einer Folge zukünftiger Aus- oder Einzahlungen angibt
fv	Optional. Ein Wert vom Typ Variant, der den Endwert oder Kontostand angibt, der nach der letzten Zahlung erreicht sein soll
type	Optional. Ein Wert vom Typ Variant, der angibt, wann Zahlungen fällig sind. Bei 0 sind die Zahlungen am Ende eines Zahlungszeitraums fällig, bei 1 zu Beginn des Zahlungszeitraums. Wird der Wert nicht angegeben, so wird 0 angenommen.
guess	Optional. Ein Wert vom Typ Variant, der einen von Ihnen geschätzten Wert enthält, der von Rate zurückgegeben wird. Wird der Wert nicht angegeben, so ist guess gleich 0.1 (10 Prozent).

Beispiel

Im Beispiel aus Listing 3.93 wird ein Kredit von 150.000 Euro aufgenommen. Der Kredit soll nach 12 Jahren zurückbezahlt sein. Monatlich werden jeweils 650 Euro abbezahlt. Wie hoch ist der Zinssatz?

```
Sub Rate_Beispiel()
 Dim EndWert As Currency
 Dim Anfangwert As Currency
 Dim Betrag As Currency
 Dim Monate As Integer
 Dim ZahlTyp As Integer
```

```
Dim ZINS As Single

EndWert = 0
Anfangwert = 150000
Betrag = 650
Monate = 12 * 12
ZahlTyp = 0
ZINS = (Rate(Monate, -Betrag, Anfangwert, EndWert, _
        ZahlTyp) * 12) * 100
MsgBox "Ihr Zinssatz beträgt " & _
        Format(ZINS, "#,#0.00")
End Sub
```

Listing 3.93 Den Zinssatz für einen Kredit über die Funktion »Rate« ausrechnen

Verwandte Funktionen

Verwandte Funktionen sind: DDB, FV, IPmt, IRR, MIRR, NPer, NPV, Pmt, PPmt, PV, SLN, SYG.

3.4.20   »Rnd«-Funktion

Die Funktion Rnd liefert eine Zufallszahl mit Dezimalstellen zwischen 0 und 1.

Syntax

```
Rnd[(Zahl)]
```

Das optionale Argument Zahl ist ein Wert vom Typ Single oder ein beliebiger zulässiger numerischer Ausdruck.

Beispiel

Beim Beispiel aus Listing 3.94 werden mit Hilfe der Funktion Rnd Zufallsbuchstaben gebildet.

```
Sub Rnd_Beispiel()
 Dim i As Integer

 Randomize
 For i = 1 To 10
  Debug.Print (Chr(Int((122 - 97 + 1) * Rnd + 97)))
 Next i
End Sub
```

Listing 3.94 Erzeugen von Zufallsbuchstaben über die Funktionen »Rnd« und »Chr«

Abbildung 3.31 Buchstaben über den Zufallsgenerator erzeugen

3.4.21   »Round«-Funktion

Mit der Funktion Round runden Sie einen Zahlenwert auf Basis einer angegebenen Dezimalstelle.

Syntax

```
Round(Ausdruck[, AnzahlAnDezimalpunkten])
```

Die Syntax der Round-Funktion besteht aus folgenden Teilen:

Teil	Beschreibung
Ausdruck	Erforderlich. Numerischer Ausdruck, der gerundet wird
AnzahlAnDezimalpunkten	Optional. Zahl, die angibt, wie viele Stellen rechts vom Dezimalpunkt beim Runden berücksichtigt werden. Wird dieser Wert ausgelassen, gibt die Round-Funktion Ganzzahlen zurück.

Beispiel

Das Beispiel aus Listing 3.95 rundet einige Zahlen auf verschiedene Weisen.

```
Sub Round_Beispiel()
 Debug.Print Application.Round(12.456, 0)
 Debug.Print Application.Round(12.456, 1)
 Debug.Print Application.Round(12.456, 2)
 Debug.Print Application.Round(12.456, 3)
End Sub
```

Listing 3.95 Zahlen runden über die Funktion »Round«

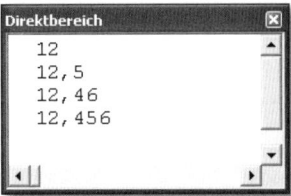

Abbildung 3.32 Die Ergebnisse des Rundens

Verwandte Funktionen

Verwandte Funktionen sind: Int, Fix.

3.4.22   »Sgn«-Funktion

Die Funktion Sgn gibt das Vorzeichen eines Wertes als Faktor (-1 oder 1) zurück.

Syntax

```
Sgn(Zahl)
```

Das erforderliche Argument Zahl kann ein beliebiger numerischer Ausdruck sein.

Wert von »Zahl«	Rückgabewert von »Sgn«
größer als null	1
gleich null	0
kleiner als null	-1

Beispiel

Das Beispiel aus Listing 3.96 wertet einige Zahlen dem Vorzeichen nach aus.

```
Sub Sgn_Beispiel()
  Debug.Print Sgn(-120)
  Debug.Print Sgn(120)
  Debug.Print Sgn(0)
End Sub
```

Listing 3.96 Über die Funktion »Sgn« die Vorzeichen einer Zahl ermitteln

Verwandte Funktionen

Verwandte Funktionen sind: ABS, Left.

3.4.23 »Sin«-Funktion

Die Funktion Sin gibt den Sinus zu einem Winkel im Bogenmaß zurück.

Syntax

```
Sin(Zahl)
```

Das erforderliche Argument Zahl ist ein Wert vom Typ Double oder ein beliebiger zulässiger numerischer Ausdruck, der einen Winkel im Bogenmaß ausdrückt.

Beispiel

Siehe Beispiel Cos

Verwandte Funktionen

Verwandte Funktionen sind: Cos, Tan, Atn.

3.4.24 »SLN«-Funktion

Die Funktion SLN errechnet den periodischen Abschreibungswert bei linearer Abschreibung über einen bestimmten Zeitraum.

Syntax

```
SLN(cost, salvage, life)
```

Die SLN-Funktion hat folgende benannte Argumente:

Teil	Beschreibung
cost	Erforderlich. Ein Wert vom Typ Double, der die Anschaffungskosten des Vermögenswertes angibt
salvage	Erforderlich. Ein Wert vom Typ Double, der den Vermögenswert am Ende seiner Nutzungsdauer angibt
life	Erforderlich. Ein Wert vom Typ Double, der die Länge der Nutzungsdauer des Vermögenswertes angibt

Beispiel

Im Beispiel aus Listing 3.97 wird eine Maschine nach der linearer Abschreibungsmethode abgeschrieben.

```
Sub SLN_Beispiel()
 Dim Wert As Currency
 Dim Endwert As Currency
 Dim Dauer As Integer
 Dim i As Integer

 Dauer = 5
 Wert = 2500
 Endwert = 0

 For i = 1 To Dauer - 1
  Debug.Print SLN(Wert, Endwert, Dauer)
 Next i
End Sub
```

Listing 3.97 Lineare Abschreibung über die Funktion »SLN« durchführen

Verwandte Funktionen

Verwandte Funktionen sind: DDB, FV, IPmt, IRR, MIRR, NPer, NPV, Pmt, PPmt, PV, Rate, SYG.

3.4.25   »Sqr«-Funktion

Die Funktion Sqr errechnet die Quadratwurzel einer Zahl.

Syntax

```
Sqr(Zahl)
```

Das erforderliche Argument Zahl ist ein Wert vom Typ Double oder ein beliebiger zulässiger numerischer Ausdruck, der größer oder gleich null ist.

Beispiel

Im Beispiel aus Listing 3.98 wird die Wurzel aus ein paar Zahlenwerten gezogen.

```
Sub Sqr_Beispiel()
 Debug.Print Sqr(16)
 Debug.Print Sqr(64)
 Debug.Print Sqr(120)
End Sub
```

Listing 3.98 Wurzelziehen über die Funktion »Sqr«

Abbildung 3.33 Die Ergebnisse der Wurzelbehandlung

3.4.26   »SYD«-Funktion

Die Funktion SYD errechnet den Abschreibungswert für eine Periode nach dem Modell der Jahressummengewichtung.

Syntax

```
SYD(cost, salvage, life, period)
```

Die SYD-Funktion hat folgende benannte Argumente:

Teil	Beschreibung
cost	Erforderlich. Ein Wert vom Typ Double, der die Anschaffungskosten des Vermögenswertes angibt
salvage	Erforderlich. Ein Wert vom Typ Double, der den Vermögenswert am Ende seiner Nutzungsdauer angibt
life	Erforderlich. Ein Wert vom Typ Double, der die Länge der Nutzungsdauer des Vermögenswertes angibt
period	Erforderlich. Ein Wert vom Typ Double, der den Zeitraum angibt, für den die Abschreibung des Vermögenswertes berechnet wird

Verwandte Funktionen

Verwandte Funktionen sind: DDB, FV, IPmt, IRR, MIRR, NPer, NPV, Pmt, PPmt, PV, Rate, SLN.

3.4.27   »Tan«-Funktion

Die Funktion Tan liefert den Tangens zu einem Winkel im Bogenmaß.

Syntax

```
Tan(Zahl)
```

Das erforderliche Argument Zahl ist ein Wert vom Typ Double oder ein beliebiger zulässiger numerischer Ausdruck, der einen Winkel im Bogenmaß ausdrückt.

Beispiel

Siehe Beispiel Cos

Verwandte Funktionen

Verwandte Funktionen sind: Atn, Cos, Sin.

Kapitel 4

Excel-Funktionen

*Vielen Dinge müssen Sie in Excel nicht mehr programmieren,
da es bereits fertige Excel-Funktionen gibt, die Sie bequem auch
in Makros nutzen können.*

In Excel gibt es zahlreiche Funktionen, die Sie in Zellen einsetzen können, um bestimmte Aufgaben durchzuführen. Über einen Funktions-Assistenten können Sie diese Tabellenfunktionen elegant und schnell einfügen. Alle diese Funktionen können Sie auch direkt in VBA einsetzen. Eine wertvolle Hilfe, um die zur Verfügung stehenden Funktionen abzurufen, liefert die Datei *VBAListe.xlsx*, die standardmäßig mit dem Office-Paket ausgeliefert wird. Über die Suchen-Funktion unter Windows können Sie diese Datei auf Ihrer Festplatte aufspüren. Je nach Betriebssystem liegt diese Datei in einem anderen Verzeichnis.

	A	B	C	D	E
1	Tabellenfunktionen				
3	**Deutsch**	**Englisch**			
4	ABRUNDEN	ROUNDDOWN			
5	ABS	ABS			
6	ACHSENABSCHNITT	INTERCEPT			
7	ADRESSE	ADDRESS			
8	ANZAHL	COUNT			
9	ANZAHL2	COUNTA			
10	ANZAHLLEEREZELLEN	COUNTBLANK			
11	ARCCOS	ACOS			
12	ARCCOSHYP	ACOSH			
13	ARCSIN	ASIN			
14	ARCSINHYP	ASINH			
15	ARCTAN	ATAN			
16	ARCTAN2	ATAN2			
17	ARCTANHYP	ATANH			
18	AUFRUFEN	CALL			
19	AUFRUNDEN	ROUNDUP			
20	BEREICH.VERSCHIEBEN	OFFSET			
21	BEREICHE	AREAS			
22	BESTIMMTHEITSMASS	RSQ			

VBA Schlüsselwörter \ Tabellenfunktio |

Abbildung 4.1 Eine Gegenüberstellung von deutschen und englischen Funktionen

In dieser Aufstellung sehen Sie, wie die deutschen Tabellenfunktionen im Englischen heißen (siehe Abbildung 4.1). Damit haben Sie auch den Schlüssel zu den englischen VBA-Funktionen, die sich mehr oder weniger direkt aus der Tabelle ablesen lassen.

Wir werden jetzt die wichtigsten Tabellenfunktionen vorstellen, die Sie über das Objekt `WorksheetFunction` aufrufen können. Zu fast jeder Funktion zeigen wir Ihnen zusätzlich ein Beispiel.

4.1   »Average«-Funktion

Mit der Funktion `Average` ermitteln Sie den Durchschnitt von Zahlen. Die dazugehörige deutsche Tabellenfunktion heißt MITTELWERT.

Syntax

```
Average(Arg1, Arg2..Arg30)
```

Bei den Argumenten `Arg1`, `Arg2` können Sie bis zu 30 Zahlen angeben, aus denen der Mittelwert errechnet werden soll. Anstatt einzelner Zahlen können Sie selbstverständlich auch einen ganzen Bereich übergeben.

Beispiel

Das Beispiel aus Listing 4.1 errechnet den Mittelwert aus dem Zellenbereich A1:A10 in *Tabelle1*.

```
Sub Average_Beispiel()
 Dim Bereich As Range

 Set Bereich = Sheets("Tabelle1").Range("A1:A10")
 MsgBox _
 Application.WorksheetFunction.Average(Bereich)
End Sub
```

Listing 4.1 Den Mittelwert über die Funktion »Average« ermitteln

Verwandte Funktionen

Verwandte Funktionen sind: `Min`, `Max`.

4.2   »Ceiling«-Funktion

Die Funktion `Ceiling` (deutsch OBERGRENZE) rundet eine Zahl betragsmäßig auf das kleinste Vielfache auf.

Syntax

```
Ceiling(Arg1, Arg2)
```

Im Argument Arg1 geben Sie die Zahl an, die gerundet werden soll. In Argument Arg2 übergeben Sie das kleinste Vielfache, auf dessen Basis aufgerundet werden soll.

Beispiel

Das Beispiel aus Listing 4.2 rundet einige Zahlenwerte auf verschiedene Arten und Weisen.

```
Sub Ceiling_Beispiel()
'Auf die nächsten 100
Debug.Print _
Application.WorksheetFunction.Ceiling(80.5, 100)
Debug.Print _
Application.WorksheetFunction.Ceiling(145.5, 100)

 'Auf volle 5
 Debug.Print _
 Application.WorksheetFunction.Ceiling(80.33, 0.05)
 Debug.Print _
 Application.WorksheetFunction.Ceiling(145.79, 0.05)
End Sub
```

Listing 4.2 Auf das nächste Vielfache runden mit der Funktion »Ceiling«

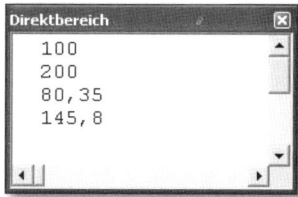

Abbildung 4.2 Die Werte wurden aufgerundet.

Verwandte Funktionen

Verwandte Funktionen sind: Round, Floor.

4.3   »Choose«-Funktion

Mit der Funktion Choose (deutsch WAHL) wandeln Sie einen Zahlenwert in einen vorher definierten Text um.

Syntax

```
Choose(Nr, Text1, Text2..Text30)
```

Im Argument `Nr` legen Sie die Nummer, beginnend mit dem Wert 1, fest. Die Argumente `Text1`, `Text2` bis `Text30` sind die dazugehörenden Texte, die anhand der `Nr` von links nach rechts durchgezählt werden.

Beispiel

Das Beispiel aus Listing 4.3 gibt anhand einer Nummer einen bestimmten Text aus.

```
Sub Choose_Beispiel()
 Dim Wsf As WorksheetFunction

 Set Wsf = Application.WorksheetFunction

 Debug.Print Wsf.Choose _
 (1, "Bier", "Wein", "Saft", "Tee", "Kaffee")
 Debug.Print Wsf.Choose _
 (2, "Bier", "Wein", "Saft", "Tee", "Kaffee")
 Debug.Print Wsf.Choose _
 (5, "Bier", "Wein", "Saft", "Tee", "Kaffee")
End Sub
```

Listing 4.3 Über die Funktion »Choose« Zahlen in Texte umwandeln

Verwandte Funktionen

Verwandte Funktionen sind: `If`

4.4 »Count«-Funktion

Mit der Funktion `Count` (deutsch ANZAHL) zählen Sie die Zellen einer Tabelle, die eine Zahl enthalten.

Syntax

```
Count(Arg1, Arg2..Arg30)
```

In den Argumenten `Arg1`-`Arg30` können Werte oder Bezüge auf Zellen stehen.

Beispiel

Das Beispiel aus Listing 4.4 untersucht den Bereich A1:A10 von *Tabelle2* und zählt die Anzahl der gültigen Zahlenzellen.

```
Sub Count_Beispiel()
 Dim Wsf As WorksheetFunction
 Dim Bereich As Range

 Set Wsf = Application.WorksheetFunction
 Set Bereich = Sheets("Tabelle2").Range("A1:A10")
 Debug.Print Wsf.Count(Bereich)
End Sub
```

Listing 4.4 Zellen, die Zahlen enthalten, über die Funktion »Count« zählen

Verwandte Funktionen

Verwandte Funktionen sind: CountA, CountBlank.

4.5   »CountA«-Funktion

Mit der Funktion CountA (deutsch ANZAHL2) zählen Sie die Zellen einer Tabelle, die eine Zahl oder einen Text enthalten. Es werden jedoch keine Zellen gezählt, die keinen Inhalt haben.

Syntax

```
CountA(Arg1, Arg2..Arg30)
```

In den Argumenten Arg1 bis Arg30 können Werte, Texte oder Bezüge auf Zellen stehen.

Beispiel

Im Beispiel aus Listing 4.5 wird der momentan markierte Bereich der aktiven Tabelle untersucht und die Anzahl der Zellen gezählt.

```
Sub Count2_Beispiel()
 Dim Wsf As WorksheetFunction
 Dim Bereich As Range

 Set Wsf = Application.WorksheetFunction
```

```
 Set Bereich = Selection
 Debug.Print Wsf.CountA(Bereich)
End Sub
```

Listing 4.5 Anzahl der belegten Zellen einer Markierung über die Funktion
»CountA« ermitteln

Verwandte Funktionen

Verwandte Funktionen sind: Count, CountBlank.

4.6   »CountBlank«-Funktion

Mit der Funktion CountBlank (deutsch ANZAHLLEEREZELLEN) zählen Sie die Zellen
einer Tabelle, die leer sind.

Syntax

```
CountBlank(Arg1, Arg2..Arg30)
```

In den Argumenten Arg1-Arg30 können Werte, Texte oder Bezüge auf Zellen stehen.

Beispiel

Das Beispiel aus Listing 4.6 untersucht den momentan markierten Bereich der aktiven Tabelle und zählt die Anzahl der leeren Zellen.

```
Sub CountBlank_Beispiel()
 Dim Wsf As WorksheetFunction
 Dim Bereich As Range

 Set Wsf = Application.WorksheetFunction
 Set Bereich = Selection
 Debug.Print Wsf.CountBlank(Bereich)
End Sub
```

Listing 4.6 Anzahl leerer Zellen eines markierten Bereichs über die Funktion
»CountBlank« ermitteln

Verwandte Funktionen

Verwandte Funktionen sind: Count, CountA.

4.7   »CountIf«-Funktion

Mit der Funktion CountIf (deutsch ZÄHLENWENN) führen Sie eine Zählung durch, die einem bestimmten Kriterium entspricht.

Syntax

```
CountIf(Arg1, Bedingung)
```

Im Argument Arg1 geben Sie den Bereich an, der ausgewertet werden soll. Im Argument Bedingung formulieren Sie das Kriterium, nach dem die Zählung erfolgen soll.

Beispiel

Das Beispiel aus Listing 4.7 durchsucht den Bereich A1:A10 von *Tabelle3* durchsucht und zählt alle Zellen, die einen Wert größer 100 aufweisen.

```
Sub CountIf_Beispiel()
 Dim Wsf As WorksheetFunction
 Dim Bereich As Range

 Set Bereich = Sheets("Tabelle3").Range("A1:A10")
 Set Wsf = Application.WorksheetFunction
 Debug.Print Wsf.CountIf(Bereich, ">100")
End Sub
```

Listing 4.7 Eine bedingte Zählung über die Funktion »CountIf« durchführen

Verwandte Funktionen

Verwandte Funktionen sind: SumIf, Sum, Count, CountB.

4.8   »Days360«-Funktion

Mit der Funktion Days360 (deutsch TAGE360) ermitteln Sie die Differenz zwischen zwei Datumswerten. Prämisse für diese Funktion ist die Annahme, dass jeder Monat genau 30 Tage hat. Diese Funktion wurde in Excel integriert, da es Fremdsysteme gibt, die mit dieser groben Methode rechnen.

Syntax

```
Days360(Datum1, Datum2)
```

Im Argument `Datum1` wird das frühere Datum angegeben, das Argument `Datum2` enthält das spätere Datum.

Beispiel

Im Beispiel aus Listing 4.8 wird eine Datumsdifferenzrechnung durchgeführt.

```
Sub Days360_Beispiel()
 Dim Wsf As WorksheetFunction

 Set Wsf = Application.WorksheetFunction
 Debug.Print Wsf.Days360 _
 (CDate("21.03.2004"), CDate("12.12.2004"))
End Sub
```

Listing 4.8 Datumsdifferenzen über die Funktion »Days360« ausrechnen

Verwandte Funktionen

Verwandte Funktionen sind: `DateDiff`, `DateValue`, `EDate`.

4.9   »Even«-Funktion

Über die Funktion `Even` (deutsch GERADE) rundet eine Zahl auf die nächste gerade ganze Zahl auf. Sie können diese Funktion für die Verarbeitung von Elementen verwenden, die paarweise auftreten.

Syntax

```
Even(Zahl)
```

`Zahl` ist der Wert, der aufgerundet werden soll.

Beispiel

Das Beispiel aus Listing 4.9 überprüft, ob das aktuelle Tagesdatum ein gerader oder ein ungerader Tag ist.

```
Sub Even_Beispiel()
 Dim Wsf As WorksheetFunction

 Set Wsf = Application.WorksheetFunction
 If Wsf.Even(Day(Date)) Then
   MsgBox "Tag gerade!"
```

```
  Else
    MsgBox "Tag ungerade!"
  End If
End Sub
```

Listing 4.9 Über die Funktion »Even« prüfen, ob eine gerade Zahl vorliegt

Verwandte Funktionen

Verwandte Funktionen sind: Odd, Round.

4.10 »Find«-Funktion

Über die Funktion Find (deutsch FINDEN) können Sie überprüfen, ob eine bestimmte Zeichenfolge in einer anderen Zeichenfolge vorkommt. Wenn ja, dann wird ein Rückgabewert > 0 zurückgegeben.

Syntax

```
Find(Suchtext, Text, Erstes_ Zeichen)
```

Argument	Beschreibung
Suchtext	Suchtext ist der Text, nach dem Sie suchen möchten.
Text	Text ist der Text, in dem Sie nach Suchtext suchen möchten.
Erstes_Zeichen	Erstes_Zeichen ist die Nummer des Zeichens in Text, ab der Sie mit der Suche beginnen möchten. Wenn Sie dieses Argument weglassen wird, dann wird ab der ersten Stelle von links nach rechts gesucht.

Beispiel

Das Beispiel aus Listing 4.10 prüft, ob eine E-Mail-Adresse gültig ist. Dies ist der Fall, wenn die E-Mail-Adresse das Zeichen @ enthält.

```
Sub Find_Beispiel()
 Dim Wsf As WorksheetFunction

 On Error GoTo Fehler
 Set Wsf = Application.WorksheetFunction
 If Wsf.Find("@", "Held-Office@t-online.de") > 0 Then
   MsgBox "Gültige E-Mail-Adresse!"
```

```
  End If
  Exit Sub

Fehler:
  MsgBox "Ungültige E-Mail-Adresse!"
End Sub
```

Listing 4.10 Prüfung über die Funktion »Find«, ob eine Zeichenfolge in einer anderen Zeichenfolge vorkommt

Verwandte Funktionen

Verwandte Funktionen sind: Search, SearchB, FindB.

4.11   »Floor«-Funktion

Die Funktion Floor (deutsch UNTERGRENZE) rundet eine Zahl betragsmäßig auf das kleinste Vielfache ab.

Syntax

```
Floor(Arg1, Arg2)
```

Im Argument Arg1 geben Sie die Zahl an, die gerundet werden soll. In Argument Arg2 geben Sie das kleinste Vielfache an, auf dessen Basis abgerundet werden soll.

Beispiel

Das Beispiel aus Listing 4.11 rundet einige Zahlenwerte auf verschiedene Arten.

```
Sub Floor_Beispiel()
  Dim Wsf As WorksheetFunction

  Set Wsf = Application.WorksheetFunction
  'Auf die nächsten 100 abrunden
  Debug.Print Wsf.Floor(80.5, 100)
  Debug.Print Wsf.Floor(145.5, 100)

  'Auf volle 5 abrunden
  Debug.Print Wsf.Floor(80.33, 0.05)
  Debug.Print Wsf.Floor(145.79, 0.05)
End Sub
```

Listing 4.11 Zahlen abrunden mit der Funktion »Floor«

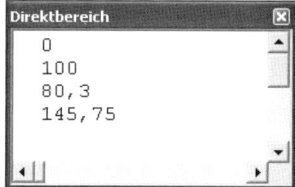

Abbildung 4.3 Zahlen wurden abgerundet.

Verwandte Funktionen

Verwandte Funktionen sind: Ceiling, Round.

4.12 »HLookUp«-Funktion

Die Funktion HLookUp (deutsch WVERWEIS) sucht in der obersten Zeile einer Tabelle oder einer Matrix nach Werten und gibt dann in der gleichen Spalte einen Wert aus einer Zeile zurück, die Sie in der Tabelle oder Matrix angeben.

Syntax

```
HLookUp(Suchkriterium, Matrix, Zeilenindex, Bereich_Verweis)
```

Argument	Beschreibung
Suchkriterium	Suchkriterium ist der Wert, der in der ersten Zeile der Tabelle gefunden werden soll. Suchkriterium kann ein Wert, ein Bezug oder eine Zeichenfolge sein.
Matrix	Matrix ist eine Tabelle mit Informationen, in der Daten gesucht werden. Verwenden Sie einen Bezug auf einen Bereich oder einen Bereichsnamen. Bei den Werten in der ersten Zeile von Matrix kann es sich um Text, Zahlen oder Wahrheitswerte handeln.
Zeilenindex	Zeilenindex ist die Nummer der Zeile in Matrix, aus der der entsprechende Wert zurückgegeben wird. Ein Zeilenindex von 1 gibt den ersten Zeilenwert in Matrix zurück, ein Zeilenindex von 2 gibt den zweiten Zeilenwert in Matrix zurück, usw.
Bereich_Verweis	Bereich_Verweis ist ein Wahrheitswert, der angibt, ob HLookUp eine genaue Entsprechung oder eine ungefähre Entsprechung suchen soll. Wenn dieser Parameter True ist oder weggelassen wird, wird eine ungefähre Entsprechung zurückgegeben.

207

Beispiel

Das Beispiel aus Listing 4.12 liest einzelne Werte aus *Tabelle4* mit Hilfe der Funktion `HLookUp` aus:

```
Sub HLookUp_Beispiel()
 Dim Wsf As WorksheetFunction
 Dim Bereich As Range

 Set Bereich = Sheets("Tabelle4").Range("A4:E7")
 Set Wsf = Application.WorksheetFunction
  Debug.Print "1. Quartal Kosten " & _
     Wsf.HLookup(1, Bereich, 2, True)
  Debug.Print "1. Quartal Erträge " & _
     Wsf.HLookup(1, Bereich, 3, True)
  Debug.Print "1. Quartal Ergebnis " & _
     Wsf.HLookup(1, Bereich, 4, True)
End Sub
```

Listing 4.12 Werte aus einer Matrix (waagerecht) über die Funktion »HLookUp« auslesen

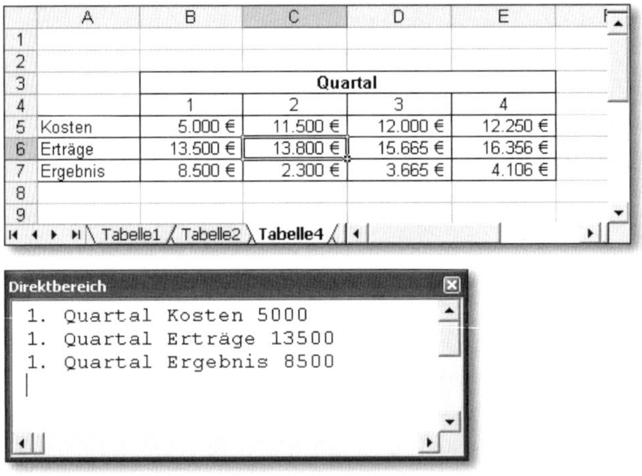

	A	B	C	D	E
1					
2					
3		Quartal			
4		1	2	3	4
5	Kosten	5.000 €	11.500 €	12.000 €	12.250 €
6	Erträge	13.500 €	13.800 €	15.665 €	16.356 €
7	Ergebnis	8.500 €	2.300 €	3.665 €	4.106 €
8					
9					

Abbildung 4.4 Die aus der Matrix gelesenen Werte

Verwandte Funktionen

Verwandte Funktionen sind: `VLookUp`, `LookUp`, `Match`, `Index`.

4.13 »Index«-Funktion

Mit Hilfe der Funktion `Index` (deutsch INDEX) können Sie über einen Index einen bestimmten Wert aus einer Matrix finden. Diese Funktion gibt es in zwei Versionen.

Syntax

```
= Index(Matrix, Zeile, Spalte)
```

gibt den Bezug auf eine oder mehrere Zellen zurück, die zur als `Matrix` angegebenen Matrix gehören. Das Argument `Matrix` ist dabei ein Zellenbereich oder eine Matrixkonstante. Besteht das Argument `Matrix` aus nur einer Zeile oder Spalte, ist das entsprechende Argument `Zeile` bzw. `Spalte` optional. Erstreckt sich `Matrix` über mehrere Zeilen und Spalten und ist nur eines der Argumente `Zeile` oder `Spalte` angegeben, liefert die Funktion eine Matrix, die der gesamten zugehörigen Zeile oder Spalte von `Matrix` entspricht.

Syntax 2

```
= Index(Bezug, Zeile, Spalte, Bereich)
```

gibt den Bezug auf Zellen zurück, die zu dem mit `Bezug` angegebenen Bereich gehören. Im Argument `Bezug` wird ein Bezug auf einen oder mehrere Zellenbereiche angegeben. Erstreckt sich jeder in `Bezug` angegebene Teilbereich über nur eine Zeile oder Spalte, ist das Argument `Zeile` bzw. `Spalte` optional.

Im Argument `Zeile` wird die Nummer der Zeile im Bereich angegeben, aus dem der Bezug geliefert werden soll.

Im Argument `Spalte` wird die Nummer der Spalte im Bereich angegeben, aus dem der Bezug geliefert werden soll.

Das Argument `Bereich` bestimmt den Zellenbereich, dessen Schnittpunkt von Zeile und Spalte geliefert werden soll. Der erste markierte oder eingegebene Teilbereich erhält die Nummer 1, der zweite die Nummer 2 usw. Ist `Bereich` nicht angegeben, verwendet die Funktion den Teilbereich 1.

Beispiel

Das Beispiel aus Listing 4.13 liest bestimmte Daten aus einem Bereich aus.

```
Sub Index_Beispiel()
 Dim Wsf As WorksheetFunction
 Dim Bereich As Range

 Set Bereich = Sheets("Tabelle5").Range("A1:B4")
 Set Wsf = Application.WorksheetFunction
 Debug.Print Wsf.Index(Bereich, 2, 2)
 Debug.Print Wsf.Index(Bereich, 3, 2)
End Sub
```

Listing 4.13 Einzelne Zellen aus einem Bereich lesen über die Funktion »Index«

	A	B	C
1	Daten	Daten	
2	Apfel	Birne	
3	Pflaume	Kirsche	
4	Dattel	Nuss	
5			

Abbildung 4.5 Die Datenbasis

Verwandte Funktionen

Verwandte Funktionen sind: HLookUp, VLookUp, LookUp, Match.

4.14 »IsNumber«-Funktion

Über die Funktion IsNumber (deutsch ISTZAHL) prüfen Sie, ob es sich um eine gültige Zahl handelt.

Syntax

```
IsNumber(Wert)
```

Das Argument Wert kann entweder ein Wert, Text oder ein Zellbezug sein. Als Rückgabewert gibt diese Funktion den Wert True zurück, wenn es sich um einen Zahlenwert handelt.

Verwandte Funktionen

Verwandte Funktionen sind: ISREF, ISERR, ISERROR, ISNONTEXT, ISBLANK, ISLOGICAL, ISNA, ISTEXT.

Da diese Funktionen alle dieselbe Syntax aufweisen und sehr sprechend sind, verzichten wir hier auf eine nähere Erläuterung zu Gunsten anderer wichtiger Themen.

4.15 »Large«-Funktion

Über die Funktion Large (deutsch KGRÖSSTE) ermitteln Sie die größten Werte aus einer Datengruppe.

Syntax

```
Large(Matrix, k)
```

Das Argument Matrix ist die Matrix oder der Datenbereich, deren k-größten Wert Sie bestimmen möchten.

Das Argument k ist der Rang des Elementes einer Matrix oder eines Zellbereiches, dessen Wert zurückgegeben werden soll.

Beispiel

Das Beispiel aus Listing 4.14 ermittelt aus *Tabelle6* die drei größten Werte der Spalte A.

```
Sub Large_Beispiel()
 Dim Wsf As WorksheetFunction
 Dim Bereich As Range

 Set Bereich = Sheets("Tabelle6").Columns("A:A")
 Set Wsf = Application.WorksheetFunction
 Debug.Print "1. Wert: " & Wsf.Large(Bereich, 1)
 Debug.Print "2. Wert: " & Wsf.Large(Bereich, 2)
 Debug.Print "3. Wert: " & Wsf.Large(Bereich, 3)
End Sub
```

Listing 4.14 Die drei größten Werte aus einem Bereich über die Funktion »Large« ermitteln

Verwandte Funktionen

Verwandte Funktionen sind: Small, Max.

4.16   »LookUp«-Funktion

Mit Hilfe der Funktion LookUp (deutsch VERWEIS) durchsuchen Sie die Werte eines Vektors oder einer Matrix. Für diese Funktion gibt es zwei Syntaxversionen: die Vektor- und die Matrixversion.

Syntax

```
= LookUp(Suchkriterium, Suchvektor, Vektor)
```

Argument	Beschreibung
Suchkriterium	Gibt den Wert an, nach dem diese Funktion im ersten Vektor suchen soll. Das Suchkriterium kann dabei eine Zahl, eine Zeichenfolge (ein Text), ein Wahrheitswert oder ein Name bzw. ein Bezug sein, der sich auf einen Wert bezieht.

Argument	Beschreibung
Suchvektor	Gibt den Bereich an, der nur eine Zeile oder Spalte enthält. Zulässige Elemente von Suchvektor sind Zeichenfolgen (Texte), Zahlen oder Wahrheitswerte.
Vektor	Gibt den Bereich an, der nur eine Zeile oder Spalte enthält. Dieser Vektor muss genauso viele Elemente enthalten wie der Suchvektor.

Syntax 2

```
= LookUp(Suchkriterium, Matrix)
```

Argument	Beschreibung
Suchkriterium	Gibt den Wert an, nach dem die Funktion in der Matrix suchen soll. Als Suchkriterium können Sie eine Zahl, eine Zeichenfolge (ein Text), einen Wahrheitswert oder einen Name bzw. einen Bezug angeben, der sich auf einen Wert bezieht.
Matrix	Gibt den Zellbereich an, der entweder Text, Zahlen oder Wahrheitswerte enthält, die Sie mit Suchkriterium vergleichen möchten.

Beispiel

Das Beispiel aus Listing 4.15 gibt Texte über die Eingabe einer Nummer aus. Orientieren Sie sich dazu an Abbildung 4.6.

	A	B
1	1	Mit freundlichen Grüßen
2	2	Grüße aus Stuttgart
3	3	Viele Grüße
4	4	Herzliche Grüße
5	5	Liebe Grüße
6	6	Gruß

Abbildung 4.6 Die Vorlage für die AutoTexts

```
Sub LookUp_Beispiel()
 Dim Wsf As WorksheetFunction
 Dim Bereich As Range

 Set Bereich = Sheets("Tabelle7").Range("A1:B6")
 Set Wsf = Application.WorksheetFunction
 Debug.Print Wsf.Lookup(2, Bereich)
End Sub
```

Listing 4.15 Über die Eingabe einer Nummer wird ein Text angezeigt (Funktion »LookUp«).

Verwandte Funktionen

Verwandte Funktionen sind: HLookUp, VLookUp, Match, Index.

4.17   »Match«-Funktion

Die Funktion Match (deutsch VERGLEICH) sucht Werte innerhalb eines Bezugs oder einer Matrix.

Syntax

```
Match(Suchkriterium, Suchmatrix, Vergleichstyp)
```

Argument	Beschreibung
Suchkriterium	Das ist der Wert, anhand dessen der gewünschte Wert in einer Tabelle gesucht wird.
Suchmatrix	Das ist ein zusammenhängender Zellbereich mit möglichen Vergleichskriterien. Suchmatrix muss eine Matrix oder ein Bezug auf eine Matrix sein.
Vergleichstyp	Die Zahl -1, 0 oder 1. Der Vergleichstyp gibt an, auf welche Weise Microsoft Excel die Werte in einer Suchmatrix mit den Suchkriterien vergleicht.

Folgende Vergleichstypen sind möglich:

▶ Ist Vergleichstyp gleich 1, gibt Match den größten Wert zurück, der kleiner gleich Suchkriterium ist.

▶ Ist Vergleichstyp gleich 0, gibt Match den ersten Wert zurück, der gleich Suchkriterium ist. Die Elemente der Suchmatrix dürfen in beliebiger Reihenfolge angeordnet sein.

▶ Ist Vergleichstyp gleich -1, gibt Match den kleinsten Wert zurück, der größer gleich Suchkriterium ist.

Beispiel

Das Beispiel aus Listing 4.16 sucht in *Tabelle8* im Zellenbereich A1:A10 die Zelle mit dem niedrigsten Wert.

```
Sub Match_Beispiel()
 Dim Wsf As WorksheetFunction
 Dim Bereich As Range
```

```
 Set Bereich = Sheets("Tabelle8").Range("A1:A10")
 Set Wsf = Application.WorksheetFunction
 Debug.Print "Zeile: " & _
 Wsf.Match(Wsf.Min(Bereich), Bereich, 0)
End Sub
```

Listing 4.16 Die Adresse des kleinsten Werts einer Liste wird ermittelt (Funktionen »Match« und »Min«).

Verwandte Funktionen

Verwandte Funktionen sind: HLookUp, VLookUp, LookUp, Index.

4.18   »Max«-Funktion

Über die Funktion Max (deutsch MAX) ermitteln Sie den größten Wert aus einer Liste.

Syntax

```
Max(Zahl1, Zahl2 ...)
```

Die Argumente Zahl1, Zahl2 ... sind 1 bis 30 Zahlen, die Sie angeben können, um den Maximalwert zu finden. Selbstverständlich können Sie hier auch einen ganzen Zellenbereich übergeben.

Beispiel

Das Beispiel aus Listing 4.17 ermittelt den größten Wert aus *Tabelle8* im Bereich A1:A10.

```
Sub Max_Beispiel()
 Dim Wsf As WorksheetFunction
 Dim Bereich As Range

 Set Bereich = Sheets("Tabelle8").Range("A1:A10")
 Set Wsf = Application.WorksheetFunction
 Debug.Print "Größter Wert: " & Wsf.Max(Bereich)
End Sub
```

Listing 4.17 Den größten Wert einer Liste über die Funktion »Max« ermitteln

Verwandte Funktionen

Verwandte Funktionen sind: Min, Average, Small, Large.

4.19 »Min«-Funktion

Über die Funktion Min (deutsch MIN) ermitteln Sie den kleinsten Wert aus einer Liste.

Syntax

```
Min(Zahl1, Zahl2 ...)
```

Die Argumente Zahl1, Zahl2 ... sind 1 bis 30 Zahlen, die Sie angeben können, um den Minimalwert zu finden. Selbstverständlich können Sie hier auch einen ganzen Zellenbereich übergeben.

Beispiel

Das Beispiel aus Listing 4.18 ermittelt den kleinsten Wert von *Tabelle8* im Bereich A1:A10.

```
Sub Min_Beispiel()
 Dim Wsf As WorksheetFunction
 Dim Bereich As Range

 Set Bereich = Sheets("Tabelle8").Range("A1:A10")
 Set Wsf = Application.WorksheetFunction
 Debug.Print "Kleinster Wert: " & Wsf.Min(Bereich)
End Sub
```

Listing 4.18 Den kleinsten Wert einer Liste über die Funktion »Min« ermitteln

Verwandte Funktionen

Verwandte Funktionen sind: Max, Average, Small, Large.

4.20 »Odd«-Funktion

Über die Funktion Odd (deutsch UNGERADE) runden Sie eine Zahl auf die nächste ungerade ganze Zahl auf.

Syntax

```
Odd(Zahl)
```

Im Argument Zahl geben Sie den Wert an, auf den aufgerundet werden soll.

Beispiel

Im Beispiel aus Listing 4.19 wird in *Tabelle8* der Zellenbereich A1:A10 abgearbeitet. In die Nebenspalte wird bei geraden Zahlenwerten jeweils die nächsthöhere ungerade Zahl eingefügt.

```
Sub Odd_Beispiel()
 Dim Wsf As WorksheetFunction
 Dim Bereich As Range
 Dim zelle As Range

 Set Bereich = Sheets("Tabelle8").Range("A1:A10")
 Set Wsf = Application.WorksheetFunction
 For Each zelle In Bereich
     zelle.Offset(0, 1).Value = Wsf.Odd(zelle)
 Next zelle
End Sub
```

Listing 4.19 Die Funktion »Odd« rundet jeweils auf die nächsthöhere ungerade Zahl.

Verwandte Funktionen

Verwandte Funktionen sind: Even, Round.

4.21   »Proper«-Funktion

Die Funktion Proper (deutsch GROSS2) wandelt den ersten Buchstaben aller Wörter einer Zeichenfolge in Großbuchstaben um. Wandelt alle anderen Buchstaben in Kleinbuchstaben um.

Syntax

```
Proper(Text)
```

Das Argument Text ist in Anführungszeichen eingeschlossener Text, eine Formel, die Text zurückgibt, oder ein Bezug auf eine Zelle, die den Text enthält, den Sie teilweise großschreiben möchten.

Beispiel

Das Beispiel aus Listing 4.20 gibt in *Tabelle9* im Bereich A1:A10 jeweils den Anfangsbuchstaben des jeweiligen Zellinhalts in Großschreibweise aus.

```
Sub Proper_Beispiel()
 Dim Wsf As WorksheetFunction
 Dim Bereich As Range
 Dim zelle As Range

 Set Bereich = Sheets("Tabelle9").Range("A1:A10")
 Set Wsf = Application.WorksheetFunction

 For Each zelle In Bereich
     zelle.Value = Wsf.Proper(zelle)
 Next zelle
End Sub
```

Listing 4.20 Die Funktion »Proper« wandelt den ersten Buchstaben eines Textes in Großschreibweise um.

Verwandte Funktionen

Verwandte Funktionen sind: LCase, UCase.

4.22   Funktion »Rank«

Die Funktion Rank (deutsch RANG) gibt den Rang zurück, den eine Zahl innerhalb einer Liste von Zahlen einnimmt. Als *Rang* einer Zahl wird ihre Größe, bezogen auf die anderen Werte der jeweiligen Liste, bezeichnet. (Wenn Sie die Liste sortieren würden, gäbe die Rangzahl der Zahl deren Position an.)

Syntax

```
Rank(Zahl, Bezug, Reihenfolge)
```

Argument	Beschreibung
Zahl	die Zahl, deren Rangzahl Sie bestimmen möchten
Bezug	Das ist eine Matrix mit Zahlen oder ein Bezug auf eine Liste von Zahlen. Nicht numerische Werte im Bezug werden ignoriert.
Reihenfolge	eine Zahl, die angibt, wie der Rang von Zahl bestimmt werden soll

Folgende Reihenfolgen sind möglich:

▶ Ist Reihenfolge mit 0 (Null) belegt oder nicht angegeben, bestimmt Microsoft Excel den Rang von Zahl so, als wäre Bezug eine in absteigender Reihenfolge sortierte Liste.

▶ Ist Reihenfolge mit einem Wert ungleich 0 belegt, bestimmt Microsoft Excel den Rang von Zahl so, als wäre Bezug eine in aufsteigender Reihenfolge sortierte Liste.

Beispiel

Im Beispiel aus Listing 4.21 wird in *Tabelle10* die Rangfolge der Einträge in den Zellen A1:A10 ermittelt. Dabei wird der jeweilige Rang der Zahl in die Nebenspalte B geschrieben.

```
Sub Rank_Beispiel()
 Dim Wsf As WorksheetFunction
 Dim Bereich As Range
 Dim zelle As Range

 Set Bereich = Sheets("Tabelle10").Range("A1:A10")
 Set Wsf = Application.WorksheetFunction

 For Each zelle In Bereich
     zelle.Offset(0, 1).Value = Wsf.Rank(zelle, Bereich)
 Next zelle
End Sub
```

Listing 4.21 Über die Funktion »Rank« die Rangfolge einer Zahlenliste feststellen

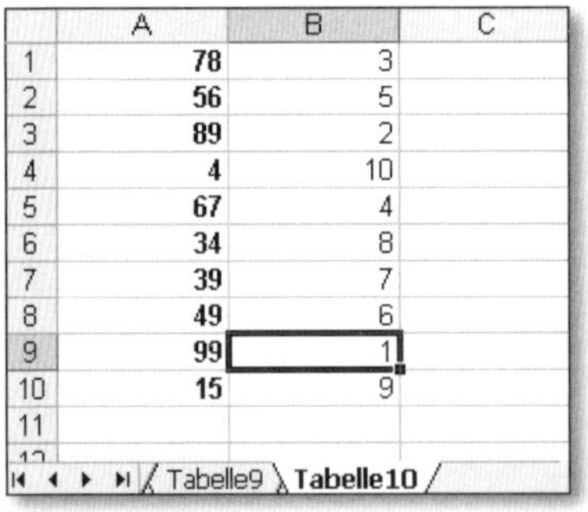

	A	B	C
1	78	3	
2	56	5	
3	89	2	
4	4	10	
5	67	4	
6	34	8	
7	39	7	
8	49	6	
9	99	1	
10	15	9	
11			
12			

I◀ ◀ ▶ ▶I ╱ Tabelle9 ╲ **Tabelle10** ╱

Abbildung 4.7 Die Rangfolge wurde festgelegt.

4.23 »Replace«-Funktion

Über die Funktion Replace (deutsch ERSETZEN) ersetzen Sie auf der Grundlage der Anzahl von Zeichen, die Sie angeben, einen Teil einer Textzeichenfolge durch eine andere Textzeichenfolge.

Syntax

```
Replace(Alter_Text, Erstes_Zeichen, Anzahl_Zeichen, Neuer_Text)
```

Argument	Beschreibung
Alter_Text	der Text (die Zeichenfolge), in dem Sie einige Zeichen ersetzen möchten
Erstes_Zeichen	die Position des zu Alter_Text gehörenden Zeichens, an der mit dem Ersetzen durch Neuer_Text begonnen werden soll
Anzahl_Zeichen	Wie viele der zu Alter_Text gehörenden Zeichen sollen durch Neuer_Text ersetzt werden?
Neuer_Text	der Text, durch den die zu Alter_Text gehörenden Zeichen ersetzt werden

Beispiel

Das Beispiel aus Listing 4.22 überarbeitet im Bereich A1:A10 von *Tabelle11* jede Zelle. Dabei wird jeweils das dritte Zeichen durch den Buchstaben X ausgetauscht.

```
Sub Replace_Beispiel()
 Dim Wsf As WorksheetFunction
 Dim Bereich As Range
 Dim zelle As Range

 Set Bereich = Sheets("Tabelle11").Range("A1:A10")
 Set Wsf = Application.WorksheetFunction

 For Each zelle In Bereich
     zelle.Value = Wsf.Replace(zelle, 3, 1, "X")
 Next zelle
End Sub
```

Listing 4.22 Zeichen austauschen mit der Funktion »Replace«

Verwandte Funktionen

Verwandte Funktionen sind: Substitute, Mid.

4.24 »Rept«-Funktion

Die Funktion Rept (deutsch WIEDERHOLEN) wiederholt einen Text so oft wie angegeben.

Syntax

```
Rept(Text, Multiplikator)
```

Argument	Beschreibung
Text	der Text, den Sie wiederholen möchten
Multiplikator	eine positive Zahl, die angibt, wie oft Text wiederholt werden soll

Beispiel

Im Beispiel aus Listing 4.23 wird eine mehrzeilige Bildschirmmeldung angezeigt, die einen horizontalen Trennstreifen aufweist.

```
Sub Rept_Beispiel()
 Dim Wsf As WorksheetFunction

 Set Wsf = Application.WorksheetFunction
 MsgBox "Hallo " & Application.UserName & vbLf & _
 Wsf.Rept("-", 30) & vbLf & " heute ist der " & Date
End Sub
```

Listing 4.23 Mit der Funktion »Rept« Zeichenfolgen beliebig oft wiederholen

Abbildung 4.8 Meldungsfenster mit horizontalem Trennstreifen

4.25   »Roman«-Funktion

Mit der Funktion Roman (deutsch RÖMISCH) wandeln Sie eine arabische Zahl in eine
römische Zahl als Text um.

Syntax

```
Roman(Zahl, Typ)
```

Argument	Beschreibung
Zahl	die arabische Zahl, die Sie umwandeln möchten
Typ	Eine Zahl, die den Typ der römischen Zahl festlegt. Die Schreibweise der römischen Zahlen reicht von klassisch bis vereinfacht, wobei die Zeichenfolge kürzer wird, sobald ein höherer Typ vorliegt.

Folgende Typen sind möglich:

Typ	Funktion
0 oder nicht angegeben	klassisch
1	kürzer
2	noch kürzer
3	noch viel kürzer (wenn möglich)
4	vereinfacht
True	klassisch
False	vereinfacht

Tabelle 4.1 Die Typenfestlegung der Funktion »Roman«

Beispiel

In Listing 4.24 sehen Sie einige Beispiele, wie arabische Zahlen in römische Zahlen
umgewandelt werden.

```
Sub Roman_Beispiel()
 Dim Wsf As WorksheetFunction

 Set Wsf = Application.WorksheetFunction
 Debug.Print "1457 --> "; Wsf.Roman(1457, 0)
```

```
Debug.Print "1457 --> "; Wsf.Roman(1457, 1)
Debug.Print "1457 --> "; Wsf.Roman(1457, True)
End Sub
```

Listing 4.24 Mit der Funktion »Roman« arabische Zahlen in römische Zahlen wandeln

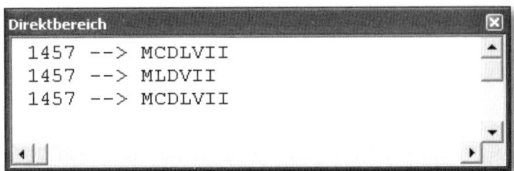

Abbildung 4.9 Die Umwandlung von arabischen Zahlen in römische Zahlen

4.26   »Round«-Funktion

Die Funktion Round (deutsch RUNDEN) rundet eine Zahl auf eine bestimmte Anzahl von Dezimalstellen.

Syntax

```
Round(Zahl, Anzahl_Stellen)
```

Argument	Beschreibung
Zahl	die Zahl, die Sie auf- oder abrunden möchten
Anzahl_Stellen	Gibt an, auf wie viele Dezimalstellen Sie die Zahl auf- oder abrunden möchten.

Beispiel

In Listing 4.25 sehen Sie ein Beispiel für das Runden über die Funktion Round.

```
Sub Round_Beispiel()
 Dim Wsf As WorksheetFunction

 Set Wsf = Application.WorksheetFunction
 Debug.Print Wsf.Round(123.45, 0)
 Debug.Print Wsf.Round(123.45, 1)
 Debug.Print Wsf.Round(123.45, 2)
End Sub
```

Listing 4.25 Zahlenwerte runden über die Funktion »Round«

```
Direktbereich                          ☒
   123
   123,5
   123,45
```

Abbildung 4.10 Die Ergebnisse der Funktion »Round«

Verwandte Funktionen

Verwandte Funktionen sind: RoundUp, RoundDown.

4.27   »RoundDown«-Funktion

Die Funktion RoundDown (deutsch ABRUNDEN) rundet die Zahl auf eine bestimmte Anzahl Stellen ab.

Syntax

```
RoundDown(Zahl, Anzahl_Stellen)
```

Argument	Beschreibung
Zahl	eine reelle Zahl, die Sie abrunden möchten
Anzahl_Stellen	Gibt an, auf wie viele Dezimalstellen die Zahl gerundet werden soll.

> **Hinweis**
>
> Die Funktion RoundDown unterscheidet sich von der Funktion Round nur dadurch, dass sie eine Zahl immer abrundet.

Beispiel

Das Beispiel aus Listing 4.26 greift das Makro aus Listing 4.25 auf und wendet dabei die Funktion RoundDown an.

```
Sub RoundDown_Beispiel()
 Dim Wsf As WorksheetFunction

 Set Wsf = Application.WorksheetFunction
 Debug.Print Wsf.RoundDown(123.45, 0)
```

```
 Debug.Print Wsf.RoundDown(123.45, 1)
 Debug.Print Wsf.RoundDown(123.45, 2)
End Sub
```

Listing 4.26 Werte abrunden über die Funktion »RoundDown«

Abbildung 4.11 Die Ergebnisse der Funktion »RoundDown«

Verwandte Funktionen

Verwandte Funktionen sind: RoundUp, Round.

4.28   »RoundUp«-Funktion

Die Funktion RoundUp (deutsch AUFRUNDEN) rundet die Zahl auf eine bestimmte Anzahl Stellen auf.

Syntax

```
RoundUp(Zahl, Anzahl_Stellen)
```

Argument	Beschreibung
Zahl	eine reelle Zahl, die Sie aufrunden möchten
Anzahl_Stellen	Gibt an, auf wie viele Dezimalstellen die Zahl gerundet werden soll.

Beispiel

Das Beispiel aus Listing 4.27 greift das Makro aus Listing 4.26 auf und wendet dabei die Funktion RoundUp an.

```
Sub RoundUp_Beispiel()
 Dim Wsf As WorksheetFunction

 Set Wsf = Application.WorksheetFunction
 Debug.Print Wsf.RoundUp(123.45, 0)
```

```
 Debug.Print Wsf.RoundUp(123.45, 1)
 Debug.Print Wsf.RoundUp(123.45, 2)
End Sub
```

Listing 4.27 Werte aufrunden über die Funktion »RoundUp«

Abbildung 4.12 Die Ergebnisse der Funktion »RoundUp«

Verwandte Funktionen

Verwandte Funktionen sind: RoundDown, Round.

4.29 »Search«-Funktion

Über die Funktion Search (deutsch SUCHEN) können Sie überprüfen, ob eine bestimmte Zeichenfolge in einer anderen Zeichenfolge vorkommt. Wenn ja, dann wird ein Rückgabewert > 0 zurückgegeben.

Syntax

```
Search(Suchtext, Text, Erstes_Zeichen)
```

Argument	Beschreibung
Suchtext	Suchtext ist der Text, nach dem Sie suchen möchten.
Text	Text ist der Text, in dem Sie nach Suchtext suchen möchten.
Erstes_Zeichen	Erstes_Zeichen ist die Nummer des Zeichens in Text, ab der Sie mit der Suche beginnen möchten. Wenn Sie dieses Argument weglassen, dann wird ab der ersten Stelle von links nach rechts gesucht.

Beispiel

Das Beispiel aus Listing 4.28 überprüft in *Tabelle12* alle Zellinhalte im Bereich A1:A10. Dabei werden alle in den Zellen enthaltenen Bindestriche entfernt.

```
Sub Search_Beispiel()
 Dim Wsf As WorksheetFunction
 Dim Bereich As Range
 Dim Zelle As Range

 Set Wsf = Application.WorksheetFunction
 Set Bereich = Sheets("Tabelle12").Range("A1:A10")
 For Each Zelle In Bereich
   Zelle.Value = Left(Zelle.Value, Wsf.Search("-", _
   Zelle.Value) - 1) & Mid(Zelle.Value, _
   Wsf.Search("-", Zelle.Value) + 1, 10)
 Next Zelle
End Sub.
```

Listing 4.28 Zeichenfolgen aufspüren über die Funktion »Search«

Verwandte Funktionen

Verwandte Funktionen sind: Find, FindB, SearchB.

4.30   »Small«-Funktion

Über die Funktion Small (deutsch KKLEINSTE) ermitteln Sie die größten Werte aus einer Datengruppe.

Syntax

```
Small(Matrix, k)
```

Das Argument Matrix ist die Matrix oder der Datenbereich, deren k-kleinsten Wert Sie bestimmen möchten.

Das Argument k ist der Rang des Elementes einer Matrix oder eines Zellbereiches, dessen Wert zurückgegeben werden soll.

Beispiel

Das Beispiel aus Listing 4.29 ermittelt aus *Tabelle6* die drei kleinsten Werte in Spalte A.

```
Sub Small_Beispiel()
 Dim Wsf As WorksheetFunction
 Dim Bereich As Range
```

```
Set Bereich = Sheets("Tabelle6").Columns("A:A")
Set Wsf = Application.WorksheetFunction
Debug.Print "1. Wert: " & Wsf.Small(Bereich, 1)
Debug.Print "2. Wert: " & Wsf.Small(Bereich, 2)
Debug.Print "3. Wert: " & Wsf.Small(Bereich, 3)
End Sub
```

Listing 4.29 Die kleinsten Werte einer Liste über die Funktion »Small« ermitteln

Verwandte Funktionen

Verwandte Funktionen sind: Large, Min.

4.31   »Substitute«-Funktion

Mit der Funktion Substitute (deutsch WECHSELN) ersetzen Sie einen alten Text durch neuen Text.

Syntax

```
Substitute(Text, Alter_Text, Neuer_Text, n)
```

Argument	Beschreibung
Text	der in Anführungszeichen gesetzte Text oder Bezug auf eine Zelle, die den Text enthält, in dem Zeichen ausgetauscht werden sollen
Alter_Text	der Text, den Sie ersetzen möchten
Neuer_Text	der Text, durch den Sie Alter_Text ersetzen möchten
n	Gibt an, an welchen Stellen Alter_Text durch Neuer_Text ersetzt werden soll. Wenn Sie n angeben, wird nur dieses Vorkommen von Alter_Text ersetzt; andernfalls wird Alter_Text an jeder Stelle, an der er in Text vorkommt, durch Neuer_Text ersetzt.

Beispiel

Das Beispiel aus Listing 4.30 entfernt aus *Tabelle13* im Bereich A1:A10 alle Umlaute.

```
Sub Substitute_Beispiel()
 Dim Wsf As WorksheetFunction
 Dim Bereich As Range
 Dim zelle As Range
```

```
Set Bereich = Sheets("Tabelle13").Range("A1:A10")
Set Wsf = Application.WorksheetFunction

For Each zelle In Bereich
  zelle.Value = Wsf.Substitute(Wsf.Substitute _
  (Wsf.Substitute(zelle.Value, _
  "ä", "ae"), "ö", "oe"), "ü", "ue")
 Next zelle
End Sub
```

Listing 4.30 Umlaute entfernen über die Funktion »Substitute«

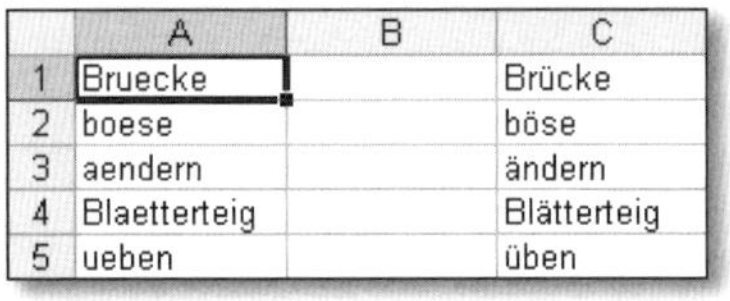

	A	B	C
1	Bruecke		Brücke
2	boese		böse
3	aendern		ändern
4	Blaetterteig		Blätterteig
5	ueben		üben

Abbildung 4.13 Umlaute wurden in Spalte A ausgetauscht.

Verwandte Funktionen

Verwandte Funktionen sind: Replace, Mid.

4.32 »SubTotal«-Funktion

Die Funktion SubTotal (deutsch TEILERGEBNIS) gibt ein Teilergebnis in einer Liste oder Datenbank zurück.

Syntax

```
SubTotal(Funktion, Bezug)
```

Argument	Beschreibung
Funktion	eine Zahl (1 bis 11), die festlegt, welche Funktion in der Berechnung des Teilergebnisses verwendet werden soll
Bezug	Fegt den Datenbereich fest, auf den die Funktion angewendet werden soll.

Folgende Funktionen sind über SubTotal abrufbar:

Funktionsnr.	Funktionsname
1	Average (deutsch MITTELWERT)
2	Count (deutsch ANZAHL)
3	CountB (deutsch ANZAHL2)
4	Max (deutsch MAX)
5	Min (deutsch Min)
6	Product (deutsch PRODUKT)
7	StdDev (deutsch STABW)
8	StdEvp (deutsch STABWN)
9	Sum (deutsch SUMME)
10	Var (deutsch VARIANZ)
11	VarP (deutsch VARIANZEN)

Tabelle 4.2 Die möglichen »Teilfunktionen« von »SubTotal«

Beispiel

Das Beispiel aus Listing 4.31 stellt einige dieser Funktionen anhand *Tabelle6* vor.

```
Sub SubTotal_Beispiel()
 Dim Wsf As WorksheetFunction
 Dim Bereich As Range

 Set Bereich = Sheets("Tabelle6").Range("A1:A10")
 Set Wsf = Application.WorksheetFunction

 Debug.Print "Max-Wert: "; Wsf.SubTotal(4, Bereich)
 Debug.Print "Min-Wert: "; Wsf.SubTotal(5, Bereich)
 Debug.Print "Summe: "; Wsf.SubTotal(9, Bereich)
End Sub
```

Listing 4.31 Über die Funktion »SubTotal« Teilergebnisse abrufen

Verwandte Funktionen

Verwandte Funktionen sind: Average, Count, CountB, Max, Min, Product, StdDev, StdEvp, Sum, Var, VarP.

4.33   »Sum«-Funktion

Die wohl beliebteste Funktion in Excel ist die Funktion Sum (deutsch SUMME). Mit dieser Funktion summieren Sie Werte.

Syntax

```
Sum(Zahl1, Zahl2 ...)
```

Die Argumente Zahl1, Zahl2 ... sind 1 bis 30 Argumente, deren Summe Sie berechnen möchten. Selbstverständlich können Sie hierfür auch einen Zellenbereich angeben.

Beispiel

Im Beispiel aus Listing 4.32 wird der markierte Bereich summiert und am Bildschirm ausgegeben.

```
Sub Sum_Beispiel()
 Dim Wsf As WorksheetFunction

 Set Wsf = Application.WorksheetFunction
 MsgBox Wsf.Sum(Selection)
End Sub
```

Listing 4.32 Bereich summieren über die Funktion »Sum«

Verwandte Funktionen

Verwandte Funktionen sind: SumIf, SumProduct.

4.34   »SumIf«-Funktion

Die Funktion SumIf (deutsch SUMMEWENN) addiert Zahlen, die mit den Suchkriterien übereinstimmen.

Syntax

```
SumIf(Bereich, Kriterien, Summe_Bereich)
```

Argument	Beschreibung
Bereich	der Zellbereich, den Sie berechnen möchten
Kriterien	Gibt die Kriterien in Form einer Zahl, eines Ausdrucks oder einer Zeichenfolge an. Diese Kriterien bestimmen, welche Zellen addiert werden.

Argument	Beschreibung
Summe_Bereich	Gibt die tatsächlich zu addierenden Zellen an.

Beispiel

Das Beispiel aus Listing 4.33 summiert in *Tabelle10* nur Zahlen, die größer als 10 sind.

```
Sub SumIf_Beispiel()
 Dim Wsf As WorksheetFunction
 Dim Bereich As Range

 Set Bereich = Sheets("Tabelle10").Range("A1:A10")
 Set Wsf = Application.WorksheetFunction
 MsgBox Wsf.SumIf(Bereich, ">10")
End Sub
```

Listing 4.33 Bedingtes Summieren von Zahlen über die Funktion »SumIf«

Verwandte Funktionen

Verwandte Funktionen sind: Sum, CountIf, Count, CountB.

4.35   »SumProduct«-Funktion

Die Funktion SumProduct (deutsch SUMMENPRODUKT) multipliziert die einander entsprechenden Komponenten der angegebenen Matrizen und gibt die Summe dieser Produkte zurück.

Syntax

```
SumProduct(Matrix1, Matrix2, Matrix3 ...)
```

Die Argumente Matrix1, Matrix2 ... sind 2 bis 30 Matrizen, deren Komponenten Sie zunächst multiplizieren und anschließend addieren möchten.

Beispiel

Das Beispiel aus Listing 4.34 summiert *Tabelle14*. Dabei werden die beiden Spalten A (*Menge*) und Spalte B (*Preis*) direkt miteinander ausmultipliziert.

```
Sub SumProduct_Beispiel()
 Dim Wsf As WorksheetFunction
 Dim Bereich1 As Range
```

```
Dim Bereich2 As Range

Set Wsf = Application.WorksheetFunction
Set Bereich1 = Sheets("Tabelle14").Range("A2:A5")
Set Bereich2 = Sheets("Tabelle14").Range("B2:B5")
MsgBox Wsf.SumProduct(Bereich1, Bereich2)
End Sub
```

Listing 4.34 Matrizen miteinander multiplizieren und addieren über die Funktion »SumProduct«

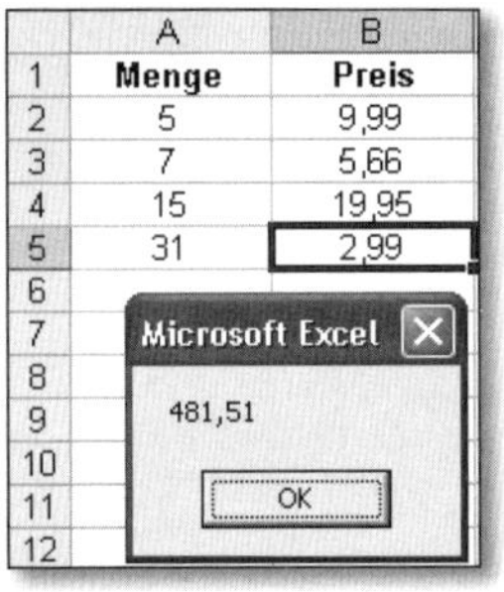

Abbildung 4.14 Das Gesamtergebnis kann über eine Funktion ermittelt werden.

Verwandte Funktionen

Verwandte Funktionen sind: Sum, Product, MMult.

4.36   »VLookUp«-Funktion

Mit der Funktion VLookUp (deutsch SVERWEIS) können Sie einen Wert über einen Suchbegriff aus einem Datenbereich ermitteln und ausgeben.

Syntax

```
VLookUp(Suchkriterium, Matrix, Spaltenindex, Bereich_Verweis)
```

Argument	Beschreibung
Suchkriterium	Das ist der Wert, der in der ersten Matrixspalte gefunden werden soll.
Matrix	Ein Wert, ein Bezug oder eine Textzeichenfolge. Das Argument Matrix ist die Tabelle mit Informationen, in der die Daten gesucht werden.

Argument	Beschreibung
Spaltenindex	Das ist die Spaltennummer in Matrix, aus der der entsprechende Wert zurückgegeben werden muss. Ein Spaltenindex von 1 gibt den Wert der ersten Spalte in Matrix zurück; ein Spaltenindex von 2 gibt den Wert der zweiten Spalte von Matrix zurück.
Bereich_Verweis	Wenn dieses Argument True ist, müssen die Werte in der ersten Spalte von Matrix in aufsteigender Reihenfolge angeordnet werden. Wenn Bereich_Verweis den Wert False aufweist, muss die Tabelle nicht sortiert vorliegen.

Beispiel

Im Beispiel aus Listing 4.35 wird in *Tabelle15* aus einem Datenbereich ein bestimmter Wert mit der Funktion VLookUp herausgesucht.

```
Sub VLookUpBeispiel()
 Dim Wsf As WorksheetFunction
 Dim Bereich As Range

 Set Wsf = Application.WorksheetFunction
 Set Bereich = Sheets("Tabelle15").Range("A2:C8")
 MsgBox _
 Wsf.VLookup("6789K4", Bereich, 2, False) & _
 " --> " & _
 Wsf.VLookup("6789K4", Bereich, 3, False)
End Sub
```

Listing 4.35 Werte aus einer Matrix herauslesen über die Funktion »VLookUp«

Abbildung 4.15 Der richtige Wert mit den dazugehörigen Daten wurde gefunden.

Verwandte Funktionen

Verwandte Funktionen sind: HLookUp, LookUp, Match, Index.

Kapitel 5
Sprachelemente

Jede Programmiersprache hat einen bestimmten Vorrat an Sprach-
elementen wie beispielsweise Schleifen und Bedingungen. Diese
Elemente helfen, Programmabläufe bestmöglich umzusetzen.

Das Wesentliche, was eine Programmiersprache ausmacht, sind ihre Sprachelemente. In diesem Kapitel erfahren Sie, wie Sie mit Hilfe von Abfragen, Schleifen und anderen Anweisungen Ihre Programme flexibel gestalten können. Diese Sprachelemente lassen sich nicht mit dem Makrorekorder aufzeichnen und müssen von Ihnen selbst erstellt werden. Der richtige Einsatz der Sprachelemente macht letztendlich die Kunst der Programmierung aus.

5.1 »If-«Verzweigung

Mit Verzweigungen können Sie in Excel bestimmte Zustände abfragen und je nach Zustand anders reagieren. Jede Verzweigung hat eine oder mehrere Bedingungen, dann einen Zweig, der eintritt, wenn die Bedingung zutrifft, und einen Zweig, der abgearbeitet wird, wenn die Bedingung nicht zutrifft.

Bei den Verzweigungen kann unter zwei Formen unterschieden werden:

Syntax Normalform

```
IF Bedingung Then Aktion1 Else Aktion2
```

Syntax Blockform

```
If Bedingung Then
  Aktion1
  Aktion1b
  Aktion1c
Else
  Aktion2
  Aktion2a
End if
```

Verwenden Sie die Blockform, können Sie mehrere Schritte nacheinander durchführen. Dabei müssen Sie aber beachten, dass Sie die Anweisung mit einem `End If` abschließen müssen.

Beispiele

Das Beispiel aus Listing 5.1 prüft, ob der aktuelle Tag ein Wochentag ist oder auf ein Wochenende fällt.

```
Sub If_Bespiel()
 If Weekday(Date) = 1 Or Weekday(Date) = 7 Then
  MsgBox "Wochenende:  " & WeekdayName(Weekday(Date))
 Else
  MsgBox "Wochentag: " & WeekdayName(Weekday(Date))
 End If
End Sub
```

Listing 5.1 Bedingungen prüfen über die »If«-Abfrage

Im nächsten Beispiel aus Listing 5.2 werden gleich mehrere Bedingungen geprüft. Zuerst wird überprüft, ob die aktive Zelle leer ist. Wenn nicht, dann wird abgefragt, ob in die Zelle einen numerischen Wert enthält oder nicht.

```
Sub If_Beispiel2()
 If IsEmpty(ActiveCell) Then
   MsgBox "Die Zelle " & _
   ActiveCell.Address & " ist leer"
 Else
  MsgBox "Zelle " & ActiveCell.Address & _
  " enthält den Wert: " & ActiveCell.Value
  If IsNumeric(ActiveCell) Then
   MsgBox "Zelle enthält einen numerischen Wert!"
  Else
   MsgBox "Zelle enthält keinen numerischen Wert!"
  End If
 End If
End Sub
```

Listing 5.2 Mehrere Überprüfungen über »If«-Abfragen durchführen

Neben den Funktionen `IsEmpty` und `IsNumeric` gibt es weitere Prüffunktionen, die Sie Tabelle 5.1 entnehmen können.

Funktion	Beschreibung
IsEmpty	Gibt einen Wert vom Typ Boolean zurück, der angibt, ob eine Variable initialisiert wurde.
IsArray	Gibt einen Wert vom Typ Boolean zurück, der angibt, ob eine Variable ein Datenfeld ist.
IsDate	Gibt einen Wert vom Typ Boolean zurück, der angibt, ob ein Ausdruck in ein Datum umgewandelt werden kann.
IsError	Gibt einen Wert vom Typ Boolean zurück, der angibt, ob ein Ausdruck ein Fehlerwert ist.
IsNull	Gibt einen Wert vom Typ Boolean zurück, der angibt, ob ein Ausdruck keine gültigen Daten enthält (Null-Wert).
IsNumeric	Gibt einen Wert vom Typ Boolean zurück, der angibt, ob ein Ausdruck als Zahl ausgewertet werden kann.
IsObject	Gibt einen Wert vom Typ Boolean zurück, der angibt, ob ein Bezeichner eine Objektvariable darstellt.

Tabelle 5.1 Die Prüffunktionen von Excel

5.2   »IIf«-Verzweigung

Neben der Verzweigung If ... Then ... Else gibt es eine weitere Möglichkeit, um Werte zu überprüfen. Die Funktion lautet IIf.

Syntax

```
IIf(expr, truepart, falsepart)
```

Argument	Beschreibung
expr	Geben Sie den auszuwertenden Ausdruck an.
truepart	Liefert den zurückgegebenen Wert oder Ausdruck, wenn expr den Wert True ergibt.
falsepart	Stellt den zurückgegebenen Wert oder Ausdruck dar, wenn expr den Wert False liefert.

Die Funktion IIf wertet immer sowohl den Teil truepart als auch den Teil falsepart aus, auch dann, wenn nur einer von beiden Teilen zurückgegeben wird.

Beispiel

Im Beispiel aus Listing 5.3 überprüfen Sie den Inhalt einer Zelle. Sofern der Inhalt numerisch ist, schreiben Sie in die Nebenzelle den Text »Numerisch«. Sollte es sich um einen Text handeln, dann schreiben Sie in die Nebenzelle den Text »Alphanumerisch«.

```
Sub IIf_Beispiel()
 ActiveCell.Offset(0, 1).Value = _
 IIf(IsNumeric(ActiveCell), _
 "Numerisch", "Alphanumerisch")
End Sub
```

Listing 5.3 Wert prüfen über die Funktion »IIf«

5.3   »Select Case«-Anweisung

Die Select Case-Anweisung führt eine von mehreren Gruppen von Anweisungen aus, abhängig vom Wert eines Ausdrucks.

Syntax

```
Select Case Testausdruck
[Case Bedingung(en)
[Anweisungen-n]] ...
[Case Else
[elseAnw]]
End Select
```

Argument	Beschreibung
Testausdruck	Erforderlich. Ein beliebiger numerischer Ausdruck oder Zeichenfolgenausdruck
Bedingung(en)	Erforderlich. Hier formulieren Sie die Bedingung.
Anweisungen-n	Optional. Eine oder mehrere Anweisungen, die ausgeführt werden, wenn Testausdruck mit irgendeinem Teil in Bedingungen übereinstimmt

Argument	Beschreibung
elseAnw	Optional. Eine oder mehrere Anweisungen, die ausgeführt werden, wenn Testausdruck mit keinem der Ausdrücke im Case-Abschnitt übereinstimmt

Folgende Bedingung(en) sind dabei möglich:

Bedingungen	Beschreibung
<	kleiner als
<=	kleiner oder gleich
>	größer als
>=	größer oder gleich
=	gleich
<>	ungleich
to	Werte, die in einem bestimmten Bereich liegen
is, like	Entspricht einem Wert oder Text.

Tabelle 5.2 Die möglichen Bedingungen

Beispiele

Das Beispiel aus Listing 5.4 wertet eine Zahl aus der aktiven Zelle aus. Je nach Wert wird die Zelle mit einem farbigen Hintergrund belegt.

```
Sub SelectCase_Beispiel()
  Select Case ActiveCell.Value
   Case 1 'schwarz
     ActiveCell.Interior.ColorIndex = 1
   Case 2 'weiß
     ActiveCell.Interior.ColorIndex = 2
   Case 3 'rot
     ActiveCell.Interior.ColorIndex = 3
   Case 4 'hellgrün
     ActiveCell.Interior.ColorIndex = 4
   Case 5 'blau
     ActiveCell.Interior.ColorIndex = 5
   Case 6 'gelb
     ActiveCell.Interior.ColorIndex = 6
   Case 7 'violett
```

```
      ActiveCell.Interior.ColorIndex = 7
    Case 8 'hellblau
      ActiveCell.Interior.ColorIndex = 8
    Case 9 'braun
      ActiveCell.Interior.ColorIndex = 9
    Case 10 'dunkelgrün
      ActiveCell.Interior.ColorIndex = 10
    Case Else
      ActiveCell.Interior.ColorIndex = _
      xlColorIndexNone
  End Select
End Sub
```

Listing 5.4 Farben zuordnen mit Hilfe der »Select Case«-Anweisung

Das Makro aus Listing 5.5 ermittelt die Excel-Version eines Anwenders.

```
Sub SelectCase_Beispiel2()
 MsgBox Application.Version
    Select Case Left(Application.Version, 1)
      Case "8"
        MsgBox "Excel 97"
      Case "9"
        MsgBox "Excel 2000"
      Case "1"
        Select Case Left(Application.Version, 2)
        Case "10"
        MsgBox "Excel 2002"
        Case "11"
        MsgBox "Excel 2003"
        Case "12"
        MsgBox "Excel 2007"
        Case "14"
        MsgBox "Excel 2010"
        Case "15"
        MsgBox "Excel 2013"
        Case Else
        MsgBox "Unbekannte Version von Excel"
        End Select
      Case Else
        MsgBox "Unbekannte Version von Excel"
    End Select
 End Sub
```

Listing 5.5 Aktuelle Excel-Version abfragen mit einer »Select Case«-Anweisung

5.4 »For ... Next«-Schleife

Sie können die Schleife For ... Next verwenden, um einen Block von Anweisungen eine unbestimmte Anzahl von Wiederholungen ausführen zu lassen. For ... Next-Schleifen verwenden eine Zählervariable, deren Wert mit jedem Schleifendurchlauf erhöht oder verringert wird. Sie brauchen daher nicht daran zu denken, den Zähler selbst hoch- oder herunterzusetzen.

Syntax

```
For Zähler = Anfang To Ende [Step Schritt]
[Anweisungen]
[Exit For]
[Anweisungen]
Next [Zähler]
```

Argument	Beschreibung
Zähler	Erforderlich; besteht aus einer numerischen Variablen, die als Schleifenzähler dient.
Anfang	Repräsentiert den Startwert von Zähler.
Ende	Legt den Endwert von Zähler fest. Das Argument Schritt ist optional. Hier können Sie den Betrag bestimmen, um den Zähler bei jedem Schleifendurchlauf verändert wird. Falls Sie keinen Wert angeben, ist die Voreinstellung 1.
Anweisungen	Dort stehen eine oder mehrere Anweisungen zwischen For und Next, die so oft wie angegeben ausgeführt werden.
Exit For	Innerhalb einer Schleife können Sie eine beliebige Anzahl von Exit For-Anweisungen an beliebiger Stelle als alternative Möglichkeit zum Verlassen der Schleife verwenden.

Beispiele

Das Beispiel aus Listing 5.6 fügt mit Hilfe der For-Next-Schleife neue Tabellenblätter in eine neue Arbeitsmappe ein.

```
Sub ForNext_Beispiel()
  Dim i As Integer

  Workbooks.Add
  For i = 1 To 50
```

```
      Worksheets.Add
  Next i
End Sub
```

Listing 5.6 »For … Next«-Schleife zum Einfügen von Tabellen einsetzen

Im Beispiel aus Listing 5.7 wird die For-Next-Schleife eingesetzt, um in einer Tabelle jede zweite Zeile auszublenden.

```
Sub ForNext_Beispiel2()
  Dim i As Integer

    For i = 1 To 20 Step 2
        Rows(i).Hidden = True
    Next i
End Sub
```

Listing 5.7 Mit der »For … Next«-Schleife Zeilen ausblenden

5.5   »For Each … Next«-Schleife

Die Schleife For Each … Next wiederholt eine Gruppe von Anweisungen für jedes Element in einem Datenfeld oder einer Auflistung.

Syntax

```
For Each Element In Gruppe
[Anweisungen]
[Exit For]
[Anweisungen]
Next [Element]
```

Argument	Beschreibung
Element	Stellt die Variable zum Durchlauf durch die Elemente der Auflistung oder des Datenfeldes dar. Bei Auflistungen ist für Element nur eine Variable vom Typ Variant, eine allgemeine Objektvariable oder eine beliebige spezielle Objektvariable zulässig. Bei Datenfeldern darf Element nur eine Variable vom Typ Variant sein.
Gruppe	Steht für den Namen einer Objektauflistung oder eines Datenfeldes.
Anweisungen	Ist optional und führt eine oder mehrere Anweisungen durch, die für jedes Element in Gruppe ausgeführt werden sollen.

Beispiele

Das Beispiel aus Listing 5.8 überprüft alle markierten Zellen. Enthält eine Zelle den Wert 0, dann wird ihr Inhalt gelöscht.

```
Sub ForEachNext_Beispiel()
 Dim Zelle As Range

 For Each Zelle In Selection
   If Zelle.Value = 0 Then Zelle.ClearContents
 Next Zelle
End Sub
```

Listing 5.8 Alle Zellen in Markierung über die Schleife »For Each … Next« abarbeiten

Das Beispiel aus Listing 5.9 verarbeitet alle Tabellen, die sich in einer Arbeitsmappe befinden. Dabei werden die Namen der einzelnen Tabellen ermittelt und in das Direktfenster der Entwicklungsumgebung geschrieben.

```
Sub ForEachNext_Beispiel2()
 Dim Tabelle As Worksheet

 For Each Tabelle In ActiveWorkbook.Worksheets
   Debug.Print Tabelle.Name
 Next Tabelle
End Sub
```

Listing 5.9 Alle Tabellen einer Mappe über die Schleife »For Each … Next« abarbeiten

Abbildung 5.1 Alle Tabellennamen einer Mappe wurden ermittelt.

5.6   »Do Until … Loop«-Scheife

Die Do Until … Loop-Schleife wiederholt einen Block mit Anweisungen, solange eine Bedingung den Wert True erhält. Die Bedingung wird jeweils am **Ende** der Schleife geprüft. Als Abbruchbedingung können Sie alles Mögliche abfragen; legen Sie z. B. eine Abbruchbedingung fest, wenn ein bestimmter Wert erreicht ist oder eine Zelle einen bestimmten Text aufweist. Wiederholen Sie eine solche Schleife beispielsweise so oft, wie die Zellenformatierung der Zellen sich nicht ändert.

Syntax

```
Do [{Until} Bedingung]
[Anweisungen]
[Exit Do]
[Anweisungen]
Loop
```

Argument	Beschreibung
Bedingung	Stellt einen numerischen Ausdruck oder Zeichenfolgenausdruck dar, der entweder True oder False ergibt. Liefert die Bedingung den Wert 0, so wird die Bedingung als False interpretiert.
Anweisungen	eine oder mehrere Anweisungen, die wiederholt werden, solange oder bis Bedingung durch True erfüllt ist
Exit Do	Innerhalb einer Do Until ... Loop-Anweisung können Sie eine beliebige Anzahl von Exit Do-Anweisungen an beliebiger Stelle als Alternative zum normalen Verlassen einer Do...Loop-Anweisung verwenden. Exit Do wird oft in Zusammenhang mit der Auswertung einer Bedingung (zum Beispiel If ... Then) eingesetzt und hat zur Folge, dass die Ausführung mit der ersten Anweisung im Anschluss an Loop fortgesetzt wird.

Beispiele

Im Beispiel aus Listing 5.10 wird eine Datumszeile von links nach rechts abgearbeitet, und zwar so lange, bis das aktuelle Tagesdatum dem Datum auf der Zeitleiste entspricht.

```
Sub DoUntilLoop_Beispiel()
 Dim heutDat As Date
 Dim i  As Integer

 heutDat = Cells(1, 1).Value
 i = 1
   Do Until Date = Sheets("Tabelle1").Cells(2, i).Value
     i = i + 1
   Loop
 Cells(2, i).Select
End Sub
```

Listing 5.10 Die Schleife »Do Until« einsetzen, um einen bestimmten Wert zu finden

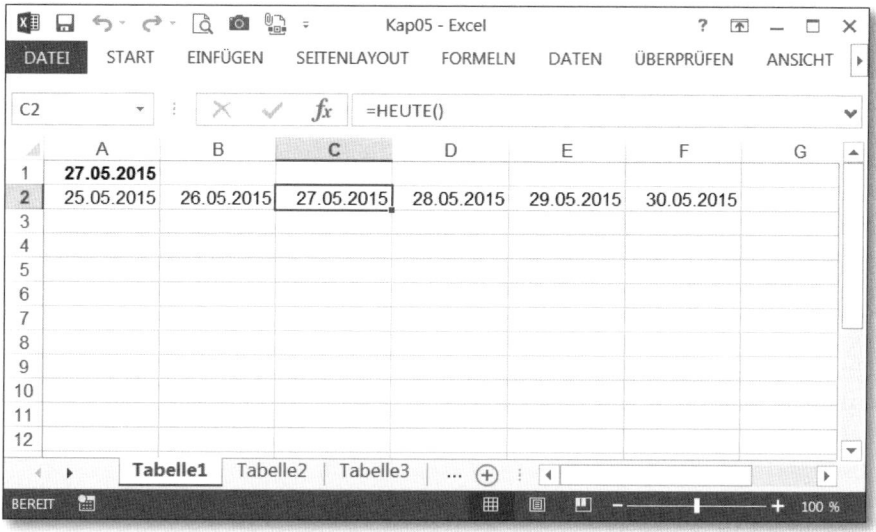

Abbildung 5.2 Das aktuelle Tagesdatum wird gesucht.

Das Beispiel aus Listing 5.11 überträgt die Daten einer Tabelle in eine andere Tabelle.

```
Sub DoUntilLoop_Beispiel2()
 Dim Tab1 As Worksheet
 Dim Tab2 As Worksheet
 Dim L As Long
 Dim i As Long

 Set Tab1 = ActiveWorkbook.Worksheets("Tabelle2")
 Set Tab2 = ActiveWorkbook.Worksheets("Tabelle3")
 Tab2.Cells(1, 1).Value = "Überschrift1"
 Tab2.Cells(1, 2).Value = "Überschrift2"
 L = 2
 Do Until L = Tab1.UsedRange.Rows.Count
   Tab2.Cells(Tab2.UsedRange.Rows.Count + 1, 1).Value _
   = Tab1.Cells(L, 1).Value
   Tab2.Cells(Tab2.UsedRange.Rows.Count, 2).Value = _
   Tab1.Cells(L, 2).Value
   L = L + 1
 Loop
End Sub
```

Listing 5.11 Datensätze übertragen mit Hilfe einer »Do Until«-Schleife

5.7   »Do While ... Loop«-Schleife

Die Do While ... Loop-Schleife wiederholt einen Block mit Anweisungen, solange eine
Bedingung den Wert True erhält. Die Prüfung der angegebenen Bedingung erfolgt
immer zu **Beginn** der Schleife. Als Abbruchbedingung können Sie alles Mögliche
abfragen; legen Sie z. B. eine Abbruchbedingung fest, wenn ein bestimmter Wert
erreicht ist oder eine Zelle einen bestimmten Text aufweist.

Syntax

```
Do [{While} Bedingung]
[Anweisungen]
[Exit Do]
[Anweisungen]
Loop
```

Argument	Bedingung
Bedingung	Stellt einen numerischen Ausdruck oder Zeichenfolgenausdruck dar, der entweder True oder False ergibt. Liefert die Bedingung den Wert 0, so wird die Bedingung als False interpretiert.
Anweisungen	eine oder mehrere Anweisungen, die wiederholt werden, solange oder bis die Bedingung True erfüllt ist
Exit Do	Innerhalb einer Do While ... Loop-Anweisung können Sie eine beliebige Anzahl von Exit Do-Anweisungen an beliebiger Stelle als Alternative zum Verlassen einer Do ... Loop-Anweisung verwenden. Exit Do wird oft in Zusammenhang mit der Auswertung einer Bedingung (zum Beispiel If ... Then) eingesetzt und hat zur Folge, dass die Ausführung mit der ersten Anweisung im Anschluss an Loop fortgesetzt wird.

Beispiele

Beim Beispiel aus Listing 5.12 wird eine Tabelle von oben nach unten abgearbeitet. Es
werden dabei nur Zahlenwerte summiert, die größer als 100 sind.

```
Sub DoWhileLoop_Beispiel()
 Dim summe As Long
 Dim i As Long
 Const Grenzwert = 100

  i = 1
```

```
  Do While Cells(i, 1).Value <> ""
     If Cells(i, 1).Value > Grenzwert _
     Then summe = summe + Cells(i, 1).Value
     i = i + 1
  Loop
  i = i + 2
  Cells(i, 1).Value = summe
  With Cells(i, 1).Font
   .Bold = True
   .Underline = True
  End With
End Sub
```

Listing 5.12 Zeilen abarbeiten über eine »Do While«-Schleife

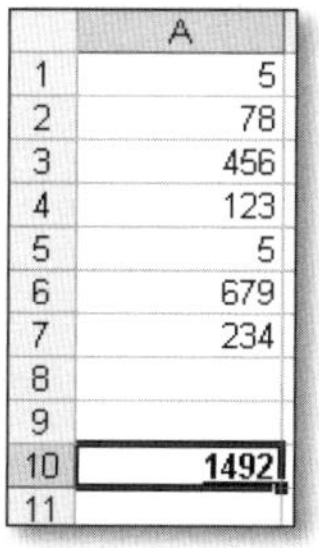

	A
1	5
2	78
3	456
4	123
5	5
6	679
7	234
8	
9	
10	**1492**
11	

Abbildung 5.3 Die Werte größer 100 wurden summiert.

Im Beispiel aus Listing 5.13 werden die Namen von Dateien aus einem bestimmten Verzeichnis in eine Excel-Tabelle eingelesen.

```
Sub DoWhileLoop_Beispiel2()
 Dim s As String
 Dim Pfad As String
 Dim i As Integer

 Pfad = "C:\Eigene Dateien\"
 i = 1
 s = Dir(Pfad)
  Do While s <> ""
    Sheets("Tabelle5").Cells(i, 1).Value = s
    i = i + 1
    s = Dir()
  Loop
End Sub
```

Listing 5.13 Dateien auslesen mit einer »Do While«-Schleife

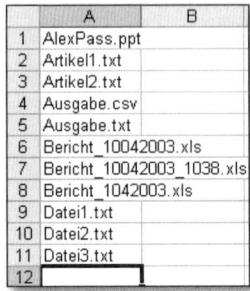

Abbildung 5.4 Dateien aus einem Verzeichnis in einer Tabelle auflisten

Kapitel 6
»Application«-Objekt

Das Objekt »Application« ist das oberste Objekt in der Hierarchie der Excel-Objekte. Über dieses Objekt lassen sich Excel-Einstellungen anpassen.

In Tabelle 6.1 sehen Sie das Objekt Application, das die höchste Einordnung im Objektmodell von Excel einnimmt.

Objekt	Verwendung
Workbook	komplette Arbeitsmappe
AddIn	ein Add-In
Answer	Antwort-Assistent
AutoCorrect	Autokorrektur
Assistant	Office-Assistent
AutoRecover	automatische Wiederherstellungsfunktion einer Arbeitsmappe
CellFormat	Suchkriterien für ein Zellenformat
COMAddIn	COMAddIn-Objekt
Debug	Testumgebung
Dialog	integriertes Dialogfeld
CommandBar	Menü- oder Symbolleisten
ErrorCheckingOptions	Optionen zur Fehlerprüfung
LanguageSettings	Spracheinstellungen
Name	Name der Applikation

Tabelle 6.1 Die untergeordneten Objekte von »Application«

Objekt	Verwendung
Window	Fenster der Anwendung
WorksheetFunction	Tabellenfunktion
RecentFile	Liste der zuletzt verwendeten Dateien
SmartTagRecognizers	Erkennung von SmartTags
Speech	Spracheigenschaften
SpellingOptions	Rechtschreibprüfung
FileSearch	standardisierte Dateisuche
VBE	Zugriff auf Entwicklungsumgebung
ODBCError	Fehlerbeschreibung bei ODBC-Zugriff
OLEDBError	Fehlerbeschreibung bei OLEDB-Zugriff
DefaultWebOptions	webbasierte Einstellungen
UsedObjects	benutzte Objekte einer Mappe
Watch	Überwachungsfenster (ab Excel 2003)

Tabelle 6.1 Die untergeordneten Objekte von »Application« (Forts.)

6.1 »Applications«-Eigenschaften

6.1.1 »ActiveCell«-Eigenschaft

Die Eigenschaft ActiveCell gibt die aktive Zelle zurück.

Beispiel

Das Beispiel aus Listing 6.1 gibt die aktuell markierte Adresse sowie den Inhalt dieser Zelle am Bildschirm aus.

```
Sub Activecell_Beispiel()
 MsgBox ActiveCell.Address
 MsgBox ActiveCell.Value
End Sub
```

Listing 6.1 Die aktive Zelle ermitteln und auslesen

6.1.2 »ActiveChart«-Eigenschaft

Die Eigenschaft ActiveChart stellt das aktive Diagramm (entweder ein eingebettetes Diagramm oder ein Diagrammblatt) dar.

Beispiel

Das Beispiel aus Listing 6.2 gibt den Namen sowie den Speicherort des markierten Diagrammobjekts zurück.

```
Sub ActiveChart_Beispiel()
 MsgBox ActiveChart.Name
End Sub
```

Listing 6.2 Namen des Diagramms ermitteln

6.1.3 »ActivePrinter«-Eigenschaft

Über die Eigenschaft ActivePrinter ermitteln können Sie den Namen des aktuell eingestellten Druckers.

Beispiel

```
Sub ActivePrinter_Beispiel()
 MsgBox Application.ActivePrinter
End Sub
```

Listing 6.3 Den Namen des eingestellten Standarddruckers ausgeben

6.1.4 »ActiveSheet«-Eigenschaft

Die Eigenschaft ActiveSheet gibt den Namen der aktiven Tabelle bzw. das aktive Diagrammblatt zurück oder legt ihn fest.

Beispiel

Im Beispiel aus Listing 6.4 wird der Namen der aktiven Tabelle festgelegt.

```
Sub ActiveSheet_Beispiel()
 ActiveSheet.Name = "Tabelle1"
End Sub
```

Listing 6.4 Die aktive Tabelle umbenennen

6.1.5 »ActiveWindow«-Eigenschaft

Über die Eigenschaft ActiveWindow sprechen Sie das aktive Fenster an.

Beispiel

Das Beispiel aus Listing 6.5 erstellt ein neues Fenster auf Basis des aktiven Fensters, also eine Kopie.

```
Sub ActiveWindow_Beispiel()
 ActiveWindow.NewWindow
End Sub
```

Listing 6.5 Ein neues Fenster erstellen

6.1.6   »ActiveWorkbook«-Eigenschaft

Über die Eigenschaft ActiveWorkbook sprechen Sie die aktive Arbeitsmappe an.

Beispiel

Das Beispiel aus Listing 6.6 gibt den Namen sowie den Speicherpfad der aktiven Arbeitsmappe aus.

```
Sub Activeworkbook_Beispiel()
 MsgBox ActiveWorkbook.FullName
End Sub
```

Listing 6.6 Namen und Speicherpfad der aktiven Mappe ermitteln

6.1.7   »AddIns«-Eigenschaft

Die Eigenschaft AddIns gibt eine Add-Ins-Auflistung zurück, die alle im Dialogfeld ADD-INS (Menü EXTRAS) aufgeführten Add-Ins darstellt.

Das Beispiel aus Listing 6.7 gibt alle derzeit aktivierten Add-Ins im Direktfenster der Entwicklungsumgebung aus.

```
Sub AddIns_Beispiel()
Dim Addi As AddIn

For Each Addi In Application.AddIns
 If Addi.Installed = True Then
  Debug.Print Addi.Name
 End If
Next Addi
End Sub
```

Listing 6.7 Alle installierten Add-Ins ermitteln

6.1.8   »AlertBeforeOverwriting«-Eigenschaft

Die Eigenschaft `AlertBeforeOverwriting` meldet den Wert `True`, wenn Microsoft Excel eine Meldung einblenden soll, bevor nicht leere Zellen während einer Drag-and-Drop-Operation überschrieben werden.

Beispiel

Das Beispiel aus Listing 6.8 schaltet diese Eigenschaft aus.

```
Sub AlertBeforeOverwriting_Beispiel()
 Application.AlertBeforeOverwriting = False
End Sub
```

Listing 6.8 Meldung beim Überschreiben von Zellen bei Drag & Drop ausschalten

6.1.9   »AltStartupPath«-, »StartUpPath«-Eigenschaft

Die Eigenschaft `AltStartupPath` gibt den Namen des alternativen Startordners zurück bzw. legt diesen fest. Alle Excel-Mappen, die in diesem Ordner gespeichert sind, werden beim Starten von Excel automatisch geöffnet.

Die Eigenschaft `StartUpPath` gibt den vollständigen Pfad des Startordners ohne das abschließende Trennzeichen zurück.

Beispiel

Beim Beispiel aus Listing 6.9 wird ein zusätzlicher Startordner festgelegt.

```
Sub AltStartupPath_Beispiel()
 Application.AltStartupPath = "C:\Wichtig"
End Sub
```

Listing 6.9 Einen Zusatzstartordner festlegen

6.1.10   »AnswerWizard«-Eigenschaft

Die Eigenschaft `AnswerWizard` gibt das `AnswerWizard`-Objekt für Microsoft Excel zurück.

Beispiel

Das Beispiel aus Listing 6.10 setzt die Dateiliste des Antwort-Assistenten zurück.

```
Sub AnswerWizard_Beispiel()
 Application.AnswerWizard.ResetFileList
End Sub
```

Listing 6.10 Die Dateiliste des Antwort-Assistenten zurücksetzen

6.1.11   »ArbitraryXMLSupportAvailable«-Eigenschaft

Diese Eigenschaft steht ab Excel 2003 zur Verfügung und prüft, ob die XML-Features in Microsoft Excel verfügbar sind.

Beispiel

Das Beispiel aus Listing 6.11 überprüft, ob die XML-Features zur Verfügung stehen.

```
Sub ArbitraryXMLSupportAvailable_Beispiel()
  If Application.ArbitraryXMLSupportAvailable Then
   MsgBox "XML-Features verfügbar!"
  Else
   MsgBox "XML-Features nicht verfügbar!"
  End If
End Sub
```

Listing 6.11 XML-Features überprüfen

6.1.12   »AskToUpdateLinks«-Eigenschaft

Die Eigenschaft AskToUpdateLinks meldet den Wert True, wenn Microsoft Excel den Benutzer fragen soll, ob beim Öffnen von Dateien mit Verknüpfungen diese Verknüpfungen aktualisiert werden sollen. Wenn Sie den Wert False einstellen, werden Verknüpfungen automatisch ohne Dialogfeld aktualisiert.

Beispiel

Das Beispiel aus Listing 6.12 legt fest, dass beim Öffnen von verknüpften Dateien die Warnmeldung angezeigt werden soll.

```
Sub AskToUpdateLinks_Beispiel()
 Application.AskToUpdateLinks = True
End Sub
```

Listing 6.12 Datei-Verknüpfungsabfrage beim Öffnen anzeigen

6.1.13   »Assistant«-Eigenschaft

Die Eigenschaft Assistant gibt ein Assistant-Objekt für Microsoft Excel zurück.

Beispiel

Das Beispiel aus Listing 6.13 ruft die Onlinehilfe von Excel auf.

```
Sub Assistant_Beispiel()
 Application.Assistant.Help
End Sub
```

Listing 6.13 Onlinehilfe aufrufen

6.1.14 »AutoCorrect«-Eigenschaft

Die Eigenschaft AutoCorrect gibt ein AutoCorrect-Objekt zurück, das die Autokorrektur-Attribute darstellt.

Beispiel

Das Beispiel aus Listing 6.14 legt einen zusätzlichen Autokorrektureintrag an.

```
Sub AutoCorrect_Beispiel()
 With Application.AutoCorrect
    .AddReplacement "Sei", "Sie"
 End With
End Sub
```

Listing 6.14 Einen Autokorrektureintrag einfügen

6.1.15 »AutoFormatAsYouTypeReplaceHyperlinks«-Eigenschaft

Setzen Sie die Eigenschaft AutoFormatAsYouTypeReplaceHyperlinks auf den Wert True, wenn Microsoft Excel Hyperlinks automatisch formatieren soll, während Sie diese eingeben. Wenn Sie dieser Eigenschaft den Wert False zuweisen, unterbleibt die automatische Formatierung.

Beispiel

Nach Aufruf des Beispiels aus Listing 6.15 wird die automatische Formatierung von Internetseiten und E-Mail-Adressen zukünftig unterbunden.

```
Sub AutoFormatAsYouTypeReplaceHyperlinks_Beispiel()
 Application.AutoFormatAsYouTypeReplaceHyperlinks = False
End Sub
```

Listing 6.15 Hyperlinkkonvertierung verhindern

6.1.16 »AutomationSecurity«-Eigenschaft

Die Eigenschaft AutomationSecurity gibt eine MsoAutomationSecurity-Konstante zurück oder legt eine solche Konstante fest. Diese steht für den Sicherheitsmodus, den Microsoft Excel beim programmatischen Öffnen von Dateien verwendet.

Als Konstanten stehen folgende zur Verfügung:

Konstante	Beschreibung
msoAutomationSecurityByUI	Verwendet die Sicherheitseinstellung, die im Dialogfeld SICHERHEIT angegeben wurde.
msoAutomationSecurityForceDisable	Deaktiviert alle Makros in allen programm-gesteuert geöffneten Dateien, ohne Sicher-heitswarnungen anzuzeigen.
msoAutomationSecurityLow	Aktiviert alle Makros. Dies ist der Standard-wert beim Starten einer Anwendung.

Tabelle 6.2 Die Sicherheitskonstanten der Eigenschaft »AutomationSecurity«

Beispiel

Das Beispiel aus Listing 6.16 öffnet eine Mappe, die Makros enthält, ohne dass die Makros aktiviert werden.

```
Sub AutomationSecurity_Beispiel()
 Application.AutomationSecurity = _
 msoAutomationSecurityForceDisable
 Workbooks.Open("C:\Eigene Dateien\Mappe1.xls")
End Sub
```

Listing 6.16 Arbeitsmappe öffnen mit deaktivierten Makros

6.1.17 »AutoRecover«-Eigenschaft

Die Eigenschaft AutoRecover gibt ein AutoRecover-Objekt zurück, das in festgelegten Intervallen alle Dateiformate sichert.

Beispiel

Das Beispiel aus Listing 6.17 bestimmt als AutoRecover-Einstellung alle 10 Minuten.

```
Sub AutoRecover_Beispiel()
 Application.AutoRecover.Time = 10
End Sub
```

Listing 6.17 Die »AutoRecover«-Einstellungen vornehmen

Hinweis

Gültige Zeitintervalle liegen zwischen 1 und 120 Minuten.

6.1.18 »CalculateBeforeSave«-, »Calculation«-Eigenschaft

Setzen Sie die Eigenschaft CalculateBeforeSave auf den Wert True, um Arbeitsmappen vor dem Speichern neu zu berechnen.

Die Eigenschaft Calculation gibt die Berechnungsart zurück oder legt sie fest. Dazu stehen folgende Möglichkeiten zur Verfügung:

Konstante	Beschreibung
xlCalculationAutomatic	automatische Berechnung (Standardeinstellung)
xlCalculationManual	manuelle Berechnung
xlCalculationSemiautomatic	automatisch außer bei Mehrfachoperationen

Tabelle 6.3 Die Berechnungskonstanten der Eigenschaft »Calculation«

Beispiel

Beim folgenden Beispiel wurde bei einer etwas größeren Arbeitsmappe die Berechnungseigenschaft Calculation ausgeschaltet, um zügiger arbeiten zu können. Über die Eigenschaft CalculateBeforeSave wird die Mappe vor der Speicherung neu berechnet, also aktualisiert.

```
Sub CalculationBeforeSave_Beispiel()
  Application.Calculation = xlManual
  Application.CalculateBeforeSave = True
End Sub
```

Listing 6.18 Mappe wird vor dem Speichern neu berechnet.

6.1.19 »Caller«-Eigenschaft

Die Eigenschaft Caller gibt Informationen darüber zurück, wie Visual Basic aufgerufen wurde.

Beispiel

Das Beispiel aus Listing 6.19 prüft mit Hilfe der Eigenschaft Caller, welche Schaltfläche in einer Tabelle geklickt wurde. Dabei wird das Makro den beiden Schaltflächen zugewiesen.

```
Sub Caller_Beispiel()
 Select Case Application.Caller
    Case "Schaltfläche 2"
        MsgBox "Schaltfläche 2 geklickt!"
    Case "Schaltfläche 3"
```

```
        MsgBox "Schaltfläche 3 geklickt!"
  End Select
End Sub
```

Listing 6.19 Welche Schaltfläche wurde angeklickt?

6.1.20 »Caption«-Eigenschaft

Die Eigenschaft Caption legt den Namen in der Titelleiste des Microsoft-Excel-Hauptfensters fest bzw. gibt ihn zurück.

Beispiel

Das Beispiel aus Listing 6.20 passt den Namen des Titelfensters an.

```
Sub Caption_Beispiel()
  Application.Caption = "Referenz-Buch"
End Sub
```

Listing 6.20 Namen des Titelfensters anpassen

6.1.21 »CellDragAndDrop«-Eigenschaft

Die Eigenschaft CellDragAndDrop legt fest, ob Drag & Drop für Zellenbearbeitung zugelassen wird oder nicht.

Beispiel

Das Beispiel aus Listing 6.21 schaltet die Drag-and-Drop-Eigenschaft ab.

```
Sub CellDragAndDrop_Beispiel()
  Application.CellDragAndDrop = False
End Sub
```

Listing 6.21 Drag & Drop für Zellenbearbeitung abschalten

6.1.22 »CutCopyMode«-Eigenschaft

Die Eigenschaft CutCopyMode gibt den Status des Ausschneide- oder Kopiermodus zurück bzw. stellt diesen ein. Folgende Konstanten stehen zur Verfügung:

Rückgabewert	Beschreibung
False	Weder im Ausschneide- noch im Kopiermodus. Entfernt den Laufrahmen.

Tabelle 6.4 Die Konstanten der Eigenschaft »CutCopyMode«

Rückgabewert	Beschreibung
xlCopy	im Kopiermodus
xlCut	im Ausschneidemodus

Tabelle 6.4 Die Konstanten der Eigenschaft »CutCopyMode« (Forts.)

Beispiel

Im Beispiel in Listing 6.22 werden alle benutzten Zellen einer Tabelle kopiert und in einer anderen Tabelle eingefügt. Danach erfolgt die Deaktivierung des Laufrahmens, der nach dem Einfügen noch läuft.

```
Sub CutCopyMode_Beispiel()
 Tabelle2.UsedRange.Copy Destination:=Tabelle3.Range("A1")
 Application.CutCopyMode = False
End Sub
```

Listing 6.22 Laufrahmen nach dem Kopieren von Daten entfernen

6.1.23   »DecimalSeparator«-, »ThousandsSeparator«-, »UseSystemSeparators«-Eigenschaft

Die Eigenschaft DecimalSeparator gibt das als Dezimaltrennzeichen verwendete Zeichen als String-Wert zurück oder legt es fest.

Die Eigenschaft ThousandsSeparator gibt das als Tausendertrennzeichen verwendete Zeichen als String-Wert zurück oder legt es fest.

Über die Eigenschaft UseSystemSeparators bestimmen Sie, ob Sie die in der Systemsteuerung hinterlegten Einstellungen anwenden möchten.

Beispiel

Im Beispiel aus Listing 6.23 werden die Dezimaltrennzeichen sowie das Tausendertrennzeichen, wie es beispielsweise in der Schweiz üblich ist, eingestellt.

```
Sub DecimalSeparator_Beispiel()
 Application.DecimalSeparator = "."
 Application.ThousandsSeparator = ","
 Application.UseSystemSeparators = False
End Sub
```

Listing 6.23 Trennzeichen austauschen

6.1.24   »DefaultFilePath«-, »TemplatesPath«-Eigenschaft

Die Eigenschaft DefaultFilePath gibt den Standardpfad zurück, den Microsoft Excel beim Öffnen von Dateien verwendet, oder legt ihn fest.

Die Eigenschaft TemplatesPath gibt den lokalen Pfad zurück, unter dem Vorlagen gespeichert sind. Diese Eigenschaft kann nur abgefragt und nicht gesetzt werden.

Beispiel

Das Beispiel aus Listing 6.24 fragt den Standardpfad von Excel ab.

```
Sub DefaultFilePath_Beispiel()
 MsgBox Application.DefaultFilePath
End Sub
```

Listing 6.24 Den Standardpfad von Excel abfragen

6.1.25   »DefaultSaveFormat«-Eigenschaft

Die Eigenschaft DefaultSaveFormat gibt das Standardformat beim Speichern von Dateien zurück oder legt es fest. Wenn Sie beispielsweise standardmäßig Excel-Arbeitsmappen für eine ältere Excel-Version erstellen müssen, dann können Sie diese Eigenschaft einsetzen.

Beispiel

Das Beispiel aus Listing 6.25 stellt das Standardspeicherformat für Excel-Arbeitsmappen auf das neue Format ein.

```
Sub DefaultSaveFormat_Beispiel()
 Application.DefaultSaveFormat = xlOpenXMLWorkbook
End Sub
```

Listing 6.25 Das Standardspeicherformat in Excel einstellen

6.1.26   »DisplayAlerts«-Eigenschaft

Über die Eigenschaft DisplayAlerts schalten Sie Standardmeldungen von Excel temporär ein bzw. aus.

Beispiel

Das Beispiel in Listing 6.26 löscht die angegebene Tabelle. Damit keine Rückfrage erfolgt, wird die Standardmeldung für diesen Vorgang ausgeschaltet.

```
Sub DisplayAlerts_Beispiel()
 DisplayAlerts = False
```

```
  Sheets("Tabelle3").Delete
  DisplayAlerts = True
End Sub
```

Listing 6.26 Standardmeldungen in Excel unterdrücken

6.1.27   »DisplayClipboardWindow«-Eigenschaft

Über die Eigenschaft DisplayClipboardWindow können Sie die Zwischenablage von Office anzeigen, indem Sie diese Eigenschaft auf den Wert True setzen.

6.1.28   »DisplayCommentIndicator«-, »DisplayNoteIndicator«-Eigenschaft

Über die Eigenschaft DisplayCommentIndicator legen Sie fest, wie Zellenkommentare und Indikatoren (rotes Dreieck) in Excel angezeigt werden. Folgende Konstanten stehen dabei zur Verfügung:

Konstante	Beschreibung
xlNoIndicator	Es wird kein Indikator angezeigt.
xlCommentIndicatorOnly	Es wird nur der Indikator angezeigt.
xlCommentAndIndicator	Es werden der Indikator sowie das Kommentarfester angezeigt.

Tabelle 6.5 Die Konstanten der Eigenschaft »DisplayCommentIndicator«

Über die Eigenschaft DisplayNoteIndicator legen Sie fest, ob Indikatoren (rotes Dreieck) in Excel angezeigt werden sollen.

Beispiel

Beim Beispiel aus Listing 6.27 machen Sie es von einem bestimmten Zellinhalt abhängig, ob Kommentarfester und Indikator angezeigt werden oder nicht.

```
Sub DisplayCommentIndicator_Beispiel()
  If Sheets("Tabelle1").Range("A1").Value = 1 Then
    Application.DisplayCommentIndicator = xlNoIndicator
  Else
    Application.DisplayCommentIndicator = xlCommentAndIndicator
  End If
End Sub
```

Listing 6.27 Kommentarfenster und Indikator anzeigen

6.1.29 »DisplayFormulaBar«-, »DisplayStatusBar«-Eigenschaft

Über die Eigenschaft DisplayFormulaBar blenden Sie die Bearbeitungsleiste von Excel ein (True) oder aus (False).

Über die Eigenschaft DisplayStatusBar blenden Sie die Statusleiste von Excel ein (True) oder aus (False).

6.1.30 »DisplayFullScreen«-Eigenschaft

Über die Eigenschaft DisplayFullScreen zeigen Sie in Excel im Vollbildmodus an (True) oder stellen die Normalansicht ein (False).

6.1.31 »DisplayFunctionToolTips«-Eigenschaft

Über die Eigenschaft DisplayFunctionToolTips zeigen Sie QuickInfos für Funktionen an (True) oder blenden sie aus (False).

6.1.32 »DisplayRecentFiles«-, »RecentFiles«-Eigenschaft

Über die Eigenschaft DisplayRecentFiles entscheiden Sie, ob Sie die Wiedervorlage-liste im Menü DATEI unten anzeigen (True) oder ausblenden (False) möchten.

Die Eigenschaft RecentFiles gibt eine Liste mit den zuletzt geöffneten Dateien zu-rück.

Beispiel

Das Beispiel aus Listing 6.28 gibt die Namen der zuletzt geöffneten Arbeitsmappen im Direktfenster der Entwicklungsumgebung aus.

```
Sub RecentFiles_Beispiel()
 Dim Rf As RecentFile

 For Each Rf In Application.RecentFiles
   Debug.Print Rf.Name
 Next Rf
End Sub
```

Listing 6.28 Die zuletzt geöffneten Dateien ermitteln

6.1.33 »DisplayScrollBars«-Eigenschaft

Die Eigenschaft DisplayScrollBars legt fest, ob die horizontalen und vertikalen Bild-laufleisten angezeigt (True) oder ausgeblendet (False) werden sollen.

> **Hinweis**
>
> Sollen die beiden Leistenarten (horizontal und vertikal) einzeln eingeblendet bzw. ausgeblendet werden können, dann stehen hierfür die Eigenschaften DisplayHorizontalScrollBar und DisplayVerticalScrollBar zur Verfügung.

6.1.34   »EditDirectlyInCell«-Eigenschaft

Über die Eigenschaft EditDirectlyInCell können Sie festlegen, ob in Microsoft Excel eine direkte Zellbearbeitung zugelassen werden soll oder nicht. Wenn Sie diese Eigenschaft auf den Wert False setzen, wird die direkte Zellbearbeitung deaktiviert, d. h., es ist danach nicht mehr möglich, über einen Doppelklick direkt in die Zelle zu springen.

6.1.35   »EnableAnimations«-Eigenschaft

Setzen Sie die Eigenschaft EnableAnimations auf den Wert True, wenn der Animationseffekt für Einfügen und Löschen aktiviert werden soll. Dadurch werden in das Arbeitsblatt eingefügte Zeilen und Spalten langsam eingeblendet; aus dem Arbeitsblatt gelöschte Zeilen und Spalten verschwinden langsam.

6.1.36   »EnableAutoComplete«-Eigenschaft

Über die Eigenschaft EnableAutoComplete aktivieren (True) oder deaktivieren (False) Sie die automatische Vervollständigung von bereits bekannten Wörtern in Zellen.

6.1.37   »EnableCancelKey«-Eigenschaft

Über die Eigenschaft EnableCancelKey deaktivieren Sie die normale Funktion der Taste Esc, die Unterbrechung eines laufenden Makros. Dazu stehen folgende Konstanten zur Verfügung:

Konstante	Beschreibung
xlDisabled	Das Drücken der Abbruchtaste wird nicht beachtet.
xlErrorHandler	Die Unterbrechung wird als Fehler an die momentan ausgeführte Prozedur gesendet. Dieser Fehler kann dort durch eine Fehlerbehandlungsroutine behandelt werden, die mit einer On Error GoTo-Anweisung festgelegt wurde. Der Fehlercode des auffangbaren Fehlers ist 18.

Tabelle 6.6 Die Konstanten der Eigenschaft »EnableCancelKey«

Konstante	Beschreibung
xlInterrupt	Die aktuelle Prozedur wird unterbrochen, und der Benutzer kann die Prozedur testen oder beenden.

Tabelle 6.6 Die Konstanten der Eigenschaft »EnableCancelKey« (Forts.)

6.1.38 »EnableEvents«-Eigenschaft

Über die Eigenschaft EnableEvents schalten Sie die Ereignissteuerung von Excel ein (True) oder aus (False).

6.1.39 »FileDialog«-Eigenschaft

Siehe dazu Kapitel 10, »Dialogprogrammierung«.

6.1.40 »FindFormat«-, »ReplaceFormat«-Eigenschaft

Über die Eigenschaft FindFormat können Sie die Suchkriterien für den Typ der zu suchenden Zellenformate ermitteln oder festlegen. Sie haben damit die Möglichkeit, nach Formatierungen zu suchen und diese dann über die Eigenschaft ReplaceFormat zu ersetzen.

Beispiel

Im Beispiel aus Listing 6.29 wird in der aktiven Tabelle nach einer bestimmten Formatierung gesucht und diese dann durch eine andere ersetzt.

```
Sub FindFormat_Beispiel()
 With Application.FindFormat.Font
    .Name = "Arial"
    .Size = 10
 End With
 With Application.ReplaceFormat.Font
    .Name = "Arial Narrow"
    .Size = 12
 End With
 Cells.Replace What:="", Replacement:="", _
 LookAt:=xlPart, SearchOrder:=xlByRows, _
 MatchCase:=False, SearchFormat:=True, _
 ReplaceFormat:=True
End Sub
```

Listing 6.29 Formate suchen und ersetzen

6.1.41   »FixedDecimal«-, »FixedDecimalPlaces«-Eigenschaft

Mit der Eigenschaft FixedDecimal werden alle eingegebenen Daten mit einer festen Anzahl an Dezimalstellen formatiert, die durch die FixedDecimalPlaces-Eigenschaft festgelegt wurde.

Beispiel

Das Beispiel aus Listing 6.30 teilt alle Eingaben von Zahlenwerten in Excel automatisch durch 1.000.

```
Sub FixedDecimal_Beispiel()
 Application.FixedDecimal = True
 Application.FixedDecimalPlaces = 3
End Sub
```

Listing 6.30 Daten mit fester Dezimalstellenanzahl formatieren

6.1.42   »Height«-, »Width«-, »Top«-, »Left«-Eigenschaft

Über die Eigenschaft Height legen Sie die Höhe des Anwendungsfensters fest oder fragen sie ab. Wenn das Fenster zum Symbol minimiert wurde, ist diese Eigenschaft schreibgeschützt und gibt die Höhe des Symbols an. Ist das Fenster maximiert, kann diese Eigenschaft nicht festgelegt werden.

Über die Eigenschaft Width legen Sie den Abstand zwischen dem linken und dem rechten Rand des Anwendungsfensters fest.

Die Eigenschaft Top liefert der Abstand vom oberen Rand des Bildschirms zum oberen Rand des Microsoft-Excel-Hauptfensters.

Die Eigenschaft Left liefert den Abstand von der linken Seite des Bildschirms zur linken Seite des Microsoft-Excel-Hauptfensters.

Beispiel

Das Beispiel aus Listing 6.31 ermittelt die Abmessungen des Anwendungsfensters.

```
Sub HeightWidth_Beispiel()
 MsgBox "Das Fenster hat die Abmessungen" & vbLf & _
 Application.Height & " auf " & Application.Width
End Sub
```

Listing 6.31 Die Abmessungen des Anwendungsfensters ermitteln

6.1.43   »IgnoreRemoteRequests«-Eigenschaft

Über die Eigenschaft IgnoreRemoteRequests können Sie DDE-Fernabfragen ignorieren. Setzen Sie dafür die Eigenschaft auf den Wert True.

6.1.44   »Interactive«-Eigenschaft

Über die Eigenschaft Interactive bringen Sie Microsoft Excel in den interaktiven Modus (True). Setzen Sie diese Eigenschaft auf False, so ignoriert Microsoft Excel jegliche Eingabe von Tastatur oder Maus. Sehr praktisch ist diese Eigenschaft, wenn während DDE-Abfragen, Web-Abfragen oder OLE-Automatisierungen keine Störungen zugelassen werden sollen.

6.1.45   »International«-Eigenschaft

Die Eigenschaft International gibt Informationen über die aktuellen landesspezifischen/regionalen und internationalen Einstellungen zurück. Diese Eigenschaft kann nicht gesetzt werden. Eine komplette Auflistung der Konstanten finden Sie in der Onlinehilfe von VBA.

Beispiel

Das Beispiel aus Listing 6.32 gibt den Ländercode sowie das Dezimaltrennzeichen der installierten Anwendung aus.

```
Sub International_Beispiel()
 MsgBox Application.International(xlCountryCode) & _
 vbLf & Application.International(xlListSeparator)
End Sub
```

Listing 6.32 Ländereinstellungen auslesen

6.1.46   »Iteration«-, »MaxChange«-, »MaxIteration«-Eigenschaft

Setzen Sie die Eigenschaft Iteration auf den Wert True, wenn Zirkelbezüge in Microsoft Excel durch Iteration aufgelöst werden sollen.

Die Eigenschaft MaxChange gibt die maximal zulässige Anzahl an Änderungen zwischen jeder Iteration beim Auflösen von Zirkularbezügen in Microsoft Excel zurück oder legt sie fest.

Die Eigenschaft MaxIteration gibt die maximale Anzahl von Iterationsschritten zurück, die bei der Auflösung von Zirkularbezügen durchlaufen werden können, oder legt sie fest.

6.1.47   »MailSystem«-Eigenschaft

Die Eigenschaft MailSystem gibt den Namen des Mailsystems zurück, das auf Ihrem Computer installiert ist.

Beispiel

Das Beispiel aus Listing 6.33 ermittelt das installierte Mailsystem.

```
Sub MailSystem_Beispiel()
  Select Case Application.MailSystem
     Case xlMAPI
         MsgBox "Mailsystem: Microsoft Mail"
     Case xlPowerTalk
         MsgBox "Mailsystem: PowerTalk"
     Case xlNoMailSystem
         MsgBox "Kein Mailsystem installiert!"
  End Select
End Sub
```

Listing 6.33 Installiertes Mailsystem ermitteln

6.1.48   »MemoryFree«-, »MemoryUsed«-Eigenschaft

Die Eigenschaft MemoryFree gibt die Größe des Arbeitsspeichers in Byte zurück, der Microsoft Excel noch zur Verfügung steht.

Die Eigenschaft MemoryUsed gibt den Arbeitsspeicherplatz in Byte zurück, den Microsoft Excel gegenwärtig verwendet.

6.1.49   »MouseAvailable«-Eigenschaft

Über der Eigenschaft MouseAvailable prüfen Sie, ob eine Maus am Computer angeschlossen ist. In diesem Fall gibt diese Eigenschaft den Wert True zurück.

6.1.50   »MoveAfterReturn«-, »MoveAfterReturnDirection«-Eigenschaft

Setzen Sie die Eigenschaft MoveAfterReturn auf den Wert True, wenn die aktive Zelle nach dem Drücken der Taste ⏎ verschoben werden soll.

Über die Eigenschaft MoveAfterReturnDirection legen Sie fest, wohin die aktive Zelle nach dem Drücken der Taste ⏎ verschoben wird. Dazu stehen folgende Richtungskonstanten zur Verfügung:

Konstante	Beschreibung
xlDown	Markierung wird nach unten verschoben.
xlToLeft	Markierung wird nach links verschoben.

Tabelle 6.7 Die Richtungskonstanten der Eigenschaft »MoveAfterReturnDirection«

Konstante	Beschreibung
xlToRight	Markierung wird nach rechts verschoben.
xlUp	Markierung wird nach oben verschoben.

Tabelle 6.7 Die Richtungskonstanten der Eigenschaft »MoveAfterReturnDirection« (Forts.)

6.1.51   »Name«-, »Names«-Eigenschaft

Über die Eigenschaft Name fragen Sie den Namen der Anwendung ab. So liefert die Anweisung MsgBox Application.Name das Ergebnis »Microsoft Excel«.

Über die Eigenschaft Names können Sie alle verwendeten Namen der Arbeitsmappe ermitteln und die genaue Zellenposition aufspüren.

Beispiel

Das Beispiel aus Listing 6.34 gibt alle Namen einer Mappe im Direktfenster der Entwicklungsumgebung aus.

```
Sub Names_Beispiel()
  Dim Namen As Name

  For Each Namen In Application.Names
    Debug.Print Namen.Value; vbTab; Namen.Name
  Next Namen
End Sub
```

Listing 6.34 Alle verwendeten Namen einer Arbeitsmappe ermitteln

6.1.52   »NetWorkTemplatePath«-Eigenschaft

Die Eigenschaft NetWorkTemplatePath gibt den Netzwerkpfad zurück, unter dem Vorlagen gespeichert sind. Existiert der Netzwerkpfad nicht, liefert die Eigenschaft eine leere Zeichenfolge zurück.

6.1.53   »OperatingSystem«-, »Version«-, »Build«-Eigenschaft

Die Eigenschaft OperatingSystem gibt die Versionsnummer des aktuellen Betriebssystems, also Windows, aus.

Die Eigenschaft Version liefert die Versionsnummer von Microsoft Excel.

Die Eigenschaft Build gibt die interne Versionsnummer von Microsoft Excel zurück.

6.1.54   »OrganizationName«-, »UserName«-Eigenschaft

Die Eigenschaft OrganizationName gibt den Namen der registrierten Organisation aus.

Die Eigenschaft UserName liefert den Namen des aktuellen Benutzers zurück oder legt ihn fest.

6.1.55   »Parent«-Eigenschaft

Die Eigenschaft Parent gibt das übergeordnete Objekt für das angegebene Objekt zurück.

Beispiel

Das Beispiel aus Listing 6.35 stattet die Fußzeile einer Tabelle mit der Dokumenteigenschaft »Firma« aus.

```
Sub Parent_Beispiel()
 With ActiveSheet
   .PageSetup.RightFooter = _
   .Parent.BuiltinDocumentProperties("Company")
 End With
End Sub
```

Listing 6.35 Fußzeile mit Dokumenteigenschaft füllen

6.1.56   »Path«-Eigenschaft

Über die Eigenschaft Path fragen Sie das Installationsverzeichnis von Excel ab.

Beispiel

Das Beispiel aus Listing 6.36 fragt das Installationsverzeichnis von Excel ab.

```
Sub Path_Beispiel()
 MsgBox Application.Path
End Sub
```

Listing 6.36 Das Installationsverzeichnis von Office abfragen

6.1.57   »PreviousSelections«-Eigenschaft

Über die Eigenschaft PreviousSelections ermitteln Sie die vier zuletzt markierten Bereiche oder Namen, sofern diese über die Methode Goto bzw. über den Dialog GEHE ZU aktiviert und markiert wurden.

Beispiel

Das Beispiel aus Listing 6.37 ermittelt die zuletzt markierten Bereiche.

```
Sub PreviousSelection_Beispiel()
 On Error Resume Next
 For i = LBound(Application.PreviousSelections) To _
        UBound(Application.PreviousSelections)
    Debug.Print _
    Application.PreviousSelections(i).Address
 Next i
End Sub
```

Listing 6.37 Die zuletzt markierten Bereiche auslesen

6.1.58 »PromptForSummaryInfo«-Eigenschaft

Die Eigenschaft PromptForSummaryInfo kann eingesetzt werden, um Microsoft Excel so einzustellen, dass beim ersten Speichern von Dateien der Datei-Eigenschaften-Dialog aufgerufen wird.

6.1.59 »Ready«-Eigenschaft

Über die Eigenschaft Ready fragen Sie ab, ob die Anwendung bereit ist oder ob sie gerade beschäftigt ist.

6.1.60 »RecordRelative«-, »ReferenceStyle«-Eigenschaft

Die Eigenschaft RecordRelative betrifft die Einstellung des Makrorekorders. Setzen Sie diese Eigenschaft auf den Wert True, um Makros mit relativen Bezügen aufzuzeichnen. Stellen Sie hingegen den Wert False ein, um die Aufzeichnung absolut durchzuführen.

Über die Eigenschaft ReferenceStyle bestimmen Sie, wie Microsoft Excel Zellbezüge sowie Zeilen- und Spaltenköpfe anzeigt. Dabei gibt es die Möglichkeit des Z1S1-Stils oder der A1-Bezugsart.

6.1.61 »RollZoom«-Eigenschaft

Die Eigenschaft RollZoom bestimmt, wie eine IntelliMouse reagieren soll. Setzen Sie diese Eigenschaft auf den Wert True, damit die IntelliMouse bei Betätigung des Rädchens den Bereich vergrößert, anstatt einen Bildlauf durchzuführen.

6.1.62   »ScreenUpdating«-Eigenschaft

Die Eigenschaft ScreenUpdating kann die Laufzeit von Makros erheblich verkürzen. Dabei können Sie die Bildschirmaktualisierung abschalten, indem Sie dieser Eigenschaft den Wert False zuweisen.

6.1.63   »SheetsInNewWorkbook«-Eigenschaft

Über die Eigenschaft SheetsInNewWorkbook legen Sie fest, wie viele Tabellen automatisch erstellt werden, wenn Sie eine neue Arbeitsmappe anlegen.

Beispiel

Beim Beispiel aus Listing 6.38 wird eine neue Arbeitsmappe angelegt, die bereits zwölf Tabellen enthält. Speichern Sie davor die aktuell eingestellte Anzahl, und setzen Sie sie am Ende des Makros wieder auf diesen Wert zurück.

```
Sub SheetsInNewWorkbook_Beispiel()
 Dim iAnz As Integer

 iAnz = Application.SheetsInNewWorkbook
 Application.SheetsInNewWorkbook = 12
 Workbooks.Add
 Application.SheetsInNewWorkbook = iAnz
End Sub
```

Listing 6.38 Anzahl Tabellen einer neuen Mappe festlegen

6.1.64   »ShowWindowsInTaskbar«-Eigenschaft

Setzen Sie die Eigenschaft ShowWindowsInTaskBar auf den Wert True, um für jede geöffnete Arbeitsmappe eine eigene Schaltfläche auf der Windows-Taskleiste anzuzeigen.

6.1.65   »StandardFont«-, »StandardFontSize«-Eigenschaft

Die Eigenschaft StandardFont gibt den Namen der Standardschriftart zurück oder legt ihn fest.

Die Eigenschaft StandardFontSize gibt den Standardschriftgrad in Punkt zurück oder legt ihn fest.

Beide Einstellungen werden erst nach erneutem Excel-Start wirksam.

Beispiel

Das Beispiel aus Listing 6.39 legt als Standardschriftart ARIAL sowie als Standard-schriftgröße 10 Punkte fest.

```
Sub StandardFont_Beispiel()
 With Application
  .StandardFont = "Arial"
  .StandardFontSize = 10
 End With
End Sub
```

Listing 6.39 Standardschriftart und -größe festlegen

6.1.66   »StatusBar«-Eigenschaft

Über die Eigenschaft StatusBar können Sie den Text der Statusleiste abfragen oder festlegen. Gerade bei länger laufenden Makros wird die Statusleiste oft dazu einge-setzt, die einzelnen Schritte eines Makros aufzuzeigen.

Beispiel

Das Makro aus Listing 6.40 ruft jede Minute ein bestimmtes Makro auf. Dieser Vor-gang wird in der Statusleiste vermerkt.

```
Sub Zeitmakro()
  Application.OnTime Now + TimeValue("00:01:00"), "StatusBar_Beispiel"
End Sub

Sub StatusBar_Beispiel()
  Application.StatusBar = Date & "," & Time
  Call Zeitmakro
End Sub
```

Listing 6.40 Die Statusleiste einsetzen

6.1.67   »UsableHeight»-, »UsableWidth«-Eigenschaft

Die Eigenschaft UsableHeight gibt in Punkt die maximale Höhe der Fläche zurück, die ein Fenster innerhalb des Anwendungsfensters einnehmen kann.

Die Eigenschaft UsableWidth gibt die Breite der Fläche zurück, die ein Fenster inner-halb des Anwendungsfensters einnehmen kann.

> **Hinweis**
>
> Beide Eigenschaften werden in der Einheit Punkte ausgegeben. Ein Punkt bezieht sich auf die Höhe eines gedruckten Zeichens und entspricht ca. 0,03527 cm.

6.1.68 »UsedObjects«-Eigenschaft

Die Eigenschaft UsedObjects gibt ein UsedObjects-Objekt zurück, das Objekte darstellt, die in einer Arbeitsmappe zugewiesen sind.

Beispiel

Das Beispiel aus Listing 6.41 gibt alle verwendeten Objekte der Anwendung im Direktfenster der Entwicklungsumgebung aus.

```
Sub UsedObjects_Beispiel()
 Dim obj As Object

  For Each obj In Application.UsedObjects
    Debug.Print TypeName(obj)
  Next obj
End Sub
```

Listing 6.41 Die verwendeten Objekte einer Anwendung ausgeben

6.1.69 »UserControl«-Eigenschaft

Die Eigenschaft UserControl meldet den Wert True, wenn die Anwendung sichtbar ist oder vom Benutzer selbst erstellt oder gestartet wurde. Wurde die Anwendung als Programm mit Hilfe der Funktionen CreateObject oder GetObject erstellt bzw. gestartet und ist sie nicht sichtbar, dann meldet die Eigenschaft den Wert False.

6.1.70 »UserLibraryPath«-Eigenschaft

Die Eigenschaft UserLibraryPath liefert den Pfad zu dem Speicherort auf dem Computer des Benutzers zurück, an dem die COM-Add-Ins installiert sind.

6.1.71 »VBE«-Eigenschaft

Die Eigenschaft VBE gibt ein VBE-Objekt zurück, das den Visual-Basic-Editor darstellt.

Beispiel

Das Beispiel aus Listing 6.42 ruft die Entwicklungsumgebung per Makro auf.

```
Sub VBE_Beispiel()
  Application.VBE.MainWindow.Visible = True
End Sub
```

Listing 6.42 Die Entwicklungsumgebung per Makro aufrufen

6.1.72 »Visible«-Eigenschaft

Die Eigenschaft Visible bestimmt, ob ein Objekt angezeigt wird oder nicht.

Beispiel

Im Beispiel aus Listing 6.43 wird eine neue Excel-Applikation erstellt, eine neue Mappe eingefügt und sichtbar gemacht.

```
Sub Visible_Beispiel()
 Dim Xl As Excel.Application

 Set Xl = New Excel.Application
 Xl.Workbooks.Add
 Xl.Visible = True
End Sub
```

Listing 6.43 Neue Anwendungssitzung aufrufen und sichtbar machen

6.1.73 »Watches«-Eigenschaft

Die Eigenschaft (ab Excel 2002) Watches gibt ein Watches-Objekt zurück, das einen Bereich darstellt, der bei der Neuberechnung eines Arbeitsblattes protokolliert wird.

Beispiel

Im Beispiel aus Listing 6.44 wird eine bestimmte Zelle überwacht und dazu im Überwachungsfenster eingefügt.

```
Sub Watch_Beispiel()
 With Application
    .Range("A1").Value = 1
    .Range("A2").Value = 2
    .Range("A3").Formula = "=Sum(A1:A2)"
    .Watches.Add Source:=Range("A3").Address
```

```
 End With
End Sub
```

Listing 6.44 Überwachung hinzufügen

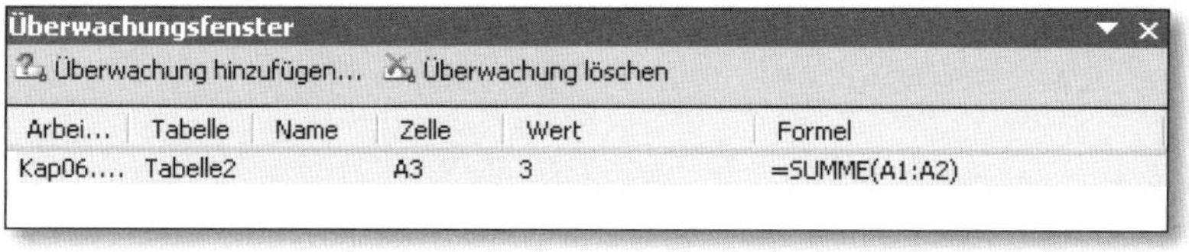

Abbildung 6.1 Zelle A3 wird überwacht.

6.1.74   »Windows«-Eigenschaft

Die Eigenschaft Windows gibt für ein Application-Objekt eine Windows-Auflistung zurück, die alle Fenster in allen Arbeitsmappen darstellt.

Beispiel

Das Beispiel aus Listing 6.45 gibt den Windows-Titel jeder geöffneten Excel-Mappe im Direktbereich der Entwicklungsumgebung aus.

```
Sub Windows_Beispiel()
 Dim fenster As Window

 For Each fenster In Application.Windows
   Debug.Print fenster.Caption
 Next fenster
End Sub
```

Listing 6.45 Fenstertitel ermitteln

6.1.75   »WindowState«-Eigenschaft

Über die Eigenschaft WindowState können Sie den Status des Fensters abfragen oder festlegen. Dazu stehen folgende Konstanten zur Verfügung:

Konstante	Beschreibung
xlMaximized	Fenster ist maximiert.
xlNormal	Fenster liegt in Normalgröße vor.
xlMinimized	Fenster ist minimiert.

Tabelle 6.8 Die Konstanten der Eigenschaft »WindowState«

Beispiel

Das Beispiel aus Listing 6.46 fragt den momentanen Fensterstatus ab.

```
Sub WindowState_Beispiel()
 Dim s As String

  Select Case Application.WindowState
     Case xlMaximized
         s = "xlMaximized"
     Case xlMinimized
         s = "xlMinimized"
     Case xlNormal
         s = "xlNormal"
  End Select
  MsgBox "Window-Status: " & s
End Sub
```

Listing 6.46 Fensterstatus abfragen

6.2 »Applications«-Methoden

6.2.1 »ActivateMicrosoftApp«-Methode

Die Methode ActivateMicrosoftApp aktiviert eine Microsoft-Anwendung. Falls die Anwendung bereits ausgeführt wird, aktiviert diese Methode das betreffende Anwendungsfenster. Wird die Anwendung noch nicht ausgeführt, startet die Methode eine neue Instanz der Anwendung. Folgende Konstanten stehen dabei zur Verfügung:

Konstante	Anwendung
xlMicrosoftWord	Word
xlMicrosoftPowerPoint	PowerPoint
xlMicrosoftMail	Outlook, Outlook Express
xlMicrosoftAccess	Access
xlMicrosoftFoxPro	FoxPro
xlMicrosoftProject	Project

Tabelle 6.9 Die Konstanten der Methode »ActivateMicrosoftApp«

Beispiel

Das Beispiel aus Listing 6.47 startet die Anwendung Outlook.

```
Sub ActivateMicrosoftApp_Beispiel()
 Application.ActivateMicrosoftApp xlMicrosoftMail
End Sub
```

Listing 6.47 Outlook starten über die Methode »ActivateMicrosoftApp«

6.2.2   »AddChartAutoFormat«-, »DeleteChartAutoFormat«-Methode

Die Methode AddChartAutoFormat fügt der Liste verfügbarer Diagramme ein benutzer-definiertes Diagramm hinzu.

Syntax

```
Ausdruck.AddChartAutoFormat(Chart, Name, Description)
```

Argument	Beschreibung
Ausdruck	Erforderlich. Ein Ausdruck, der ein Application-Objekt zurückgibt
Chart	Erforderlich. Ein Diagramm mit dem Format, das dem neuen Diagramm als AutoFormat zugeordnet werden soll
Name	Erforderlich. Der Name des AutoFormats
Description	Optional. Eine Beschreibung des benutzerdefinierten AutoFormats

Die Methode DeleteChartAutoFormat entfernt ein benutzerdefiniertes Diagramm-AutoFormat aus der Liste verfügbarer Diagramme.

Beispiel

Das Beispiel aus Listing 6.48 stellt ein Diagramm im Diagramm-Assistenten im Regis-ter BENUTZERDEFINIERTE TYPEN ein.

```
Sub AddChartAutoFormat_Beispiel()
 Application.AddChartAutoFormat _
 Chart:=Charts("Diagramm1"), _
 Name:="Eigenes Diagramm", _
 Description:="Mein eigenes Diagramm"
End Sub
```

Listing 6.48 Ein benutzerdefiniertes Diagramm hinzufügen

6.2.3 »AddCustomList«-, »GetCustomListContents«-, »DeleteCustomList«-Methode

Die Methode AddCustomList fügt eine benutzerdefinierte Liste für benutzerdefiniertes AutoAusfüllen und benutzerdefiniertes Sortieren den bereits bestehenden Listen hinzu.

Die Methode GetCustomListContents gibt eine benutzerdefinierte Liste (ein Array mit Zeichenfolgen) zurück.

Die Methode DeleteCustomList löscht eine benutzerdefinierte Liste. Es wird eine Fehlermeldung erzeugt, wenn die Listennummer kleiner 5 ist oder die entsprechende benutzerdefinierte Liste nicht existiert.

Beispiele

Das Beispiel aus Listing 6.50 legt eine Liste mit Automobilherstellern an.

```
Sub AddCustomList_Beispiel()
 Application.AddCustomList Array _
 ("DaimlerChrysler", "Volkswagen", "Volvo", "Audi", _
 "Opel", "Suzuki", "Toyota", "Mitsubishi", "Porsche")
End Sub
```

Listing 6.49 Eine Autoherstellerliste generieren

Das Makro aus Listing 6.50 fügt die gerade angelegte Liste in eine neue Tabelle ein.

```
Sub GetCutstomListContents_Beispiel()
 Dim Tabelle As Worksheet
 Dim VList As Variant
 Dim i As Integer

 Set Tabelle = Worksheets.Add
 VList = Application.GetCustomListContents(5)
 For i = LBound(VList, 1) To UBound(VList, 1)
     Tabelle.Cells(i, 1).Value = VList(i)
 Next i
End Sub
```

Listing 6.50 Eine benutzerdefinierte Liste in eine Tabelle einfügen

Abbildung 6.2 Die benutzerdefinierte Liste wurde eingefügt.

6.2.4 »Calculate«-, »CalculateFull«-, »CalculateFullRebuild«-Methode

Die Methode Calculate berechnet alle geöffneten Arbeitsmappen, ein bestimmtes Arbeitsblatt einer Arbeitsmappe oder einen bestimmten Zellbereich in einem Arbeitsblatt.

Die Methode CalculateFull erzwingt eine vollständige Berechnung der Daten in allen geöffneten Arbeitsmappen.

Die Methode CalculateFullRebuild erzwingt für alle geöffneten Arbeitsmappen eine vollständige Berechnung der Daten und erstellt die Abhängigkeiten erneut.

6.2.5 »CentimetersToPoints«-, »InchesToPoints«-Methode

Die Methode CentimetersToPoints wandelt eine Maßangabe von Zentimeter in Punkt (0,35 mm) um.

Die Methode InchesToPoints wandelt eine Maßangabe von Zoll in Punkt um. Ein Punkt entspricht ca. 0,3527 mm (1/72 Zoll).

6.2.6 »CheckAbort«-Methode

Die Methode CheckAbort stoppt die Neuberechnung in einer Microsoft-Excel-Anwendung.

6.2.7 »CheckSpelling«-Methode

Die Methode CheckSpelling prüft die Rechtschreibung eines einzelnen Wortes. Sie gibt den Wert True zurück, wenn das Wort in einem der Wörterbücher gefunden wird.

Syntax

```
Ausdruck.CheckSpelling(Word, CustomDictionary, IgnoreUppercase)
```

Argument	Beschreibung
Ausdruck	Erforderlich. Ein Ausdruck, der ein Application-Objekt zurückgibt
Word	Erforderlich. Das zu überprüfende Wort
CustomDictionary	Optional. Das Benutzerwörterbuch, in dem das Word gesucht werden soll, das nicht im Standardwörterbuch zu finden ist
IgnoreUppercase	Optional. True, Microsoft Excel ignoriert alle Wörter in Großbuchstaben. Ist der Wert False, prüft Microsoft Excel auch Wörter, die in Großbuchstaben geschrieben sind. Wenn Sie dieses Argument nicht angeben, wird die aktuelle Einstellung verwendet.

Beispiel

Das Beispiel aus Listing 6.51 prüft, ob das Wort »Scooter« bereits im Wörterbuch vorhanden ist.

```
Sub CheckSpelling()
  If Application.CheckSpelling("Scooter") = True Then
   MsgBox "Wort gefunden!"
  Else
   MsgBox "Wort nicht gefunden!"
  End If
End Sub
```

Listing 6.51 Wort über die Methode »SpellChecking« überprüfen

6.2.8 »ConvertFormula«-Methode

Die Methode ConvertFormula konvertiert Zellbezüge in Formeln zwischen den Bezugsarten A1 und Z1S1, zwischen relativen und absoluten Bezügen oder beides.

Syntax

```
Ausdruck.ConvertFormula(Formula, FromReferenceStyle, ToReferenceStyle,
  ToAbsolute, RelativeTo)
```

Argument	Beschreibung
Ausdruck	Erforderlich. Ein Ausdruck, der ein Application-Objekt zurückgibt
Formula	Erforderlich. Eine Zeichenfolge, die die zu konvertierende Formel enthält. Es muss eine gültige Formel sein, die mit einem Gleichheitszeichen beginnt.
FromReferenceStyle	Erforderlich. XlReferenceStyle-Wert
XlReferenceStyle	Erforderlich. Kann eine der folgenden XlReferenceStyle-Konstanten sein: xlA1 oder xlR1C1.
ToReferenceStyle	Optional. XlReferenceStyle-Wert. Die Bezugsart, die Sie zurückgeben möchten
XlReferenceStyle	Kann eine der folgenden XlReferenceStyle-Konstanten sein: xlA1 oder xlR1C1.
ToAbsolute	Optional. XlReferenceStyle-Wert: ▶ xlAbsolute ▶ xlAbsRowRelColumn ▶ xlRelRowAbsColumn ▶ xlRelative
RelativeTo	Optionaler Variant-Wert. Ein Range-Objekt, das eine Zelle enthält. Relative Bezüge verweisen auf diese Zelle.

Beispiel

Das Beispiel aus Listing 6.52 entfernt die Absolutbezüge aus allen markierten Zellen und ersetzt sie durch relative Bezüge.

```
Sub ConvertFormular_Beispiel()
 Dim zelle As Range

 For Each zelle In _
 Selection.SpecialCells(xlCellTypeFormulas)
   zelle.Formula = _
   Application.ConvertFormula(zelle.Formula, _
   xlA1, , xlRelative, zelle)
 Next zelle
End Sub
```

Listing 6.52 Absolutbezüge durch Relativbezüge tauschen

6.2.9   »DoubleClick«-Methode

Die Methode DoubleClick entspricht einem Doppelklick auf die aktive Zelle.

6.2.10   »FindFile«-, »GetOpenFilename«-, »GetSaveAsFilename«-Methode

Siehe Kapitel 10, »Dialogprogrammierung«

6.2.11   »GoTo«-Methode

Die Methode GoTo markiert einen Bereich oder eine Visual-Basic-Prozedur in einer beliebigen Arbeitsmappe und aktiviert diese, falls sie nicht bereits aktiv ist.

Syntax

```
Ausdruck.GoTo(Reference, Scroll)
```

Argument	Beschreibung
Ausdruck	Erforderlich. Ein Ausdruck, der ein Application-Objekt zurückgibt
Reference	Optional. Gibt das Ziel an. Kann ein Range-Objekt sein, eine Zeichenfolge, die einen Zellbezug in Z1S1-Bezugsart enthält, oder aber eine Zeichenfolge, die den Namen einer Visual-Basic-Prozedur enthält. Wenn Sie dieses Argument nicht angeben, ist das Ziel der letzte mit der Goto-Methode ausgewählte Bereich.
Scroll	Optional. Wenn True, führt Microsoft Excel die nötigen Bildläufe durch, damit die obere linke Zelle des Bereichs als obere linke Zelle des Fensters erscheint. Wenn False, führt Microsoft Excel keine Bildläufe durch. Der Standardwert ist False.

Beispiel

Das Beispiel aus Listing 6.53 steuert in *Tabelle2* Zelle D200 an und stellt die Bildlaufleisten dementsprechend ein.

```
Sub Goto_Beispiel()
 Application.Goto Reference:= _
 Worksheets("Tabelle1").Range("D200"), scroll:=True
End Sub
```

Listing 6.53 Zellenbereiche ansteuern über die Methode »GoTo«

6.2.12   »Help«-Methode

Über die Methode Help zeigen Sie ein Hilfethema an.

Syntax

```
Ausdruck.Help(HelpFile, HelpContextID)
```

Argument	Beschreibung
Ausdruck	Erforderlich. Ein Ausdruck, der ein Application-Objekt zurückgibt
HelpFile	Optional. Der Name der Hilfedatei, die angezeigt werden soll. Wenn Sie dieses Argument nicht angeben, wird die Microsoft-Excel-Hilfe angezeigt.
HelpContextID	Optional. Hier können Sie die Kontext-ID für das betreffende Hilfethema angeben. Wenn Sie dieses Argument nicht leer lassen, wird das Dialogfeld HILFETHEMEN angezeigt.

Beispiel

Das Beispiel aus Listing 6.54 ruft die Excel-Onlinehilfe auf.

```
Sub Help_Beispiel()
 Application.Help
End Sub
```

Listing 6.54 Excel-Onlinehilfe aufrufen

6.2.13   »InputBox«-Methode

Siehe Kapitel 10, »Dialogprogrammierung«.

6.2.14   »Intersect«-Methode

Die Methode Intersect gibt ein Range-Objekt zurück, das die rechteckige Schnittmenge von zwei oder mehreren Bereichen darstellt.

Beispiel

Das Beispiel aus Listing 6.55 prüft, ob die aktive Zelle in einem vorher definierten Bereich liegt.

```
Sub Intersect_Bespiel()
 Dim Bereich As Range

 Set Bereich = Sheets("Tabelle1").Range("A1:B5")
 If Application.Intersect _
 (Bereich, ActiveCell) Is Nothing Then
```

```
    MsgBox "Die aktive Zelle liegt nicht im Bereich"
  Else
    MsgBox "Die aktive Zelle liegt im Bereich"
  End If
End Sub
```

Listing 6.55 Prüfung, ob eine Zelle in einem bestimmten Bereich liegt

6.2.15   »MacroOptions«-Methode

Die Methode MacroOptions legt die Eigenschaften eines Makros/einer Funktion fest.

Syntax

```
Ausdruck.MacroOptions(Macro, Description, HasMenu, MenuText,
HasShortcutKey, ShortcutKey, Category, StatusBar, HelpContextID, HelpFile)
```

Argument	Beschreibung
Ausdruck	Erforderlich. Ein Ausdruck, der ein Application-Objekt zurückgibt
Macro	Optional. Der Name des Makros
Description	Optional. Die Beschreibung des Makros
HasMenu	Optional. Dieses Argument wird ignoriert.
MenuText	Optional. Dieses Argument wird ignoriert.
HasShortcutKey	Optional. Wenn True, wird dem Makro eine Tastenkombination zugeordnet (ShortcutKey muss ebenfalls angegeben werden). Wenn das Argument den Wert False besitzt, wird dem Makro keine Tastenkombination zugewiesen.
ShortcutKey	Optional. Erforderlich, wenn HasShortcutKey den Wert True besitzt. Andernfalls wird das Argument ignoriert.
Category	Optional. Eine Ganzzahl, die die Funktionskategorie des Makros angibt
StatusBar	Optionaler Variant-Wert. Der Statusleistentext des Makros
HelpContextId	Optional. Eine Ganzzahl, die die Kontext-ID für das Hilfethema angibt, das dem Makro zugeordnet ist
HelpFile	Optional. Der Name der Hilfedatei, die das Hilfethema enthält, das durch das Argument HelpContextId angegeben wurde

Das Argument Category hat folgende Bedeutung:

Zahl	Funktionskategorie
1	Finanzmathematik
2	Datum & Zeit
3	Math. & Trigonom.
4	Statistik
5	Matrix
6	Datenbank
7	Text
8	Logik
9	Information
10	Benutzerdefiniert

Tabelle 6.10 Die Bedeutung des Arguments »Category«

Beispiel

Das Beispiel aus Listing 6.56 weist eine Funktion der Funktionskategorie INFORMA-
TION zu. Standardmäßig werden eigene Funktionen der Funktionskategorie BENUT-
ZERDEFINIERT zugewiesen.

```
Function TabName()
 TabName = ActiveSheet.Name
End Function

Sub MacroOptions_Beispiel()
  Application.MacroOptions _
  Macro:="TabName", _
  Description:="Tabellennamen ermitteln", _
  Category:=9
End Sub
```

Listing 6.56 Eine Funktion einer Funktionskategorie zuweisen

6.2.16 »MailLogOn«-, »MailLogoff«-Methode

Die Methode MailLogOn meldet sich bei MAPI Mail oder Microsoft Exchange an und
stellt eine Mailsitzung her.

Syntax

```
Ausdruck.MailLogon(Name, Password, DownloadNewMail)
```

Argument	Beschreibung
Ausdruck	Erforderlich. Ein Ausdruck, der ein Application-Objekt zurückgibt
Name	Optional. Der Name des Mailkontos oder des Microsoft-Exchange-Profils. Ohne Angabe wird der Standardname des Mailkontos eingesetzt.
Password	Optional. Das Kennwort des Mailkontos. Dieses Argument wird in Microsoft Exchange ignoriert.
DownloadNewMail	Optional. Wenn True, werden neue Nachrichten sofort heruntergeladen.

Die Methode MailLogoff beendet eine von Microsoft Excel hergestellte MAPI-Mail-Sitzung.

6.2.17 »OnKey«-Methode

Die Methode OnKey führt die angegebene Prozedur aus, wenn eine bestimmte Taste oder Tastenkombination gedrückt wird.

Syntax

```
Ausdruck.OnKey(Key, Procedure)
```

Argument	Beschreibung
Ausdruck	Erforderlich. Ein Ausdruck, der ein Application-Objekt zurückgibt
Key	Erforderlich. Eine Zeichenfolge, die die zu drückende Taste angibt
Procedure	Optional. Eine Zeichenfolge, die den Namen der auszuführenden Prozedur festlegt

Beispiel

Das Beispiel aus Listing 6.57 weist einem Makro eine Tastenkombination zu.

```
Sub TastenkombinationZuweisen()
    Application.OnKey "%9", "Onkey_Beispiel"
End Sub
```

```
Sub Onkey_Beispiel()
 With Application.ActiveCell
   MsgBox "Aktive Zelle ist in Zeile " & _
   .Row & " und Spalte " & .Column
 End With
End Sub
```

Listing 6.57 Über die Tastenkombination [Alt] + [9] wird die Adresse der aktiven Zelle am Bildschirm ausgegeben.

> **Hinweis**
>
> Die Belegung der einzelnen Tasten der Methode OnKey können Sie übersichtlich in der Onlinehilfe nachschlagen.

6.2.18   »OnRepeat«-, »OnUndo«-Methode

Über die Methode OnRepeat hinterlegen Sie den Befehl WIEDERHOLEN aus dem Menü BEARBEITEN mit einem anderen Text sowie mit einem anderen Makro.

Mit der Methode OnUndo weisen Sie dem Befehl RÜCKGÄNGIG aus dem Menü BEARBEITEN einen anderen Text sowie ein anderes Makro zu.

Beispiel

Das Beispiel aus Listing 6.58 benennt die beiden Befehle WIEDERHOLEN und RÜCKGÄNGIG aus dem Menü BEARBEITEN um und hinterlegt jeweils ein anderes Makro.

```
Sub OnRepeat_Beispiel()
 Application.OnRepeat "Aktion wiederholen", _
    "WiederholenMakro"
 Application.OnUndo "Aktion widerrufen", _
    "WiderrufenMakro"
End Sub
```

Listing 6.58 Auf die Befehle »Wiederholen« bzw. »Rückgängig« reagieren

6.2.19   »OnTime«-Methode

Über die Methode OnTime starten Sie ein Makro zu einem bestimmten Zeitpunkt.

Syntax

```
Ausdruck.OnTime(EarliestTime, Procedure, LatestTime, Schedule)
```

Argument	Beschreibung
Ausdruck	Erforderlich. Ein Ausdruck, der ein Application-Objekt zurückgibt
EarliestTime	Erforderlich. Die Zeit, zu der diese Prozedur ausgeführt werden soll
Procedure	Erforderlich. Der Name der auszuführenden Prozedur
LatestTime	Optional. Der späteste Zeitpunkt zum Ausführen der Prozedur
Schedule	Optional. True führt eine neue OnTime-Prozedur aus. False löscht eine vorher eingestellte Prozedur. Der Standardwert ist True.

Beispiel

Das Beispiel aus Listing 6.59 führt ein bestimmtes Makro an einem zukünftigen Datum um eine bestimmte Uhrzeit aus.

```
Sub OnTime_Beispiel()
  Application.OnTime DateValue("25.05.15") + _
  TimeValue("08:30:00"), "Abfrage"
End Sub
```

Listing 6.59 Am 25.05.2015 um 8:30 wird das Makro »Abfrage« automatisch gestartet.

Hinweis

Um diesen Countdown einzuleiten, starten Sie zu einem früheren Zeitpunkt das Makro und lassen den Computer eingeschaltet.

6.2.20 »Quit«-Methode

Die Methode Quit beendet Excel.

Beispiel

Das Beispiel aus Listing 6.60 speichert alle noch geöffneten Arbeitsmappen und beendet anschließend Excel.

```
Sub Quit_Beispiel()
Dim Mappe As Workbook

For Each Mappe In Application.Workbooks
 Mappe.Save
Next Mappe
```

```
Application.Quit
End Sub
```

Listing 6.60 Die Anwendung über die Methode »Quit« beenden

6.2.21   »Repeat«-Methode

Die Methode Repeat wiederholt die letzte Benutzeraktion.

6.2.22   »Run«-Methode

Die Methode Run führt ein Makro aus oder ruft eine Funktion auf. Diese Syntax eignet sich zur Ausführung eines Makros, das in Visual Basic oder der Microsoft-Excel-Makrosprache geschrieben wurde, oder zur Ausführung einer Funktion in einer DLL oder XLL.

Syntax

```
Ausdruck.Run(Macro, Arg1, Arg2..Arg30)
```

Argument	Beschreibung
Ausdruck	Erforderlich. Ein Ausdruck, der ein Application-Objekt zurückgibt
Macro	Optional. Das auszuführende Makro. Sie können entweder eine Zeichenfolge mit dem Makronamen angeben oder ein Range-Objekt, das die Position der Funktion bezeichnet, oder die Registerkennnummer einer registrierten DLL-(XLL-)Funktion.
Arg1-Arg30	Optional. Die Argumente, die an die Funktion weiterzuleiten sind

6.2.23   »SaveWorkspace«-Methode

Die Methode SaveWorkspace speichert den aktuellen Arbeitsbereich. Dabei werden alle geöffneten Arbeitsmappen unter einem Arbeitsbereich abgelegt. Dies ermöglicht ein schnelleres Öffnen aller im Arbeitsbereich verzeichneten Arbeitsmappen.

Syntax

```
Ausdruck.SaveWorkspace(Filename)
```

Argument	Beschreibung
Ausdruck	Erforderlich. Ein Ausdruck, der ein Application-Objekt zurückgibt
Filename	Optional. Der Name der gespeicherten Datei

6.2.24   »SendKeys«-Methode

Die Methode SendKeys sendet Tastenkombinationen an die aktive Anwendung.

Syntax

```
Ausdruck.SendKeys(Keys, Wait)
```

Argument	Beschreibung
Ausdruck	Optional. Ein Ausdruck, der ein Application-Objekt zurückgibt
Keys	Erforderlich. Die Taste oder Tastenkombination, die Sie als Text an die Anwendung senden möchten
Wait	Optional. Falls True, wartet Microsoft Excel das Ende der Verarbeitung ab, bevor die Steuerung an das Makro zurückgegeben wird. Bei False oder keiner Angabe wird das Makro weiter ausgeführt, ohne dass auf eine Tastenkombination gewartet wird.

Beispiel

Im eher theoretischen Beispiel aus Listing 6.61 wird eine Tabelle umbenannt, indem über die Methode SendKeys nacheinander einzelne Tastenkombinationen an die Anwendung gesendet werden.

```
Sub SendKeys_Bespiel()
 SendKeys "%T"
 SendKeys "b"
 SendKeys "~"
 SendKeys "Neue Tabelle"
 SendKeys "~"
End Sub
```

Listing 6.61 Über die Methode »SendKeys« Tastenkombinationen senden

> **Hinweis**
>
> Die Tastenbelegung der Methode SendKeys können Sie übersichtlich und schnell in der Onlinehilfe nachsehen.

6.2.25   »SetDefaultChart«-Methode

Über die Methode SetDefaultChart können Sie den Namen der Diagrammvorlage angeben, die Microsoft Excel beim Erstellen neuer Diagramme standardmäßig verwenden soll.

Syntax

```
Ausdruck.SetDefaultChart(FormatName)
```

Argument	Beschreibung
Ausdruck	Erforderlich. Ein Ausdruck, der ein Application-Objekt zurückgibt
FormatName	Optional. Gibt den Namen eines benutzerdefinierten AutoFormats an. Dieser Name kann ein benutzerdefiniertes AutoFormat (als eine Zeichenfolge) oder aber die spezielle Konstante xlBuiltIn sein, mit der die integrierte Diagrammvorlage angegeben wird.

Beispiel

Das Beispiel aus Listing 6.62 ersetzt den standardmäßig eingestellten Diagrammtyp »Säulen« durch ein Liniendiagramm.

```
Sub SetDefaultChart_Beispiel()
 Application.SetDefaultChart _
 FormatName:=xlLineMarkers
End Sub
```

Listing 6.62 Das Standarddiagramm über die Methode »SetDefaultChart« ändern

6.2.26   »Undo«-Methode

Die Methode Undo macht die letzte Benutzeraktion rückgängig.

6.2.27   »Union«-Methode

Über die Methode Union vereinen Sie mehrere Bereiche einer Tabelle miteinander.

Beispiel

Das Beispiel aus Listing 6.63 vereint zwei nicht zusammenhängende Bereiche miteinander.

```
Sub Union_Beispiel()
 Dim Bereich1 As Range
 Dim Bereich2 As Range
 Dim Gesamt As Range

 Set Bereich1 = Range("A1:A5")
 Set Bereich2 = Range("C1:D2")
 Set Gesamt = Application.Union(Bereich1, Bereich2)
```

```
  Gesamt.Select
End Sub
```

Listing 6.63 Nicht zusammenhängende Bereiche vereinen

6.2.28   »Volatile«-Methode

Über die Methode Volatile wird eine benutzerdefinierte Funktion als veränderlich gekennzeichnet. Solche Funktionen werden immer neu berechnet, wenn in einer beliebigen Zelle des Arbeitsblattes eine Berechnung durchgeführt wird. Nicht veränderliche Funktionen werden nur dann neu berechnet, wenn sich die Eingabevariablen ändern.

6.2.29   »Wait«-Methode

Die Methode Wait hält das aktuell ausgeführte Makro bis zu einem angegebenen Zeitpunkt an.

Syntax

```
  Ausdruck.Wait(Time)
```

Argument	Beschreibung
Ausdruck	Erforderlich. Ein Ausdruck, der ein Application-Objekt zurückgibt
Time	Erforderlich. Der Zeitpunkt, zu dem das Makro fortgesetzt werden soll (im Datumsformat von Microsoft Excel)

Beispiel

Im Beispiel aus Listing 6.64 wird ein Bild in eine Tabelle eingefügt und nach fünf Sekunden wieder gelöscht.

```
Sub Wait_Beispiel()
 Dim Pic As Picture

 ActiveSheet.Pictures.Insert("C:\Bild.jpg")
 AStunde = Hour(Now())
 AMinute = Minute(Now())
 ASekunde = Second(Now()) + 5
 PauseZeit = TimeSerial(AStunde, AMinute, ASekunde)
 Application.Wait PauseZeit
 ActiveSheet.Pictures(1).Delete
End Sub
```

Listing 6.64 Bild einfügen und nach fünf Sekunden wieder entfernen

Kapitel 7
»Workbook«-Objekt

In diesem Kapitel lernen Sie die wichtigsten Methoden und Eigenschaften von Arbeitsmappen kennen. Die Arbeitsmappe wird als »Objekt ›Workbook‹« bezeichnet.

In Tabelle 7.1 sehen Sie das Objekt Workbook und seine untergeordneten Objekte.

Objekt	Verwendung
Workbook	komplette Arbeitsmappe
Worksheet	einzelnes Tabellenblatt
Chart	einzelnes Diagramm
DocumentProperty	Dokumenteigenschaft
VBProject	einzelnes VB-Projekt
CustomView	benutzerdefinierte Ansicht
HTMLProject	HTML-Dokument
PivotCache	Hintergrundspeicher für eine Pivot-Tabelle
Style	Formatvorlage
Window	Fenster der Arbeitsmappe
Name	Name der Arbeitsmappe
RoutingSlip	Verteiler, an den die Mappe gemailt werden soll
PublishObject	eine als Webseite gespeicherte Mappe
SmartTagOptions	SmartTag-Einstellungen
WebOptions	Webseiten-Einstellungen

Tabelle 7.1 Die »Workbook«-Objekte

7.1 »Workbooks«-Eigenschaften

7.1.1 »ActiveChart«-Eigenschaft

Die Eigenschaft ActiveChart gibt ein Diagrammobjekt zurück, das das aktive Diagramm (entweder ein eingebettetes Diagramm oder ein Diagrammblatt) darstellt.

Beispiel

Das Beispiel aus Listing 7.1 wandelt das aktive Säulendiagrammobjekt in ein Liniendiagramm um.

```
Sub ActiveChart_Beispiel()
 Sheets("Tabelle1").ChartObjects(1).Select
 With ActiveChart
  .ChartType = xlLine
 End With
End Sub
```

Listing 7.1 Säulendiagramm in Liniendiagramm konvertieren

7.1.2 »ActiveSheet«-Eigenschaft

Die Eigenschaft ActiveSheet gibt ein Objekt zurück, das die aktive Tabelle darstellt.

Beispiel

Das Beispiel aus Listing 7.2 ermittelt den Namen der aktiven Tabelle.

```
Sub ActiveSheet_Beispiel()
 MsgBox ActiveSheet.Name
End Sub
```

Listing 7.2 Namen der aktiven Tabelle ausgeben

7.1.3 »AutoUpdateFrequency«-Eigenschaft

Über die Eigenschaft AutoUpdateFrequency können Sie die Anzahl der Minuten zwischen automatischen Aktualisierungen der gemeinsam verwendeten Arbeitsmappe abfragen bzw. einstellen. Die gültigen Minutenwerte liegen zwischen 5 und 1440.

Beispiel

Beim Beispiel aus Listing 7.3 wird die Zeit zwischen Aktualisierungen auf 10 Minuten eingestellt.

```
Sub Beispiel_AutoUpdateFrequency()
  ActiveWorkbook.AutoUpdateFrequency = 10
End Sub
```

Listing 7.3 Die Aktualisierungsfrequenz über die Eigenschaft
»AutoUpdateFrequency« einstellen

7.1.4 »AutoUpdateSaveChanges«-Eigenschaft

Setzen Sie die Eigenschaft AutoUpdateSaveChanges auf den Wert True, um aktuelle
Änderungen an der gemeinsam verwendeten Arbeitsmappe an andere Benutzer wei-
terzuleiten, sobald die Arbeitsmappe automatisch aktualisiert wird.

7.1.5 »BuiltinDocumentProperties«-Eigenschaft

Die Eigenschaft BuiltInDocumentProperties gibt eine DocumentProperties-Auflistung
zurück, die alle integrierten Dokumenteigenschaften für die angegebene Arbeitsmappe enthält.

Beispiel

Im Beispiel aus Listing 7.4 werden alle verfügbaren Dokumenteigenschaften einer
Arbeitsmappe abgerufen und in eine Tabelle eingefügt.

```
Sub BuiltInProperties_Beispiel()
 Dim i As Integer
 Dim p As DocumentProperty

 i = 1
 Worksheets.Add
 For Each p In _
   ActiveWorkbook.BuiltinDocumentProperties
    On Error GoTo fehler
    Cells(i, 1).Value = p.Name
    Cells(i, 2).Value = p.Value
 weiter:
    i = i + 1
 Next p
 Exit Sub

 fehler:
 Resume weiter
End Sub
```

Listing 7.4 Dokumenteigenschaften einlesen

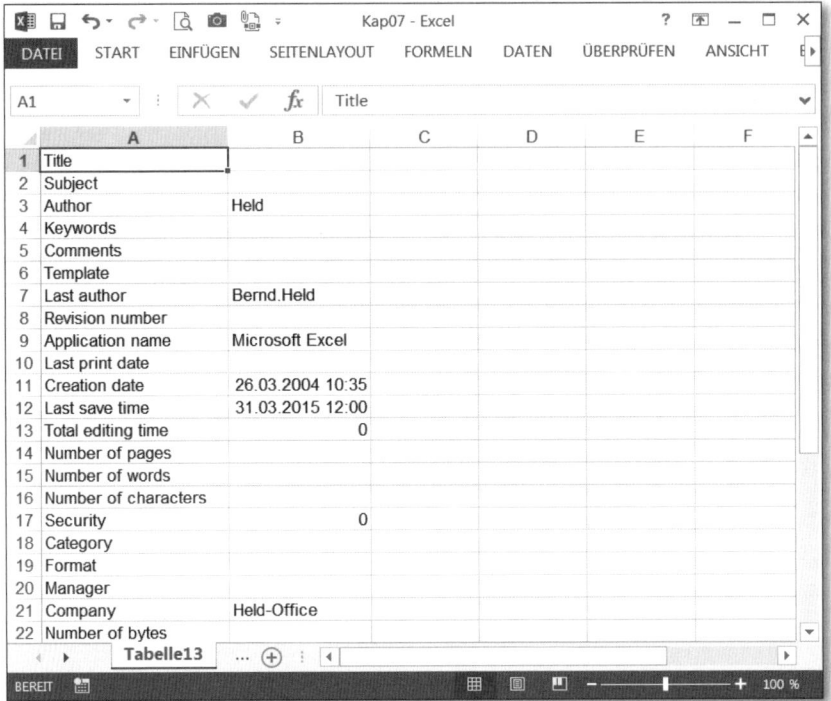

Abbildung 7.1 Die verfügbaren Dokumenteigenschaften in Excel

7.1.6 »ChangeHistoryDuration«-Eigenschaft

Die Eigenschaft ChangeHistoryDuration gibt die Anzahl der Tage zurück, die im Änderungsprotokoll einer gemeinsam verwendeten Arbeitsmappe angezeigt werden, oder legt sie fest.

7.1.7 »Charts«-Eigenschaft

Die Eigenschaft Charts gibt eine Sheets-Auflistung zurück, die alle Diagrammblätter in der angegebenen Arbeitsmappe darstellt.

Beispiel

Das Beispiel aus Listing 7.5 löscht alle Diagramme ohne Rückfrage aus der aktiven Arbeitsmappe.

```
Sub Charts_Beispiel()
 ActiveWorkbook.Charts.Delete
End Sub
```

Listing 7.5 Alle Diagramme einer Mappe löschen

7.1.8 »Colors«-Eigenschaft

Die Eigenschaft Colors gibt die Farben in der Palette der Arbeitsmappe zurück oder legt sie fest. Die Palette hat 56 Einträge, die jeweils als RGB-Wert angegeben werden.

Syntax

```
Ausdruck.Colors(Index)
```

Argument	Beschreibung
Ausdruck	Erforderlich. Ein Ausdruck, der ein Workbook-Objekt zurückgibt.
Index	Optional. Die Farbnummer (von 1 bis 56). Wird dieses Argument nicht angegeben, wird eine Matrix mit allen 56 Farben der Palette zurückgegeben.

Beispiel

Das Beispiel aus Listing 7.6 überträgt die veränderte Farbpalette von einer geöffneten Arbeitsmappe auf eine andere.

```
Sub Colors_Beispiel()
 ActiveWorkbook.Colors = _
 Workbooks("Diagramme.xlsx").Colors
End Sub
```

Listing 7.6 Die Farbpalette von einer Mappe auf eine andere übertragen mit Hilfe der Eigenschaft »Colors«

7.1.9 »ConflictResolution«-Eigenschaft

Die Methode ConflictResolution gibt vor, wie Konflikte bei der Aktualisierung einer gemeinsam verwendeten Arbeitsmappe aufgelöst werden sollen.

Syntax

```
Ausdruck.ConflictResolution = Konstante
```

Das erforderliche Argument Ausdruck gibt ein Workbook-Objekt zurück. Folgende Konfliktkonstanten sind einsetzbar:

Konstante	Beschreibung
xlLocalSessionChanges	Die Änderungen des lokalen Benutzers werden immer akzeptiert.

Konstante	Beschreibung
xlOtherSessionChanges	Die Änderungen des lokalen Benutzers werden immer zurückgewiesen.
xlUserResolution	Der Benutzer wird in einem Dialogfeld aufgefordert, den Konflikt zu lösen.

7.1.10 »CreateBackup«-Eigenschaft

Die Eigenschaft CreateBackUp wird auf den Wert True gesetzt, wenn beim Speichern der Datei eine Sicherungsdatei erstellt werden soll.

7.1.11 »CustomDocumentProperties«-Eigenschaft

Die Eigenschaft CustomDocumentProperties gibt eine DocumentProperties-Auflistung zurück oder legt diese fest; darin sind alle benutzerdefinierten Dokumenteigenschaften für die angegebene Arbeitsmappe enthalten.

7.1.12 »CustomViews«-Eigenschaft

Die Eigenschaft CustomViews gibt eine CustomViews-Auflistung zurück, die alle benutzerdefinierten Ansichten der Arbeitsmappe darstellt.

7.1.13 »Date1904«-Eigenschaft

Die Eigenschaft Date1904 liefet den Wert True, falls in dieser Arbeitsmappe das 1904-Datumssystem verwendet wird. Bei dieser Eigenschaft beginnt die Zeitrechnung von Excel am 1.1.1904. Dieses Datum repräsentiert den Wert 1.

Beispiel

Das Makro aus Listing 7.7 prüft, ob die aktive Arbeitsmappe mit dem 1904-Datumssystem rechnet.

```
Sub Date1904_Beispiel()
 If ActiveWorkbook.Date1904 = True Then
  MsgBox "1904-Datumssystem"
 Else
  MsgBox "Standard-Datumssystem"
 End If
End Sub
```

Listing 7.7 Das verwendete Datumssystem prüfen mit Hilfe der Eigenschaft »Date1904«

7.1.14 »DisplayDrawingObjects«-Eigenschaft

Über die Eigenschaft DisplayDrawingObjects können Sie festlegen, ob Zeichnungs-
objekte in der Arbeitsmappe angezeigt werden oder nicht.

Zulässig ist eine der folgenden XlDisplayDrawingObjects-Konstanten:

Konstante	Beschreibung
xlDisplayShapes	alle Zeichnungsobjekte anzeigen
XlPlaceholders	nur Platzhalter anzeigen
XlHide	alle Zeichnungsobjekte ausblenden

Tabelle 7.2 Die Konstanten der Eigenschaft »DisplayDrawingObjects«

7.1.15 »DisplayInkComments«-Eigenschaft

Über die Eigenschaft DisplayInkComments bestimmen Sie, ob Freihandkommentare in
der Arbeitsmappe angezeigt werden. Wenn ja, dann setzen Sie diese Eigenschaft auf
den Wert True.

7.1.16 »EnableAutoRecover«-Eigenschaft

Über die Eigenschaft EnableAutoRecover legen Sie fest, wie Excel reagiert, wenn die
Anwendung abstürzen sollte. Dabei werden standardmäßig geänderte Dateien aller
Formate zu festgelegten Zeitpunkten und beim Starten nach einem Absturz wieder
zurückgeholt.

Beispiel

Das Beispiel aus Listing 7.8 prüft den Status von AutoRecover.

```
Sub AutoRecover_Beispiel()
 If ActiveWorkbook.EnableAutoRecover = False Then
  MsgBox "AutoRecover ist deaktiviert!"
 Else
  MsgBox "AutoRecover ist aktiv!"
 End If
End Sub
```

Listing 7.8 Status der Wiederherstellungsfunktion überprüfen

7.1.17 »EnvelopeVisible«-Eigenschaft

Setzen Sie die Eigenschaft EnvelopeVisible auf den Wert True, um den E-Mail-Editor-
kopfbereich und die Umschlagsymbolleiste sichtbar zu machen.

7.1.18   »FileFormat«-Eigenschaft

Über die Eigenschaft FileFormat stellen Sie das Dateiformat und/oder den Typ der Arbeitsmappe fest.

Eine Auswahl der gängigsten Formate sehen Sie in Tabelle 7.3:

Format	Beschreibung
xlCSV	CSV-Textdatei
xlDBF3	dBase3-Datei
xlDBF4	dBase4-Datei
xlAddIn	Excel-Add-In
xlExcel4Workbook	Excel 4-Mappe
xlExcel5	Excel 5-Mappe
xlExcel7	Excel 7-Mappe
xlExcel8	Excel 8-Mappe
xlExcel9795	Excel 98/97-Mappe
xlHtml	HTML-Dokument
xlTemplate	Excel-Vorlage
xlOpenXMLWorkbook	Open XML-Arbeitsmappe
xlOpenXMLWorkbookMacroEnabled	Open XML-Arbeitsmappenmakro aktiviert
xlOpenXMLTemplate	Open XML-Vorlage
xlOpenXMLTemplateMacroEnabled	Open XML-Vorlagenmakro aktiviert
xlTextMSDOS	Textdatei
xlWKS	Works-Datei
xlWorkbookNormal	normale Excel-Arbeitsmappe
xlXMLSpreadsheet	XML-Tabelle

Tabelle 7.3 Die wichtigsten Konstanten der Eigenschaft »Fileformat«

7.1.19   »FullName«-, »Name«-, »Path«-Eigenschaft

Die Eigenschaft FullName gibt den Namen der Arbeitsmappe einschließlich Pfadangabe zurück.

Die Eigenschaft Name gibt den Namen der Arbeitsmappe zurück.

Die Eigenschaft Path gibt den Speicherpfad der Arbeitsmappe zurück.

Beispiel

Das Beispiel aus Listing 7.9 fragt alle drei Eigenschaften für die aktive Arbeitsmappe ab.

```
Sub FullName_Beispiel()
 Dim Mappe As Workbook

 Set Mappe = ActiveWorkbook
  Debug.Print Mappe.FullName
  Debug.Print Mappe.Name
  Debug.Print Mappe.Path
End Sub
```

Listing 7.9 Namen und Pfad einer Arbeitsmappe ermitteln

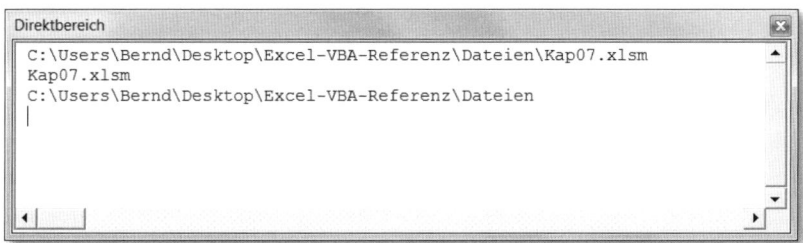

```
Direktbereich                                                    ☒
C:\Users\Bernd\Desktop\Excel-VBA-Referenz\Dateien\Kap07.xlsm     ▲
Kap07.xlsm
C:\Users\Bernd\Desktop\Excel-VBA-Referenz\Dateien
|
                                                                ▼
◄                                                               ►
```

Abbildung 7.2 Der Mappenname sowie der Speicherpfad wurden ermittelt.

7.1.20 »HTMLProject«-Eigenschaft

Die Eigenschaft HTMLProject gibt das HTMLProject-Objekt in der angegebenen Arbeitsmappe zurück.

7.1.21 »HasPassword«-Eigenschaft

Über die Eigenschaft HasPassword können Sie abfragen, ob eine Arbeitsmappe geschützt ist. Wenn ja, dann meldet diese Eigenschaft den Wert True zurück.

7.1.22 »HasRoutingSlip«-, »RoutingSlip«-Eigenschaft

Über die Eigenschaft HasRoutingSlip prüfen Sie, ob eine Arbeitsmappe einen Verteiler hat. Wenn ja, dann gibt diese Eigenschaft den Wert True zurück.

Die Eigenschaft RoutingSlip gibt ein RoutingSlip-Objekt zurück, das den Verteiler für die Arbeitsmappe darstellt.

7.1.23   »HighlightChangesOnScreen«-Eigenschaft

Die Eigenschaft HighlightChangesOnScreen gibt den Wert True zurück, falls Änderungen an der gemeinsam genutzten Arbeitsmappe auf dem Bildschirm hervorgehoben werden sollen.

7.1.24   »IsAddin«-Eigenschaft

Über die Eigenschaft IsAddIn prüfen Sie, ob die Arbeitsmappe als Add-In ausgeführt wird. In diesem Fall gibt die Eigenschaft den Wert True zurück.

Diese Eigenschaft können Sie auch auf den Wert True setzen. Wenn, dann gehen Sie von folgenden Punkten aus:

▶ Sie werden nicht aufgefordert, die Arbeitsmappe zu speichern, falls Änderungen vorgenommen werden, während die Arbeitsmappe geöffnet ist.

▶ Das Arbeitsmappenfenster ist nicht sichtbar.

▶ Eventuell in der Arbeitsmappe enthaltene Makros werden im MAKRO-Dialogfeld nicht dargestellt (das Dialogfeld wird angezeigt, wenn Sie auf MAKRO im EXTRAS-Menü zeigen und auf MAKROS klicken).

▶ Makros der Arbeitsmappe können, obwohl sie nicht dargestellt werden, über das MAKRO-Dialogfeld ausgeführt werden. Außerdem müssen Makronamen nicht mit dem Namen der Arbeitsmappe qualifiziert werden.

▶ Wenn Sie beim Öffnen der Arbeitsmappe die Taste ⬡ gedrückt halten, hat dies keine Wirkung.

Beispiel

Das Beispiel aus Listing 7.10 überprüft, ob die Arbeitsmappe ein Add-In ist.

```
Sub IsAddIn_Beispiel()
 If ThisWorkbook.IsAddin = True Then
    MsgBox "Diese Funktion stammt aus einem Add-In!"
 End If
End Sub
```

Listing 7.10 Überprüfung, ob Mappe als Add-In ausgeführt wird

7.1.25   »IsInPlace«-Eigenschaft

Über die Eigenschaft IsInPlace stellen Sie fest, ob eine Arbeitsmappe direkt bearbeitet wird (True) oder die Arbeitsmappe zur Bearbeitung in Microsoft Excel geöffnet wurde (False).

7.1.26 »KeepChangeHistory«-Eigenschaft

Die Eigenschaft KeepChangeHistory gibt den Wert True zurück, falls die Protokollierung der Änderungen in der gemeinsam genutzten Arbeitsmappe aktiviert ist. Wenn Sie dieser Eigenschaft den Wert True zuweisen, dann aktivieren Sie hiermit die Protokollierung aller Änderungen einer Arbeitsmappe.

7.1.27 »ListChangesOnNewSheet«-Eigenschaft

Über die Eigenschaft ListChangesOnNewSheet geben Sie Änderungen, die an einer gemeinsam genutzten Arbeitsmappe vorgenommen werden, in einem eigenen Arbeitsblatt aus.

Beispiel

Das Beispiel aus Listing 7.11 dokumentiert alle Änderungen einer Mappe auf einem separaten Tabellenblatt.

```
Sub ListChangesOnNewSheet_Beispiel()
 With ActiveWorkbook
    .HighlightChangesOptions _
        When:=xlSinceMyLastSave, _
        Who:="Jeder"
    .ListChangesOnNewSheet = True
 End With
End Sub
```

Listing 7.11 Änderungen in einer Extratabelle festhalten

7.1.28 »MultiUserEditing«-, »ShowConflictHistory«-Eigenschaft

Setzen Sie die Eigenschaft MultiUserEditing auf den Wert True, um die Arbeitsmappe für gemeinsamen Zugriff freizugeben.

Setzen Sie die Eigenschaft ShowConflictHistory auf den Wert True, wenn das Konfliktprotokoll-Arbeitsblatt in der geöffneten und freigegebenen Arbeitsmappe sichtbar sein soll.

7.1.29 »Password«-, »WritePassword«-, »WriteReserved«-, »WriteReservedBy«-Eigenschaft

Über die Eigenschaft Password können Sie das Kennwort zurückgeben oder festlegen, das bereitgestellt werden muss, um die angegebene Arbeitsmappe zu öffnen.

Die Eigenschaft WritePassword gibt einen String-Wert für das Schreibkennwort einer Arbeitsmappe zurück oder legt dieses fest.

Die Eigenschaft WriteReserved gibt den True zurück, wenn die Arbeitsmappe ein Schreibschutz-Kennwort besitzt.

Die Eigenschaft WriteReservedBy gibt den Namen des Benutzers zurück, der momentan Schreiberlaubnis für die Arbeitsmappe besitzt.

Beispiel

Das Beispiel aus Listing 7.12 öffnet eine passwortgeschützte Arbeitsmappe.

```
Sub Password_Beispiel()
 Dim Mappe As Workbook

 Set Mappe = _
 Application.Workbooks.Open("C:\Mappe1.xls")
 Mappe.Password = "Test"
End Sub
```

Listing 7.12 Passwortgeschützte Arbeitsmappe öffnen

7.1.30   »PersonalViewListSettings«-, »PersonalViewPrintSettings«-Eigenschaft

Die Eigenschaft PersonalViewListSettings liefert den Wert True, wenn Filter- und Sortiereinstellungen für Listen in der persönlichen Benutzeransicht der gemeinsam genutzten Arbeitsmappe eingesetzt werden sollen.

Die Eigenschaft PersonalViewPrintSettings liefert den Wert True, wenn Druckeinstellungen in der persönlichen Benutzeransicht der gemeinsam genutzten Arbeitsmappe eingesetzt werden sollen.

7.1.31   »PrecisionAsDisplayed«-Eigenschaft

Die Eigenschaft PrecisionAsDisplayed liefert den Wert True, wenn die Berechnungen in dieser Arbeitsmappe nur mit der Genauigkeit durchgeführt werden sollen, mit der die Zahlen angezeigt werden.

7.1.32   »ProtectStructure«-, »ProtectWindows«-Eigenschaft

Die Eigenschaft ProtectStructure gibt den True zurück, wenn die Reihenfolge der Blätter in der Arbeitsmappe geschützt ist.

Die Eigenschaft ProtectWindows gibt den Wert True zurück, wenn die Fenster der Arbeitsmappe geschützt sind.

7.1.33 »ReadOnly«-, »ReadOnlyRecommended«-Eigenschaft

Über die Eigenschaft ReadOnly stellen Sie fest, ob eine Arbeitsmappe schreibgeschützt geöffnet wurde. In diesem Fall liefert diese Eigenschaft den Wert True.

Die Eigenschaft ReadOnlyRecommended liefert den Wert True, wenn die Arbeitsmappe mit Schreibschutz empfehlen gespeichert wurde.

Beispiel

Das Beispiel aus Listing 7.13 prüft, ob die aktive Mappe schreibgeschützt geöffnet wurde. Wenn ja, dann können Sie Änderungen natürlich nicht speichern. Daher speichern Sie in diesem Fall die Mappe unter einem neuen Namen ab.

```
Sub ReadOnly_Beispiel()
 Dim Mappe As Workbook

 Set Mappe = ActiveWorkbook
 If Mappe.ReadOnly Then
    Mappe.SaveAs Filename:="Ableger.xls"
 End If
End Sub
```

Listing 7.13 Prüfen über die Eigenschaft »ReadOnly«, ob eine Mappe schreibgeschützt geöffnet wurde

7.1.34 »RemovePersonalInformation«-Eigenschaft

Die Eigenschaft RemovePersonalInformation liefert den Wert True, falls persönliche Informationen aus der angegebenen Arbeitsmappe entfernt werden können.

7.1.35 »Routed«-Eigenschaft

Über die Eigenschaft Routed prüfen Sie, ob eine Arbeitsmappe bereits an den nächsten Empfänger weitergeleitet wurde (True) oder ob sie noch weitergeleitet werden muss (False).

7.1.36 »SaveLinkValues«-Eigenschaft

Setzen Sie die Eigenschaft SaveLinkValue auf den Wert True, wenn Microsoft Excel externe Verknüpfungswerte mit der aktiven Arbeitsmappe speichern soll.

7.1.37 »Saved«-Eigenschaft

Über die Eigenschaft Saved stellen Sie fest, ob eine Arbeitsmappe seit dem letzten Speichern geändert wurde.

Beispiel

Das Beispiel aus Listing 7.14 prüft, ob die aktive Arbeitsmappe seit der letzten Speicherung geändert wurde.

```
Sub Saved_Beispiel()
 Dim i As Integer

 If Not ActiveWorkbook.Saved Then
   i = MsgBox _
   ("Es wurden Änderungen durchgeführt, speichern?", _
    vbYesNo)
   If i = 7 Then
     ActiveWorkbook.Saved = True
     ActiveWorkbook.Close
   End If
 End If
End Sub
```

Listing 7.14 Abfrage über die Eigenschaft »Saved«, ob eine Mappe seit der letzten Speicherung geändert wurde

7.1.38 »Sheets«-, »Worksheets«-Eigenschaft

Die Eigenschaft Sheets gibt eine Sheets-Auflistung zurück, die alle Blätter (Tabellen, Diagrammblätter und alte Makro-4-Tabellen und Dialoge) in der angegebenen Arbeitsmappe darstellt.

Die Eigenschaft Worheets gibt eine Worksheets-Auflistung zurück, die alle Tabellen in der angegebenen Arbeitsmappe darstellt.

Beispiel

Das Beispiel aus Listing 7.15 gibt die Namen aller Tabellen der aktiven Arbeitsmappe im Direktfenster der Entwicklungsumgebung aus.

```
Sub Sheets_Beispiel()
 Dim i As Integer

 For i = 1 To ActiveWorkbook.Sheets.Count
    Debug.Print Sheets(i).Name
 Next i
End Sub
```

Listing 7.15 Die Namen aller Tabellen einer Mappe ermitteln

7.1.39 »ShowPivotTableFieldList«-Eigenschaft

Über die Eigenschaft ShowPivotTableFieldList fragen Sie ab, ob die PivotTable-Feld-liste angezeigt werden kann. Wollen Sie diese Anzeige verhindern, dann setzen Sie diese Eigenschaft auf den Wert False.

7.1.40 »SmartTagOptions«-Eigenschaft

Die Eigenschaft SmartTagOptions gibt ein SmartTagOptions-Objekt zurück, das die Optionen darstellt, die mit einem SmartTag ausgeführt werden können.

Beispiel

Das Beispiel aus Listing 7.16 überprüft, wie SmartTags in der aktiven Arbeitsmappe angezeigt werden.

```
Sub SmartTagOptions_Beispiel()
 Dim Mappe As Workbook
 Dim smt As SmartTagOptions

 Set Mappe = ActiveWorkbook
 Set smt = Mappe.SmartTagOptions
 Select Case smt.DisplaySmartTags
   Case xlButtonOnly
     MsgBox "Die SmartTag-Schaltfläche wird angezeigt"
   Case xlDisplayNone
     MsgBox "Es wird kein Smarttag-Symbol angezeigt"
   Case xlIndicatorAndButton
     MsgBox "Schaltfl. und Indikator werden angezeigt"
 End Select
End Sub
```

Listing 7.16 Prüfen, wie SmartTags angezeigt werden

7.1.41 »Styles«-Eigenschaft

Die Eigenschaft Styles gibt eine Styles-Auflistung zurück, die alle Formatvorlagen in der angegebenen Arbeitsmappe enthält.

Beispiel

Das Beispiel aus Listing 7.17 liest alle Formatvorlagen der aktiven Arbeitsmappe aus.

```
Sub Styles_Beispiel()
 Dim Mappe As Workbook
 Dim Sty As Style
```

```
 Set Mappe = ActiveWorkbook
 For Each Sty In Mappe.Styles
  Debug.Print Sty.Name
 Next Sty
End Sub
```

Listing 7.17 Alle Formatvorlagen der Mappe auslesen

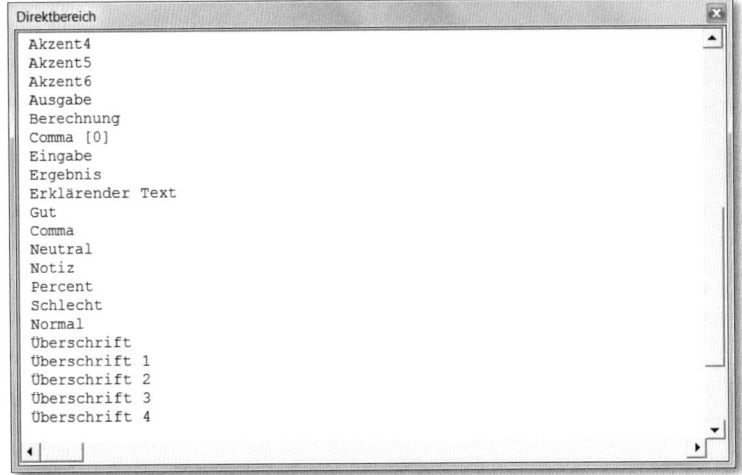

Abbildung 7.3 Verwendete Formatvorlagen ermitteln

7.1.42   »TemplateRemoveExtData«-Eigenschaft

Setzen Sie die Eigenschaft TemplateRemoveExtData auf den Wert True, um externe Datenbezüge zu löschen, wenn die Arbeitsmappe als Vorlage gespeichert wird.

7.1.43   »UpdateLinks«-Eigenschaft

Die Eigenschaft UpdateLinks gibt eine XlUpdateLink-Konstante zurück, die die Einstellungen einer Arbeitsmappe für die Aktualisierung eingebetteter OLE-Verknüpfungen anzeigt, oder legt diese fest. Folgende Konstanten sind dabei möglich:

Konstante	Beschreibung
xlUpdateLinksAlways	Eingebettete OLE-Verknüpfungen werden für die angegebene Arbeitsmappe immer aktualisiert.
xlUpdateLinksNever	Eingebettete OLE-Verknüpfungen werden für die angegebene Arbeitsmappe nicht aktualisiert.

Tabelle 7.4 Die Konstanten der Eigenschaft »UpdateLinks«

Konstante	Beschreibung
xlUpdateLinksUserSetting	Eingebettete OLE-Verknüpfungen werden gemäß den Einstellungen des Benutzers für die angegebene Arbeitsmappe aktualisiert.

Tabelle 7.4 Die Konstanten der Eigenschaft »UpdateLinks« (Forts.)

Beispiel

Im Beispiel aus Listing 7.18 werden OLE-Verknüpfungen nicht aktualisiert.

```
Sub UpdateLinksBeispiel()
 Dim Mappe As Workbook

 Set Mappe = Application.ActiveWorkbook
 Mappe.UpdateLinks = xlUpdateLinksNever
End Sub
```

Listing 7.18 OLE-Verknüpfungen zulassen oder verweigern

7.1.44   »UpdateRemoteReferences«-Eigenschaft

Setzen Sie die Eigenschaft UpdateRemoteReferences auf den Wert True, wenn Remotebezüge für die Arbeitsmappe aktualisiert werden sollen.

7.1.45   »UserStatus«-Eigenschaft

Die Eigenschaft UserStatus gibt eine zweidimensionale Matrix, deren Index mit 1 beginnt, zurück. Sie enthält Informationen über jeden Benutzer, der die Arbeitsmappe im Freigabemodus geöffnet hat. Das erste Element der zweiten Dimension ist der Benutzername; das zweite Element enthält Datum und Uhrzeit des Öffnens der Arbeitsmappe durch den Benutzer; das dritte Element ist eine Zahl, die den Modus angibt (1 steht für Exklusivmodus, 2 für Freigabemodus).

7.1.46   »VBASigned«-Eigenschaft

Die Eigenschaft VBASigned liefert den Wert True, wenn das Visual-Basic-für-Applikationen-Projekt für die angegebene Arbeitsmappe digital signiert wurde.

Beispiel

Das Beispiel aus Listing 7.19 öffnet eine Arbeitsmappe und prüft, ob die Mappe ein digitales Zertifikat hat.

```
Sub VBASigned_Beispiel()
 Dim Mappe As Workbook

 Set Mappe = _
 Workbooks.Open(Filename:="C:\Mappe1.xls")
 If Mappe.VBASigned = False Then
   MsgBox "Das Projekt hat keine digitale Signatur!"
 End If
End Sub
```

Listing 7.19 Prüfen, ob eine Mappe eine digitale Signatur aufweist

7.1.47 »VBProject«-Eigenschaft

Die Eigenschaft VBProject gibt ein VBProject-Objekt zurück, das das Visual-Basic-Projekt in der angegebenen Arbeitsmappe darstellt.

Beispiel

Das Beispiel aus Listing 7.20 liest den Namen des VB-Projekts aus.

```
Sub VBProject_Beispiel()
  MsgBox ThisWorkbook.VBProject.Name
End Sub
```

Listing 7.20 Namen des VB-Projekts ermitteln

7.2   »Workbooks«-Methoden

7.2.1 »AcceptAllChanges«-, »RejectAllChanges«-Methode

Die Methode AcceptAllChanges übernimmt alle Änderungen in der angegebenen gemeinsam genutzten Arbeitsmappe.

Die Methode RejectAllChanges lehnt alle Änderungen in der angegebenen gemeinsam genutzten Arbeitsmappe ab.

Syntax

```
Ausdruck.AcceptAllChanges(When, Who, Where)
```

Argument	Beschreibung
Ausdruck	Erforderlich. Ein Ausdruck, der ein Workbook-Objekt zurückgibt
When	Optional. Gibt an, wann alle Änderungen akzeptiert wurden.

Argument	Beschreibung
Who	Optional. Gibt an, von wem alle Änderungen akzeptiert wurden.
Where	Optional. Gibt an, wo alle Änderungen akzeptiert wurden.

Beispiel

Im Beispiel aus Listing 7.21 werden alle Änderungen ohne Einschränkung akzeptiert.

```
Sub AcceptAllChanges_Beispiel()
  ActiveWorkbook.AcceptAllChanges
End Sub
```

Listing 7.21 Die Methode »AcceptAllChanges« akzeptiert alle Änderungen.

7.2.2 »Activate«-Methode

Die Methode Activate aktiviert eine Arbeitsmappe.

Beispiel

Im Beispiel aus Listing 7.22 sehen Sie drei Möglichkeiten, eine Arbeitsmappe zu aktivieren.

```
Sub Activate_Beispiel()
 Dim Mappe As Workbook

 Set Mappe = ActiveWorkbook
 Workbooks(1).Activate
 Workbooks("Mappe1").Activate
 Mappe.Activate
End Sub
```

Listing 7.22 Arbeitsmappe aktivieren über die Methode »Activate«

In diesem Makro wird bei der ersten Anweisung die zuerst geöffnete Arbeitsmappe ausgewählt. Bei der zweiten Anweisung erfolgt die Identifikation der gewünschten Mappe direkt über den Namen. Bei der dritten Variante wird die Mappe über eine Objektvariable aktiviert.

7.2.3 »AddToFavorites«-Methode

Die Methode AddToFavorites fügt dem Favoritenordner einen Eintrag zur Arbeitsmappe hinzu.

7.2.4 »BreakLink«-Methode

Die Methode BreakLink wandelt mit anderen Microsoft-Excel- oder OLE-Quellen verknüpfte Formeln in Werte um.

Syntax

```
Ausdruck.BreakLink(Name, Type)
```

Argument	Beschreibung
Ausdruck	Erforderlich. Ein Ausdruck, der ein Workbook-Objekt zurückgibt
Name	Erforderlich. Der Name der Verknüpfung
Type	Erforderlich. XlLinkType-Wert

Folgende Verknüpfungstypen sind möglich:

Konstante	Beschreibung
xlLinkTypeExcelLinks	eine Verknüpfung mit einer Microsoft-Excel-Quelle
xlLinkTypeOLELinks	eine Verknüpfung mit einer OLE-Quelle.

Tabelle 7.5 Die Verknüpfungstypen des Arguments »Type«

Beispiel

Das Beispiel aus Listing 7.23 wandelt alle Verknüpfungen zu einer anderen Excel-Arbeitsmappe in Festwerte um.

```
Sub BreakLink_Beispiel()
 im VArr As Variant
 Dim l As Long

 VArr = ActiveWorkbook.LinkSources _
 (Type:=xlLinkTypeExcelLinks)

 For l = 1 To UBound(VArr)
 ActiveWorkbook.BreakLink _
    Name:=VArr(l), _
    Type:=xlLinkTypeExcelLinks
 Next l
End Sub
```

Listing 7.23 Über die Methode »BreakLink« alle Verknüpfungen in Festwerte wandeln

7.2.5 »ChangeFileAccess«-Methode

Die Methode ChangeFileAccess ändert die Zugriffsberechtigungen zu der Arbeitsmappe.

Syntax

```
Ausdruck.ChangeFileAccess(Mode, WritePassword, Notify)
```

Argument	Beschreibung
Ausdruck	Erforderlich. Ein Ausdruck, der ein Workbook-Objekt zurückgibt
Mode	Erforderlich. XlFileAccess-Wert. Gibt den neuen Zugriffsmodus an.
WritePassword	Optional. Gibt das Schreibschutzkennwort an, wenn die Datei schreibgeschützt ist und Mode den Wert xlReadWrite hat.
Notify	Optional. True (oder keine Angabe), um den Benutzer zu benachrichtigen, falls auf die Datei nicht sofort zugegriffen werden kann

Für das Argument Mode sind folgende Konstanten verfügbar:

Konstante	Beschreibung
xlReadWrite	Lese-/Schreibzugriff
xlReadOnly	nur Lesezugriff

Tabelle 7.6 Die Konstanten des Arguments »Mode«

7.2.6 »Close«-Methode

Die Methode Close schließt eine Arbeitsmappe.

Syntax

```
Ausdruck.Close(SaveChanges, Filename, RouteWorkbook)
```

Argument	Beschreibung
Ausdruck	Erforderlich. Ein Ausdruck, der ein Workbook-Objekt zurückgibt

Argument	Beschreibung
SaveChanges	True: Speichert die Änderungen in der Arbeitsmappe.
	False: Speichert die Änderungen in der Datei nicht.
	Lassen Sie dieses Argument weg, dann wird der Anwender über ein Dialogfeld gefragt, wie verfahren werden soll.
FileName	Optional. Gibt den Dateinamen an, unter dem die Änderungen gespeichert werden sollen.
RouteWorkbook	Repräsentiert die Weiterleitung:
	▸ True: Leitet die Arbeitsmappe an den nächsten Empfänger weiter.
	▸ False: Leitet die Arbeitsmappe nicht weiter.
	Geben Sie dieses Argument nicht an, dann wird der Anwender über ein Dialogfeld gefragt, wie verfahren werden soll.

7.2.7   »DeleteNumberFormat«-Methode

Die Methode DeleteNumberformat löscht ein benutzerdefiniertes Zahlenformat aus der Arbeitsmappe.

7.2.8   »ExclusiveAccess«-Methode

Über die Methode ExclusiveAccess räumen Sie einem Anwender exklusiven Zugriff auf die geöffnete und für gemeinsamen Zugriff freigegebene Arbeitsmappe ein.

7.2.9   »ExportAsFixedFormat«-Methode

Mit Hilfe der Methode ExportAsFixedFormat speichern Sie eine Arbeitsmappe oder einzelne Tabellen als PDF.

Syntax

```
ExportAsFixedFormat(Type, Filename, Quality, IncludeDocProperties,
IgnorePrintAreas, From, To, OpenAfterPublish, FixedFormatExtClassPtr)
```

Argument	Beschreibung
Type	Erforderlich. Kann entweder xlTypePDF oder xlTypeXPS sein.
Filename	Optional. Eine Zeichenfolge, die den Namen der zu speichernden Datei angibt. Sie können einen vollständigen Pfad angeben, oder Excel speichert die Datei im aktuellen Ordner.

Argument	Beschreibung
Quality	Optional. Entweder xlQualityStandard oder xlQualityMinimum
IncludeDocProperties	Optional. Bei dem Wert True werden die Dokument-eigenschaften einbezogen und bei False ausgelassen.
IgnorePrintAreas	Optional. Bei dem Wert True werden alle beim Veröffent-lichen festgelegten Druckbereiche ignoriert. Bei dem Wert False werden alle beim Veröffentlichen festgelegten Druckbereiche berücksichtigt.
From	Optional. Die Seitenzahl, bei der mit dem Veröffentlichen begonnen werden soll. Wenn Sie dieses Argument auslassen, wird am Anfang mit dem Veröffentlichen begonnen.
To	Optional. Die Seitenzahl der letzten Seite, die veröffentlicht werden soll. Wenn Sie dieses Argument auslassen, wird der Veröffentlichungsvorgang nach der letzten Seite beendet.
OpenAfterPublish	Optional. Bei dem Wert True wird die Datei nach dem Veröffentlichen in einem Viewer angezeigt. Bei dem Wert False wird die Datei zwar veröffentlicht, aber nicht ange-zeigt.
FixedFormatExtClassPtr	Zeiger zur Klasse FixedFormatExt.

Beispiel

Das Beispiel aus Listing 7.24 legt die aktuelle Arbeitsmappe als PDF ab.

```
Sub ExportAlsPDF()
 ThisWorkbook.ExportAsFixedFormat _
 Type:=xlTypePDF, _
 Filename:=ThisWorkbook.Path & "\Export.pdf"
End Sub
```

Listing 7.24 Die aktuelle Mappe als PDF exportieren

7.2.10   »FollowHyperlink«-Methode

Zeigt ein zwischengespeichertes Dokument an, falls dieses bereits übertragen wor-den ist. Andernfalls stellt diese Methode den Hyperlink wieder her, überträgt das Zieldokument und zeigt es in der entsprechenden Anwendung an.

Syntax

```
Ausdruck.FollowHyperlink(Address, SubAddress, NewWindow)
```

Argument	Beschreibung
Ausdruck	Erforderlich. Ein Ausdruck, der ein Workbook-Objekt zurückgibt
Address	Erforderlich. Die Adresse des Zieldokuments
SubAddress	Optional. Die Position innerhalb des Zieldokuments. Der Standardwert ist eine leere Zeichenfolge.
NewWindow	Optional. True, wenn die Zielanwendung in einem neuen Fenster angezeigt wird. Der Standardwert ist False.

Es existieren noch weitere Argumente für die Methode FollowHyperlink, die aber kaum benötigt werden sollten.

Beispiel

Das Beispiel aus Listing 7.25 ruft eine Internetseite in einem neuen Fenster auf.

```
Sub FollowHyperlink_Beispiel()
 ActiveWorkbook.FollowHyperlink _
 Address:="http://Held-office.de", NewWindow:=True
End Sub
```

Listing 7.25 Internetseite aufrufen über die Methode »FollowHyperlink«

7.2.11   »LinkSources«-, »UpdateLink«-Methode

Die Methode LinkSources gibt eine Matrix mit Verknüpfungen in der Arbeitsmappe zurück. Die Namen in der Matrix entsprechen den Namen der verknüpften Dokumente, Auflagen oder DDE- bzw. OLE-Server.

Die Methode UpdateLink aktualisiert eine Microsoft-Excel-, DDE- oder OLE-Verknüpfung (bzw. mehrere Verknüpfungen).

Beispiel

Siehe Methode BreakLink.

7.2.12   »MergeWorkbook«-Methode

Über die Methode MergeWorkbook führen Sie Änderungen einer Arbeitsmappe mit einer geöffneten Arbeitsmappe zusammen.

Syntax

```
Ausdruck.MergeWorkbook(Filename)
```

Argument	Beschreibung
Ausdruck	Erforderlich. Ein Ausdruck, der ein Workbook-Objekt zurückgibt
Filename	Erforderlich. Der Dateiname der Arbeitsmappe mit den Änderungen, die in die geöffnete Arbeitsmappe eingefügt werden sollen

7.2.13   »NewWindow«-Methode

Die Methode NewWindow erstellt ein neues Fenster oder eine Kopie des angegebenen Fensters.

Beispiel

Das Beispiel aus Listing 7.26 erstellt ein neues Fenster auf Basis der aktiven Arbeitsmappe.

```
Sub NewWindow_Beispiel()
  ActiveWorkbook.NewWindow
End Sub
```

Listing 7.26 Über die Methode »NewWindow« ein neues Fenster erstellen

7.2.14   »OpenLinks«-Methode

Mit der Methode OpenLinks ermitteln Sie alle verknüpften Arbeitsmappen.

Syntax

```
Ausdruck.OpenLinks(Name, ReadOnly, Type)
```

Argument	Beschreibung
Ausdruck	Erforderlich. Ein Ausdruck, der ein Workbook-Objekt zurückgibt
Name	Erforderlich. Der Name der Microsoft-Excel- oder DDE/OLE-Verknüpfung, wie er von der LinkSources-Methode zurückgegeben wird
ReadOnly	Setzen Sie dieses Argument auf den Wert True, wenn die Dokumente schreibgeschützt geöffnet werden sollen. Der Standardwert ist False.
Type	Verknüpfungstyp

Beispiel

Das Beispiel aus Listing 7.27 öffnet alle verknüpften Arbeitsmappen.

```
Sub OpenLinks_Beispiel()
 Dim VArr As Variant
 Dim i As Integer

 VArr = ActiveWorkbook.LinkSources _
 (Type:=xlLinkTypeExcelLinks)
 On Error Resume Next
 For i = LBound(VArr) To UBound(VArr)
    ActiveWorkbook.OpenLinks VArr(i)
 Next i
End Sub
```

Listing 7.27 Alle verknüpften Arbeitsmappen öffnen

7.2.15   »Protect«-, »Unprotect«-Methode

Die Methode Protect schützt eine Arbeitsmappe.

Syntax

```
Ausdruck.Protect(Password, Structure, Windows)
```

Argument	Beschreibung
Ausdruck	Erforderlich. Ein Ausdruck, der ein Workbook-Objekt zurückgibt
Password	Optional. Legt das Passwort fest. Unterscheidet zwischen Groß- und Kleinschreibung.
Structure	Optional. True, wenn die Struktur der Arbeitsmappe geschützt werden soll
Windows	Optional. True, wenn die Fenster der Mappe geschützt werden sollen

Die Methode Unprotect hebt den Schutz eines Blattes oder einer Arbeitsmappe auf.

7.2.16   »ProtectSharing«-, »UnprotectSharing«-Methode

Die Methode UnprotectSharing speichert eine Arbeitsmappe und schützt sie zur gemeinsamen Verwendung.

Syntax

```
Ausdruck.ProtectSharing(Filename, Password, WriteResPassword,
ReadOnlyRecommended, CreateBackup, SharingPassword)
```

Argument	Beschreibung
Ausdruck	ein Ausdruck, der ein Workbook-Objekt zurückgibt
Filename	Optional. Legt den Dateinamen der Mappe fest, die frei-gegeben werden soll.
Password	Optional. Gibt das maximal 15 Stellen lange Passwort an.
WriteResPassword	Optional. Legt das Kennwort zum Schreibzugriff auf die Datei fest.
ReadOnlyRecommended	Optional. True, wenn beim Öffnen der Datei eine Meldung angezeigt werden soll, die empfiehlt, die Datei schreib-geschützt zu öffnen.
CreateBackup	Optional. True, wenn eine Sicherungsdatei erstellt werden soll.
SharingPassword	Optional. Legt das Kennwort fest, das verwendet werden muss, um die Datei für die gemeinsame Verwendung zu schützen.

Die Methode UnprotectSharing hebt den Schutz für die Freigabe auf und speichert die Arbeitsmappe.

Syntax

```
Ausdruck.UnprotectSharing(SharingPassword)
```

Argument	Beschreibung
Ausdruck	Erforderlich. Ein Ausdruck, der ein Workbook-Objekt zurückgibt
SharingPassword	Optional. Das Kennwort der Arbeitsmappe

7.2.17   »RefreshAll«-Methode

Die Methode RefreshAll aktualisiert alle externen Datenbereiche und PivotTable-Berichte in der angegebenen Arbeitsmappe.

7.2.18   »RemoveUser«-Methode

Die Methode RemoveUser trennt den angegebenen Benutzer von der gemeinsam genutzten Arbeitsmappe. Dabei wird der Benutzer über eine Nummer angesprochen.

7.2.19   »ResetColors«-Methode

Die Methode ResetColors setzt die Farbpalette auf die Standardfarben zurück.

7.2.20   »Route«-Methode

Die Methode Route leitet die Arbeitsmappe entsprechend den Einstellungen des aktuellen Verteilers der Arbeitsmappe weiter.

7.2.21   »Save«-Methode

Die Methode Save speichert Änderungen in der angegebenen Arbeitsmappe.

7.2.22   »SaveAs«-Methode

Die Methode SaveAs speichert Änderungen an der Arbeitsmappe in einer anderen Datei.

Gekürzte Syntax

```
Ausdruck.SaveAs(FileName, FileFormat, Password, WriteResPassword,
ReadOnlyRecommended, CreateBackup, AccessMode, ConflictResolution)
```

Argument	Beschreibung
Ausdruck	Erforderlich. Ein Ausdruck, der ein Workbook-Objekt zurückgibt
Filename	Gibt den Namen der Datei an.
FileFormat	Optional. Gibt das Dateiformat an.
Password	Optional. Ein Passwort kann angegeben werden.
WriteResPassword	Optional. Ein Schreibschutzkennwort kann angegeben werden.
ReadOnlyRecommended	Optional. Falls True, wird beim Öffnen der Datei in einer Meldung empfohlen, die Datei schreibgeschützt zu öffnen.

Argument	Beschreibung
CreateBackup	Optional. True, um eine Sicherungsdatei zu erstellen
AccessMode	Optional. Konstante, die den Zugriff festlegt
ConflictResolution	Optional. Konstante, die den Konfliktfall regelt.

Für das Argument AccessMode liegen folgende Konstanten vor:

Konstante	Beschreibung
xlExclusive	Exklusivmodus
xlNoChange	Standard-Zugriffsmodus nicht ändern
xlShared	Freigabeliste

Tabelle 7.7 Die Konstanten des Arguments »AccessMode«

Für das Argument ConflictResolution liegen folgende Konstanten vor:

Konstante	Beschreibung
xlUserResolution	Anzeige des Dialogfeldes KONFLIKTLÖSUNG
xlLocalSessionChanges	automatisches Akzeptieren der Änderungen des lokalen Benutzers
xlOtherSessionChanges	Änderungen anderer Benutzer haben Vorrang vor denen des lokalen Benutzers.

Tabelle 7.8 Die Konstanten des Arguments »ConflictResolution«

7.2.23 »SaveCopyAs«-Methode

Die Methode SaveCopyAs speichert eine Kopie der Arbeitsmappe in einer Datei, ändert aber nicht die geöffnete Arbeitsmappe im Speicher.

7.2.24 »SendForReview«-Methode

Die Methode SendForReview sendet eine Arbeitsmappe in einer E-Mail, damit diese von den angegebenen Empfängern überprüft werden kann.

Syntax

```
Ausdruck.SendForReview(Recipients, Subject, ShowMessage, IncludeAttachment)
```

Argument	Beschreibung
Ausdruck	Erforderlich. Ein Ausdruck, der ein Workbook-Objekt zurückgibt
Recipients	Optional. Gibt den oder die Empfänger der E-Mail bekannt.
Subject	Optional. Enthält den Betreff der Nachricht.
ShowMessage	Optional. True, wenn eine Nachricht beim Versenden angezeigt werden soll
IncludeAttachment	Optional. True, wenn ein Anhang an die Nachricht angehängt werden soll

7.2.25 »SendMail«-Methode

Die Methode SendMail sendet die Arbeitsmappe über das installierte Mailsystem.

Syntax

```
Ausdruck.SendMail(Recipients, Subject, ReturnReceipt)
```

Argument	Beschreibung
Ausdruck	Erforderlich. Ein Ausdruck, der ein Workbook-Objekt zurückgibt
Recipients	Erforderlich. Gibt den Namen des oder der Empfänger bekannt.
Subject	Optional. Gibt den Betreff der Nachricht an. Haben Sie dieses Argument ausgelassen, wird der Name des Dokuments verwendet.
ReturnReceipt	Optional. True, wenn eine Empfangsbestätigung angefordert werden soll

Beispiel

Das Beispiel aus Listing 7.28 versendet die aktuell geöffnete Arbeitsmappe per E-Mail versendet.

```
Sub SendMail_Beispiel()
  ActiveWorkbook.SendMail _
  Subject:="Aktuelle Daten", _
  Recipients:=Held-office@t-online.de
End Sub
```

Listing 7.28 Aktive Arbeitsmappe per E-Mail versenden

7.2.26   »UpdateFromFile«-Methode

Aktualisiert eine schreibgeschützte Arbeitsmappe mit der gespeicherten Version, falls die Version auf dem Datenträger neuer ist als die aktuelle Kopie der Arbeitsmappe im Arbeitsspeicher. Wurde die Kopie auf dem Datenträger seit dem Laden der Arbeitsmappe nicht verändert, wird die Kopie im Arbeitsspeicher nicht neu geladen.

7.2.27   »WebPagePreview«-Methode

Zeigt in einer Vorschau das Erscheinungsbild der angegebenen Arbeitsmappe an, wenn sie als Webseite gespeichert wäre.

7.3   »Workbooks«-Ereignisse

In Tabelle 7.9 sehen Sie die wichtigsten Ereignisse auf Workbook-Ebene, die Excel anbietet.

Ereignis	Beschreibung
Workbook_Activate	Tritt ein, sobald eine Arbeitsmappe aktiviert wird.
Workbook_AddinInstall	Tritt ein, wenn ein Add-In eingebunden wird. Dies kann entweder durch direktes Öffnen des Add-Ins erfolgen oder durch das Einbinden in den Add-Ins-Manager.
Workbook_AddinUninstall	Tritt ein, wenn ein Add-In aus dem Add-Ins-Manager deaktiviert wird.
Workbook_AfterSave	Tritt ein, nachdem eine Mappe gespeichert wurde.
Workbook_BeforePrint	Tritt vor dem Druck einer Arbeitsmappe oder nur einzelner Tabellen ein.
Workbook_BeforeSave	Tritt vor dem Speichervorgang ein. Dabei spielt es keine Rolle, ob Sie über Menübefehle, Symbolleiste oder Tastenkombination speichern.
Workbook_Deactivate	Tritt ein, wenn eine Arbeitsmappe deaktiviert wird, beispielsweise wenn eine Arbeitsmappe minimiert wird.

Tabelle 7.9 Die wichtigsten Ereignisse auf Arbeitsmappenebene

Ereignis	Beschreibung
Workbook_NewSheet	Tritt ein, wenn eine neue Tabelle in die Arbeitsmappe eingefügt wird.
Workbook_SheetActivate	Tritt ein, wenn ein beliebiges Tabellen- oder Diagrammblatt in der Arbeitsmappe aktiviert wird.
Workbook_SheetBeforeDoubleClick	Tritt ein, wenn an einer beliebigen Stelle der Arbeitsmappe ein Doppelklick mit der linken Maustaste durchgeführt wird.
Workbook_SheetBeforeDelete	Tritt ein, bevor eine Tabelle gelöscht wird.
Workbook_SheetBeforeRightClick	Tritt ein, wenn an einer beliebigen Stelle der Arbeitsmappe ein Klick mit der rechten Maustaste durchgeführt wird.
Workbook_SheetCalculate	Tritt nach der Neuberechnung des Tabellenblatts auf.
Workbook_SheetChange	Tritt ein, wenn sich auf einem beliebigen Tabellenblatt etwas ändert, sei es durch eine Verknüpfung oder den Anwender selbst.
Workbook_SheetDeactivate	Tritt ein, sobald ein beliebiges Tabellenblatt in der Arbeitsmappe verlassen wird.
Workbook_SheetFollowHyperlink	Tritt ein, wenn der Anwender auf einen Hyperlink in einer Tabelle klickt.
Workbook_SheetSelectionChange	Tritt ein, wenn sich die Markierung auf einem Tabellenblatt ändert.
Workbook_WindowActivate	Tritt ein, wenn ein Arbeitsmappenfenster aktiviert wird.
Workbook_WindowDeactivate	Tritt ein, wenn ein Arbeitsmappenfenster deaktiviert wird.
Workbook_WindowResize	Tritt ein, wenn die Größe des Arbeitsmappenfensters geändert wurde.

Tabelle 7.9 Die wichtigsten Ereignisse auf Arbeitsmappenebene (Forts.)

Einstellen von Arbeitsmappen-Ereignissen

Um ein Arbeitsmappen-Ereignis einzustellen, gehen Sie wie folgt vor:

1. Drücken Sie die Tastenkombination [Alt] + [F11], um in die Entwicklungsumgebung zu gelangen.

2. Im Projekt-Explorer klicken Sie den Eintrag DieseArbeitsmappe doppelt an.

3. Klicken Sie im Codefenster auf den Pfeil des linken Kombinationsfeldes, und wählen Sie den Eintrag Workbook aus. Excel stellt Ihnen nun standardmäßig ein schon vorgefertigtes Ereignismakro zur Verfügung.

4. Mit einem Klick auf das zweite Kombinationsfeld bekommen Sie alle verfügbaren Ereignisse angezeigt, die für die Arbeitsmappe einsetzbar sind.

Kapitel 8
»Worksheet«-Objekt

*In diesem Kapitel lernen Sie die wichtigsten Eigenschaften und
Methoden zu Tabellen kennen. Die Tabelle sprechen Sie durch das
Objekt »Worksheet« an.*

In Tabelle 8.1 sehen Sie das Objekt Worksheet sowie seine untergeordneten Objekte.

Objekt	Verwendung
Worksheet	einzelnes Tabellenblatt
Name	Name der Tabelle
Range	einzelne Zelle, Bereich, Spalten oder Zeilen
Comment	Kommentar
HPageBreak	horizontaler Tabellenseitenumbruch
VPageBreak	vertikaler Tabellenseitenumbruch
Hyperlink	Hyperlink
Scenario	Szenario
OLEObject	eingebettetes Objekt
Outline	Tabellengliederung
PageSetup	Seiteneinrichtung
QueryTable	Datenabfrage über Query
PivotTable	Pivot-Tabelle
ChartObject	eingebettetes Diagramm
AutoFilter	Filter einer Tabelle
Tab	Registerkarte einer Tabelle. Ab Excel 2002

Tabelle 8.1 Die »Worksheet«-Objekte

8.1 »Worksheet«-Eigenschaften

8.1.1 »AutoFilter«-, »AutoFilterMode«-, »EnableAutoFilter«-, »FilterMode«-Eigenschaft

Die Eigenschaft AutoFilter gibt ein AutoFilter-Objekt zurück, sofern die Filterung aktiviert ist.

Die Eigenschaft AutoFilterMode liefert den Wert True zurück, wenn die Dropdown-Pfeile für AutoFilter momentan in der Tabelle angezeigt werden.

Die Eigenschaft EnableAutoFilter gibt den Wert True zurück, falls AutoFilter-Pfeile aktiviert sind, wenn der Schutz »Nur-Benutzerschnittstelle« eingeschaltet ist. Hiermit können die Filterpfeile auch in einer geschützten Tabelle verwendet werden.

Über die Eigenschaft FilterMode stellen Sie fest, ob sich die Tabelle im Filtermodus befindet.

Beispiel

Das Beispiel aus Listing 8.1 zeigt die Dropdown-Pfeile für die Filterung an.

```
Sub Worksheets_Beispiel()
 Sheets("Tabelle1").Activate
 If Not ActiveSheet.AutoFilterMode = True Then
  Range("A1").AutoFilter
 End If
End Sub
```

Listing 8.1 Den AutoFilter anzeigen

8.1.2 »Comments«-Eigenschaft

Die Eigenschaft Comments gibt eine Comments-Auflistung zurück, die alle Kommentare im angegebenen Arbeitsblatt darstellt.

Beispiel

Das Beispiel aus Listing 8.2 gibt alle Kommentare der aktiven Tabelle in der Entwicklungsumgebung aus.

```
Sub Comments_Beispiel()
 Dim Notiz As Comment

 For Each Notiz In ActiveSheet.Comments
   Debug.Print Notiz.Text
```

```
 Next Notiz
End Sub
```

Listing 8.2 Alle Kommentare einer Tabelle auslesen

8.1.3 »DisplayPageBreaks«-Eigenschaft

Die Eigenschaft DisplayPageBreaks gibt den Wert True zurück, wenn Seitenumbrüche (automatische und manuelle) auf dem angegebenen Arbeitsblatt angezeigt werden.

8.1.4 »EnableCalculation«-Eigenschaft

Die Eigenschaft EnableCalculation meldet den Wert True, falls Microsoft Excel das Arbeitsblatt automatisch neu berechnet, und False, falls Excel das Arbeitsblatt nicht neu berechnet.

8.1.5 »EnableOutlining«-Eigenschaft

Die Eigenschaft EnableOutlining meldet den Wert True, falls die Gliederungssymbole aktiviert sind, sofern der Schutz »Nur-Benutzerschnittstelle« eingeschaltet ist. Somit können Sie auch in geschützten Tabellen mit den Gliederungssymbolen arbeiten.

Beispiel

Im Beispiel aus Listing 8.3 wird auf *Tabelle1* die Gliederungsfunktion trotz Blattschutz eingestellt.

```
Sub EnableOutlining_Beispiel()
 Dim Tabelle As Worksheet

 Set Tabelle = Sheets("Tabelle1")
 With Tabelle
   .EnableOutlining = True
   .Protect contents:=True, userInterfaceOnly:=True
 End With
End Sub
```

Listing 8.3 Gliederungsfunktion trotz Blattschutz einstellen

8.1.6 »EnablePivotTable«-Eigenschaft

Die Eigenschaft EnablePivotTable meldet den Wert True, falls die Steuerelemente und -aktionen für Pivot-Tabellen aktiviert sind, wenn der Schutz »Nur-Benutzerschnitt-stelle« eingeschaltet ist. Sie sind somit in der Lage, auch in geschützten Tabellen Pivot-Tabellen einzusetzen.

8.1.7   »EnableSelection«-Eigenschaft

Über die Eigenschaft EnableSelection legen Sie über eine Konstante fest, welche Objekte in einer geschützten Tabelle markiert werden dürfen. Folgende Konstanten stehen dabei zur Verfügung:

Konstante	Beschreibung
xlNoSelection	keine Markierung möglich
xlNoRestrictions	keine Einschränkungen
xlUnlockedCells	nur die ungeschützten Zellen

Tabelle 8.2 Die Konstanten der Eigenschaft »EnableSelection«

Beispiel

Das Beispiel aus Listing 8.4 schützt *Tabelle2*. Nach dem Einstellen des Schutzes kann keine einzige Zelle der Tabelle markiert werden.

```
Sub EnableSelection_Beispiel()
 With Worksheets("Tabelle2")
    .EnableSelection = xlNoSelection
    .Protect Contents:=True, UserInterfaceOnly:=True
 End With
End Sub
```

Listing 8.4 Tabelle mit Markierungsoptionen schützen

8.1.8   »HPageBreaks«-, »VPageBreaks«-Eigenschaft

Die Eigenschaft HPageBreaks gibt eine HPageBreaks-Auflistung zurück, die die horizontalen Seitenwechsel des Blattes darstellt.

Die Eigenschaft VPageBreaks gibt eine VPageBreaks-Auflistung zurück, die die vertikalen Seitenwechsel eines Blattes darstellt.

Beispiel

Das Beispiel aus Listing 8.5 zählt die Anzahl der horizontalen und vertikalen Seitenwechsel.

```
Sub HPageBreaks_Beispiel()
 With Sheets("Tabelle3")
  Debug.Print "Horizontale Seitenwechsel " & _
```

```
 .HPageBreaks.Count
 Debug.Print "Vertikale Seitenwechsel " & _
 .VPageBreaks.Count
 End With
End Sub
```

Listing 8.5 Die Seitenwechsel einer Tabelle zählen

8.1.9   »Hyperlinks«-Eigenschaft

Die Eigenschaft Hyperlinks gibt eine Hyperlinks-Auflistung zurück, die die Hyperlinks des Bereichs oder des Arbeitsblattes darstellt.

Beispiel

Das Beispiel aus Listing 8.6 ermittelt alle in *Tabelle4* enthaltenen Hyperlinks und dokumentiert sie im Direktfenster der Entwicklungsumgebung.

```
Sub Hyperlinks_Beispiel()
 Dim Link As Hyperlink

 For Each Link In Worksheets("Tabelle4").Hyperlinks
   Debug.Print Link.Range.Address & vbTab & _
   Link.Address
 Next Link
End Sub
```

Listing 8.6 Hyperlinks in einer Tabelle aufspüren und auslesen

8.1.10   »Index«-Eigenschaft

Über die Eigenschaft Index ermitteln Sie den Index einer Tabelle. Die Tabelle, die in der Mappe ganz link steht, hat dabei den Index 1.

Beispiel

Im Beispiel aus Listing 8.7 ermitteln Sie die Anordnung einer Tabelle innerhalb der Arbeitsmappe.

```
Sub Index_Beispiel()
  MsgBox Sheets("Tabelle4").Index
End Sub
```

Listing 8.7 Die Reihenfolge der Anordnung einer Tabelle innerhalb
einer Mappe ermitteln

8.1.11   »MailEnvelope«-Eigenschaft

Über die Eigenschaft MailEnvelope bestimmen Sie den Text einer E-Mail-Kopfzeile für ein Dokument.

8.1.12   »Name«-Eigenschaft

Mit Hilfe der Eigenschaft Name können Sie den Namen einer Tabelle festlegen oder ermitteln.

Beispiel

Das Beispiel aus Listing 8.8 erstellt eine neue Mappe mit zwölf Tabellen und benennt die Tabellen danach um.

```
Sub Name_Eigenschaft()
 Dim i As Integer
 Dim iAnz As Integer

 iAnz = Application.SheetsInNewWorkbook
 Application.SheetsInNewWorkbook = 12
 Workbooks.Add
 For i = 1 To 12
    Sheets(i).Name = "Monat" & i
 Next i
 Application.SheetsInNewWorkbook = iAnz
End Sub
```

Listing 8.8 Tabellenblätter über die Eigenschaft »Name« neu benennen

8.1.13   »Outline«-Eigenschaft

Die Eigenschaft Outline gibt ein Outline-Objekt zurück, das die Gliederung für das angegebene Arbeitsblatt darstellt.

8.1.14   »PageSetup«-Eigenschaft

Die Eigenschaft PageSetUp gibt ein PageSetup-Objekt zurück, das alle Seiteneinstellungen für das angegebene Objekt enthält. Damit können Sie unter anderem die Kopf- und Fußzeilen programmieren.

Beispiel

Das Beispiel aus Listing 8.9 erstellt die Kopf- und Fußzeile von *Tabelle5* per Makro.

```
Sub PageSetUp_Beispiel()
 Dim Tabelle As Worksheet

 Set Tabelle = Worksheets("Tabelle5")
 With Tabelle.PageSetup
   .LeftHeader = Application.UserName
   .CenterHeader = ""
   .RightHeader = Date
   .LeftFooter = ActiveWorkbook.FullName
   .CenterFooter = ""
   .RightFooter = Tabelle.Name
 End With
End Sub
```

Listing 8.9 Kopf- und Fußzeile einrichten

8.1.15   »ProtectContents«, »ProtectDrawingObjects«, »ProtectScenarios«-Eigenschaft

Die Eigenschaft ProtectContents liefert den Wert True, wenn der Inhalt des Blattes geschützt ist. Bei einem Diagramm wird das gesamte Diagramm geschützt. Bei einem Arbeitsblatt werden die einzelnen Zellen geschützt.

Die Eigenschaft ProtectDrawingObjects liefert den Wert True, wenn Formen in einer Tabelle geschützt sind.

Die Eigenschaft ProtectScenarios liefert den Wert True, wenn die Arbeitsblatt-szenarios geschützt sind.

8.1.16   »Protection«-Eigenschaft

Die Eigenschaft Protection gibt ein Protection-Objekt zurück, das die Schutzoptionen für die Anwendung darstellt. Damit können Sie prüfen, welche Schutzoptionen in einer Tabelle eingestellt sind.

Folgende Optionen sind, auch bei geschützten Tabellen, ab der Excel-Version 2002 verfügbar:

Schutzeigenschaft	Beschreibung
AllowDeletingColumns	Spalten dürfen gelöscht werden.
AllowDeletingRows	Zeilen dürfen gelöscht werden.

Tabelle 8.3 Die Schutzeigenschaften beim Tabellenschutz

Schutzeigenschaft	Beschreibung
AllowFiltering	Der AutoFilter darf eingesetzt werden.
AllowFormattingCells	Zellen dürfen formatiert werden.
AllowFormattingColumns	Spalten dürfen formatiert werden.
AllowFormattingRows	Zeilen dürfen formatiert werden.
AllowInsertingColumns	Spalten dürfen eingefügt werden.
AllowInsertingHyperlinks	Hyperlinks dürfen eingefügt werden.
AllowInsertingRows	Zeilen dürfen eingefügt werden.
AllowSorting	Die Sortierung darf durchgeführt werden.
AllowUsingPivotTables	Pivot-Tabellen können benutzt werden.

Tabelle 8.3 Die Schutzeigenschaften beim Tabellenschutz (Forts.)

Hinweis

Zum Einstellen des Tabellenschutzes sehen Sie nach bei der Methode Protect weiter unten im Kapitel.

8.1.17   »QueryTables«-Eigenschaft

Die Eigenschaft QueryTables gibt die QueryTables-Auflistung zurück, die alle Abfrage-tabellen des angegebenen Arbeitsblattes darstellt.

Beispiel

Das Beispiel aus Listing 8.10 aktualisiert alle Abfragen auf einer Tabelle.

```
Sub QueryTables_Beispiel()
 Dim Tabelle As Worksheet
 Dim qt As QueryTable

 Set Tabelle = Worksheets("Tabelle5")
 For Each qt In Tabelle.QueryTables
     qt.Refresh
 Next qt
End Sub
```

Listing 8.10 Alle Abfragen auf einer Tabelle aktualisieren

8.1.18 »ScrollArea«-Eigenschaft

Die Eigenschaft ScrollArea gibt den Bereich aus, in dem Bildlauf bzw. die Zellenaktivierung erlaubt sind. Da diese Einstellung leider nicht die nächste Excel-Sitzung überlebt, müssen Sie diese Eigenschaft immer beim Öffnen der Arbeitsmappe über das Ereignis Workbook_Open einstellen.

Beispiel

Das Beispiel aus Listing 8.11 richtet beim Öffnen der Arbeitsmappe auf der *Tabelle6* eine ScrollArea ein. Das Ereignismakro müssen Sie zu diesem Zweck genau hinter den Eintrag DIESEARBEITSMAPPE legen.

```
Private Sub Workbook_Open()
  Worksheets("Tabelle6").ScrollArea = "A1:E50"
End Sub
```

Listing 8.11 Eine »ScrollArea« dauerhaft einrichten

8.1.19 »StandardHeight«-, »StandardWidth«-Eigenschaft

Über die Eigenschaft StandardHeight fragen Sie die Standardhöhe aller Zeilen des Arbeitsblattes in Punkt ab oder legen sie fest.

Über die Eigenschaft StandardWidth fragen Sie die Standardbreite aller Spalten eines Arbeitsblattes ab oder legen sie fest.

8.1.20 »Tab«-Eigenschaft

Die Eigenschaft Tab gibt ein Tab-Objekt für ein Diagramm oder ein Arbeitsblatt zurück.

Beispiel

Das Beispiel aus Listing 8.12 formatiert die Registerkarte von *Tabelle1* mit der Hintergrundfarbe Rot.

```
Sub Tab_Beispiel()
  Worksheets("Tabelle1").Tab.ColorIndex = 3
End Sub
```

Listing 8.12 Registerkarte einer Tabelle einfärben

8.1.21 »Type«-Eigenschaft

Über die Eigenschaft Type fragen Sie den Typ eines Arbeitsblattes ab oder legen ihn fest. Dabei gelten folgende Blattkonstanten:

Konstante	Beschreibung
xlChart	Diagrammblatt
xlDialogSheet	altes Dialogblatt (Makro Excel 4)
xlExcel4IntlMacroSheet	internationales Makroblatt
xlExcel4MacroSheet	Makroblatt (Excel-Version 4)
xlWorksheet	Tabellenblatt

Tabelle 8.4 Die Konstanten der Eigenschaft »Type«

Beispiel

Das Beispiel aus Listing 8.13 überprüft, ob es sich beim aktiven Blatt um eine Tabelle handelt.

```
Sub Type_Beispiel()
 If ActiveSheet.Type = xlWorksheet Then
  MsgBox "Tabelle"
 End If
End Sub
```

Listing 8.13 Tabellenprüfung über die Eigenschaft »Type« durchführen

8.1.22   »UsedRange«-Eigenschaft

Die Eigenschaft UsedRange repräsentiert den verwendeten Bereich in einer Tabelle.

Beispiel

Das Beispiel aus Listing 8.14 liest den verwendeten Bereich einer Tabelle aus.

```
Sub UsedRange_Beispiel()
 MsgBox Sheets("Tabelle6").UsedRange.Address
End Sub
```

Listing 8.14 Den verwendeten Bereich einer Tabelle über die Eigenschaft »UsedRange« ermitteln

8.1.23   »Visible«-Eigenschaft

Über die Eigenschaft Visible bestimmen Sie, ob die Tabelle sichtbar oder unsichtbar ist. Über folgende Konstanten blenden Sie Tabellen ein und aus:

Konstante/Wert	Beschreibung
True	Tabelle ist sichtbar.
False	Tabelle ist ausgeblendet.
xlSheetVisible	Tabelle ist sichtbar.
xlSheetHidden	Tabelle ist ausgeblendet.
xlSheetVeryHidden	Tabelle ist sicher ausgeblendet.

Tabelle 8.5 Die Werte/Konstanten der Eigenschaft »Visible«

Beispiel

Beim Beispiel aus Listing 8.15 wird *Tabelle6* so ausgeblendet, dass sie über den Menü-befehl FORMAT • BLATT-EINBLENDEN nicht wieder eingeblendet werden kann.

```
Sub Visible_Beispiel()
  Worksheets("Tabelle6").Visible = xlSheetVeryHidden
End Sub
```

Listing 8.15 Sicheres Ausblenden einer Tabelle

8.2   »Worksheet«-Methoden

8.2.1   »Activate«-, »Select«-Methode

Über die Methoden Activate und Select aktivieren Sie eine Tabelle.

Beispiel

Das Beispiel aus Listing 8.16 aktiviert *Tabelle1*.

```
Sub Activate_Beispiel()
 Worksheets("Tabelle1").Activate
End Sub
```

Listing 8.16 Aktivieren einer Tabelle über die Methode »Activate«

8.2.2   »Calculate«-Methode

Über die Methode Calculate können Sie unter anderem ein bestimmtes Arbeitsblatt einer Arbeitsmappe neu berechnen lassen.

Beispiel

Das Beispiel aus Listing 8.17 berechnet *Tabelle1* der aktiven Arbeitsmappe neu.

```
Sub Calculate_Beispiel()
 Worksheets("Tabelle1").Calculate
End Sub
```

Listing 8.17 Eine Tabelle über die Methode »Calculate« neu berechnen lassen

8.2.3 »ChartObjects«-Methode

Die Methode ChartObjects gibt ein Objekt zurück, das ein einzelnes eingebettetes Diagramm oder eine Auflistung aller eingebetteten Diagramme des Blattes darstellt.

Beispiel

Das Beispiel aus Listing 8.18 stellt die Abmessungen eines Diagrammobjekts in *Tabelle7* neu ein.

```
Sub ChartObject_Beispiel()
 Dim Dia As ChartObject

 Set Dia = Sheets("Tabelle7").ChartObjects(1)
 With Dia
 .Width = 450
 .Height = 250
 End With
End Sub
```

Listing 8.18 Die Abmessungen eines Diagrammobjekts ändern

8.2.4 »CheckSpelling«-Methode

Mit der Methode CheckSpelling führen Sie eine Rechtschreibprüfung durch.

Beispiel

Das Beispiel aus Listing 8.19 ruft die Rechtschreibprüfung für *Tabelle7* auf.

```
Sub CheckSpelling_Beispiel()
 Worksheets("Tabelle7").CheckSpelling
End Sub
```

Listing 8.19 Die Rechtschreibprüfung über die Methode »CheckSpelling« starten

8.2.5 »CircleInvalid«-, »ClearCircles«-Methode

Die Methode CircleInvalid kreist ungültige Einträge in einer Tabelle ein.

Die Methode ClearCircles löscht Kreise von ungültigen Einträgen aus einer Tabelle.

8.2.6 »ClearArrows«-, »ShowDependents«-, »ShowPrecedents«-, »ShowErrors«-Methode

Die Methode ClearArrows entfernt die Spurpfeile in einer Tabelle, die vom Detektiv hinzugefügt wurden.

Die Methode ShowDependents zeichnet Spurpfeile zu den direkten Nachfolgern des Bereichs.

Die Methode ShowPrecedents zeichnet Spurpfeile zu den direkten Vorgängerzellen des Bereichs.

Die Methode ShowErrors zeichnet Spurpfeile durch die Struktur bis zu der Zelle, die die Fehlerquelle darstellt, und gibt den Bereich zurück, der die Zelle enthält.

8.2.7 »Copy«-Methode

Mit der Methode Copy kopieren Sie eine Tabelle.

Syntax

```
Ausdruck.Copy(Before, After)
```

Argument	Beschreibung
Ausdruck	Erforderlich. Ein Ausdruck, der ein Worksheet- oder Chartobjekt zurückgibt
Before	Optional. Das Blatt, vor das dieses Blatt kopiert wird. Sie können Before nicht angeben, wenn Sie After angeben.
After	Optional. Das Blatt, hinter das dieses Blatt kopiert wird. Sie können After nicht angeben, wenn Sie Before angeben.

Hinweis

Lassen Sie alle Argumente weg, wird die Tabelle in eine neue Arbeitsmappe kopiert.

Beispiel

Das Beispiel aus Listing 8.20 kopiert die erste Tabelle der Arbeitsmappe ganz ans Ende der Arbeitsmappe.

```
Sub Copy_Beispiel()
 Worksheets(1).Copy _
 After:=Worksheets(Worksheets.Count)
End Sub
```

Listing 8.20 Tabelle ans Ende der Arbeitsmappe kopieren

8.2.8   »Delete«-Methode

Über die Methode Delete entfernen Sie eine Tabelle aus einer Arbeitsmappe.

Beispiel

Das Beispiel aus Listing 8.21 löscht *Tabelle8* aus der aktiven Arbeitsmappe. Zuvor werden dabei die Standardmeldungen von Excel ausgeschaltet, damit der Benutzer das Löschen der Tabelle nicht bestätigen muss.

```
Sub Delete_Beispiel()
 Application.DisplayAlerts = False
 Worksheets("Tabelle8").Delete
 Application.DisplayAlerts = True
End Sub
```

Listing 8.21 Über die Methode »Delete« eine Tabelle entfernen

8.2.9   »Evaluate«-Methode

Die Methode Evaluate konvertiert einen Microsoft-Excel-Namen in ein Objekt oder in einen Wert.

Syntax

```
Ausdruck.Evaluate(Name)
```

Argument	Beschreibung
Ausdruck	Erforderlich. Ein Ausdruck, der ein Chart- oder Worksheet-Objekt zurückgibt
Name	Erforderlich. Der Name des Objekts, wobei die für Microsoft Excel gültigen Namenskonventionen zu berücksichtigen sind

8.2.10 »Move«-Methode

Die Methode Move verschiebt das Blatt an eine andere Position in der Arbeitsmappe.

Syntax

```
Ausdruck.Move(Before, After)
```

Argument	Beschreibung
Ausdruck	Erforderlich. Ein Ausdruck, der ein Worksheet- oder Chart-Objekt zurückgibt
Before	Optional. Das Blatt, vor das dieses Blatt geschoben wird. Sie können Before nicht angeben, wenn Sie After angeben.
After	Optional. Das Blatt, hinter das dieses Blatt geschoben wird. Sie können After nicht angeben, wenn Sie Before angeben.

Hinweis

Lassen Sie alle Argumente weg, wird die Tabelle in eine neue Arbeitsmappe verschoben.

8.2.11 »OLEObjects«-Methode

Die Methode OLEObjects gibt ein Objekt zurück, das ein einzelnes OLE-Objekt oder eine Auflistung aller OLE-Objekte des Diagramms oder Blattes darstellt.

Beispiel

Das Beispiel aus Listing 8.22 identifiziert alle OLE-Objekte von *Tabelle9* und gibt ihre Quellen im Direktfenster der Entwicklungsumgebung aus.

```
Sub OLEObjects_Beispiel()
 Dim OLE As OLEObject

 For Each OLE In Sheets("Tabelle9").OLEObjects
   Debug.Print OLE.Name; vbTab; OLE.SourceName
 Next OLE
End Sub
```

Listing 8.22 Alle OLE-Objekte in einer Tabelle identifizieren

8.2.12 »Paste«-Methode

Die Methode Paste fügt den Inhalt der Zwischenablage in das Blatt ein.

Syntax

```
Ausdruck.Paste(Destination, Link)
```

Argument	Beschreibung
Ausdruck	Erforderlich. Ein Ausdruck, der ein Worksheet-Objekt zurückgibt
Destination	Optional. Ein Range-Objekt, das festlegt, wo der Inhalt der Zwischenablage einzufügen ist.
Link	Optional. True, wenn eine Verknüpfung zum Quelldokument der eingefügten Daten hergestellt werden soll. Wenn Sie dieses Argument angeben, ist es nicht möglich, auch das Destination-Argument anzugeben. Der Standardwert ist False.

Beispiel

Das Beispiel aus Listing 8.23 überträgt einen Teil einer Tabelle in eine andere Tabelle.

```
Sub Paste_Beispiel()
  Worksheets("Tabelle1").Range("A1:D10").Copy
  ActiveSheet.Paste _
  Destination:=Worksheets("Tabelle2").Range("A1:D10")
End Sub
```

Listing 8.23 Teile aus einer Tabelle kopieren und einfügen

8.2.13 »PasteSpecial«-Methode

Mit der Methode PasteSpecial fügen Sie den Inhalt der Zwischenablage im angegebenen Format in das Blatt ein.

Syntax

```
Ausdruck.PasteSpecial(Format, Link, DisplayAsIcon, IconFileName,
IconIndex, IconLabel, NoHTMLFormatting)
```

Argument	Beschreibung
Ausdruck	Erforderlich. Ein Ausdruck, der ein Worksheet-Objekt zurückgibt
Format	Optional. Gibt das Zwischenablageformat für die Daten an.

Argument	Beschreibung
Link	Optional. True, wenn eine Verknüpfung zum Quelldokument der eingefügten Daten hergestellt werden soll
DisplayAsIcon	Optional. True, wenn die eingefügten Daten als Symbol angezeigt werden sollen
IconFileName	Optional. Der Name der Datei mit dem zu verwendenden Symbol, wenn DisplayAsIcon den Wert True annimmt
IconIndex	Optional. Die Indexnummer des Symbols in der Symboldatei
IconLabel	Optional. Die Beschriftung für das Symbol
NoHTMLFormatting	Optional. True, um sämtliche Formatierungen, Hyperlinks und Bilder aus HTML zu entfernen. False, um HTML unverändert einzufügen

Beispiel

Das Beispiel aus Listing 8.24 fügt eine vorher kopierte Grafik in eine Excel-Tabelle ein.

```
Sub PasteSpecial_Beispiel()
 ActiveSheet.PasteSpecial _
 Format:="Bitmap", Link:=False, DisplayAsIcon:=False
End Sub
```

Listing 8.24 Eine Grafik aus der Zwischenablage in eine Tabelle einfügen

8.2.14   »PivotTable«-Methode

Die Methode PivotTable gibt ein Objekt zurück, das einen einzelnen PivotTable-Bericht oder eine Auflistung aller PivotTable-Berichte in einem Arbeitsblatt darstellt.

8.2.15   »PivotTableWizard«-Methode

Über die Methode PivotTableWizard erstellen Sie eine Pivot-Tabelle über den Assistenten. Bei dieser Methode wird der Pivot-Tabellen-Assistent nicht angezeigt.

Syntax

```
Ausdruck.PivotTableWizard(SourceType, SourceData, TableDestination,
TableName, RowGrand, ColumnGrand, SaveData, HasAutoFormat, AutoPage,
BackgroundQuery, OptimizeCache, PageFieldOrder, PageFieldWrapCount,
ReadData, Connection)
```

Argument	Beschreibung
Ausdruck	Erforderlich. Ein Ausdruck, der ein Worksheet-Objekt zurückgibt
SourceType	Optional. Gibt den Datentyp der Daten an, die ausgewertet werden sollen.
SourceData	Optional. Die Daten für den neuen Bericht
TableDestination	Optional. Position, an der der Bericht im Arbeitsblatt stehen soll
TableName	Optional. Name des neuen Berichts
RowGrand	Optional. True, wenn der neue Bericht Gesamtergebnisse für Zeilen aufweisen soll
ColumnGrand	Optional. True, wenn der neue Bericht Gesamtergebnisse für Spalten aufweisen soll
SaveData	Optionaler. True, wenn die Daten zusammen mit dem Bericht gespeichert werden sollen
HasAutoFormat	Optional. True, wenn Microsoft Excel den Bericht automatisch nach einer Aktualisierung oder dem Verschieben von Feldern formatiert
AutoPage	Optional. Nur gültig, wenn für SourceType der Wert xlConsolidation angegeben wird. True, wenn Microsoft Excel für die Konsolidierung ein Seitenfeld erstellt
BackgroundQuery	Optional. True, wenn Excel die Abfragen für den Bericht asynchron (im Hintergrund) ausführen soll
OptimizeCache	Optional. True, wenn der PivotTable-Cache beim Erstellen optimiert werden soll
PageFieldOrder	Optional. Die Reihenfolge, in der Seitenfelder dem Layout des PivotTable-Berichts hinzugefügt werden: xlDownThenOver oder xlOverThenDown
PageFieldWrapCount	Optional. Die Anzahl von Seitenfeldern in jeder Spalte oder Zeile des PivotTable-Berichts
ReadData	Optional. True, wenn ein PivotTable-Cache erstellt werden soll, der alle Datensätze aus einer externen Datenbank enthält
Connection	Optional. Hiermit kann eine Verbindung von Excel zu einer ODBC-Datenquelle stattfinden.

Im Argument SourceType stehen folgende Typen zur Verfügung:

Konstante	Beschreibung
xlConsolidation	mehrere Konsolidierungsbereiche
xlDatabase	Microsoft-Excel-Liste oder -Datenbank
xlExternal	Daten aus einer anderen Anwendung kopieren
xlPivotTable	gleiche Quelle wie ein anderer PivotTable-Bericht

Tabelle 8.6 Die Konstanten des Arguments »SourceType«

Beispiel

Das Beispiel aus Listing 8.25 erstellt eine Pivot-Tabelle über den Assistenten.

```
Sub PivotTableWizard_Beispiel()
 Sheets("Tabelle9").PivotTableWizard _
 xlDatabase, Sheets("Tabelle9").Range("A1:D50")
End Sub
```

Listing 8.25 Pivot-Tabelle erstellen über den Assistenten

8.2.16   »PrintOut«-Methode

Über die Methode PrintOut drucken Sie eine Tabelle oder Arbeitsmappe.

Syntax

```
Ausdruck.PrintOut(From, To, Copies, Preview,
ActivePrinter, PrintToFile, Collate, PrToFileName)
```

Argument	Beschreibung
Ausdruck	Erforderlich. Ein Ausdruck, der ein Worksheet-Objekt zurückgibt
From	Optional. Die Nummer der ersten Seite, die gedruckt werden soll. Wenn Sie dieses Argument nicht angeben, wird von der ersten Seite an gedruckt.
To	Optional. Die Nummer der letzten Seite, die gedruckt werden soll. Wenn Sie dieses Argument nicht angeben, wird bis zur letzten Seite gedruckt.

Argument	Beschreibung
Copies	Optional. Die Anzahl der zu druckenden Kopien
Preview	Optional. True ruft die Seitenansicht auf, bevor das Objekt gedruckt wird.
ActivePrinter	Optional. Gibt den Namen des aktiven Druckers an.
PrintToFile	Optional. True: Ausgabe erfolgt in eine Datei.
Collate	Optional. True: Mehrfachkopien werden sortiert.
PrToFileName	Optional. Name der Datei, in die Sie ducken möchten (nur, wenn PrintTofile gesetzt ist).

Beispiel

Im Beispiel aus Listing 8.26 werden alle markierten Tabellen doppelt gedruckt.

```
Sub PrintOut_Beispiel()
 ActiveWindow.SelectedSheets.PrintOut _
 Copies:=1, Collate:=True
End Sub
```

Listing 8.26 Gruppierte Tabelle mit Kopie drucken

8.2.17   »PrintPreview«-Methode

Über die Methode PrintPreview zeigen Sie eine Tabelle in der Seitenansicht von Excel an.

Beispiel

Das Beispiel aus Listing 8.27 stellt *Tabelle2* in der Seitenansicht dar.

```
Sub PrintPreview_Beispiel()
 Worksheets("Tabelle2").PrintPreview
End Sub
```

Listing 8.27 Die Seitenansicht einer Tabelle aufrufen

8.2.18   »Protect«-, »Unprotect«-Methode

Über die Methode Protect schützen Sie eine Tabelle so, dass sie nicht geändert werden kann.

Syntax ab Excel 2002

```
Ausdruck.Protect(Password, DrawingObjects, Contents, Scenarios,
UserInterfaceOnly, AllowFormattingCells, AllowFormattingColumns,
AllowFormattingRows, AllowInsertingColumns, AllowInsertingRows,
AllowInsertingHyperlinks, AllowDeletingColumns, AllowDeletingRows,
AllowSorting, AllowFiltering, AllowUsingPivotTables)
```

Argument	Beschreibung
Ausdruck	Erforderlich. Ein Ausdruck, der ein Worksheet-Objekt zurückgibt
Password	Optional. Legt das Passwort für den Tabellenschutz fest.
DrawingObjects	Optional. True, werden Formen geschützt werden sollen. Die Voreinstellung ist False.
Contents	Optional. True, wenn der Inhalt geschützt werden soll. Bei einem Diagramm wird das gesamte Diagramm geschützt. Bei einem Arbeitsblatt werden die gesperrten Zellen geschützt. Die Voreinstellung ist True.
Scenarios	Optional. True, wenn Szenarios geschützt werden sollen. Das Argument gilt nur für Arbeitsmappen. Die Voreinstellung ist True.
UserInterfaceOnly	Optional. True, wenn die Benutzeroberfläche geschützt werden soll, Makros jedoch nicht
AllowFormattingCells	Optional. True, wenn es dem Benutzer möglich sein soll, jede Zelle eines geschützten Arbeitsblattes zu formatieren. Der Standardwert ist False.
AllowFormattingColumns	Optional. True, wenn es dem Benutzer möglich sein soll, jede Spalte eines geschützten Arbeitsblattes zu formatieren. Der Standardwert ist False.
AllowFormattingRows	Optional. True, wenn es dem Benutzer möglich sein soll, jede Zeile eines geschützten Arbeitsblattes zu formatieren. Der Standardwert ist False.
AllowInsertingColumns	Optional. True, wenn es dem Benutzer möglich sein soll, Spalten in ein geschütztes Arbeitsblatt einzufügen. Der Standardwert ist False.

8

Argument	Beschreibung
AllowInsertingRows	Optional. True, wenn es dem Benutzer möglich sein soll, Zeilen in ein geschütztes Arbeitsblatt einzufügen. Der Standardwert ist False.
AllowInsertingHyperlinks	Optional. True, wenn Hyperlinks in ein geschütztes Arbeitsblatt eingefügt werden können. Der Standardwert ist False.
AllowDeletingColumns	Optional. True, wenn Spalten im geschützten Arbeitsblatt gelöscht werden dürfen, wobei keine Zelle in der zu löschenden Spalte gesperrt sein darf. Der Standardwert ist False.
AllowDeletingRows	Optional. True, wenn Zeilen im geschützten Arbeitsblatt gelöscht werden dürfen, vorausgesetzt, dass keine Zelle in der zu löschenden Zeile gesperrt ist. Der Standardwert ist False.
AllowSorting	Optional. True, wenn für das geschützte Arbeitsblatt eine Sortierung durchgeführt werden darf. Für jede Zelle im Sortierbereich muss die Sperre oder der Schutz aufgehoben werden. Der Standardwert ist False.
AllowFiltering	Optional. True, wenn ein Filter für das geschützte Arbeitsblatt eingesetzt werden darf. Die Benutzer können Filterkriterien ändern, jedoch keinen AutoFilter aktivieren oder deaktivieren. Der Standardwert ist False.
AllowUsingPivotTables	Optional. True, wenn PivotTable-Berichte für das geschützte Arbeitsblatt eingesetzt werden dürfen. Der Standardwert ist False.

Syntax vor Excel 2002

```
Ausdruck.Protect _
(Password, DrawingObjects, Contents, _
Scenarios, UserInterfaceOnly)
```

Argument	Beschreibung
Ausdruck	Erforderlich. Ein Ausdruck, der ein Worksheet-Objekt zurückgibt
Password	Optional. Legt das Passwort für den Tabellenschutz fest.

Argument	Beschreibung
DrawingObjects	Optional. True, werden Formen geschützt werden sollen. Die Voreinstellung ist False.
Contents	Optional. True, wenn der Inhalt geschützt werden soll. Bei einem Diagramm wird das gesamte Diagramm geschützt. Bei einem Arbeitsblatt werden die gesperrten Zellen geschützt. Die Voreinstellung ist True.
Scenarios	Optional. True, wenn Szenarios geschützt werden sollen. Das Argument gilt nur für Arbeitsmappen. Die Voreinstellung ist True.
UserInterFaceOnly	Optional. True, wenn die Benutzeroberfläche, jedoch keine Makros geschützt werden sollen

Über die Methode Unprotect heben Sie den Schutz eines Blattes oder einer Arbeitsmappe.

Syntax

```
Ausdruck.Unprotect(Password)
```

Argument	Beschreibung
Ausdruck	Erforderlich. Ein Ausdruck, der ein Worksheet-Objekt zurückgibt
Password	Optional. Legt das Passwort für den Tabellenschutz fest

Beispiel

Das Beispiel aus Listing 8.28 schützt eine Tabelle so, dass trotz Tabellenschutz noch Zeilen und Spalten eingefügt werden dürfen.

```
Sub Protect_Beispiel()
 With Sheets("Tabelle1")
  .Protect Password:="Geheim", _
  AllowInsertingColumns:=True, _
  AllowInsertingRows:=True
 End With
End Sub
```

Listing 8.28 Eine Tabelle schützen über die Methode »Protect«

Das Beispiel aus Listing 8.29 entfernt den Passwortschutz für *Tabelle1* wieder.

```
Sub Unprotect_Beispiel()
 With Sheets("Tabelle1")
   .Protect Password:="Geheim"
 End With
End Sub
```

Listing 8.29 Den Tabellenschutz über die Methode »Unprotect« aufheben

8.2.19   »ResetAllPageBreaks«-Methode

Über die Methode ResetAllPageBreaks setzen Sie alle Seitenwechsel im angegebenen Arbeitsblatt zurück.

Beispiel

Das Beispiel aus Listing 8.30 entfernt alle eingefügten Seitenwechsel aus der Arbeitsmappe.

```
Sub ResetPageBreaks_Beispiel()
 Dim Tabelle As Worksheet

 For Each Tabelle In ActiveWorkbook.Worksheets
   Tabelle.ResetAllPageBreaks
 Next Tabelle
End Sub
```

Listing 8.30 Über die Methode »ResetAllPageBreaks« den Seitenwechsel zurücksetzen

8.2.20   »Scenarios«-Methode

Über die Methode Scenarios geben Sie ein Objekt zurück, das ein einzelnes Szenario oder eine Auflistung von Szenarien des Arbeitsblattes darstellt.

Syntax

```
Ausdruck.Scenarios(Index)
```

Argument	Beschreibung
Ausdruck	Erforderlich. Ein Ausdruck, der ein Worksheet-Objekt zurückgibt
Index	Optional. Der Name oder die Nummer des Szenarios. Verwenden Sie eine Matrix, um mehr als ein Szenario anzugeben.

8.2.21   »SetBackgroundPicture«-Methode

Mit der Methode SetBackgroundPicture legen Sie die Hintergrundgrafik für ein Arbeitsblatt oder ein Diagramm fest.

Syntax

```
Ausdruck.SetBackgroundPicture(FileName)
```

Argument	Beschreibung
Ausdruck	Erforderlich. Ein Ausdruck, der ein Worksheet- oder ein Chart-Objekt zurückgibt
FileName	Erforderlich. Der Name der Grafikdatei

Beispiel

Das Beispiel aus Listing 8.31 weist *Tabelle2* ein Hintergrundbild zu.

```
Sub SetBackgroundpicture_Beispiel()
 With Worksheets("Tabelle2")
   .SetBackgroundPicture "C:\logo.gif"
 End With
End Sub
```

Listing 8.31 Die Methode »BackgroundPicture« weist einer Tabelle ein Hintergrundbild zu.

Hinweis

Nach dem Einfügen des Hintergrundbildes besteht keine Verbindung mehr zur Grafik, d. h., die Grafik wird nach dem Einfügen mit der Arbeitsmappe gespeichert. Außerdem ist ein Hintergrundbild in Excel leider standardmäßig nicht druckbar.

8.2.22   »ShowAllData«-Methode

Über die Methode ShowAllData können Sie alle Zeilen der momentan gefilterten Liste einblenden. Wird AutoFilter verwendet, so ändert diese Methode die Pfeile in Alle.

Beispiel

Das Beispiel aus Listing 8.32 setzt den AutoFilter von *Tabelle10* zurück.

```
Sub ShowAllData_Beispiel()
 On Error Resume Next
 With Worksheets("Tabelle10")
   .ShowAllData = True
 End With
End Sub
```

Listing 8.32 Über die Methode »ShowAllData« alle ausgefilterten
Zeilen wieder einblenden

8.2.23   »ShowDataForm«-Methode

Über die Methode ShowDataForm zeigen Sie die mit dem Arbeitsblatt verknüpfte
Datenmaske an.

Beispiel

Das Beispiel aus Listing 8.33 zeigt die Datenmaske zu *Tabelle10* an.

```
Sub ShowDataForm_Beispiel()
 With Worksheets("Tabelle10")
   .ShowDataForm
 End With
End Sub
```

Listing 8.33 Über die Methode »ShowDataForm« die Datenmaske einer Tabelle anzeigen

8.3   »Worksheets«-Ereignisse

In Tabelle 8.7 sehen Sie alle Ereignisse auf Worksheet-Ebene, die Excel anbietet.

Ereignis	Beschreibung
Worksheet_Activate	Tritt ein, wenn ein Tabellenblatt aktiviert wird.
Worksheet_BeforeDelete	Tritt ein, bevor eine Tabelle gelöscht wird.
Worksheet_Change	Tritt ein, wenn sich der Wert in einer Zelle ändert.
Worksheet_Calculate	Tritt ein, wenn eine Tabelle neu berechnet wird.
Worksheet_Deactivate	Tritt ein, wenn ein Tabellenblatt deaktiviert wird, beispielsweise wenn ein Tabellenblatt verlassen wird.

Tabelle 8.7 Die Ereignisse auf »Worksheet«-Ebene

Ereignis	Beschreibung
Worksheet_FollowHyperlink	Tritt ein, wenn der Anwender auf einen Hyperlink in einer Tabelle klickt.
WorkSheet_SelectionChange	Tritt ein, wenn sich die Markierung auf einem Tabellenblatt ändert.

Tabelle 8.7 Die Ereignisse auf »Worksheet«-Ebene (Forts.)

Allgemeine Vorgehensweise bei der Einstellung von Tabellenereignissen

Um für ein Tabellenblatt ein Ereignis einzustellen, verfahren Sie wie folgt:

1. Drücken Sie die Tastenkombination Alt + F11, um in die Entwicklungsumgebung zu gelangen.

2. Im Projekt-Explorer klicken Sie die Tabelle, der Sie das Ereignis zuweisen möchten, doppelt an.

3. Klicken Sie im Codefenster auf den Pfeil des linken Kombinationsfeldes, und wählen Sie den Eintrag WORKSHEET.

4. Im zweiten Kombinationsfeld wählen Sie dann das gewünschte Ereignis aus.

Kapitel 9
»Range«-Objekt

In diesem Kapitel lernen Sie das wichtigste Objekt, die Zelle, kennen.
Dabei beschreiben wir die wichtigsten Eigenschaften und Methoden
des »Range«-Objektes anhand praktischer Aufgaben.

In Tabelle 9.1 sehen Sie das Objekt Range sowie seine untergeordneten Objekte.

Objekt	Verwendung
Range	einzelne Zelle, Bereich, Spalte oder Zeile
Areas	zusammenhängende Zellenblöcke innerhalb einer Markierung
Border	Rahmen einer Zelle
Errors	Fehlerüberprüfung
Font	Schriftattribute
Interior	Zellenhintergrund
Characters	einzelne Zeichen innerhalb einer Zelle
Name	Name der Zelle bzw. des Bereichs
Style	Formatvorlage eines Bereichs
FormatCondition	bedingte Formatierung
Hyperlink	Hyperlink
Validation	Gültigkeitsprüfung
Comment	Kommentar

Tabelle 9.1 Die »Range«-Objekte

9.1 »Range«-Eigenschaften

9.1.1 »AddIndent«-, »HorizontalAlignment«-, »VerticalAlignment«-Eigenschaft

Setzen Sie die Eigenschaft AddIndent auf den Wert True, um den Text in einer Zelle automatisch einzuziehen, sofern die Textausrichtung in einer Zelle horizontal oder vertikal auf gleich verteilt festgelegt ist.

Über die Eigenschaft HorizontalAlignment geben Sie die horizontale Ausrichtung für das angegebene Objekt zurück oder legen sie fest.

Über die Eigenschaft VerticalAlignment geben Sie die vertikale Ausrichtung des angegebenen Objekts zurück oder legen sie fest.

Beispiel

Das Beispiel aus Listing 9.1 stattet Spalte A von *Tabelle1* mit einem Texteinzug aus.

```
Sub AddIndent_Beispiel()
 With Worksheets("Tabelle1").Columns(1)
    .HorizontalAlignment = xlHAlignDistributed
    .AddIndent = True
 End With
End Sub
```

Listing 9.1 Über die Eigenschaft »AddIndent« einen Texteinzug für Zellen festlegen

9.1.2 »Address«-, »AddressLocal«-Eigenschaft

Über die Eigenschaft Address legen Sie den Bezug auf eine Zelle oder einen Bereich fest.

Über die Eigenschaft AddressLocal geben Sie den Bereichsbezug für den angegebenen Bereich in der Sprache des Benutzers oder der Benutzerin zurück.

Syntax

```
Ausdruck.Address(RowAbsolute, ColumnAbsolute,
 ReferenceStyle, External, RelativeTo)
```

Argument	Beschreibung
Ausdruck	Erforderlich. Ein Ausdruck, der ein Range-Objekt zurückgibt
RowAbsolute	Optional. True, wenn der Bezugsteil mit der Zeilenangabe als absoluter Bezug zurückgegeben werden soll

Argument	Beschreibung
ColumnAbsolute	Optional. True, wenn der Bezugsteil mit der Spaltenangabe als absoluter Bezug zurückgegeben werden soll
ReferenceStyle	Optional. XlReferenceStyle-Wert: ▶ xlA1 = Standard, A1-Schreibweise; oder ▶ xlR1C1 = Z1S1-Schreibweise
External	Optional. True, wenn ein externer Bezug zurückgegeben werden soll. False, wenn ein lokaler Bezug zurückgegeben werden soll. Die Voreinstellung ist False.
RelativeTo	Optional. Wenn RowAbsolute und ColumnAbsolute beide den Wert False einnehmen und Sie für ReferenceStyle den Wert xlR1C1 übergeben, müssen Sie einen Startpunkt für den relativen Bezug angeben. Dieses Argument ist ein Range-Objekt und definiert den Startpunkt.

9.1.3 »AllowEdit«-Eigenschaft

Die Eigenschaft AllowEdit nimmt den Wert True ein, wenn der Bereich für ein geschütztes Arbeitsblatt bearbeitet werden darf.

Beispiel

Das Beispiel aus Listing 9.2 überprüft, ob Zelle A1 der geschützten *Tabelle1* geändert werden darf.

```
Sub AllowEdit_Beispiel()
 Dim Tabelle As Worksheet

 Set Tabelle = ActiveWorkbook.Worksheets("Tabelle1")
 Tabelle.Protect
 If Tabelle.Range("A1").AllowEdit = True Then
    MsgBox "Zelle A1 kann verändert werden!"
  Else
    MsgBox "Zelle A1 kann nicht verändert werden!"
 End If
End Sub
```

Listing 9.2 Editierbarkeit einer Zelle über die Eigenschaft »AllowEdit« abfragen

9.1.4 »Areas«-Eigenschaft

Die Eigenschaft Areas gibt eine Areas-Auflistung zurück, die alle Bereiche in einer Mehrfachmarkierung darstellt.

Beispiel

Das Beispiel aus Listing 9.3 überprüft, ob in einer Tabelle mehrere nicht zusammenhängende Zellbereiche markiert sind.

```
Sub Areas_Beispiel()
 If Selection.Areas.Count > 1 Then
  MsgBox _
 "Mehrere Bereiche sind in der Tabelle markiert!"
 End If
End Sub
```

Listing 9.3 Über die Eigenschaft »Areas« ermitteln, ob mehrere Bereiche markiert sind

9.1.5 »Borders«-Eigenschaft

Über die Eigenschaft Borders geben Sie eine Borders-Auflistung zurück, die den Rahmen einer Formatvorlage oder eines Zellbereichs darstellt.

Beispiel

Das Beispiel aus Listing 9.4 versieht einen Zellenbereich am oberen sowie am unteren Ende mit einem Rahmen.

```
Sub Borders_Beispiel()
 With Worksheets("Tabelle2").Range("A2:B4").Borders(xlEdgeBottom)
    .LineStyle = xlContinuous
    .Weight = xlThin
    .ColorIndex = 5
 End With
 With Worksheets("Tabelle2").Range("A2:B4").Borders(xlEdgeTop)
    .LineStyle = xlContinuous
    .Weight = xlThin
    .ColorIndex = 5
 End With
End Sub
```

Listing 9.4 Den Rahmen eines Bereichs festlegen

9.1.6 »Cells«-Eigenschaft

Über die Eigenschaft Cells geben Sie ein Range-Objekt zurück, das die Zellen im angegebenen Bereich darstellt.

Syntax

```
Cells(Zeile, Spalte)
```

Im Argument `Zeile` geben Sie die Zeilennummer an (1–65536).

Im Argument `Spalte` geben Sie die Spaltennummer an (1–256).

Beispiel

Das folgende Beispiel formatiert in *Tabelle2* die Zellen A1 und B2 mit dem Schriftschnitt FETT.

```
Sub Cells_Beispiel()
 Cells(1, 1).Font.Bold = True
 Cells(2, 2).Font.Bold = True
End Sub
```

Listing 9.5 Über die »Cells«-Eigenschaft auf bestimmte Zellen zugreifen

9.1.7 »Characters«-Eigenschaft

Die Eigenschaft `Characters` gibt ein `Characters`-Objekt zurück, das einen Bereich von Zeichen innerhalb des Objekttextes darstellt.

Syntax

```
Ausdruck.Characters(Start, Length)
```

Argument	Beschreibung
Ausdruck	Erforderlich. Ein Ausdruck, der ein Range-Objekt der zurückgibt
Start	Optional. Das erste zurückzugebende Zeichen. Falls dieses Argument den Wert 1 hat oder nicht angegeben wird, gibt diese Eigenschaft einen Zeichenbereich zurück, der mit dem ersten Zeichen beginnt.
Length	Optional. Die Anzahl der zurückzugebenden Zeichen. Falls Sie dieses Argument nicht angeben, gibt diese Eigenschaft den Rest der Zeichenfolge zurück (alle Zeichen nach Start).

Beispiel

Im Beispiel aus Listing 9.6 wird eine Formel aus einer Zelle genommen und als Text wieder eingefügt. Die Argumente, die sich dabei innerhalb der Klammern befinden, werden mit dem Schriftschnitt FETT dargestellt. So wird aus der Formel SUMME(A1:A5) der Text SUMME(A1:A5).

```
Sub Characters_Beispiel()
 Dim s As String
 Dim iPosBeginn As Integer
 Dim iPosEnde As Integer

 s = ActiveCell.FormulaLocal
 iPosBeginn = InStr(s, "(")
 iPosEnde = InStr(s, ")")

 ActiveCell.Value = "'" & s
 ActiveCell.Font.Bold = False
 ActiveCell.Characters(Start:=(iPosBeginn + 1), _
 Length:=(iPosEnde - 1)).Font.Bold = True
End Sub
```

Listing 9.6 Den Formeltext mit Hilfe der Eigenschaft »Characters« formatieren

9.1.8 »Column«-, »Columns«-, »EntireColumn«-, »Row«-, »Rows«-, »EntireRow«-Eigenschaft

Die Eigenschaft Column gibt die erste Spalte am Anfang des angegebenen Bereichs als Zahl zurück.

Die Eigenschaft Columns gibt ein Range-Objekt zurück, das die Spalten im angegebenen Bereich darstellt.

Die Eigenschaft EntireColumn gibt ein Range-Objekt zurück, das eine oder mehrere ganze Spalten darstellt, die den angegebenen Bereich enthalten.

Die Eigenschaft Row gibt die Nummer der ersten Zeile im ersten Bereich zurück.

Die Eigenschaft Rows gibt ein Range-Objekt zurück, das die Zeilen im angegebenen Bereich darstellt.

Die Eigenschaft EntireRow gibt ein Range-Objekt zurück, das eine oder mehrere ganze Zeilen darstellt, die den angegebenen Bereich enthalten.

Beispiele

Das Beispiel aus Listing 9.7 erweitert jede Spalte im benutzten Bereich einer Tabelle auf die Spaltenbreite 20.

```
Sub Column_Eigenschaft()
 Dim Spalte As Range
```

```
For Each Spalte In Worksheets("Tabelle3").UsedRange.Columns
   Spalte.ColumnWidth = 20
Next Spalte
End Sub
```

Listing 9.7 Einzelne Spalten ansprechen über die Eigenschaft »Columns«

Das Beispiel aus Listing 9.8 formatiert jede zweite verwendete Zeile in einer Tabelle mit der Hintergrundfarbe Rot.

```
Sub Rows_Eigenschaft()
 Dim Zeile As Range

 For Each Zeile In Worksheets("Tabelle3").UsedRange.Rows
  If Zeile.Row Mod 2 = 0 Then
     Zeile.EntireRow.Interior.ColorIndex = 3
  End If
 Next Zeile
End Sub
```

Listing 9.8 Einzelne Zeilen ansprechen über die Eigenschaft »Rows«

9.1.9   »ColumnWidth«-, »RowHeight«-, »Width«-, »Height«-Eigenschaft

Über die Eigenschaft ColumnWidth fragen Sie die Breite aller Spalten im angegebenen Bereich ab oder legen sie fest.

Über die Eigenschaft RowHeight fragen Sie die Höhe aller Zeilen im angegebenen Bereich ab oder legen sie fest.

Über die Eigenschaft Height ermitteln Sie die Höhe eines Bereichs.

Über die Eigenschaft Width ermitteln Sie die Breite eines Bereichs.

Beispiele

Das Beispiel aus Listing 9.9 passt alle Spaltenbreiten sowie Zeilenhöhen im verwendeten Bereich an.

```
Sub ColumnWidth_Beispiel()
 Dim Bereich As Range

 Set Bereich = Sheets("Tabelle3").UsedRange
 With Bereich
   .ColumnWidth = 20
   .RowHeight = 15
```

```
 End With
End Sub
```

Listing 9.9 Zeilenhöhe und Spaltenbreite im benutzten Bereich anpassen

Das Im folgenden Beispiel aus Listing 9.10 ermittelt die Höhe und Breite eines bestimmten Bereichs.

```
Sub Height_Beispiel()
 Dim Bereich As Range

 Set Bereich = Range("A1:A5")
 MsgBox "Höhe: " & Bereich.Height & vbLf & _
 "Breite: " & Bereich.Width
End Sub
```

Listing 9.10 Höhe und Breite eines Bereichs ermitteln

9.1.10   »Comment«-Eigenschaft

Die Eigenschaft Comment gibt ein Comment-Objekt zurück, das den Kommentar darstellt, der mit der Zelle in der linken oberen Ecke des Bereichs verknüpft ist.

Beispiel

Das Beispiel aus Listing 9.11 fügt einen Kommentar in eine Zelle ein und macht ihn sichtbar.

```
Sub Comment_Beispiel()
 With Sheets("Tabelle3").Range("A1")
    .NoteText "Hallo"
    .Font.Name = "Tahoma"
    .Comment.Visible = True
 End With
End Sub
```

Listing 9.11 Kommentar einfügen

9.1.11   »Count«-Eigenschaft

Mit Hilfe der Eigenschaft Count zählen Sie die Objekte einer Auflistung.

Beispiele

Das Beispiel aus Listing 9.12 zählt die Anzahl der Zellen, die sich in einer Markierung befinden.

```
Sub Count_Beispiel()
  MsgBox Selection.Count
End Sub
```

Listing 9.12 Anzahl der markierten Zellen über die Eigenschaft »Count « feststellen

Das Beispiel aus Listing 9.13 zählt die markierten Zeilen und Spalten.

```
Sub Count_Beispiel2()
  MsgBox "Zeilen: " & Selection.Rows.Count & vbLf & _
         "Spalten: " & Selection.Columns.Count
End Sub
```

Listing 9.13 Markierte Zeilen und Spalten über die Eigenschaft »Count« zählen

9.1.12   »CurrentArray«-, »HasArray«-, »CurrentRegion«-Eigenschaft

Über die Eigenschaft CurrentArray geben Sie ein Range-Objekt zurück, das die gesamte Matrix darstellt, sofern die angegebene Zelle Teil einer Matrix ist.

Die Eigenschaft HasArray meldet den Wert True, wenn die angegebene Zelle Teil einer Matrixformel ist.

Die Eigenschaft CurrentRegion gibt ein Range-Objekt zurück, das den aktuellen Bereich darstellt. Der aktuelle Bereich wird von einer beliebigen Kombination leerer Zeilen und Spalten umschlossen.

Beispiel

Im Beispiel aus Listing 9.14 wird ausgehend von der markierten Zelle der umliegende Bereich ermittelt und mit Nullen gefüllt. Dabei werden jedoch nur Zellen berücksichtigt, die bereits einen numerischen Inhalt haben oder die noch leer sind.

```
Sub CurrentRegion_Beispiel()
 Dim Bereich As Range
 Dim zelle As Range

 Set Bereich = ActiveCell.CurrentRegion

 For Each zelle In Bereich
  If IsNumeric(zelle.Value) Or zelle.Value = "" Then
     zelle.Value = 0
  End If
 Next zelle
End Sub
```

Listing 9.14 Den umliegenden Bereich mit Nullen füllen

9.1.13   »Dependents«-, »DirectDependents«-, »Precedents«-, »DirectPrecedents«-Eigenschaft

Die Eigenschaft Dependents gibt ein Range-Objekt zurück, das den Bereich mit allen von einer Zelle abhängigen Zellen (Nachfolgern) darstellt. Dabei kann es sich um eine Mehrfachauswahl (eine Vereinigung mehrerer Range-Objekte) handeln, falls mehrere Zellen abhängig sind.

Die Eigenschaft DirectDependents gibt ein Range-Objekt zurück, das den Bereich darstellt, der die direkten Nachfolger einer Zelle enthält. Dabei kann es sich um eine Mehrfachauswahl (eine Vereinigung mehrerer Range-Objekte) handeln, falls mehrere Zellen abhängig sind.

Die Eigenschaft Precedents gibt ein Range-Objekt zurück, das alle Vorgänger einer Zelle darstellt. Dabei kann es sich um eine Mehrfachauswahl handeln (eine Vereinigung von Range-Objekten), falls mehrere Vorgänger vorhanden sind.

Die Eigenschaft DirectPrecedents gibt ein Range-Objekt zurück, das den Bereich darstellt, der die direkten Nachfolger einer Zelle enthält. Dabei kann es sich um eine Mehrfachauswahl (eine Vereinigung mehrerer Range-Objekte) handeln, falls mehrere Zellen abhängig sind.

9.1.14   »End«-Eigenschaft

Die Eigenschaft End gibt ein Range-Objekt zurück, das die Zelle am Ende der Region darstellt, die den Quellbereich enthält. Diese Methode entspricht dem Drücken der Tasten `Ende` + `↑`, `Ende` + `↓`, `Ende` + `←` oder `Ende` + `→`.

Syntax

```
Ausdruck.End(Direction)
```

Argument	Beschreibung
Ausdruck	Erforderlich. Ein Ausdruck, der ein Range-Objekt zurückgibt
Direction	Erforderlich. Die Richtungskonstante, in die verschoben wird:

   ▶ xlDown: nach unten
   ▶ xlToRight: nach rechts
   ▶ xlToLeft: nach links
   ▶ xlUp: nach oben

Beispiel

Das Beispiel aus Listing 9.15 markiert in Spalte A die letzte benutzte Zelle.

```
Sub End_Beispiel()
  Range("A1048576").End(xlUp).Select
End Sub
```

Listing 9.15 Über die Eigenschaft »End« die letzte verwendete Zelle in Spalte A ermitteln

9.1.15 »Font«-Eigenschaft

Die Eigenschaft Font gibt ein Font-Objekt zurück, das die Schriftart des angegebenen Objekts darstellt.

Beispiel

Das Beispiel aus Listing 9.16 formatiert einen Bereich in *Tabelle4* mit einer bestimmten Schriftart sowie Schriftgröße.

```
Sub Font_Beispiel()
 Dim Bereich As Range

 Set Bereich = Worksheets("Tabelle4").Range("A1:G2")
 With Bereich
   .Font.Name = "Arial"
   .Font.Size = 12
 End With
End Sub
```

Listing 9.16 Über die Eigenschaft »Font« auf die Schriftart zugreifen

9.1.16 »FormatConditions«-Eigenschaft

Die Eigenschaft FormatConditions gibt eine FormatConditions-Auflistung zurück, die alle bedingten Formate des angegebenen Bereichs darstellt.

Beispiel

Das Beispiel aus Listing 9.17 sucht den verwendeten Bereich einer Tabelle nach einer bestimmten bedingten Formatierung ab. Dabei werden alle roten bedingten Formatierungen durch die Farbe Blau ersetzt.

```
Sub FormatConditions_Beispiel()
 Dim zelle As Range
 Dim Bereich As Range

 Set Bereich = Worksheets("Tabelle5").UsedRange

 For Each zelle In Bereich
```

```
      If zelle.FormatConditions(1).Interior.ColorIndex = 3 Then
         zelle.FormatConditions(1).Interior.ColorIndex = 5
      End If
   Next zelle
End Sub
```

Listing 9.17 Zugriff auf die bedingte Formatierung über die Eigenschaft
»FormatConditions« gewinnen

9.1.17 »Formula«-, »FormulaLocal«-, »FormulaR1C1«-, »FormulaR1C1Local«-Eigenschaft

Die Eigenschaft Formula gibt die Formel des Objekts im A1-Bezugssystem entsprechend der Ländereinstellung zurück oder legt sie fest.

Die Eigenschaft FormulaLocal gibt die Formel für das Objekt unter Verwendung von A1-Bezügen in der Sprache des Benutzers zurück oder legt einen Wert für sie fest.

Die Eigenschaft FormulaR1C1 gibt die Formel für das Objekt unter Verwendung von Z1S1-Bezügen zurück oder legt einen Wert für sie fest.

Die Eigenschaft FormulaR1C1Local gibt die Formel für das Objekt unter Verwendung von Z1S1-Bezügen in der Sprache des Benutzers zurück oder legt einen Wert für sie fest.

Beispiel

Das Beispiel aus Listing 9.18 gibt alle verwendeten Formeln aus *Tabelle6* im Direktfenster der Entwicklungsumgebung aus.

```
Sub FormulaLocal_Beispiel()
 Dim Zelle As Range

 Sheets("Tabelle6").Cells.SpecialCells(xlCellTypeFormulas).Select
 For Each Zelle In Selection
   Debug.Print Zelle.FormulaLocal
 Next Zelle
End Sub
```

Listing 9.18 Über die Eigenschaft »FormulaLocal« die Formeln dokumentieren

9.1.18 »FormulaHidden«-, »Locked«-Eigenschaft

Die Eigenschaft FormulaHidden gibt den Wert True zurück, falls die Formel ausgeblendet wird, wenn das Arbeitsblatt geschützt ist.

Die Eigenschaft Locked meldet den Wert True, wenn das Objekt gesperrt ist, und False, wenn das Objekt geändert werden kann, obwohl das Blatt geschützt ist.

Beispiel

Das Beispiel aus Listing 9.19 löscht alle nicht gesperrten Zellen aus *Tabelle7*.

```
Sub Locked_Beispiel()
 Dim Tabelle As Worksheet
 Dim Zelle As Range

 Set Tabelle = Worksheets("Tabelle7")

 For Each Zelle In Tabelle.UsedRange.Cells
   If Zelle.Locked = False Then Zelle.Value = ""
 Next Zelle
End Sub
```

Listing 9.19 Über die Eigenschaft »Locked« die »Zellensperre« überprüfen

9.1.19 »Hidden«-Eigenschaft

Die Eigenschaft Hidden meldet den Wert True, wenn die Zeilen oder Spalten ausgeblendet sind. Der angegebene Bereich muss eine ganze Zeile oder Spalte umfassen.

Beispiel

Das Beispiel aus Listing 9.20 blendet alle ausgeblendeten Zeilen im benutzten Bereich wieder ein.

```
Sub Hidden_Beispiel()
 Dim Tabelle As Worksheet
 Dim zeile As Range

 Set Tabelle = Worksheets("Tabelle8")

 For Each zeile In Tabelle.UsedRange.Rows
   zeile.Hidden = False
 Next zeile
End Sub
```

Listing 9.20 Zeilen über die Eigenschaft »Hidden« ein- und ausblenden

9.1.20 »HorizontalAlignment«-, »VerticalAlignment«-Eigenschaft

Die Eigenschaft HorizontalAlignment gibt die horizontale Ausrichtung für das angegebene Objekt zurück oder legt sie fest.

Die Eigenschaft VerticalAlignment gibt die vertikale Ausrichtung für das angegebene Objekt zurück oder legt sie fest.

Beispiel

Das Beispiel aus Listing 9.21 richtet Text in einem Bereich horizontal und vertikal aus.

```
Sub HorizontalAligment_Beispiel()
 Dim Bereich As Range

 Set Bereich = Worksheets("Tabelle8").Range("A1:D17")

 With Bereich
   .HorizontalAlignment = xlLeft
   .VerticalAlignment = xlCenter
 End With
End Sub
```

Listing 9.21 Zellen ausrichten über die Eigenschaften »HorizontalAlignment« und »VerticalAlignment«

9.1.21 »Hyperlinks«-Eigenschaft

Die Eigenschaft Hyperlinks gibt eine Hyperlinks-Auflistung zurück, die die Hyperlinks des Bereichs oder des Arbeitsblattes darstellt.

Beispiel

Das Beispiel aus Listing 9.22 arbeitet alle markierten Zellen ab und überprüft dabei, ob in der jeweiligen Zelle ein Hyperlink existiert. Wenn ja, dann wird dieser entfernt.

```
Sub Hyperlinks_Beispiel()
 Dim zelle As Range

 For Each zelle In Selection.Cells
  With zelle
   If .Hyperlinks.Count > 0 Then
   .Hyperlinks.Delete
    With .Font
     .Underline = xlUnderlineStyleNone
     .ColorIndex = xlAutomatic
    End With
   End If
  End With
 Next zelle
End Sub
```

Listing 9.22 Hyperlinks über die Eigenschaft »Hyperlinks« aufspüren

9.1.22 »IndentLevel«-Eigenschaft

Über die Eigenschaft IndentLevel geben Sie die Einzugsebene für die Zelle oder den Bereich zurück oder legen sie fest. Dies kann eine Ganzzahl zwischen 0 und 15 sein.

Beispiel

Das folgende Beispiel überprüft in *Tabelle9* in Spalte A, ob dort ein fett formatierter Text steht. Wenn ja, dann wird dieser Text zwei Einzüge nach rechts verschoben.

```
Sub IndentLevel_Beispiel()
 Dim Bereich As Range
 Dim Zelle As Range

 Set Bereich = Worksheets("Tabelle9").Range("A1:A10")

 For Each Zelle In Bereich
   If Zelle.Font.Bold = True Then
     Zelle.IndentLevel = 2
   End If
 Next Zelle
End Sub
```

Abbildung 9.1 Fett formatierte Texte werden eingezogen.

9.1.23 »Interior«-Eigenschaft

Über die Eigenschaft Interior geben Sie ein Interior-Objekt zurück, das den Innenbereich des angegebenen Objekts darstellt.

Beispiel

Das Beispiel aus Listing 9.23 kontrolliert alle Zellen eines Bereichs. Alle Zellenwerte, die größer 100 sind, werden dabei mit einem roten Zellenhintergrund versehen.

```
Sub Interior_Beispiel()
 Dim Bereich As Range
 Dim Zelle As Range

 Set Bereich = Worksheets("Tabelle10").UsedRange

 For Each Zelle In Bereich
   If Zelle.Value >= 100 Then
     Zelle.Interior.ColorIndex = 3
   Else
     Zelle.Interior.ColorIndex = xlColorIndexNone
   End If
 Next Zelle
End Sub
```

Listing 9.23 Über die Eigenschaft »Interior« den Zellenhintergrund ansprechen

9.1.24 »Item«-Eigenschaft

Die Eigenschaft Item gibt ein Range-Objekt zurück, das einen versetzten Bereich in Bezug zum angegebenen Bereich darstellt.

Syntax

```
Ausdruck.Item(RowIndex, ColumnIndex)
```

Argument	Beschreibung
Ausdruck	Erforderlich. Ein Ausdruck, der ein Range-Objekt zurückgibt
RowIndex	Erforderlich. Der Index der Zelle, auf die Sie zugreifen möchten, in der Reihenfolge von links nach rechts und danach nach unten. Range.Item(1) gibt die obere linke Zelle des Bereichs zurück; Range.Item(2) gibt die nächste Zelle rechts der oberen linken Zelle zurück.
ColumnIndex	Optional. Eine Zahl oder eine Zeichenfolge, die die Spaltennummer der Zelle angibt, auf die Sie zugreifen möchten, beginnend mit 1 bzw. "A" für die erste Spalte des Bereichs.

Beispiele

Das Beispiel aus Listing 9.24 greift von einer Zelle auf eine andere zu.

```
Sub Item_Beispiel()
  MsgBox Range("B2").Item(4, "C").Address
End Sub
```

Listing 9.24 Zellenzugriff über die Eigenschaft »Item« realisieren

Das Beispiel aus Listing 9.25 löscht den zuerst ausgewählten Zellenbereich.

```
Sub Item_Beispiel2()
  If Selection.Areas.Count <> 1 Then
     Selection.Areas.Item(1).Clear
  End If
End Sub
```

Listing 9.25 Über die Eigenschaft »Item« einen Bereich ansprechen

9.1.25 »ListHeaderRows«-Eigenschaft

Die Eigenschaft ListHeaderRows gibt die Anzahl der Überschriftenzeilen für den angegebenen Bereich zurück.

Beispiel

Das Beispiel aus Listing 9.26 überprüft einen Bereich und ermittelt die Anzahl der Überschriftenzeilen.

```
Sub ListHeaderRows_Beispiel()
 Dim Bereich As Range
 Dim i As Integer

 Set Bereich = _
 Sheets("Tabelle12").Range("A2").CurrentRegion

 MsgBox "Der umliegende Bereich enthält " & _
 Bereich.ListHeaderRows & " Überschriftenzeile(n)"
End Sub
```

Listing 9.26 Über die Eigenschaft »ListHeaderRows« die Anzahl der Überschriften ermitteln

9.1.26 »MergeArea«-, »MergeCells«-Eigenschaft

Die Eigenschaft MergeArea gibt ein Range-Objekt zurück, das den zusammengeführten Bereich mit der angegebenen Zelle darstellt. Wenn sich die angegebene Zelle nicht in einem zusammengeführten Bereich befindet, gibt diese Eigenschaft die angegebene Zelle zurück.

Die Eigenschaft MergeCells liefert den Wert True, wenn der Bereich oder die Formatvorlage zusammengeführte Zellen enthält.

Beispiel

Das Beispiel aus Listing 9.27 untersucht alle Zellen aus einem bestimmten Bereich in *Tabelle13*. Die Koordinaten der Zellen, die in einem Zellenverbund organisiert sind, werden dabei in das Direktfenster der Entwicklungsumgebung geschrieben.

```
Sub MergeArea_Beispiel()
 Dim Bereich As Range
 Dim Zelle As Range

 Set Bereich = Worksheets("Tabelle13").Range("A1:D10")
 For Each Zelle In Bereich
  If Zelle.MergeArea.Address <> Zelle.Address Then
   Debug.Print Zelle.Address
  End If
 Next Zelle
End Sub
```

Listing 9.27 Über die Eigenschaft »MergeArea« prüfen, ob eine Zelle sich in einem Zellenverbund befindet

9.1.27   »Name«-Eigenschaft

Die Eigenschaft Name gibt den Namen des Objekts zurück oder legt ihn fest.

Beispiel

Die Lösung aus Listing 9.28 überprüft, ob eine bestimmte Zelle mit einem Namen belegt ist.

```
Function NameDa(Zelle) As Boolean
 On Error GoTo fehler
 If Zelle.Name <> "" Then
   NameDa = True
   Exit Function
  End If

 fehler:
  NameDa = False
End Function
```

```
Sub Name_Beispiel()
 If NameDa(Sheets("Tabelle14").Range("A2")) Then
  MsgBox "Zelle enthält einen Namen"
  Else
  MsgBox "Zelle enthält keinen Namen"
 End If
End Sub
```

Listing 9.28 Über die Eigenschaft »Name« prüfen, ob eine Zelle benannt wurde

9.1.28 »NumberFormat«-, »NumberFormatLocal«-Eigenschaft

Die Eigenschaft Numberformat gibt den Formatierungscode für das Objekt zurück oder legt ihn fest.

Die Eigenschaft NumberformatLocal gibt den Formatierungscode des Objekts als Zeichenfolge in der Sprache des Benutzers zurück oder legt ihn fest.

Beispiel

Das Beispiel aus Listing 9.29 formatiert in *Tabelle14* den Datenbereich A1:A10 mit der Formatierung Zahl mit Tausender-Punkt und zwei Dezimalstellen.

```
Sub NumberFormat_Beispiel()
 Dim Bereich As Range

 Set Bereich =Worksheets("Tabelle14").Range("A1:A10")

 Bereich.NumberFormatLocal = "#.##0,00"
End Sub
```

Listing 9.29 Das Zahlenformat über die Eigenschaft »NumberFormatLocal« einstellen

9.1.29 »Offset«-Eigenschaft

Die Eigenschaft Offset gibt ein Range-Objekt zurück, das einen Bereich darstellt, der gegenüber dem angegebenen Bereich versetzt ist.

Syntax

```
Ausdruck.Offset(RowOffset, ColumnOffset)
```

Argument	Beschreibung
Ausdruck	Erforderlich. Ein Ausdruck, der ein Range-Objekt zurückgibt

Argument	Beschreibung
RowOffset	Optional. Die Anzahl der Zeilen (positiv, negativ oder 0 [Null]), um die der Bereich versetzt werden soll. Bei positiven Werten erfolgt ein Versatz nach unten, bei negativen Werten ein Versatz nach oben. Der Standardwert ist 0.
ColumnOffset	Optional. Die Anzahl der Spalten (positiv, negativ oder 0 [Null]), um die der Bereich versetzt werden soll. Bei positiven Werten erfolgt ein Versatz nach rechts, bei negativen Werten ein Versatz nach links. Der Standardwert ist 0.

Beispiel

Das Beispiel aus Listing 9.30 steuert die erste freie Zelle in Spalte A in *Tabelle15* an.

```
Sub Offset_Beispiel()
  Sheets("Tabelle15").Activate
  Range("A1048576").End(xlUp).Offset(1, 0).Select
End Sub
```

Listing 9.30 Einen Zellenversatz über die Eigenschaft »Offset« erreichen

9.1.30   »OutlineLevel«-Eigenschaft

Die Eigenschaft OutlineLevel gibt die aktuelle Zeilen- oder Spaltengliederungsebene für die angegebene Zeile oder Spalte zurück oder legt sie fest.

9.1.31   »Range«-Eigenschaft

Die Eigenschaft Range gibt ein Range-Objekt zurück, das eine Zelle oder einen Zellbereich darstellt.

Syntax

```
Ausdruck.Range(Cell1, Cell2)
```

Argument	Beschreibung
Ausdruck	Erforderlich. Ein Ausdruck, der ein Range-Objekt zurückgibt
Cell1	Erforderlich. Der Name des Bereichs. Es muss eine A1-Bezugsart in der Sprache des Makros sein. Sie kann den Bereichsoperator (Doppelpunkt), den Schnittmengenoperator (Leerzeichen) oder den Vereinigungsoperator (Komma) enthalten.

Argument	Beschreibung
Cell2	Optional. Die Zellen in der oberen linken und unteren rechten Ecke des Bereichs. Es kann ein Range-Objekt sein, das eine einzelne Zelle, eine gesamte Zeile oder eine gesamte Spalte enthält, oder eine Zeichenfolge, die eine einzelne Zelle in der Sprache des Makros bezeichnet.

Beispiel

Das Beispiel aus Listing 9.31 schreibt einen Text sowie eine Zahl in bestimmte Zellen einer Tabelle.

```
Sub Range_Beispiel()
 With Worksheets("Tabelle15")
  .Range("B1").Value = "Mwst"
  .Range("B2").Value = 0.19
 End With
End Sub
```

Listing 9.31 Über die Eigenschaft »Range« auf Zellen zugreifen

9.1.32 »Resize«-Eigenschaft

Die Eigenschaft Resize ändert die Größe des angegebenen Bereichs. Gibt ein Range-Objekt zurück, das den geänderten Bereich darstellt.

Syntax

```
Ausdruck.Resize(RowSize, ColumnSize)
```

Argument	Beschreibung
Ausdruck	Erforderlich. Ein Ausdruck, der ein Range-Objekt zurückgibt, dessen Größe zu ändern ist
RowSize	Optional. Die Anzahl der Zeilen im neuen Bereich. Falls Sie dieses Argument nicht angeben, bleibt die Anzahl der Zeilen im Bereich unverändert.
ColumnSize	Optional. Die Anzahl der Spalten im neuen Bereich. Falls Sie dieses Argument nicht angeben, bleibt die Anzahl der Spalten im Bereich unverändert.

Beispiele

Das Beispiel aus Listing 9.32 fügt nach der aktiven Zelle neue Zellen ein, allerdings nur in den Spalten A–D.

```
Sub Resize_Beispiel()
  Cells(ActiveCell.Row, 1).Resize(, 4).Insert shift:=xlDown
End Sub
```

Listing 9.32 Zellen einfügen

Das Beispiel aus Listing 9.33 markiert in einer Tabelle alle Daten bis auf die Überschriftenzeile.

```
Sub Resize_Beispiel2()
 Dim Bereich As Range

 Set Bereich = ActiveCell.CurrentRegion
 Bereich.Offset(1, 0).Resize _
 (Bereich.Rows.Count - 1, _
 Bereich.Columns.Count).Select
End Sub
```

Listing 9.33 Über die Eigenschaft »Resize« einen Bereich neu definieren

9.1.33   »ShowDetail«-Eigenschaft

Die Eigenschaft ShowDetail liefert den Wert True, wenn die Gliederung für den angegebenen Bereich erweitert ist (so dass die Details der Spalte bzw. Zeile sichtbar sind). Der angegebene Bereich muss eine einzelne Hauptspalte oder -zeile in einer Gliederung sein.

9.1.34   »ShrinkToFit«-Eigenschaft

Die Eigenschaft ShrinkToFit liefert den Wert True, wenn sich die Textgröße automatisch an die zur Verfügung stehende Spaltenbreite anpasst.

Beispiel

Das Beispiel aus Listing 9.34 passt die Textgröße von Zeile 5 an die zur Verfügung stehende Spaltenbreite an.

```
Sub ShrinkToFit_Beispiel()
  Rows(5).ShrinkToFit = True
End Sub
```

Listing 9.34 Textgröße an Spaltenbreite anpassen über die Eigenschaft »ShrinkToFit«

9.1.35 »Summary«-Eigenschaft

Die Eigenschaft Summary liefert den Wert True, wenn es sich bei dem Bereich um eine Hauptzeile oder Hauptspalte einer Gliederung handelt. Der Bereich sollte eine Zeile oder Spalte sein.

9.1.36 »Text«-, »Value«-, »Value2«-Eigenschaft

Die Eigenschaft Text gibt den Text für das angegebene Objekt zurück oder legt ihn fest.

Die Eigenschaft Value gibt den Wert des angegebenen Bereichs zurück oder legt ihn fest.

Die Eigenschaft Value2 gibt den Zellwert zurück oder legt ihn fest.

> **Hinweis**
>
> Der Unterschied zwischen den Eigenschaften Value und Value2 besteht darin, dass die Value2-Eigenschaft die Datentypen Currency und Date nicht verwendet.
>
> Der Unterschied zwischen der Eigenschaft Text und den beiden Value-Eigenschaften besteht darin, dass bei der Eigenschaft Text auch Formate mit ausgegeben werden.

9.1.37 »UseStandardHeight«-, »UseStandardWith«-Eigenschaft

Die Eigenschaft UseStandardHeight liefert den Wert True, wenn die Zeilenhöhe des Range-Objekts mit der Standardhöhe für das Blatt übereinstimmt.

Die Eigenschaft UseStandardWidth liefert den Wert True, wenn die Spaltenbreite des Range-Objekts mit der Standardbreite für das Blatt übereinstimmt.

9.1.38 »Validation«-Eigenschaft

Die Eigenschaft Validation gibt das Validation-Objekt zurück, das die Gültigkeit für den angegebenen Bereich darstellt.

Beispiel

Das Beispiel aus Listing 9.35 baut in *Tabelle18* in den Zellen A1:A10 eine Gültigkeitsprüfung ein.

```
Sub Validation_Beispiel()
Dim Bereich As Range

Set Bereich = Worksheets("Tabelle18").Range("A1:A10")

With Bereich.Validation
```

```
   .Add Type:=xlValidateWholeNumber, _
    AlertStyle:=xlValidAlertStop, _
    Operator:=xlBetween, Formula1:="1", Formula2:="10"
   .InputTitle = "Zahleneingabe"
   .ErrorTitle = "Falsche Zahl"
   .InputMessage = "Zahl zwischen 1 und 10 eingeben"
   .ErrorMessage = "Zahl zwischen 1 bis 10 eingeben"
 End With
End Sub
```

Listing 9.35 Über die Eigenschaft »Validation« auf die Gültigkeitsprüfung zugreifen

9.1.39 »WrapText«-Eigenschaft

Die Eigenschaft WrapText liefert den Wert True, wenn Microsoft Excel den Text im Objekt umbricht. Sie gibt Null zurück, wenn der angegebene Bereich einige Zellen enthält, in denen der Text umbrochen wird, und andere, in denen er nicht umbrochen wird.

Beispiel

Das Beispiel aus Listing 9.36 entfernt eventuell eingestellte Zeilenumbrüche aus Zellen.

```
Sub WrapText_Beispiel()
 Dim Bereich As Range

 Set Bereich = Worksheets("Tabelle18").Range("B1:B10")
   With Bereich
       .HorizontalAlignment = xlGeneral
       .VerticalAlignment = xlBottom
       .WrapText = False
       .Orientation = 0
       .ShrinkToFit = False
       .MergeCells = False
   End With
End Sub
```

Listing 9.36 Zeilenumbrüche über die Eigenschaft »WrapText« entfernen

9.2 »Range«-Methoden

9.2.1 »Activate«-, »Select«-Methode

Die Methode Activate aktiviert eine einzelne Zelle, die sich innerhalb der aktuellen Markierung befinden muss.

Die Methode Select markiert eine Zelle oder einen Zellbereich.

9.2.2   »AddComment«-Methode

Über die Methode AddComment fügen Sie einer Zelle einen Kommentar hinzu.

Beispiel

Das Beispiel aus Listing 9.37 fügt den Zellen aus einem bestimmten Bereich Kommentare hinzu.

```
Sub AddComment_Beispiel()
 Dim Bereich As Range
 Dim Zelle As Range

 Set Bereich = Sheets("Tabelle19").Range("A1:A10")

 For Each Zelle In Bereich
  Zelle.AddComment "Daten eingeben!"
 Next Zelle
End Sub
```

Listing 9.37 Kommentare über die Methode »AddComment« einfügen

9.2.3   »AdvancedFilter«-Methode

Mit der Methode AdvancedFilter filtern oder kopieren Sie Daten aus einer Liste basierend auf einem Kriterienbereich.

Syntax

```
Ausdruck.AdvancedFilter(Action, CriteriaRange, CopyToRange, Unique)
```

Argument	Beschreibung
Ausdruck	Erforderlich. Ein Ausdruck, der ein Range-Objekt zurückgibt
Action	Erforderlich. Konstante: xlFilterCopy oder xlFilterInPlace
CriteriaRange	Optional. Der Kriterienbereich. Falls Sie das Argument nicht angeben, gibt es keine Kriterien.
CopyToRange	Optional. Der Zielbereich für die kopierten Zeilen, wenn Action den Wert xlFilterCopy hat. Andernfalls wird das Argument ignoriert.

Argument	Beschreibung
Unique	Optional. True, wenn ausschließlich einmal vorhandene Datensätze gefiltert werden sollen. Ist der Wert False (Standardeinstellung), werden alle Datensätze gefiltert, die die Kriterien erfüllen.

Beispiel

Das Beispiel aus Listing 9.38 erstellt eine Unikatsliste mit Hilfe des Spezialfilters.

```
Sub AdvancedFilter_Beispiel()
 Dim Bereich As Range

 Set Bereich = Worksheets("Tabelle19").Range("A1:A10")

 Bereich.AdvancedFilter Action:=xlFilterCopy, _
 CriteriaRange:=Bereich, CopyToRange:=Range("D1"), Unique:=True
End Sub
```

Listing 9.38 Über die Methode »AdvancedFilter« den Spezialfilter einsetzen

9.2.4 »ApplyNames«-Methode

Über die Methode ApplyNames weisen Sie einer Zelle oder einem Bereich einen Namen zu.

Syntax

```
Ausdruck.ApplyNames(Names, IgnoreRelativeAbsolute, UseRowColumnNames,
 OmitColumn, OmitRow, Order, AppendLast)
```

Argument	Beschreibung
Ausdruck	Erforderlich. Ein Ausdruck, der unter anderem ein Range-Objekte zurückgibt
Names	Optional. Eine Matrix mit den Namen, die zugewiesen werden sollen. Wenn Sie dieses Argument nicht angeben, werden dem Bereich alle Namen des Arbeitsblattes zugewiesen.
IgnoreRelativeAbsolute	Optional. True, wenn Bezüge durch Namen ersetzt werden, ohne den Bezugstyp des Namens oder des Bezugs selbst zu berücksichtigen. False, wenn absolute Bezüge nur durch absolute Namen, relative Bezüge nur durch relative Namen und kombinierte Bezüge nur durch kombinierte Namen ersetzt werden

Argument	Beschreibung
UseRowColumnNames	Optional. True, wenn die Namen der Zeilen- und Spalten-bereiche verwendet werden, die den angegebenen Bereich enthalten, sofern Namen für diesen Bereich nicht gefunden werden können
OmitColumn	Optional. True, wenn der gesamte Bezug durch den zeilenorientierten Namen ersetzt wird
OmitRow	Optional. True, wenn der gesamte Bezug durch den spaltenorientierten Namen ersetzt wird
Order	Optional. Legt fest, welcher Bereichsname zuerst erscheint, wenn ein Zellbezug durch einen zeilen-orientierten und spaltenorientierten Bereichsnamen ersetzt wird. Kann eine der folgenden Konstanten sein: xlColumnThenRow oder xlRowThenColumn.
AppendLast	Optional. True, wenn die Definitionen der Namen in Names sowie die Definitionen der zuletzt definierten Namen ersetzt werden. False, wenn nur die Definitionen der Namen in Names ersetzt werden.

Beispiel

Das Beispiel aus Listing 9.39 gibt dem benutzten Bereich einer Tabelle einen Namen.

```
Sub ApplyNames_Beispiel()
 Dim Tabelle As Worksheet

 Set Tabelle = Worksheets("Tabelle19")
 Tabelle.Names.Add Name:="DATEN", RefersTo:=Tabelle.UsedRange
End Sub
```

Listing 9.39 Über die Methode »ApplyNames« Namen vergeben

9.2.5 »AutoComplete«-Methode

Diese Methode gibt eine AutoComplete-Übereinstimmung aus der Liste zurück. Besteht keine Übereinstimmung oder stimmt mehr als ein Listeneintrag mit der zu ergänzenden Zeichenfolge überein, gibt die Methode eine leere Zeichenfolge zurück.

9.2.6 »AutoFill«-Methode

Die Methode AutoFill füllt die Zellen in einem angegebenen Bereich automatisch aus.

Syntax

```
Ausdruck.AutoFill(Destination, Type)
```

Argument	Beschreibung
Ausdruck	Erforderlich. Ein Ausdruck, der in Range-Objekt zurückgibt
Destination	Erforderlich. Die auszufüllenden Zellen. Der Quellbereich muss dabei im Objekt enthalten sein.
Typ	Optional: Die Information über eine Konstante, wie ausgefüllt werden soll. Lassen Sie die Konstante weg, dann wählt Excel selbst einen geeigneten Typ aus: xlFillDays, xlFillFormats, xlFillSeries, xlFillWeekdays, xlGrowthTrend, xlFillCopy, xlFillDefault, xlFillMonths, xlFillValues, xlFillYears, xlLinearTrend

Beispiel

Das Beispiel aus Listing 9.40 füllt einen Bereich nach unten aus. Dabei wird als Vorgabewert das aktuelle Datum in Zelle A1 geschrieben.

```
Sub AutoFill_Beispiel()
 Dim Bereich As Range

 Set Bereich = Worksheets("Tabelle20").Range("A1:A10")

 Range("A1").AutoFill Destination:=Bereich
End Sub
```

Listing 9.40 Mit der Methode »AutoFill« Bereiche ausfüllen

9.2.7   »AutoFilter«-Methode

Über die Methode AutoFilter filtern Sie eine Liste unter Verwendung des AutoFilters.

Syntax

```
Ausdruck.AutoFilter(Field, Criteria1, Operator, Criteria2, VisibleDropDown)
```

Argument	Beschreibung
Ausdruck	Erforderlich. Ein Ausdruck, der ein Range-Objekt zurückgibt

Argument	Beschreibung
Field	Optional. Der ganzzahlige Offset (Versatz) des Feldes, auf dem der Filter basieren soll (links in der Liste beginnend, wobei das Feld ganz links als erstes Feld verwendet wird)
Criteria1	Optional. Das Kriterium
Operator	Optional. Folgende Konstanten sind möglich: xlAnd, xlBottom10Items, xlBottom10Percent, xlOr, xlTop10Items, xlTop10Percent.
Criteria2	Optional. Das zweite Kriterium
VisibleDropDown	Optional. True, wenn die Dropdown-Pfeile von AutoFilter für das gefilterte Feld angezeigt werden sollen.

Beispiel

Das Beispiel aus Listing 9.41 setzt einen Autofilter in Spalte A von *Tabelle21*.

```
Sub AutoFilter_Beispiel()
 Dim Bereich As Range

 Set Bereich = Worksheets("Tabelle21").Range("A1:D10")
 Bereich.AutoFilter Field:=1, Criteria1:="Test"
End Sub
```

Listing 9.41 Daten filtern über die Methode »Autofilter«

9.2.8   »AutoFit«-Methode

Die Methode AutoFit ändert die Spaltenbreite oder die Zeilenhöhe im angegebenen Bereich, um eine optimale Anpassung zu erreichen.

Beispiel

Das Beispiel aus Listing 9.42 optimiert die Breite der Spalten A–D in *Tabelle20*.

```
Sub AutoFit_Beispiel()
 With Worksheets("Tabelle20")
  .Range("A1:D1").Columns.AutoFit
    'Oder
  .Columns("A:D").AutoFit
 End With
End Sub
```

Listing 9.42 Die Methode »AutoFit« stellt die optimale Spaltenbreite ein.

9.2.9 »AutoFormat«-Methode

Über die Methode AutoFormat formatieren Sie einen Bereich automatisch mit einem vordefinierten Format.

Syntax

```
Ausdruck.AutoFormat(Format, Number, Font,
  Alignment, Border, Pattern, Width)
```

Argument	Beispiel
Ausdruck	Erforderlich. Ein Ausdruck, der ein Range-Objekt zurückgibt
Format	Optional. Die gewünschte AutoFormat-Konstante, die Sie in der Online-hilfe nachschlagen können
Number	Optional. True, wenn Zahlenformate in die automatische Formatierung mit aufgenommen werden
Font	Optional. True, wenn Schriftformate in die automatische Formatierung mit aufgenommen werden
Alignment	Optional. True, wenn die Ausrichtung in die automatische Formatierung mit aufgenommen wird
Border	Optional. True, wenn die Rahmenformatierung in die automatischen Formatierung mit aufgenommen wird
Pattern	Optional. True, wenn Musterformatierung in die automatischen Formatierung mit aufgenommen wird
Width	Optional. True, wenn Spaltenbreite und Zeilenhöhe in die automatischen Formatierung mit aufgenommen werden

Beispiel

Das Beispiel aus Listing 9.43 belegt *Tabelle16* mit einem AutoFormat.

```
Sub AutoFormat_Beispiel()
 Dim Bereich As Range

 Set Bereich = Worksheets("Tabelle16").UsedRange
 Bereich.AutoFormat (xlRangeAutoFormatAccounting1)
End Sub
```

Listing 9.43 Mit der Methode »AutoFormat« ein vordefiniertes Format für einen Bereich anwenden

9.2.10 »AutoOutline«-Methode

Die Methode AutoOutline erstellt automatisch eine Gliederung für den angegebenen Bereich. Handelt es sich bei dem Bereich um eine einzelne Zelle, so erstellt Microsoft Excel eine Gliederung für das gesamte Blatt.

9.2.11 »BorderAround«-Methode

Mit der Methode BorderAround umgeben Sie einen Bereich mit einem Rahmen.

Syntax

```
Ausdruck.BorderAround(LineStyle, Weight, ColorIndex, Color)
```

Argument	Beschreibung
Ausdruck	Erforderlich. Ein Ausdruck, der ein Range-Objekt zurückgibt
LineStyle	Optional. Die Linienart für den Rahmen: xlContinuous, xlDash, xlDashDot, xlDashDotDot, xlDot, xlDouble, xlLineStlyeNone, xlSlantDashDot, xlLineStlyeNone
Weight	Optional. Die Rahmenstärke: xlHairline, xlMedium, xlThick, xlThin
ColorIndex	Optional. Die Rahmenfarbe als Farbindex in der aktuellen Farbpalette oder als XlColorIndex-Konstante: xlColorIndexAutomatic, xlColorIndexNone
Color	Optional. Die Rahmenfarbe als RGB-Wert (Rot, Grün, Blau)

Beispiel

Das Beispiel aus Listing 9.44 legt einen Rahmen um einen Bereich.

```
Sub BorderAround_Beispiel()
 With Worksheets("Tabelle17")
  .Range("A1:E9").BorderAround _
  LineStyle:=xlDashDot, ColorIndex:=5, Weight:=xlThick
 End With
End Sub
```

Listing 9.44 Die Methode »BorderAround« rahmt einen Bereich ein.

9.2.12 »Clear«-, »ClearContents«-, »ClearFormats«-, »ClearComments«-, »ClearNotes«-, »ClearOutline«-Methode

Mit der Methode Clear löschen Sie den Zellinhalt samt Formatierungen und Formeln.

385

Die Methode ClearContents entfernt die Formeln aus dem Bereich. Löscht die Daten aus einem Diagramm, jedoch nicht die Formatierung.

Die Methode ClearFormats löscht die Formatierung einer Zelle.

Über die Methode ClearComments entfernen Sie alle Kommentare im angegebenen Bereich.

Die Methode ClearNotes löscht Notizen und Audionotizen aus allen Zellen des angegebenen Bereichs.

Die Methode ClearOutline entfernt die Gliederung für den angegebenen Bereich.

9.2.13 »ColumnDifferences«-, »RowDifferences«-Methode

Die Methode ColumnDifferences gibt ein Range-Objekt zurück, das alle Zellen darstellt, deren Inhalt sich von der Vergleichszelle in der zu vergleichenden Spalte unterscheidet.

Die Methode RowDifferences Gibt ein Range-Objekt zurück, das alle Zellen darstellt, deren Inhalt sich vom Inhalt der Vergleichszelle jeder Zeile unterscheidet.

Beispiel

Das Beispiel aus Listing 9.45 vergleicht Zelle A1 aus *Tabelle17* mit den übrigen benutzten Zellen von Spalte A. Dabei werden die Unterschiede mit roter Hintergrundfarbe gekennzeichnet.

```
Sub ColumnDifferences_Beispiel()
 Dim Zelle As Range

 Set Zelle = Sheets("Tabelle17").Range("A1:A9") _
 .ColumnDifferences(Comparison:=Sheets("Tabelle17").Range("A1"))
 Zelle.Interior.ColorIndex = 3
End Sub
```

Listing 9.45 Unterschiede über die Methode »ColumnDifferences« ermitteln

9.2.14 »Consolidate«-Methode

Über die Methode Consolidate konsolidieren Sie Daten aus mehreren Bereichen verschiedener Tabellen zu einem einzigen Bereich in einem einzelnen Arbeitsblatt.

Syntax

```
Ausdruck.Consolidate(Sources, Function, TopRow, LeftColumn, CreateLinks)
```

Argument	Beschreibung
Ausdruck	Erforderlich. Ein Ausdruck, der ein Range-Objekt zurückgibt
Sources	Optional. Gibt die Quellen der Konsolidierung als eine Matrix von Textbezügen als Zeichenfolge in der Z1S1-Bezugsart an. Die Bezüge müssen den vollständigen Pfad der zu konsolidierenden Blätter enthalten.
Function	Optional. Mögliche Konstanten: xlAverage, xlCount, xlCountNums, xlMax, xlMin, xlProduct, xlStDev, xlStDevP, xlSum, xlVar, xlVarP
TopRow	Optional. True, wenn die Konsolidierung der Daten auf der Grundlage der Spaltenüberschriften in der ersten Zeile der Konsolidierungs- bereiche erfolgt
LeftColumn	Optional. True, wenn die Konsolidierung der Daten auf der Grundlage der Zeilenüberschriften in der linken Spalte der Konsolidierungs- bereiche erfolgt
CreateLinks	Optional. True, wenn die Konsolidierung Arbeitsblattverknüpfungen verwendet. False, wenn die Konsolidierung die Daten kopiert

Beispiel

Das Beispiel aus Listing 9.46 konsolidiert zwei Tabellen. Dabei werden die Bereiche A1:A10 aus *Tabelle23* und *Tabelle24* summiert.

```
Sub Consolid_Beispiel()
  Worksheets("Tabelle22").Range("A1").Consolidate _
   Sources:=Array("Tabelle23!R1C1:R10C1", _
   "Tabelle24!R1C1:R10C1"), Function:=xlSum
End Sub
```

Listing 9.46 Über die Methode »Consolidate« Tabellen konsolidieren

9.2.15 »Copy«-Methode

Die Methode Copy kopiert den Bereich in den angegebenen Bereich oder in die Zwischenablage.

Syntax

```
Ausdruck.Copy(Destination)
```

387

Argument	Beschreibung
Ausdruck	Erforderlich. Ein Ausdruck, der ein Range-Objekt zurückgibt
Destination	Optional. Gibt den neuen Bereich an, in den der angegebene Bereich hineinkopiert wird. Wenn Sie dieses Argument auslassen, kopiert Microsoft Excel den Bereich in die Zwischenablage.

Beispiel

Das Beispiel aus Listing 9.47 kopiert einen Bereich einer Tabelle in eine neue Tabelle.

```
Sub Copy_Beispiel()
 Dim Bereich As Range
 Dim Tabelle As Worksheet

 Set Tabelle = Worksheets.Add
 Set Bereich = Worksheets("Tabelle1").Range("A1:E10")
 Bereich.Copy Destination:=Tabelle.Range("A1")
End Sub
```

Listing 9.47 Zellen und Bereiche über die Methode »Copy« kopieren

9.2.16 »CopyFromRecordset«-Methode

Über die Methode CopyFromRecordset kopieren Sie den Inhalt eines ADO- oder DAO-Recordset-Objekts in ein Arbeitsblatt, wobei an der linken oberen Ecke des angegebenen Bereichs begonnen wird.

Syntax

```
Ausdruck.CopyFromRecordset(Data, MaxRows, MaxColumns)
```

Argument	Beschreibung
Ausdruck	Erforderlich. Ein Ausdruck, der ein Range-Objekt zurückgibt
Data	Erforderlich. Das Recordset-Objekt, das in den Bereich kopiert werden soll
MaxRows	Optional. Die maximale Anzahl von Datensätzen, die in das Arbeitsblatt kopiert werden sollen. Wenn Sie dieses Argument nicht angeben, werden alle Datensätze im Recordset-Objekt kopiert.
MaxColumns	Optional. Die maximale Anzahl von in das Arbeitsblatt zu kopierenden Feldern. Wenn Sie dieses Argument nicht angeben, werden alle Felder im Recordset-Objekt kopiert.

9.2.17 »CopyPicture«-Methode

Die Methode CopyPicture kopiert das markierte Objekt als Bild in die Zwischenablage.

Syntax

```
Ausdruck.CopyPicture(Appearance, Format)
```

Argument	Beschreibung
Ausdruck	Erforderlich. Ein Ausdruck, der unter anderem ein Range-Objekt zurückgibt
Appearance	Optional. Legt fest, wie das Bild kopiert werden soll: xlPrinter: Das Bild wird so kopiert, wie es beim Drucken dargestellt wird. xlScreen: Das Bild wird standardmäßig so kopiert, dass es seiner Darstellung auf dem Bildschirm so weit wie möglich entspricht.
Format	Optional. Das Bildformat: xlBitmap oder xlPicture

Beispiel

Das Beispiel aus Listing 9.48 kopiert einen Ausschnitt aus einer Tabelle als Bild und fügt dieses in eine neue Tabelle ein.

```
Sub CopyPicture_Beispiel()
 Dim Tabelle As Worksheet

 Set Tabelle = Worksheets.Add
 With Worksheets("Tabelle16")
  .Range("A1:E16").CopyPicture xlScreen, xlBitmap
  .Paste Destination:=Tabelle.Range("A1")
 End With
End Sub
```

Listing 9.48 Bereiche als Bild kopieren über die Methode »CopyPicture«

9.2.18 »CreateNames«-Methode

Die Methode CreateNames übernimmt die Beschriftungen des Arbeitsblattes als Namen für den angegebenen Bereich.

Syntax

```
Ausdruck.CreateNames(Top, Left, Bottom, Right)
```

Argument	Beschreibung
Ausdruck	Erforderlich. Ein Ausdruck, der ein Range-Objekt zurückgibt
Top	Optional. True, wenn die Namen aufgrund der Beschriftungen in der obersten Zeile erstellt werden
Left	Optional. True, wenn die Namen aufgrund der Beschriftungen in der linken Spalte erstellt werden
Bottom	Optional. True, wenn die Namen aufgrund der Beschriftungen in der untersten Zeile erstellt werden
Right	Optional. True, wenn die Namen aufgrund der Beschriftungen in der rechten Spalte erstellt werden

Beispiel

Das Beispiel aus Listing 9.49 fasst den Zellenbereich A1:A13 aus *Tabelle25* unter einem Namen zusammen.

```
Sub CreateNames_Beispiel()
 Dim Bereich As Range

 Set Bereich = Worksheets("Tabelle25").Range("A1:A13")
 Bereich.CreateNames
End Sub
```

Listing 9.49 Namen erstellen über die Methode »CreateNames«

9.2.19 »Cut«-Methode

Die Methode Cut schneidet das Objekt aus, legt es in die Zwischenablage oder fügt es an einer angegebenen Stelle ein.

Syntax

```
Ausdruck.Cut(Destination)
```

Argument	Beschreibung
Ausdruck	Erforderlich. Ein Ausdruck, der ein Range-Objekt zurückgibt
Destination	Optional. Wird nur in Kombination mit Range-Objekten verwendet. Gibt den Bereich an, in den das Objekt eingefügt werden soll. Wenn Sie dieses Argument nicht angeben, so wird das ausgeschnittene Objekt in der Zwischenablage abgelegt.

9.2.20   »DataSeries«-Methode

Über die Methode DataSeries erstellen Sie im angegebenen Bereich eine Datenreihe.

Syntax

```
Ausdruck.DataSeries(Rowcol, Type, Date, Step, Stop, Trend)
```

Argument	Beschreibung
Ausdruck	Erforderlich. Ein Ausdruck, der ein Range-Objekt zurückgibt
Rowcol	Optional. Zulässig ist die xlRows- oder xlColumns-Konstante, um die Datenreihen in Zeilen bzw. Spalten einzugeben. Wenn Sie dieses Argument nicht angeben, wird die Größe und Form des Bereichs verwendet.
Type	Optional. XlDataSeriesType-Wert: xlAutoFill, xlDataSeriesLinear, xlChronological, xlGrowth
Date	Optional. Haben Sie für das Argument Type den Wert xlChronological angegeben, so bezeichnet das Argument Date die Einheit, in der Datumsangaben fortgesetzt werden: xlDay, xlWeekday, xlMonth, xlYear.
Step	Optional. Das Inkrement für die Reihe. Der Standardwert ist 1.
Stop	Optional. Der Endwert der Reihe. Wenn Sie dieses Argument nicht angeben, wird der Bereich in Microsoft Excel bis zum Ende mit Daten aufgefüllt.
Trend	Optional. Wenn True, wird eine Reihe mit einem linearen Trend oder einem exponentiellen Trend erstellt. Wenn False, erstellt die Methode eine Standarddatenreihe.

Beispiel

Das Beispiel aus Listing 9.50 erstellt eine Datumsreihe mit der Monatsschrittweite.

```
Sub DataSeries_Beispiel()
 Dim Bereich As Range
 Dim Tabelle As Worksheet

 Set Tabelle = Worksheets.Add
 Set Bereich = Tabelle.Range("A1:A12")
 Tabelle.Range("A1").Formula = Date
 Bereich.DataSeries Type:=xlChronological, Date:=xlMonth
End Sub
```

Listing 9.50 Chronologische Datenreihe über die Methode »DataSeries« erstellen

9.2.21 »Delete«-Methode

Mit der Methode Delete entfernen Sie eine Zelle.

Syntax

```
Ausdruck.Delete(Shift)
```

Argument	Beschreibung
Ausdruck	Erforderlich. Ein Ausdruck, der ein Range-Objekt zurückgibt
Shift	Optional. Gibt an, wie die umliegenden Zellen verschoben werden, um die gelöschten Zellen zu ersetzen. Zulässig ist eine der XlDeleteShift-Direction-Konstanten: xlShiftToLeft oder xlShiftUp.

9.2.22 »Dirty«-Methode

Über die Methode Dirty bestimmen Sie, dass ein Bereich bei der nächsten Neuberechnung erneut berechnet werden soll. Im Unterschied zur Methode Calculate, die zu berechnende Zellen automatisch erkennt, weisen Sie Excel über die Methode Dirty an, auch bei einer manuell eingestellten Berechnung die angegebene Zelle für die erneute Berechnung zu kennzeichnen.

9.2.23 »FillDown«-, »FillUp«-, »FillLeft«-, »FillRight«-Methode

Die Methode FillDown füllt die Zellen eines Bereichs beginnend mit der oder den obersten Zelle(n) nach unten hin auf. Dabei werden der Inhalt und die Formatierung der Zelle(n) in der obersten Zeile eines Bereichs in alle anderen Zeilen des Bereichs kopiert.

Die Methode FillUp füllt die Zellen eines Bereichs beginnend mit der oder den unteren Zelle(n) nach oben hin auf. Dabei werden der Inhalt und die Formatierung der Zelle(n) in der untersten Zeile eines Bereichs in alle anderen Zeilen des Bereichs kopiert.

Die Methode FillLeft füllt die Zellen eines Bereichs beginnend mit der oder den rechten Zelle(n) bis zum linken Ende auf. Dabei werden der Inhalt und die Formatierung der Zelle(n) in der rechten Spalte eines Bereichs in alle anderen Spalten des Bereichs kopiert.

Die Methode FillRight füllt die Zellen eines Bereichs beginnend mit der oder den linken Zelle(n) bis zum rechten Ende auf. Dabei werden der Inhalt und die Formatierung der Zelle(n) in der linken Spalte eines Bereichs in alle anderen Spalten des Bereichs kopiert.

Beispiel

Das Beispiel aus Listing 9.51 füllt die erste Zeile von *Tabelle29* nach rechts aus. Dabei wird ein Text in Zelle A1 vorgegeben.

```
Sub FillRight_Beispiel()
  Worksheets("Tabelle29").Range("A1:E1").FillRight
End Sub
```

Listing 9.51 Daten automatisch über die Methode »FillRight« nach rechts ausfüllen

9.2.24 »Find«-, »FindNext«-, »FindPrevious«-Methode

Die Methode Find sucht bestimmte Informationen in einem Bereich und gibt ein Range-Objekt zurück, das die erste Zelle mit diesem Inhalt darstellt. Sie gibt Nothing zurück, wenn keine Übereinstimmung gefunden wird.

Die Methode FindNext setzt eine Suche fort, die mit der Find-Methode begonnen wurde. Die Methode sucht nach der nächsten Zelle, die dieselben Suchkriterien erfüllt, und gibt ein Range-Objekt zurück, das diese Zelle darstellt.

Die Methode FindPrevious setzt eine Suche fort, die mit der Find-Methode begonnen wurde. Die Methode sucht nach der vorhergehenden Zelle, die dieselben Suchkriterien erfüllt, und gibt ein Range-Objekt zurück, das diese Zelle darstellt.

Syntax

```
Ausdruck.Find(What, After, LookIn, LookAt, SearchOrder,
SearchDirection, MatchCase, SearchFormat)
```

Argument	Beschreibung
Ausdruck	Erforderlich. Ein Ausdruck, der ein Range-Objekt zurückgibt
What	Erforderlich. Der Inhalt, nach dem gesucht werden soll
After	Optional. Gibt die Zelle an, nach der die Suche beginnen soll.
LookIn	Optional. Der Typ der Informationen
LookAt	Optional. Kann eine der folgenden XlLookAt-Konstanten sein: xlWhole oder xlPart.
SearchOrder	Optional. Kann eine der folgenden XlSearchOrder-Konstanten sein: xlByRows oder xlByColumns.
SearchDirection	Optional. XlSearchDirection-Wert. Die Suchrichtung. Kann eine der folgenden XlSearchDirection-Konstanten sein: xlNext, xlPrevious.

Argument	Beschreibung
MatchCase	Optional. True, wenn bei der Suche zwischen Groß- und Klein-schreibung unterschieden werden soll. Der Standardwert ist False.
SearchFormat	Optional. Das Format für die Suche

Beispiel

Das Beispiel aus Listing 9.52 sucht einen bestimmten Text in allen Tabellen der akti-ven Arbeitsmappe und gekennzeichnet ihn.

```
Sub Find_Beispiel()
 Dim suchbegriff As String
 Dim Tabelle As Worksheet
 Dim Zelle As Range
 Dim sZelle As String

 suchbegriff = _
 InputBox("Geben Sie den Suchbegriff ein!")
   For Each Tabelle In ActiveWorkbook.Worksheets
    Tabelle.Activate
    Set Zelle = Tabelle.Cells.Find(suchbegriff)
    If Not Zelle Is Nothing Then
      sZelle = Zelle.Address
      Do
        Zelle.Activate
        Zelle.Interior.ColorIndex = 3
        Set Zelle = _
         Cells.FindNext(After:=ActiveCell)
        On Error Resume Next
        If Zelle.Address = sZelle Then Exit Do
        Zelle.Interior.ColorIndex = 3
      Loop
    End If
  Next Tabelle
End Sub
```

Listing 9.52 Über die Methode »Find« Texte in einer Arbeitsmappe suchen

9.2.25 »FunctionWizard«-Methode

Die Methode FunctionWizard aktiviert den Funktions-Assistenten für die linke obere Zelle des Bereichs.

Beispiel

Das Beispiel aus Listing 9.53 ruft den Funktions-Assistenten auf.

```
Sub FunctionWizard_Beispiel()
 Worksheets("Tabelle1").Activate
 Range("A1").FunctionWizard
End Sub
```

Listing 9.53 Über die Methode »FunctionWizard« den Funktions-Assistenten aufrufen

9.2.26   »GoalSeek«-Methode

Die Methode GoalSeek (Zielwertsuche) berechnet die Werte, die zum Erreichen eines bestimmten Ziels notwendig sind. Handelt es sich bei dem Ziel um ein Ergebnis, das von einer Formel zurückgegeben werden soll, so berechnet diese Methode einen Wert, der beim Einsetzen in die Formel zum gewünschten Ergebnis führt. Der Rückgabewert ist True, wenn das Ziel erreicht wurde.

Syntax

```
Ausdruck.GoalSeek(Goal, ChangingCell)
```

Argument	Beschreibung
Ausdruck	Erforderlich. Ein Ausdruck, der ein Range-Objekt zurückgibt. Dies muss eine einzelne Zelle sein.
Goal	Erforderlich. Der Wert, der in dieser Zelle zurückgegeben werden soll
ChangingCell	Erforderlich. In diesem Argument geben Sie die Zelle an, die zum Erreichen des gewünschten Zielwertes geändert werden soll.

Beispiel

Das Beispiel aus Listing 9.54 errechnet die notwendige Produktionsmenge.

```
Sub GoalSeek_Beispiel()
  Worksheets("Tabelle26").Range("D9").GoalSeek _
  Goal:=1000, ChangingCell:= _
  Worksheets("Tabelle26").Range("D5")
End Sub
```

Listing 9.54 Die Zielwertsuche über die Methode »GoalSeek« durchführen

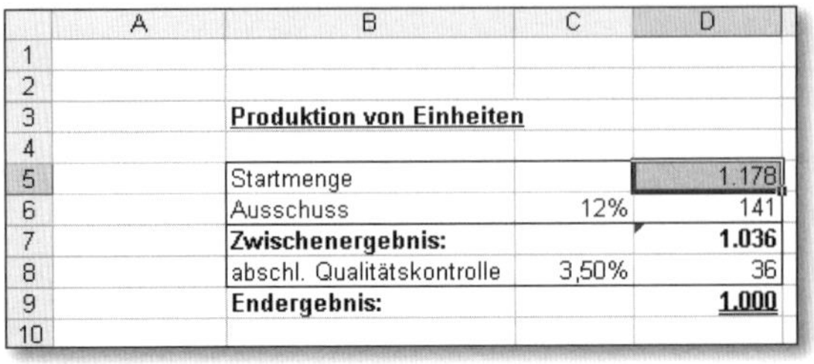

	A	B	C	D
1				
2				
3		**Produktion von Einheiten**		
4				
5		Startmenge		1.178
6		Ausschuss	12%	141
7		**Zwischenergebnis:**		**1.036**
8		abschl. Qualitätskontrolle	3,50%	36
9		**Endergebnis:**		**1.000**
10				

Abbildung 9.2 Die richtige Produktionsmenge wurde errechnet.

9.2.27 »Insert«-Methode

Die Methode `Insert` fügt eine Zelle oder einen Zellbereich in das Arbeitsblatt ein und verschiebt die anderen Zellen entsprechend.

Syntax

```
Ausdruck.Insert(Shift, CopyOrigin)
```

Argument	Beschreibung
`Ausdruck`	Erforderlich. Ein Ausdruck, der ein `Range`-Objekt zurückgibt
`Shift`	Optional. Gibt die Art an, in der die Zellen versetzt werden. Kann entweder `xlShiftToRight` oder `xlShiftDown` sein.
`CopyOrigin`	Optional. Der Ursprung des Kopiervorgangs

Beispiel

Das Beispiel aus Listing 9.55 durchforstet Spalte A in *Tabelle27*. Immer wenn dort der Wert »Summe« steht, soll jeweils eine Leerzeile eingefügt werden.

```
Sub Insert_Beispiel()
 Dim i As Integer

 With Sheets("Tabelle27")
  For i = 1 To .UsedRange.Rows.Count
   If .Cells(i, 1).Value = "Summe" Then
      .Cells(i + 1, 1).EntireRow.Insert shift:=xlShiftDown
   End If
  Next i
 End With
End Sub
```

Listing 9.55 Leerzeilen einfügen mit Hilfe der Methode »Insert«

9.2.28 »InsertIndent«-Methode

Die Methode InsertIndent fügt zum angegebenen Bereich einen Einzug hinzu.

Beispiel

Das Beispiel aus Listing 9.56 arbeitet Spalte A in *Tabelle27* ab. Immer wenn dort der Wert »Summe« steht, soll dieser Text eingezogen werden.

```
Sub InsertIndent_Beispiel()
 Dim i As Integer
   With Sheets("Tabelle27")
     For i = 1 To UsedRange.Rows.Count
       If .Cells(i, 1).Value = "Summe" Then
          .Cells(i, 1).InsertIndent 2
       End If
     Next i
   End With
End Sub
```

Listing 9.56 Texteinzug über die Methode »InsertIndent« durchführen

9.2.29 »Justify«-Methode

Die Methode Justify ordnet den Text in einem Bereich neu an, so dass er den Bereich gleichmäßig ausfüllt.

Beispiel

Das Beispiel aus Listing 9.57 ordnet den Text in einer Zelle bündig an.

```
Sub Justify_Beispiel()
 Worksheets("Tabelle20").Range("A1").Justify
End Sub
```

Listing 9.57 Über die Methode »Justify« einen Text in einer Zelle bündig anordnen

9.2.30 »ListNames«-Methode

Fügt eine Liste aller nicht ausgeblendeten Namen im Arbeitsblatt ein, beginnend bei der ersten Zelle in dem Bereich.

Beispiel

Das Beispiel aus Listing 9.58 listet alle in der aktiven Arbeitsmappe verwendeten Namen ab Zelle D1 nach unten hin auf.

```
Sub ListNames_Beispiel()
 Worksheets("Tabelle30").Range("D1").ListNames
End Sub
```

Listing 9.58 Über die Methode »ListNames« alle verwendeten Namen ermitteln

D	E	F
Daten	=Tabelle3!$A$1:$A$9	
Monate	=Tabelle25!$A$2:$A$13	
Mwst	=Tabelle14!$A$1	

Abbildung 9.3 Verwendete Namen in einer Arbeitsmappe dokumentieren

9.2.31   »Merge«-, »UnMerge«-Methode

Die Methode Merge erstellt eine verbundene Zelle aus dem angegebenen Range-Objekt.

Die Methode UnMerge löst einen zusammengeführten Bereich in einzelne Zellen auf.

Syntax

```
Ausdruck.Merge(Across)
```

Argument   Beschreibung

Ausdruck   Erforderlich. Ein Ausdruck, der das Range-Objekt zurückgibt

Across   Optional. True, wenn Zellen in allen Zeilen des angegebenen Bereichs als
               einzelne zusammengeführte Zellen zusammengeführt werden sollen

Beispiel

Das Beispiel aus Listing 9.59 verbindet die Zellen im Bereich A1:F1 in *Tabelle31* miteinander.

```
Sub Merge_Beispiel()
 Dim Bereich As Range

 Set Bereich = Worksheets("Tabelle31").Range("A1:F1")
 Bereich.Merge
End Sub
```

Listing 9.59 Zellen verbinden mit der Methode »Merge«

9.2.32 »PasteSpecial«-Methode

Die Methode PasteSpecial fügt ein Range-Objekt aus der Zwischenablage in den angegebenen Bereich ein.

Syntax

```
Ausdruck.PasteSpecial(Paste, Operation, SkipBlanks, Transpose)
```

Argument	Beschreibung
Ausdruck	Erforderlich. Ein Ausdruck, der ein Range-Objekt zurückgibt
Paste	Optional. XlPasteType-Wert; der Teil des Bereichs, der eingefügt werden soll: xlPasteAll, xlPasteAllExceptBorders, xlPasteColumnWidths, xlPasteComments, xlPasteFormats, xlPasteFormulas, xlPasteFormulasAndNumberFormats, xlPasteValidation, xlPasteValues, xlPasteValuesAndNumberFormats
Operation	Optional. xlPasteSpecialOperation-Wert. Die Einfügeoperation: xlPasteSpecialOperationAdd, xlPasteSpecialOperationDivide, xlPasteSpecialOperationMultiply, xlPasteSpecialOperationNone, xlPasteSpecialOperationSubtract
SkipBlanks	Optional. True, wenn leere Zellen im Bereich in der Zwischenablage nicht in den Zielbereich eingefügt werden. Der Standardwert ist False.
Transpose	Optional. True, wenn Zeilen und Spalten beim Einfügen eines Bereichs vertauscht werden. Der Standardwert ist False.

Beispiel

Das Beispiel aus Listing 9.60 kopiert einen Bereich mit Formeln und fügt ihn an anderer Stelle als Festwert ein.

```
Sub PasteSpecial_Beispiel()
 Dim Bereich As Range

 Set Bereich = Worksheets("Tabelle31").Range("A2:A10")
 Bereich.Copy
 Worksheets("Tabelle31").Range("B2").PasteSpecial Paste:=xlValues, _
 Operation:=xlNone, SkipBlanks:= _
  False, Transpose:=False
 Application.CutCopyMode = False
End Sub
```

Listing 9.60 Bereich kopieren und über die Methode »PasteSpecial«
als Werte wieder einfügen

9.2.33   »RemoveSubtotal«-Methode

Die Methode RemoveSubtotal entfernt Teilergebnisse aus einer Liste.

Beispiel

Das Beispiel aus Listing 9.61 entfernt alle Teilergebnisse aus *Tabelle31*.

```
Sub RemoveSubtotals_Beispiel()
 With Worksheets("Tabelle31")
  .Range("A1:D20").RemoveSubtotal
 End With
End Sub
```

Listing 9.61 Teilergebnisse aus einer Liste über die Methode
»RemoveSubtotal« entfernen

9.2.34   »Replace«-Methode

Mit Hilfe der Methode Replace ersetzen Sie Teile einer Zelle durch einen anderen
Inhalt.

Syntax

```
Ausdruck.Replace(What, Replacement, LookAt, SearchOrder,
MatchCase, SearchFormat, ReplaceFormat)
```

Argument	Beschreibung
Ausdruck	Erforderlich. Ein Ausdruck, der ein Range-Objekt zurückgibt
What	Erforderlich. Die Zeichenfolge, die Microsoft Excel suchen soll
Replacement	Erforderlich. Die ersetzende Zeichenfolge
LookAt	Optional. Kann eine der folgenden XlLookAt-Konstanten sein: xlWhole oder xlPart.
SearchOrder	Optional. Kann eine der folgenden XlSearchOrder-Konstanten sein: xlByRows oder xlByColumns.
MatchCase	Optional. True, wenn Groß- und Kleinschreibung bei der Suche berücksichtigt wird
SearchFormat	Optional. Das Suchformat für die Methode

Argument	Beschreibung
ReplaceFormat	Optional. Das Ersetzungsformat für die Methode

Beispiel

Das Beispiel aus Listing 9.62 ersetzt alle Punkte in den Zellen durch Kommas.

```
Sub Replace_Beispiel()
 Dim Bereich As Range

 Set Bereich = Worksheets("Tabelle32").UsedRange
 Bereich.Replace What:=".", Replacement:=",", _
 LookAt:=xlPart, SearchOrder:=xlByRows, MatchCase:=False
End Sub
```

Listing 9.62 Zeichenfolgen über die Methode »Replace« ersetzen

9.2.35 »ShowDependents«-, »ShowPrecedents«-Methode

Die Methode ShowDependents blendet Spurpfeile zu den direkten Nachfolgern des Bereichs ein.

Die Methode ShowPrecedents blendet Spurpfeile zu den direkten Vorgängerzellen des Bereichs ein.

Syntax

```
Ausdruck.ShowDependents(Remove)
```

Argument	Beschreibung
Ausdruck	Erforderlich. Ein Ausdruck, der ein Range-Objekt zurückgibt. Muss eine einzelne Zelle sein.
Remove	Optional. True, wenn eine Ebene von Spurpfeilen zu direkten Nachfolgern entfernt wird. False, wenn eine Ebene von Spurpfeilen hinzugefügt wird.

Beispiel

Das Beispiel aus Listing 9.63 blendet Spurpfeile ein und wieder aus.

```
Sub ShowDependents_Beispiel()
'Spurpfeile anzeigen
 Range("A1").ShowDependents
```

```
'Spurpfeile ausblenden
 Range("A1").ShowDependents Remove:=True
End Sub
```

Listing 9.63 Spurpfeile ein- und ausblenden über die Methode »ShowDependents«

9.2.36   »ShowErrors«-Methode

Die Methode ShowErrors blendet Spurpfeile durch die Struktur bis zu der Zelle, die die Fehlerquelle darstellt, ein.

9.2.37   »Sort«-Methode

Die Methode Sort sortiert einen PivotTable-Bericht, einen Bereich oder den aktiven Bereich (wenn nur eine Zelle angegeben wird).

Syntax (gekürzt)

```
Ausdruck.Sort(Key1, Order1, Key2, Type, Order2, Key3, Order3, Header,
 OrderCustom, MatchCase, Orientation
```

Argument	Beschreibung
Ausdruck	Erforderlich. Ein Ausdruck, der ein Range-Objekt zurückgibt
Key1	Optional. Das erste Sortierfeld
Order1	Optional. Die Sortierreihenfolge für das in Key1 angegebene Feld oder den dort angegebenen Bereich: ▶ xlDescending: Sortiert Key1 in absteigender Reihenfolge. ▶ xlAscending: Sortiert Key1 in aufsteigender Reihenfolge.
Key2	Optional. Das zweite Sortierfeld
Type	Optional. Gibt an, welche Elemente sortiert werden sollen. Verwenden Sie dieses Argument nur zum Sortieren von PivotTable-Berichten: ▶ xlSortLabels: Sortiert den PivotTable-Bericht nach Beschriftungen. ▶ xlSortValues: Sortiert den PivotTable-Bericht nach Werten.
Order2	Optional. Die Sortierreihenfolge für das in Key2 angegebene Feld oder den dort angegebenen Bereich (siehe oben)
Key3	Optional. Das dritte Sortierfeld
Order3	Optional. Die Sortierreihenfolge für das in Key3 angegebene Feld oder den dort angegebenen Bereich (siehe oben)

Argument	Beschreibung
Header	Optional. Gibt an, ob die erste Zeile Kopfzeilen enthält:
	▸ xlGuess: Überlässt Microsoft Excel die Ermittlung, ob und wo eine Kopfzeile vorhanden ist.
	▸ xlNo: Standard. Der gesamte Bereich soll sortiert werden.
	▸ xlYes: Der gesamte Bereich soll nicht sortiert werden.
OrderCustom	Optional. Bei diesem Argument handelt es sich um einen ganzzahligen, bei 1 beginnenden Offset für die Liste der benutzerdefinierten Sortierreihenfolgen. Lassen Sie OrderCustom aus, wird eine Standardsortierung verwendet.
MatchCase	Optional. True, um eine Sortierung durchzuführen, die Groß-/Kleinschreibung unterscheidet.
Orientation	Optional. Die Ausrichtung der Sortierung:
	▸ xlSortRows: Standard. Sortiert nach Zeilen.
	▸ xlSortColumns: Sortiert nach Spalten.

Beispiel

Das Beispiel aus Listing 9.64 sortiert eine aus einer Spalte bestehende Liste absteigend.

```
Sub Sort_Beispiel()
 Columns("A:A").Sort Key1:=Range("A1"), Order1:=xlAscending, _
 Header:=xlGuess, MatchCase:=False, Orientation:=xlTopToBottom
End Sub
```

Listing 9.64 Über die Methode »Sort« eine Liste sortieren

9.2.38 »SpecialCells«-Methode

Die Methode SpecialCells gibt ein Range-Objekt zurück, das alle Zellen darstellt, die mit dem angegebenen Wert übereinstimmen.

Syntax

```
Ausdruck.SpecialCells(Type, Value)
```

Argument	Beschreibung
Ausdruck	Erforderlich. Ein Ausdruck, der ein Range-Objekt zurückgibt

Argument	Beschreibung
Type	Erforderlich. XlCellType-Wert. Der Zelltyp, der gesucht werden soll. Siehe Tabelle 9.2: Die Konstanten des Arguments Type
Value	Optional. Falls Sie für Type entweder xlCellTypeConstants oder xlCellTypeFormulas angeben, legen Sie mit diesem Argument fest, welche Typen von Zellen im Ergebnis eingeschlossen werden.

Das Argument Type hat die folgenden Konstanten:

Konstante	Beschreibung
xlCellTypeAllFormatConditions	Zellen mit beliebigem Format
xlCellTypeAllValidation	Zellen mit Gültigkeitskriterien
xlCellTypeBlanks	Leerzellen
xlCellTypeComments	Zellen mit Anmerkungen
xlCellTypeConstants	Zellen mit Konstanten
xlCellTypeFormulas	Zellen mit Formeln
xlCellTypeLastCell	die letzte Zelle im verwendeten Bereich
xlCellTypeSameFormatConditions	Zellen mit gleichem Format
xlCellTypeSameValidation	Zellen mit gleichen Gültigkeitskriterien
xlCellTypeVisible	alle sichtbaren Zellen

Tabelle 9.2 Die Konstanten des Arguments »Type«

Beispiel

Das Beispiel aus Listing 9.65 markiert alle Formelzellen in *Tabelle33* und kennzeichnet sie mit roter Hintergrundfarbe.

```
Sub Specialcells_Beispiel()
 Sheets("Tabelle33").Activate
 Selection.SpecialCells(xlCellTypeFormulas).Select
 With Selection.Interior
    .ColorIndex = 3
    .Pattern = xlSolid
 End With
End Sub
```

Listing 9.65 Über die Methode »SpecialCells« alle Formelzellen einer Tabelle markieren

9.2.39 »SubTotal«-Methode

Die Methode SubTotal erstellt Teilergebnisse für den Bereich (bzw. für die aktuelle Region, wenn der Bereich nur aus einer Zelle besteht).

Syntax

```
Ausdruck.Subtotal(GroupBy, Function, TotalList,
Replace, PageBreaks, SummaryBelowData)
```

Argument	Beschreibung
Ausdruck	Erforderlich. Ein Ausdruck, der ein Range-Objekt zurückgibt
GroupBy	Erforderlich. Das Feld, nach dem gruppiert werden soll, und zwar als ganzzahliger, bei 1 beginnender Versatz
Function	Erforderlich. Die Teilergebnisfunktion: xlAverage, xlCount, xlCountNums, xlMax, xlMin, xlProduct, xlStDev, xlStDevP, xlSum, xlUnknown, xlVar, xlVarP
TotalList	Erforderlich. Eine Matrix mit bei 1 beginnenden Feldversätzen. Diese bezeichnen die Felder, zu denen die Teilergebnisse hinzugefügt werden.
Replace	Optional. True, wenn bestehende Teilergebnisse ersetzt werden. Der Standardwert ist False.
PageBreaks	Optional. True, wenn nach jeder Gruppe ein Seitenwechsel eingefügt wird. Der Standardwert ist False.
SummaryBelowData	Optional. Platziert die Zusammenfassungsdaten relativ zum Teilergebnis: xlSummaryAbove, xlSummaryBelow.

Beispiel

Das Beispiel Listing 9.66 wertet eine Personalliste aus. Dabei wird je Abteilung (Spalte 5) ein Teilergebnis gebildet.

```
Sub SubTotal_Beispiel()
 Sheets("Tabelle34").Activate
 Selection.Subtotal GroupBy:=5, Function:=xlCount, _
 TotalList:=Array(5), Replace:=True, _
 PageBreaks:=False, SummaryBelowData:=True
End Sub
```

Listing 9.66 Teilergebnisse über die Methode »SubTotal« erstellen

1 2 3		A	B	C	D	E
	1	Name	Geb. Datum.	Pers.-Nr.	Kostenstelle	Abteilung
	2	Massa, Martina	03.06.1964	32855	2000	Einkauf
	3	Müller, Claudia	20.10.1972	37865	2000	Einkauf
	4	Pleiner, Frank	01.08.1961	49395	2000	Einkauf
	5	Schultheiß, Fritz	22.02.1958	47260	2000	Einkauf
	6				Einkauf Anzahl	4
	7	Busch, Alexandra	08.05.1956	48075	6000	Entwicklung
	8	Gehring, Marcus	30.10.1968	45945	6000	Entwicklung
	9	Schweizer, Anja	27.08.1970	49535	6000	Entwicklung
	10	Tisch, Anke	13.09.1981	38795	6000	Entwicklung
	11				Entwicklung Anzahl	4

Abbildung 9.4 Die Mitarbeiter pro Abteilung wurden gezählt.

9.2.40   »TextToColumns«-Methode

Die Methode TextToColumns analysiert eine Spalte mit Zellen, die Text enthalten, und gibt das Ergebnis in mehreren Spalten aus.

Syntax

```
Ausdruck.TextToColumns(Destination, DataType, TextQualifier,
ConsecutiveDelimiter, Tab, Semicolon, Comma, Space, Other, OtherChar,
FieldInfo, DecimalSeparator, ThousandsSeparator, TrailingMinusNumbers)
```

Argument	Beschreibung
Ausdruck	Erforderlich. Ein Ausdruck, der ein Range-Objekt zurückgibt.
Destination	Optional. Ein Range-Objekt, das angibt, an welcher Stelle Microsoft Excel das Ergebnis ausgeben soll.
DataType	Optional. Das Format des Textes, der in Spalten aufgeteilt werden soll: xlDelimited oder xlFixedWidth
TextQualifier	Optional. Werte: xlTextQualifierDoubleQuote, xlTextQualifierNone, xlTextQualifierSingleQuote
ConsecutiveDelimiter	Optional. True, wenn Microsoft Excel sich wiederholende Trennzeichen als ein Trennzeichen interpretieren soll. Der Standardwert ist False.
Tab	Optional. True, wenn DataType den Wert xlDelimited hat und das Tabstoppzeichen als Trennzeichen verwendet wird
Semicolon	Optional. True, wenn DataType den Wert xlDelimited hat und das Semikolon als Trennzeichen verwendet wird
Comma	Optional. True, wenn DataType den Wert xlDelimited hat und das Komma als Trennzeichen verwendet wird

Argument	Beschreibung
Space	Optional. `True`, wenn `DataType` den Wert `xlDelimited` hat und das Leerzeichen als Trennzeichen verwendet wird
Other	Optional. `True`, wenn `DataType` den Wert `xlDelimited` hat und das durch das Argument `OtherChar` angegebene Zeichen als Trennzeichen verwendet wird
OtherChar	Optional. Das Trennzeichen, falls `Other` den Wert `True` hat. Geben Sie mehr als ein Zeichen an, wird nur das erste Zeichen verwendet, und die restlichen Zeichen werden nicht beachtet.
FieldInfo	Optional. Eine Matrix mit Informationen zur Analyse der einzelnen Datenspalten. ▶ `xlGeneralFormat` – allgemein ▶ `xlTextFormat` – Text ▶ `xlMDYFormat` – Datum im Format MTJ ▶ `xlDMYFormat` – Datum im Format TMJ ▶ `xlYMDFormat` – Datum im Format JMT ▶ `xlMYDFormat` – Datum im Format MJT ▶ `xlDYMFormat` – Datum im Format TJM ▶ `xlYDMFormat` – Datum im Format JTM ▶ `xlEMDFormat` – Datum im EMD-Format ▶ `xlSkipColumn` – Spalte überspringen
DecimalSeparator	Optional. Das Dezimaltrennzeichen, das Microsoft Excel beim Erkennen von Zahlen verwendet. Standardeinstellung ist die Systemeinstellung.
ThousandsSeparator	Optional. Das Tausendertrennzeichen, das Excel beim Erkennen von Zahlen verwendet. Standardeinstellung ist die Systemeinstellung.
TrailingMinusNumbers	Optional. Zahlen, denen ein Minuszeichen vorangestellt ist

9

Kapitel 10
Dialogprogrammierung

Über die Dialogprogrammierung können Sie anwenderfreundliche Formulare entwickeln und Excel weiter ausbauen.

Im vorletzten Kapitel dieser Referenz geht es um die Dialogprogrammierung in Excel. Sie haben dabei die Möglichkeit, auf bereits fertige Dialoge zuzugreifen oder eigene Dialoge (= *UserForms*) zu erstellen.

10.1 »FileDialog«-Eigenschaft

Über die Eigenschaft FileDialog können Sie ein FileDialog-Objekt verwenden.

Syntax

```
Ausdruck.FileDialog(fileDialogType)
```

Argument	Beschreibung
Ausdruck	Erforderlich. Ein Ausdruck, der ein FileDialog-Objekt zurückgibt
fileDialogType	Erforderlich. Der Typ des Dateidialogfeldes

Folgende Typen von Dialogen sind über die Eigenschaft FileDialog abrufbar:

Konstante	Beschreibung
msoFileDialogFilePicker	Ermöglicht es den Benutzern, eine Datei auszuwählen.
msoFileDialogFolderPicker	Ermöglicht es den Benutzern, einen Ordner auszuwählen.
msoFileDialogOpen	Ermöglicht es den Benutzern, eine Datei zu öffnen.

Tabelle 10.1 Die zur Verfügung stehenden Dialoge

Konstante	Beschreibung
msoFileDialogSaveAs	Ermöglicht es den Benutzern, eine Datei zu speichern.

Tabelle 10.1 Die zur Verfügung stehenden Dialoge (Forts.)

Beispiel

Das Beispiel aus Listing 10.1 ruft den Dialog SPEICHERN UNTER auf.

```
Sub FileDialog_Beispiel()
 With Application.FileDialog(msoFileDialogSaveAs)
     .AllowMultiSelect = True
     .Show
 End With
End Sub
```

Listing 10.1 Über die Eigenschaft »FileDialog« den »Speichern unter«-Dialog aufrufen

10.2   »Dialogs«-Eigenschaft

Die Eigenschaft Dialogs gibt eine Dialogs-Auflistung aller internen Dialogfelder zurück. Das bedeutet, dass Sie nahezu jeden Dialog, der in Excel bekannt ist, für eigene Projekte einsetzen können. In der Onlinehilfe finden Sie eine Auflistung aller integrierten Dialoge mitsamt ihren Argumenten.

Beispiele

Das Beispiel aus Listing 10.2 ruft den Dialog DRUCKEN auf und stellt bereits einige Argumente ein.

```
Sub Dialogs_Beispiel()
 Const SeiteVon = 1
 Const SeiteBis = 4
 Const Kopien = 2

  Application.Dialogs(xlDialogPrint).Show arg1:=2, _
  arg2:=SeiteVon, arg3:=SeiteBis, arg4:=Kopien
End Sub
```

Listing 10.2 Über die Eigenschaft »Dialogs« integrierte Dialoge nutzen

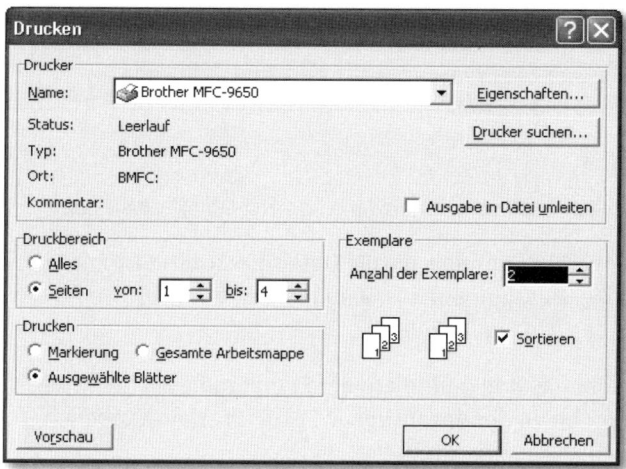

Abbildung 10.1 Den »Drucken«-Dialog aufrufen und einstellen

Das Beispiel aus Listing 10.3 öffnet eine Arbeitsmappe, die über einen Schreibschutz geschützt ist.

```
Sub Dialogs_Beispiel2()
 Application.Dialogs(xlDialogOpen).Show _
 "C:\Tagesumsätze.xls", arg5:="Passwort"
End Sub
```

Listing 10.3 Eine passwortgeschützte Mappe im Dialog
»Öffnen« voreinstellen

Das Beispiel aus Listing 10.4 versendet die aktive Tabelle als E-Mail und stellt Empfänger sowie Titel vorab ein.

```
Sub Dialogs_Beispiel3()
 ActiveSheet.Copy
 Application.Dialogs(xlDialogSendMail).Show _
 "Held-office@t-online.de", "Titel"
End Sub
```

Listing 10.4 Tabelle über einen integrierten Dialog versenden

10.3   »GetOpenFilename«-Methode

Die Methode GetOpenFilename zeigt das Standarddialogfeld ÖFFNEN an und bekommt einen Dateinamen vom Benutzer, ohne jedoch irgendwelche Dateien zu öffnen.

Syntax

```
Ausdruck.GetOpenFilename(FileFilter, FilterIndex, Title, MultiSelect)
```

Argument	Beschreibung
Ausdruck	Erforderlich. Ein Ausdruck, der ein Application-Objekt zurückgibt
FileFilter	Optional. Eine Zeichenfolge, die die Dateifilterkriterien angibt. Lassen Sie dieses Argument aus, wird der Standardwert "Alle Dateien (*.*),*.*" verwendet.
FilterIndex	Optional. Gibt die Indexnummern der Standarddatei-Filterkriterien an, von 1 bis zu der Anzahl von in FileFilter angegebenen Filtern.
Title	Optional. Gibt den Titel des Dialogfeldes an. Wenn Sie dieses Argument nicht angeben, wird der Titel ÖFFNEN verwendet.
MultiSelect	Optional. True, damit mehrere Dateinamen ausgewählt werden können. False, damit nur ein Dateiname ausgewählt werden kann.

Beispiel

Das Beispiel aus Listing 10.5 zeigt den Dialog ÖFFNEN an. Dabei soll die Möglichkeit bestehen, mehrere Mappen auszuwählen und anschließend zu öffnen.

```
Sub GetOpenFilename_Beispiel()
 Dim Varr As Variant
 im i As Integer

 Varr = Application.GetOpenFilename _
 ("Excel-Files(*.xls*),*.xls*", MultiSelect:=True)
 For i = 1 To UBound(Varr)
   Workbooks.Open Filename:=Varr(i)
 Next i
End Sub
```

Listing 10.5 Über die Methode »GetOpenFilename« den Dialog »Öffnen« anzeigen

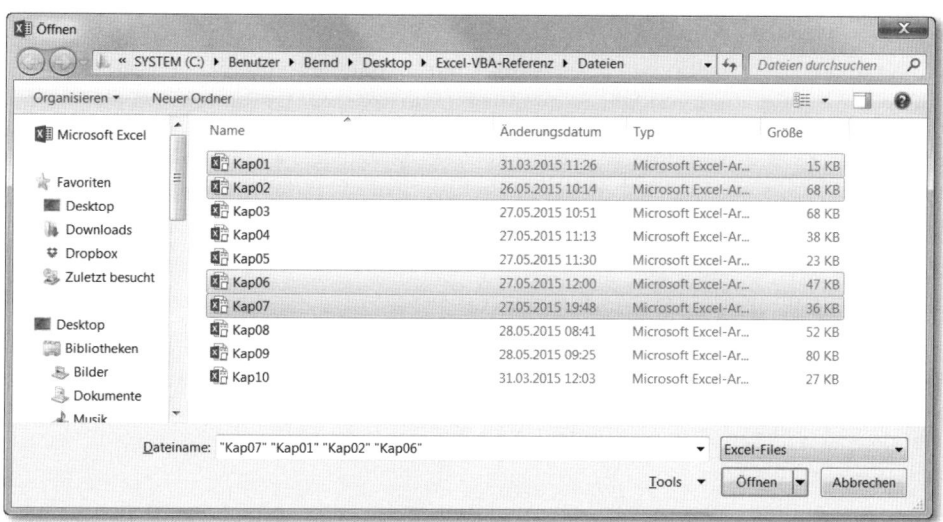

Abbildung 10.2 Den »Öffnen«-Dialog mit Mehrfachauswahl aufrufen

10.4   »GetSaveAsFilename«-Methode

Die Methode GetSaveAsFilename zeigt das Standarddialogfeld SPEICHERN UNTER an und bekommt einen Dateinamen vom Benutzer, ohne jedoch irgendwelche Dateien zu speichern.

Syntax

```
Ausdruck.GetSaveAsFilename(InitialFilename, FileFilter,
  FilterIndex, Title, ButtonText)
```

Argument	Beschreibung
Ausdruck	Erforderlich. Ein Ausdruck, der ein Application-Objekt zurückgibt
InitialFilename	Optionaler. Gibt den vorgeschlagenen Dateinamen an. Wenn Sie dieses Argument leer lassen, verwendet Microsoft Excel den Namen der aktiven Arbeitsmappe.
FileFilter	Optional. Eine Zeichenfolge, die Dateifilterkriterien angibt. Wenn Sie dieses Argument leer lassen, wird der Standardwert "Alle Dateien (*.*),*.*" verwendet.

Argument	Beschreibung
FilterIndex	Optional. Gibt die Indexnummer der Standarddatei-Filterkriterien an, von 1 bis zu der Anzahl von in FileFilter angegebenen Filtern.
Title	Optional. Gibt den Titel des Dialogfeldes an. Wenn Sie dieses Argument nicht angeben, wird der Standardtitel SPEICHERN UNTER verwendet.

Beispiel

Das Beispiel aus Listing 10.6 speichert eine Arbeitsmappe über den Dialog SPEICHERN UNTER.

```
Sub GetSaveAsFilename_Beispiel()
 Dim varr As Variant
 Dim s As String

  varr = Application.GetSaveAsFilename _
   ("", "Excel-Arbeitsmappen (*.xls*),*.xls*")
    If varr <> False Then
      s = varr
    Else
      Exit Sub
    End If
    ActiveWorkbook.SaveAs (s)
End Sub
```

Listing 10.6 Über die Methode »GetSaveAsFilename« den Dialog »Speichern« unter einsetzen

10.5   »MsgBox«-Funktion

In den vorherigen Kapiteln haben wir die Funktion MsgBox schon öfter eingesetzt. Diese Funktion wird z. B. dazu verwendet, um den Anwender über ein Ergebnis eines Makros zu informieren oder um eine Warnmeldung auf dem Bildschirm anzuzeigen. Dabei können Sie das Aussehen dieser Maske selbst bestimmen.

Syntax

```
=MsgBox(prompt[, buttons] [, title] [, helpfile, context])
```

Argument	Beschreibung
prompt	Erforderlich. Es besteht aus einem Text, der als Meldung im Dialogfeld erscheinen soll.
buttons	Bestimmt, welche Schaltflächen Sie in Ihrer Meldung anzeigen möchten. Diese Einstellung können Sie entweder über eine Konstante oder einen eindeutigen Index vornehmen. Entnehmen Sie Tabelle 10.2 die möglichen Varianten dazu.
title	Text, der im Fenstertitel angezeigt werden soll
helpfile/context	Hilfetext im Meldungsfenster

Das sind die möglichen Schaltflächen von MsgBox:

Konstante oder Wert	Beschreibung
vbOKOnly oder 0	Zeigt nur die Schaltfläche OK an.
vbOKCancel oder 1	Zeigt die Schaltflächen OK und ABBRECHEN an.
vbAbortRetryIgnore oder 2	Zeigt die Schaltflächen ABBRUCH, WIEDERHOLEN und IGNORIEREN an.
vbYesNoCancel oder 2	Zeigt die Schaltflächen JA, NEIN und ABBRECHEN an.
vbYesNo oder 4	Zeigt die Schaltflächen JA und NEIN an.
vbRetryCancel oder 5	Zeigt die Schaltflächen WIEDERHOLEN und ABBRECHEN an.
vbCritical oder 16	Zeigt Meldung mit Stopp-Symbol an.
vbQuestion oder 32	Zeigt Meldung mit Fragezeichen-Symbol an.
vbExclamation oder 48	Zeigt Meldung mit Ausrufezeichen-Symbol an.
vbInformation oder 64	Zeigt Meldung mit Info-Symbol an.
vbDefaultButton1 oder 0	Erste Schaltfläche ist Standardschaltfläche.
vbDefaultButton2 oder 256	Zweite Schaltfläche ist Standardschaltfläche.
vbDefaultButton3 oder 512	Dritte Schaltfläche ist Standardschaltfläche.
vbDefaultButton4 oder 768	Vierte Schaltfläche ist Standardschaltfläche.

Tabelle 10.2 Die möglichen Schaltflächen für »MsgBox«

Konstante oder Wert	Beschreibung
vbApplicationModal oder 0	Der Anwender muss auf das Meldungsfeld zuerst reagieren, bevor er seine Arbeit mit der aktuellen Anwendung fortsetzen kann.
vbSystemModal oder 4096	Alle Anwendungen werden unterbrochen, bis der Benutzer auf das Meldungsfeld reagiert.
vbMsgBoxHelpButton oder 16384	Fügt dem Meldungsfenster eine Hilfeschaltfläche hinzu.

Tabelle 10.2 Die möglichen Schaltflächen für »MsgBox« (Forts.)

Je nachdem, welche Schaltfläche der Anwender im Meldungsfenster anklickt, sollen unterschiedliche Aktionen folgen. Wird z. B. die Schaltfläche ABBRECHEN angeklickt, muss das Makro sofort beendet werden. Entnehmen Sie Tabelle 10.3 die möglichen Rückgabewerte.

Konstante oder Wert	Beschreibung
vbOK oder 1	Die Schaltfläche OK wurde angeklickt.
vbCancel oder 2	Die Schaltfläche ABBRECHEN wurde angeklickt.
vbAbort oder 3	Die Schaltfläche ABBRUCH wurde angeklickt.
vbRetry oder 4	Die Schaltfläche WIEDERHOLEN wurde angeklickt.
vbIgnore oder 5	Die Schaltfläche IGNORIEREN wurde angeklickt.
vbYes oder 6	Die Schaltfläche JA wurde angeklickt.
vbNo oder 7	Die Schaltfläche NEIN wurde angeklickt.

Tabelle 10.3 Die Rückgabewert der Funktion »MsgBox«

Beispiel

Das Beispiel aus Listing 10.7 fragt über eine MsgBox, ob der markierte Bereich gelöscht werden soll.

```
Sub MsgBox_Beispiel()
 Dim i As Integer

 i = MsgBox _
 ("Wollen Sie den markierten Bereich löschen?", _
```

```
  1 + vbQuestion, "Löschenabfrage")
 If i = 2 Then Exit Sub
 Selection.Clear
End Sub
```

Listing 10.7 Eine Lösch-Rückfrage über die Funktion »MsgBox« realisieren

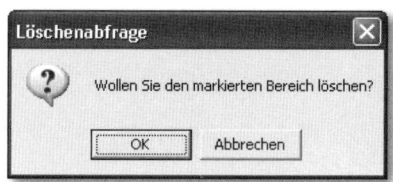

Abbildung 10.3 Rückfrage auswerten

10

10.6   »InputBox«-Methode

Mit Hilfe der Methode InputBox ermöglichen Sie dem Anwender, einzelne Eingaben in einer Maske vorzunehmen. Diese Funktion eignet sich für kleinere Aufgaben hervorragend, und auch hier können Sie Aussehen und Funktion des Dialogs selbst bestimmen.

Syntax

```
= InputBox(prompt, title, default, Left, Top, helpFile,
  helpContext, type)
```

Argument	Beschreibung
prompt	Erforderlich. Die Meldung, die im Dialogfeld erscheinen soll
title	Optional. Fenstertitel des Dialogs
default	Optional. Vorbelegung, die im Textfeld angezeigt werden soll
Left und Top	Position auf dem Bildschirm
helpFile und helpContext	Hilfetext im Meldungsfenster
type	Datentyp des Rückgabewerts wird festgelegt. Ohne Angabe dieses Arguments gibt das Dialogfeld den Datentyp Text zurück. Entnehmen Sie die zulässigen Rückgabewerte Tabelle 10.4.

Das Argument Type hat folgende Werte:

Wert	Beschreibung
0	Formel
1	Zahl
2	Text
4	logischer Wert (True oder False)
8	Zellbezug
16	Fehlerwert
64	Wertematrix

Tabelle 10.4 Die Werte für das Argument »Type«

Hinweis

Wie Sie die Schaltflächen abfragen, haben Sie bereits bei der Funktion MsgBox weiter vorn im Kapitel gesehen.

Beispiel

Im Beispiel aus Listing 10.8 soll über eine InputBox ein Datenbereich in der Tabelle ausgewählt und gelöscht werden.

```
Sub InputBox_Beispiel()
 Dim Bereich As Range

 Set Bereich = Application.InputBox _
 ("Bereich um Löschen auswählen", Type:=8)
 Bereich.ClearContents
End Sub
```

Listing 10.8 Über die Methode »InputBox« einen Bereich auswählen

10.7   Arbeiten mit UserForms

Wenn Sie eigene Dialoge programmieren möchten, dann können Sie sich ein User-Form entwerfen und dieses danach automatisieren.

10.7.1   UserForms entwerfen

Um ein UserForm einzufügen und mit Steuerelementen zu bestücken, verfahren Sie wie folgt:

1. Wechseln Sie in die Entwicklungsumgebung von Excel.
2. Wählen Sie aus dem Menü EINFÜGEN den Befehl USERFORM.

Standardmäßig ist das neu eingefügte UserForm recht klein. Um es zu vergrößern, klicken Sie mit der linken Maustaste auf die rechte untere Ecke und ziehen das User-Form in der gewünschten Größe nach schräg unten auf.

Der Titel, der in der Titelleiste oberhalb des UserForms steht, wird abgeleitet vom Namen des UserForms. Um einen anderen Titel einzustellen, setzen Sie den Mauszeiger im Eigenschaftenfenster in das Feld CAPTION und schreiben den gewünschten Titel dort hinein.

Nachdem Sie das erste UserForm eingefügt haben, wird die Symbolleiste WERKZEUG-SAMMLUNG eingeblendet. Diese Werkzeugsammlung nutzen Sie, um den noch leeren Dialog mit Elementen zu füllen. Ein Steuerelement können Sie in Ihr UserForm einfügen, indem Sie das entsprechende Element mit der linken Maustaste in der Symbolleiste WERKZEUGSAMMLUNG anklicken und in der gewünschten Größe und Position in Ihrem UserForm aufziehen.

Entnehmen Sie Tabelle 10.5 die wichtigsten Steuerelemente der Symbolleiste WERK-ZEUGSAMMLUNG.

Symbol	Funktionsbeschreibung
▶	Über dieses Symbol wird das entsprechende Element im UserForm markiert.
A	Über dieses Symbol erfassen Sie Texte im UserForm.
abl	Über dieses Symbol fügen Sie Eingabefelder ein.
▦	Über dieses Symbol wird ein Kombinationsfeld eingefügt. Mit einem Klick auf das Pfeilsymbol werden Ihnen weitere Auswahlmöglichkeiten angeboten. In einem Kombinationsfeld kann immer nur ein Eintrag gewählt werden.
▦	Über dieses Symbol wird ein Listenfeld eingefügt. Das Listenfeld benötigt jedoch mehr Platz in Ihrem UserForm, weil mehrere Einträge gleichzeitig angezeigt werden. Sind mehr Einträge im Listenfeld vorhanden, als angezeigt werden können, dann wird dynamisch eine vertikale Steuerungsleiste eingebunden.

Tabelle 10.5 Die standardmäßig zur Verfügung stehenden Steuerelemente

Symbol	Funktionsbeschreibung
	Über dieses Symbol fügen Sie einen Rahmen in Ihr UserForm ein. Das Rahmen-Steuerelement können Sie einsetzen, um einzelne Elemente in einer Gruppe zusammenzufassen. Wichtig bei der Erstellung eines Rahmens ist, dass Sie ihn vor den einzelnen Steuerelementen, die Sie darin platzieren wollen, einfügen.
	Über dieses Symbol fügen Sie Kontrollkästchen ein. Bei aktiviertem Zustand erscheint im Kästchen ein Häkchen. Wenn Sie Kontrollkästchen in einer Gruppe verwenden, kann der Benutzer sowohl eines als auch mehrere Kontrollkästchen aktivieren.
	Über dieses Symbol fügen Sie ein Optionsfeld ein. Bei aktiviertem Zustand ist das Optionsfeld mit einem schwarzen Punkt ausgefüllt. Wenn Sie mehrere Optionsfelder innerhalb einer Gruppe verwenden, kann immer nur eine Option aktiviert sein.
	Über dieses Symbol fügen Sie ein Umschaltfeld ein. Über dieses Umschaltfeld können Sie beispielsweise zwei Funktionen in nur einem Steuerelement unterbringen (z. B. Gitternetz ein/Gitternetz aus).
	Über dieses Symbol fügen Sie Befehlsschaltflächen ein, die Sie später mit Makros bestücken.
	Über dieses Symbol fügen Sie ein oder mehrere Register in Ihr UserForm ein. Damit können Sie platzsparend viel Information in einem einzigen UserForm unterbringen.
	Über dieses Symbol fügen Sie ein oder mehrere Multiseiten in Ihr UserForm ein. Damit können Sie platzsparend viel Information in einem einzigen UserForm unterbringen.
	Über dieses Symbol werden Scroll-Elemente eingefügt. Dieses Steuerelement verwenden Sie bei größeren UserForms, wenn Sie horizontal oder auch vertikal scrollen müssen, um bestimmte Elemente anzuzeigen.
	Über dieses Symbol fügen Sie ein Drehfeld ein. Über ein Drehfeld können Sie beispielsweise Zahlen schrittweise erhöhen. Das Steuerelement wird meist in Verbindung mit einem Textfeld verwendet, in dem dann das Ergebnis des Schrittes angezeigt wird.
	Über dieses Symbol fügen Sie Grafiken, Logos oder Bilder in Ihr UserForm ein.
	Über dieses Symbol können Sie über ein Eingabefeld einen Bereich markieren oder auch eigene Texte eingeben und an das UserForm übergeben.

Tabelle 10.5 Die standardmäßig zur Verfügung stehenden Steuerelemente (Forts.)

> **Hinweis**
>
> Weitere Steuerelemente können Sie jederzeit einblenden, indem Sie mit der rechten Maustaste auf die Symbolleiste klicken und aus dem Kontextmenü den Befehl ZUSÄTZLICHE STEUERELEMENTE auswählen. Im Listenfeld VERFÜGBARE STEUERELEMENTE fügen Sie dann zusätzliche Steuerelemente per Mausklick Ihrer Symbolleiste hinzu.

10.7.2   Spezielle Aufgabe erledigen

Bilder in UserForms einfügen

Um ein Bild in ein UserForm zu integrieren, gehen Sie wie folgt vor:

1. Klicken Sie in der Symbolleiste WERKZEUGSAMMLUNG auf das Symbol ANZEIGE.

2. Ziehen Sie dieses Steuerelement in der gewünschten Größe auf Ihrem UserForm auf.

3. Setzen Sie im Eigenschaftenfenster den Mauszeiger in das Feld PICTURE.

4. Klicken Sie auf das Symbol mit den drei Punkten, das ganz rechts im Feld PICTURE steht.

5. Weisen Sie im Dialogfeld BILD LADEN die gewünschte Bilddatei zu, und klicken Sie auf die Schaltfläche ÖFFNEN.

6. Setzen Sie den Mauszeiger im Eigenschaftenfenster in das Feld BORDERSTYLE, und wählen Sie aus dem Dropdown-Feld den Befehl 0 – FMBORDERSTYLENONE.

Horizontale Trennstreifen einfügen

Wenn Sie einen horizontalen Trennstreifen in ein UserForm integrieren möchten, dann gibt es für diesen optischen Effekt leider kein gesondertes Steuerelement. Sie können sich aber mit einem Trick behelfen:

1. Klicken Sie in der Symbolleiste WERKZEUGSAMMLUNG auf das Symbol RAHMEN.

2. Ziehen Sie den Rahmen in der gewünschten Größe an der gewünschten Position in Ihrem UserForm auf.

3. Im Eigenschaftenfenster setzen Sie den Mauszeiger in das Feld CAPTION und löschen den momentanen Inhalt.

4. Im Eigenschaftenfenster setzen Sie den Mauszeiger in das Feld HEIGHT und legen die Höhe des Rahmens fest. Da es sich um einen horizontalen Trennstreifen handelt, wählen Sie eine Höhe zwischen 8 und 10.

5. Im Eigenschaftenfenster können Sie über das Feld SPECIALEFFECT noch einen speziellen optischen Effekt auswählen. Dabei können Sie unter anderem entscheiden, ob der Trennstreifen hervorgehoben, versenkt oder eingefräst werden soll.

Steuerelemente beschriften

Standardmäßig wird beim Einfügen der Steuerelemente schon eine Beschriftung vorgegeben, die Sie aber noch ändern müssen.

Um ein Steuerelement wie z. B. eine Schaltfläche zu beschriften, gehen Sie nach dem Einfügen des Steuerelements wie folgt vor:

1. Markieren Sie das Steuerelement, das Sie beschriften möchten.
2. Setzen Sie im Eigenschaftenfenster den Mauszeiger in das Feld CAPTION.
3. Erfassen Sie die gewünschte Beschriftung, und drücken Sie die Taste ⇥

Aktivierreihenfolge festlegen

Standardmäßig werden die einzelnen Steuerelemente nach der Reihenfolge aktiviert, in der Sie in das UserForm eingefügt wurden, d. h., Sie springen über die Taste ⇥ von einem Feld zum anderen. Gerade wenn Sie zu einem späteren Zeitpunkt neue Steuerelemente hinzufügen, sollten Sie die Reihenfolge anpassen. Dazu wählen Sie den Menübefehl ANSICHT • AKTIVIERREIHENFOLGE. Ist dieser Menübefehl bei Ihnen deaktiviert, dann markieren Sie vorher eines der Textfelder oder Schaltflächen im UserForm.

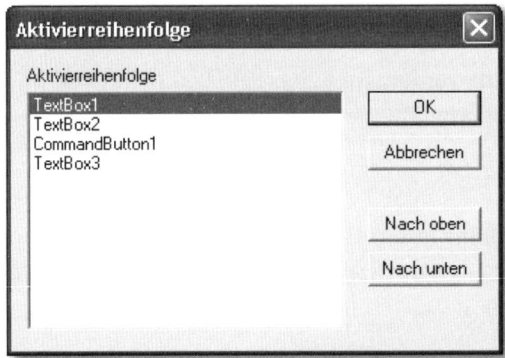

Abbildung 10.4 Die Aktivierreihenfolge anpassen

Markieren Sie das entsprechende Element im Listenfeld AKTIVIERREIHENFOLGE, und klicken Sie auf die Schaltfläche NACH OBEN oder NACH UNTEN.

10.7.3 UserForms programmieren

UserForm aufrufen

Um das UserForm einmal zu testen, markieren Sie es und drücken die Taste F5 . Über ein Makro rufen Sie ein UserForm wie in Listing 10.7 auf.

```
Sub DialogAufrufen()
 UserForm1.Show
End Sub
```

Listing 10.9 Ein UserForm über die Methode »Show« aufrufen

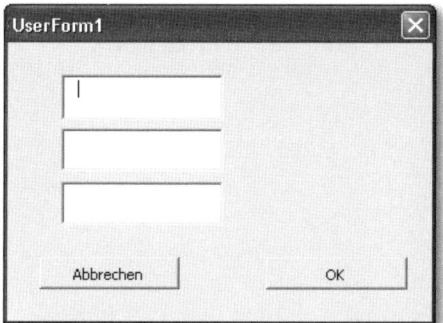

Abbildung 10.5 Aufrufen eines UserForms

Die Methode Show aktiviert das UserForm mit dem Namen UserForm1.

> **Hinweis**
>
> Seit Excel 2000 ist es möglich, Dialoge auch ungebunden aufzurufen, d. h., ungebundene Dialoge müssen nicht beendet werden, um mit anderen Arbeiten in Excel fortzufahren, während das UserForm geöffnet bleibt. Um ein ungebundenes UserForm aufzurufen, setzen Sie die Anweisung UserForm1.Show vbModeless ein.

UserForm beenden

Mit einem Klick auf die Schaltfläche ABBRECHEN in der UserForm1 soll das UserForm beendet werden. Zu diesem Zweck müssen Sie den entsprechenden Befehl hinter diese Schaltfläche legen. Verfahren Sie hierfür wie folgt:

1. Führen Sie in Ihrem UserForm einen Doppelklick auf die Schaltfläche ABBRECHEN durch.

2. Ergänzen Sie den dadurch erzeugten Programmrahmen wie folgt:

```
Private Sub CommandButton1_Click()
 UserForm1.Hide
End Sub
```

Listing 10.10 Ein UserForm beenden

Die Methode Hide blendet das UserForm aus. Damit steht das UserForm aber noch im Speicher für weitere Aktionen bereit. Möchten Sie das UserForm richtig aus dem Speicher löschen, verwenden Sie die Anweisung unload me.

Textfelder in Tabelle schreiben

Die drei Textfelder, die Sie im UserForm1 füllen, sollen in eine Tabelle geschrieben werden. Dazu legen Sie das Makro aus Listing 10.9 hinter die Schaltfläche OK.

```
Private Sub CommandButton1_Click()
 Dim i As Integer

 With Worksheets("Daten")
  i = .UsedRange.Rows.Count + 1
  .Cells(i, 1).Value = TextBox1.Value
  .Cells(i, 2).Value = TextBox2.Value
  .Cells(i, 3).Value = TextBox3.Value
 End With
End Sub
```

Listing 10.11 Textfelder in Tabelle schreiben

	A	B	C
1	Feld1	Feld2	Feld3
2	Eintrag1	Eintrag2	Eintrag3
3			
4			

Abbildung 10.6 Die Inhalte des UserForms wurden in die Tabelle geschrieben.

Textfelder leeren

Nach dem Übertragen der Textfelder in die Tabelle werden die Textfelder nicht automatisch im UserForm zurückgesetzt. Um diese Funktion einzufügen, integrieren Sie eine weitere Schaltfläche, TEXTFELDER LEEREN, in das UserForm und legen das Makro aus Listing 10.10 direkt dahinter.

```
Private Sub CommandButton3_Click()
 Dim tb As Object

    For Each tb In UserForm1.Controls
      If TypeName(tb) = "TextBox" Then tb.Text = ""
    Next tb
End Sub
```

Listing 10.12 Textfelder in einem UserForm leeren

Textfeldinhalt markieren

Um einen erfassten Inhalt eines Textfeldes zu markieren, setzen Sie das Makro aus Listing 10.11 ein und legen es hinter eine weitere Schaltfläche.

```
Private Sub CommandButton4_Click()
 With TextBox1
  .SetFocus
  .SelStart = 0
  .SelLength = Len(.Text)
 End With
End Sub
```

Listing 10.13 Text in Textfeld markieren

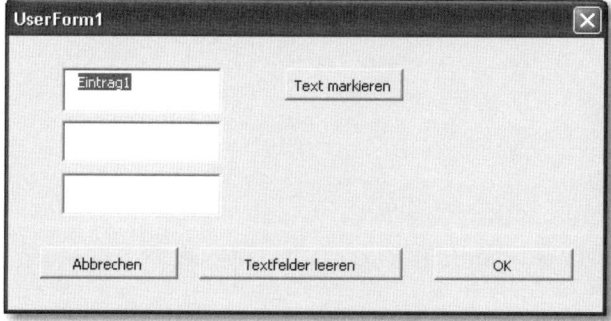

Abbildung 10.7 Der Text wurde nach Klicken der Schaltfläche markiert.

Textfelder färben

Wenn Sie möchten, weisen Sie den Textfeldern einen andersfarbigen Hintergrund zu, sobald das entsprechende Textfeld aktiviert wird. So können Sie das jeweils aktive Textfeld mit der Hintergrundfarbe Rot belegen, sobald Sie mit der Maus oder der Taste ⇥ das Textfeld ansteuern. Um dieses Feature einzubauen, gehen Sie wie folgt vor:

1. Klicken Sie das erste Textfeld in der UserForm doppelt an.

2. Stellen Sie das Ereignis Textbox1_Enter ein, und rufen Sie innerhalb des Ereignisses das Makro HintergrundFärben auf. Das Ereignis Textbox1_Enter tritt dann automatisch ein, wenn das entsprechende Textfeld aktiviert wird.

3. Schreiben Sie jetzt das Makro HintergrundFärben:

```
Private Sub HintergrundFärben()
  Me.ActiveControl.BackColor = RGB(255, 0, 0)
End Sub
```

Listing 10.14 Textfeld färben

4. Sorgen Sie dafür, dass der Hintergrund nach dem Verlassen des Textfeldes wieder auf den Ursprungswert zurückgesetzt wird. Dazu stellen Sie das Ereignis Textbox1_ Exit ein, das automatisch eintritt, wenn Sie das angegebene Textfeld verlassen. Innerhalb des Ereignisses rufen Sie das Makro HintergrundZurücksetzen auf:

```
Private Sub HintergrundZurücksetzen()
  Me.ActiveControl.BackColor = RGB(255, 255, 255)
End Sub
```

Listing 10.15 Hintergrundfarbe des Textfeldes zurücksetzen

5. Stellen Sie jetzt für die einzelnen Textfelder der UserForm die beiden Ereignisse Textbox_Enter und Textbox_Exit ein. Orientieren Sie sich dabei am folgenden Beispiel:

```
Private Sub TextBox1_Enter()
 HintergrundFärben
End Sub
Private Sub TextBox1_Exit _
(ByVal Cancel As MSForms.ReturnBoolean)
 HintergrundZurücksetzen
End Sub
```

Listing 10.16 Textfelder ein- und wieder entfärben bei Aktivierung bzw. Deaktivierung

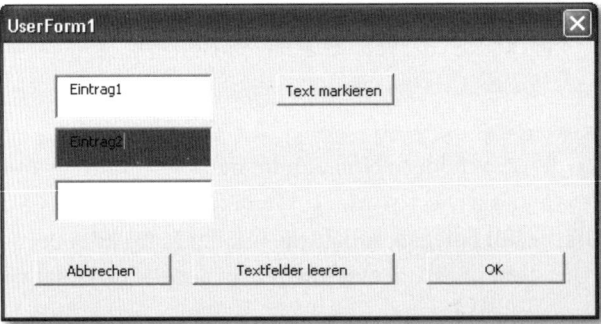

Abbildung 10.8 Textfelder werden beim Aktivieren eingefärbt.

Hinweis

In diesem Kapitel haben wir exemplarisch das Steuerelement *Textfeld* beschrieben. Leider können wir in diesem Buch nicht alle Steuerelemente ausführlich vorstellen. In meinem Buch »VBA mit Excel«, erschienen bei Rheinwerk Computing, finden Sie eine ausführliche Beschreibung aller Steuerelemente mit praktischen Beispielen dazu. Gerne stelle ich Ihnen auch Demodateien zur UserForm-Programmierung zur Verfügung.

Kapitel 11
Die Fehlerbehandlung

Fehler kommen immer wieder vor. Fehler passieren jedem. Das ist nichts Neues. Teilweise werden Fehler sogar bewusst angelegt, um zum Beispiel einen Code zu testen. Wie Sie mit Fehlern umgehen können, zeigt Ihnen das folgende Kapitel.

11.1   Was versteht man unter einer Fehlerbehandlung?

Unter einer Fehlerbehandlung versteht man einen kontrollierten Fehler bzw. einen kontrollierten Programmabsturz. Immer wenn es zu einem Fehler und damit zu einem Programmabsturz kommt, stellen sich die User die gleichen Fragen: Was hat zum Programmabsturz geführt? Wo ist der Fehler?

Bei einem Programmabsturz sollten dem Entwickler bzw. User wenigstens die folgenden Informationen übermittelt werden:

▶ Was ist passiert?

▶ Wo ist es passiert?

▶ Warum ist es passiert?

Nichts ist schlimmer als eine Fehlermeldung nach dem Motto: Es ist etwas defekt – wo, was und warum ist unklar. Wie soll man mit solch einer Fehlermeldung umgehen?

Codeverantwortung endet nicht mit der Auslieferung der Software. Sie können noch so präzise programmieren und testen, und trotzdem wird der User entweder Fehler produzieren oder einen Fehler in Ihrem Programm entdecken. Also sollten Sie sich von Anfang an darauf vorbereiten, im Fehlerfall reagieren zu können. Dazu gehören eine sprechende Fehlermeldung und eine präzise Information, was wo defekt ist.

11.2   Welche Fehlerarten gibt es?

Bei der Programmierung im VBA Editor können die folgenden Fehler unterschieden werden:

Fehlertyp	Ursache
Fehler in der Syntax	Dieser Fehler tritt immer wieder auf. Hierbei handelt es sich um einen Schreibfehler. Das heißt, Sie haben innerhalb Ihres Codes eine Anweisung, einen Befehl oder eine Funktion falsch geschrieben. In diesem Fall wird Excel die entsprechende Codezeile markieren.
Fehler in der angewendeten Logik	Dieser Fehler ist etwas schwerer zu entdecken, da Sie keine Fehlermeldung erhalten. Sie finden den Fehler nur, wenn das Programm sich nicht so verhält wie erwartet – sprich, Sie erhalten unerwartete Ergebnisse.
Laufzeitfehler	Laufzeitfehler entstehen, wenn im Programmablauf ein unvorhergesehenes Ereignis auftaucht, mit dem das Programm nichts anfangen kann. Beispiel: Eine Datei soll geöffnet werden, die nicht existiert. Bei einem Laufzeitfehler wird der Programmcode angehalten, und eine MsgBox mit einer Fehlernummer und einer kurzen Beschreibung wird eingeblendet. Die Microsoft-Hilfe steht zur Verfügung, allerdings ist sie selten sehr hilfreich. Neben der Hilfe können Sie den Code beenden oder debuggen. Mit Debuggen kommen Sie genau au die Codestelle, in der der Fehler aufgetreten ist. Da sich der Code im Haltemodus befindet, sind alle Variablen gefüllt, und Sie können mit der Überprüfung Ihres Codes beginnen.

Tabelle 11.1 Die verschiedenen Fehlerarten

11.3   Wie kann mir der VBA Editor helfen?

Im VBA Editor sind von Hause aus einige Tools eingebaut, die Ihnen das Leben erleichtern sollen. Dazu gehören das Überwachungsfenster, das Direktfenster und das Lokalfenster.

Sie können diese zusätzlichen Fenster einblenden, in dem Sie im VBA Editor im Menüpunkt ANSICHT das jeweilige Fenster auswählen.

11.3.1   Direktfenster oder Direktbereich

Das Direktfenster ist ein wichtiges Hilfsinstrument. Es kann sehr variabel eingesetzt werden. Einerseits können Sie in Ihrem Code Anweisungen einbauen, die das Direktfenster direkt betreffen, andererseits können Sie auch direkt Befehle im Direktfenster absetzen.

Hier einige Beispiele für Befehle, die Sie im Direktfenster eingeben können:

Befehle	Wirkung
?Variablenname	Anzeige von Variablen
?Now	Ausgabe des aktuellen Datums und der aktuellen Uhrzeit
?Application.EnableEvents	Auslesen von Einstellungen
?Range.("A1").Value	Zellinhalt auslesen
?ActiveCell.Formula	Umwandeln von Arbeitsblattfunktionen in das englische Pendant
?ActiveCell.FormulaR1C1	Umwandeln von Zellbezügen von A1 in R1C1
?Application.ReferenceStyle=xlR1C1	Ausführen von Anweisungen
?Application.StartupPath	Arbeitsverzeichnis ermitteln (Arbeits-verzeichnis für *Personal.XLSB*)

Tabelle 11.2 Typische »Fehlerbefehle«

Tabelle 11.3 zeigt einige Beispiele, wie Sie das Direktfenster als MsgBox-Ersatz nutzen:

Befehle	Wirkung
Debug.Print	Ausgabe von Hinweisen
Debug.Print i	Ausgabe des Zählers i im Direktfenster
Debug.Assert	Code anhalten, wenn Ausdruck False

Tabelle 11.3 Die Debug-Befehle

Über das Direktfenster soll die Systeminformation ausgegeben werden.

11.3.2   Lokalfenster

Das Lokalfenster ist für Variablen da. Hier werden alle Variablen des aktuellen Moduls und des aktuellen Subs angezeigt.

Neben der reinen Anzeige von Variablen können Sie die Variablenwerte über das Lokalfenster auch modifizieren. Klicken Sie dazu einfach in die Spalte WERT, und überschreiben Sie den vorhandenen Wert.

11.3.3 Überwachungsfenster

Das Überwachungsfenster wird genutzt, um zum Beispiel Variablen zu überwachen. Dazu ziehen Sie die entsprechenden Variablen einfach per Drag & Drop in das Überwachungsfenster. Dort können Sie dann beobachten, wie sich die Variable zur Run Time ändert.

11.3.4 Wichtige Tastenkombinationen im VBA Editor

Funktionstaste	Definition
F1	Startet die Online-Hilfe.
F2	Startet den Objektkatalog. Der Objektkatalog ist eine Übersicht über alle Klassen und die dazugehörende Unterelemente in VBA.
F3	weitersuchen
F4	Eigenschaftsfenster einblenden
F5	Sub/UserForm ausführen. Der Code wird gestartet und läuft bis zum Ende durch.
F7	umschalten in die Codeansicht
F8	Einzelschritt; der Code wird Zeile für Zeile abgearbeitet.
F9	Haltepunkt ein/aus. Ein manueller Stopp-Punkt, an dem der Code angehalten wird.

Tabelle 11.4 Die Tastenkombinationen für das Debuggen

11.4 Welche Hilfen gibt es?

11.4.1 Unterstützung durch das Add-In MZ-Tools

Bei den MZ-Tools für VBA handelt es sich um ein Shareware-Tool, mit dem Sie Ihre Makros unter anderem optimal dokumentieren und vor Fehlern absichern können. Beispielsweise können Sie mit einem Klick einen Prozedurkopf einfügen. Das Aussehen des Prozedurkopfes kann in den Optionen des Tools selbst festgelegt werden. So können beispielsweise der Autor, das Erstellungsdatum sowie der Zweck des Makros festgehalten werden.

Neben den rein optischen Verbesserungen des Quellcodes gibt es viele weitere wichtige Funktionen innerhalb der MZ-Tools 3.0: Wer mit VBA-Makros zu tun hat, hat mit

Sicherheit auch schon einmal einen Laufzeitfehler produziert. Dabei erscheint im Fehlerfall eine recht unschöne Meldung auf dem Bildschirm, die dank des Tools der Vergangenheit angehört. Sie können auf Knopfdruck eine fertige Fehlerbehandlung in ein Makro integrieren, die im Fehlerfall den Namen des Moduls, den Namen des Makros, ja sogar die Zeile, die den Laufzeitfehler auslöst, am Bildschirm anzeigt. Dazu müssen zunächst die Zeilennummern im Makro gesetzt werden. Schon allein diese Aufgabe möchten Sie bestimmt nicht manuell ausführen. Dies macht das Tool automatisch für Sie. Mit einem Klick in der Symbolleiste MZ-TOOL auf das Symbol ZEI-LENNUMMERN HINZUFÜGEN werden im Makro blitzschnell die Zeilennummern am linken Rand eingefügt. Mit einem weiteren Klick auf das Symbol FEHLERBEHAND-LUNG HINZUFÜGEN wird eine komplette Fehlerbehandlung eingefügt.

Weitere gute Funktionen des Tools:

- ▶ Statistik: Prozeduren, Codezeilen und Kommentarzeilen werden analysiert und angezeigt.
- ▶ Übersicht Programmcode: Das Tool durchsucht Ihre Makros und entdeckt beispielsweise deklarierte, aber nicht benötigte Variablen.
- ▶ Es enthält diverse Assistenten, die das Programmieren leichter machen.

11.4.2   Einstellungen im Editor

Innerhalb der VBA-Entwicklungsumgebung können Sie drei unterschiedliche Optionen für die Fehlerbehandlung wählen.

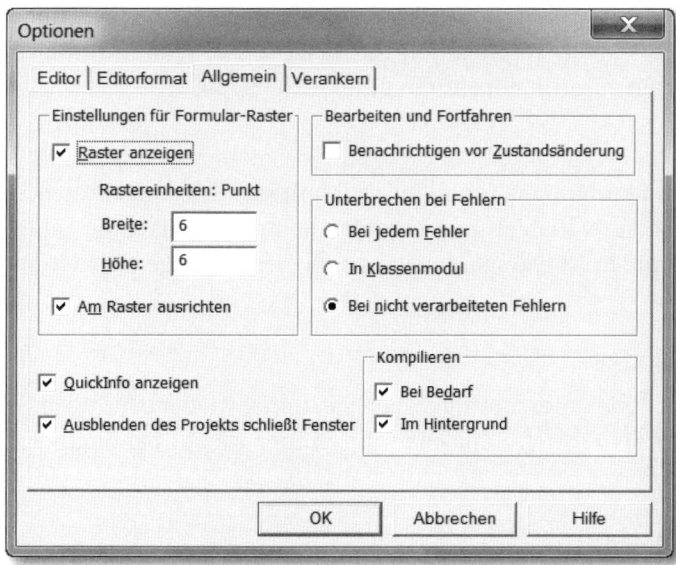

Abbildung 11.1 Soll beim einem Fehler unterbrochen werden oder nicht?

Option	Definition
BEI JEDEM FEHLER	Im Fehlerfall wird der Code sofort unterbrochen, unabhängig davon, ob eine Fehlerbehandlungsroutine vorhanden ist oder nicht.
IN KLASSEN-MODUL	Jeder in einem Klassenmodul auftretende nicht behandelte Fehler führt zu einem Programmstopp, bei dem die fehlerhafte Codezeile sichtbar ist.
BEI NICHT VERARBEITETEN FEHLERN	Wenn eine Fehlerbehandlungsroutine vorhanden ist, wird der Fehler behandelt, ohne in den Haltemodus zu springen. Ist keine Routine vorhanden, wird der Code im Fehlerfall angehalten.

Tabelle 11.5 Abbruchseinstellungen im Fehlerfall

11.5   Tipps zum Umgang mit Fehlern

Kleine Programme

Anstatt riesige Programme zu schreiben, sollten Sie dazu übergehen, kleine und übersichtliche Codefragmente zu erstellen. Diese lassen sich im Fehlerfall wesentlich einfacher prüfen. Ein weiterer Vorteil ist: Sie behalten den Überblick. Die einzelnen Codefragmente können einfach über Batch Programme aufgerufen werden.

Überlegen Sie sich die Funktion des Codes

Oft kommt es vor, dass der Code wesentlich umfangreicher wird, als ursprünglich geplant. Dafür gibt es sicherlich viele Gründe. Skizzieren Sie die Funktion Ihres Codes auf einem separaten Blatt Papier. So erkennen Sie meist schon sehr früh, welche Codebestandteile unbedingt zusammengehören und welche nicht.

Nutzen Sie Vorlagen

Erstellen Sie sich eine Standardvorlage für all Ihre zukünftigen Subs. So können Sie sicher sein, dass Ihre Standardvariablen immer gleich heißen und dass die Fehlerbehandlung immer vorhanden ist. Sie sparen sich durch diese Vorlage viel Zeit und Ärger.

Nutzen Sie Ihre »Personal.XLSB«

Dies ist der ideale Ort, um Code unterzubringen, den Sie immer wieder benötigen. Sei es als Kopiervorlage oder als zentraler Speicher, um immer wieder benötigte Programme schnell auszuführen.

Nutzen Sie Standardvariablen

In allen meinen Programmen nutze ich eine Handvoll Standardvariablen. Diese sind in meiner Kopiervorlage enthalten. Das bedeutet für mich, dass ich genau weiß, was in diesen Variablen vorhanden ist, und diese entsprechend nutzen kann.

Aufgabenverzeichnis

Index

D

E

Wie hat Ihnen dieses Buch gefallen?
Bitte teilen Sie uns mit, ob Sie zufrieden waren,
und bewerten Sie das Buch auf:
www.rheinwerk-verlag.de/feedback

Ausführliche Informationen zu unserem aktuellen
Programm samt Leseproben finden Sie ebenfalls
auf unserer Website. Besuchen Sie uns!

www.rheinwerk-verlag.de